Bibliothèque de Droit Constitutionnelle

Dirigé par
Domingo García Belaunde

Coordonné par
Carlos Antonio Agurto Gonzáles
Sonia Lidia Quequejana Mamani
María-Pía Guadalupe Díaz Díaz
Benigno Choque Cuenca

ALLAN R. BREWER-CARÍAS
Professeur émérite de l'Université Centrale du Venezuela
Professeur à la Faculté internationale d'enseignement du droit comparé, Paris, Madrid, Beyrouth (1967-1972).
Professeur à l'Institut international d'administration publique, Paris (1973-1981).
Professeur associé à l'Université de Paris II (1989-1990).
Professeur associé à l'Université Paris X (Paris Nanterre), (1998)

LA JUSTICE CONSTITUTIONNELLE EN DROIT COMPARÉ

TEXT POUR UNE SÉRIE DE CONFÉRENCES, AIX-EN-PROVENCE, 1992

Edición al cuidado de
Carlos Antonio Agurto Gonzáles
Sonia Lidia Quequejana Mamani
Benigno Choque Cuenca

editorial jurídica venezolana

Ediciones Olejnik

Title du livre:
LA JUSTICE CONSTITUTIONNELLE EN DROIT COMPARÉ
Text pour une série de conférences, Aix-en-Provence, 1992

© Ediciones Olejnik
Huérfanos 611, Santiago - Chile
E-mail: contacto@edicionesolejnik.com
Web site: http://www.edicionesolejnik.com

ISBN: 978-956-392-971-3

Diseño de Carátula: Ena Zuñiga
Diagramación: Luis A. Sierra Cárdenas

La primera edición de Ediciones Olejnik fue impresa en Argentina, 2021

La reimpresión en coedición entre Ediciones Olejnik y Editorial Jurídica Venezolana fue impresa por Lightning Source, an Ingram Company, para Editorial Jurídica International Inc., 2021

ÍNDICE

CHAPITRE II
LE POUVOIR JUDICIAIRE COMME JUGE CONSTITUTIONNEL DES DROITS ET GARANTIES CONSTITUTIONNELLES

CHAPITRE II
LES COURS CONSTITUTIONNELES COMME IUGES CONSTITUTIONNELS DES DROITS ET GARANTIES CONSTITUTIONNELS

NOTE DE L'AUTEUR

Ce livre est le texte pour une série de conférences que j'ai rédigées en 1992, à l'occasion de l'invitation que j'ai reçue du Professeur Louis Favoreu, alors directeur du Groupe d'études et de recherches sur la justice constitutionnelle de l'Université de Droit, d'Economie et des Sciences d'Aix-Marseille (qui porte actuellement son nom), pour ma participation au IVème Séminaire sur *La justice constitutionnelle et le pouvoir judiciaire* dans le cadre du IVème *Cours international de justice constitutionnelle,* qu'il avait organisé, et qui a eu lieu à Aix-en-Provence, du 14 au 19 septembre 1992.

J'avais rencontré le professeur Favoreu à Caracas, en 1982, à l'occasion de sa participation au *IXème Congrès Internationale de Droit Comparé* de l'Académie internationale de droit comparé, que j'avais la responsabilité d'organiser, étant depuis resté en contact académique avec lui, notamment depuis 1985 lorsque je préparais le cours sur le même sujet de la justice constitutionnelle en droit comparé, que j'enseignais à l'Université de Cambridge, à la demande de notre ami commun, le professeur Anthony Jolowicz, avec qui Favoreu venez d'éditer un livre sur la justice constitutionnelle en Europe.

Le text de cette serie de conférences que j'avais préparé pour ma participation au Séminaire d'Aix en Provence, n'avais jamais été publié. Ceci, donc, dans se versión originalle de 1992, est la première édition du dit texte que apparait grâce à l'initiative de l'éditeur Francisco Olejnik.

New York, Janvier 2021
ALLAN R. BREWER-CARÍAS

INTRODUCTION

Dans la plupart des Etats contemporains, la justice constitutionnelle, autrement dit le pouvoir de contrôler la constitutionnalité des lois et de protéger les droits fondamentaux, est constitutionnellement conférée aux organes qui exercent le pouvoir judiciaire. Dans ces pays, le juge constitutionnel est le pouvoir judiciaire.

Dans d'autres, pays notamment en Europe continentale, la justice constitutionnelle n'est pas totalement exercée par les autorités judiciaires, mais confiée à des organes différents et indépendants du pouvoir judiciaire spécialement créés pour ces tâches, notamment à des cours, des tribunaux ou des conseils constitutionnels. Dans ces pays, par conséquent, le juge constitutionnel n'est pas toujours une autorité judiciaire mais un organe qui ne relève pas du pouvoir judiciaire.

Bien sûr, dans les deux systèmes, le juge constitutionnel, au sein de l'Etat, exerce une fonction juridictionnelle en qualité d'organe indépendant des organes des pouvoirs législatif et exécutif. Dans les deux systèmes, la justice constitutionnelle est la manifestation la plus éloquente de la suprématie de la Constitution et de sa garantie juridictionnelle. La différence réside dans le fait que, dans le premier système, c'est à dire celui où le pouvoir judiciaire est juge constitutionnel, la garantie juridictionnelle de la suprématie de la Constitution est une garantie judiciaire, alors que, dans l'autre, il s'agit seulement d'une garantie juridictionnelle mais non judiciaire(1).

1. La garantie de la Constitution

L'un des éléments fondamentaux qui caractérisent l'Etat de droit dans les régimes dotés d'une Constitution écrite et rigide, est le principe de la suprématie de la Constitution sur toute autre norme de l'ordonnancement juridique et sur tout acte émanant des organes de l'Etat. Par conséquent, la suprématie de la Constitution étant l'essence même de l'Etat et de l'ordonnancement juridique, les actes du parlement et des autres organes de l'Etat ne peuvent pas contrairer les normes de la Constitution.

Cette prééminence signifie non seulement la stricte observation des normes et procédures que fixe la Constitution, mais aussi le respect des droits fondamentaux des citoyens qui y sont énoncés. En effet, toutes les constitutions contemporaines contiennent à la fois une partie organique et une partie dogmatique; la première concerne l'organisation de l'Etat, la répartition et la séparation des pouvoirs et les mécanismes

---

(1) *V.* en général, Allan R. Brewer-Carías, *Judicial Review in Comparative Law*, Cambridge University Press, 1989, pp. 112 et ss.

relatifs à leur fonctionnement; la seconde partie se rapporte aux droits fondamentaux et aux limites imposées aux organes de l'Etat à cet égard. Cela implique, par exemple, en ce qui concerne le parlement, l'obligation non seulement de se conformer aux normes constitutionnelles régissant la séparation des pouvoirs et d'éviter l'empiétement sur les activités de l'exécutif et du judiciaire, mais aussi celle d'agir en conformité avec les procédures d'élaboration des lois que prévoit la Constitution. Cela veut également dire que, dans l'élaboration des lois, le parlement ne peut, en aucun cas, porter atteinte aux droits fondamentaux que garantit la Constitution.

Dans cette optique et compte tenu de sa suprématie, on doit considérer la Constitution comme contenant des règles non seulement de caractère organique et de procédure mais aussi de fond ou de nature substantive. Ainsi donc, une loi peut être inconstitutionnelle non seulement en raison de vices de procédure entâchant son élaboration mais également de son contenu, lorsque celui-ci est contraire aux principes énoncés dans la Constitution en matière de droits fondamentaux. L'inconstitutionnalité peut alors être non seulement de forme mais aussi de fond[(2)].

En tout cas, cette suprématie de la Constitution serait en soi imparfaite et inopérante du point de vue juridique si l'on ne spécifiait pas les garanties destinées à sa défense contre des actes inconstitutionnels de l'Etat ou contre n'importe quelle rupture de l'ordre constitutionnel. La suprématie de la Constitution ne signifierait rien, si l'on ne fixait pas avec précision les moyens de protéger la Constitution, tant en ce qui concerne sa partie organique, les procédures constitutionnelles y compris, que sa partie dogmatique se rapportant aux droits fondamentaux.

2. Le contrôle juridictionnel de la constitutionnalité et la fin de l'absolutisme parlementaire

En général, et historiquement, deux sortes de garanties de la suprématie de la Constitution peuvent être distinguées: les politiques et les juridictionnelles. En ce qui concerne les garanties politiques, celles-ci sont en général attribuées aux organes politiques suprêmes de caractère représentatif. Cette garantie politique de la Constitution a existé en général dans les régimes politiques où s'imposent, soit une interprétation extrême du principe de la séparation des pouvoirs, soit le principe de la unité des pouvoirs de l'Etat. Dans le premier cas, telle était traditionnellement le situation de la France jusqu'à la création, du Conseil constitutionnel, où l'Assemblée nationale était le seul pouvoir de l'Etat habilité à veiller à la constitutionnalité des lois. Dans le second cas, c'est le système qui avait été adopté dans presque tous les pays socialistes, où seul l'organe suprême et politiquement représentatif pouvait exercer le contrôle de la constitutionnalité des lois.

Dans les systèmes où la garantie politique de la constitutionnalité ressortissait des organes politiques représentatifs, on tendait à assimiler les organes contrôlés et les organes de contrôle[(3)], ce qui avait attiré des critiques même dans le monde

---

(2) H. KELSEN, «La garantie juridictionnelle de la Constitution (La justice constitutionnelle)», *Revue du droit public et de la science politique en France et à l'étranger*, Paris 1928, p. 202.

(3) P. BISCARETTI DI RUFFIA, «Les constitutions européennes: notions introductives» in P. BISCARETTI DI RUFFIA et S. ROZMARYN, *La Constitution comme loi fondamentale dans les Etats socialistes*, Torino 1966, p. 70.

socialiste qui y voyait un système inadéquat, ou à tout le moins, «peu satisfaisant»[(4)]. En tout cas, l'argument en faveur de ce type de moyens de protection de la Constitution se fonde sur le principe de l'unité du pouvoir de l'Etat (et le rejet du principe de la séparation des pouvoirs) qui caractérisait le régime juridique de droit public des pays socialistes, impliquant ainsi la suprématie du pouvoir de l'organe de l'Etat politiquement représentatif. Conséquence logique de cette prééminence, on écartait toute possibilité de confier le pouvoir de contrôle de la constitutionnalité des lois à un autre organe et d'envisager comme illégitime tout autre contrôle susceptible d'être exercé par un organe de l'Etat autre que l'organe représentatif suprême, y compris l'autorité judiciaire[(5)].

Or, avant les changements constitutionnels dans le monde socialiste intervenus à partir de 1990, trois pays socialistes -la Yougoslavie, la Tchécoslovaquie et la Pologne- avaient toutefois institué une garantie juridictionnelle de la Constitution en confiant le pouvoir de contrôle de la constitutionnalité des lois à des cours constitutionnelles spéciales, s'inspirant des principes de la suprématie de la Constitution et de la séparation des pouvoir de l'Etat. C'est la tendance actuelle dans d'autres pays de l'Est.

D'autre part, dans les régimes astreints à une rigoureuse interprétation de la séparation des pouvoirs ou ayant adopté le principe de la suprématie du parlement, il ne pouvait y avoir, bien sûr, de système de contrôle judiciaire de la constitutionnalité des lois. Tel était le cas, dans tous les pays de l'Europe continentale après la Révolution française et c'est le cas au Royaume-Uni aujourd'hui. En effet, en Europe, la monarchie et le principe de la représentation fondé sur l'élection du corps législatif avaient abouti à l'adoption du principe de la suprématie du parlement sur les autres pouvoirs de l'Etat et, par conséquent, à celui de la primauté les lois ou des actes du parlement sur toutes autres normes légales.

Au XIXème siècle, en effet, il eût été inconcevable aux yeux du libéralisme régnant de supposer une quelconque entorse au principe de la suprématie de la loi, produit de la volonté générale. Ce principe mettait tout simplement au rang de l'impensable toute éventuelle inobservation de la Constitution par le parlement. Aux yeux du libéralisme en vogue au XIXème siècle, le véritable ennemi s'avérait être l'exécutif -le monarque- qui pouvait être tenté de faire prévaloir sa propre volonté sur celle du peuple, incarnée par le parlement. Or, il était inconcevable que le parlement eût pu se méprendre ou défaillir. Ce mythe de l'Assemblée expression absolue de la volonté populaire, source sûre et infaillible de l'esprit collectif, était indubitablement le fruit historique du jacobinisme français.

En effet, c'est bien du jacobinisme, fondé sur le principe absolu de la représentation de la volonté nationale, que devait naître le dogme de la souveraineté parlementaire en France, dogme en vertu duquel on proscrivait résolument tout pouvoir au-dessus de l'Assemblée et on faisait, naturellement, du pouvoir judiciaire un simple instrument d'exécution des lois votées par l'Assemblée, lui ôtant jusqu'à la faculté d'interpréter les lois. D'où le procédé bien connu du «référé législatif»

---

(4) P. NIKOHC, *Le contrôle juridictionnel des lois et sa légitimité. (Développements récents dans les pays socialistes)*, Rapport, Association Internationale des Sciences juridiques, Uppsala, 1984 (polycopié) p. 14. Publié aussi in L. FAVOREU et J.A. JOLOWICZ. (ed.) *Le contrôle juridictionnel des lois. Légitimité, effectivité et développements récents*, Paris 1986, pp. 71-115.

(5) *Idem*, p. 17.

imposant aux juges l'obligation de consulter l'Assemblée nationale en cas de doute dans l'interprétation des lois[6].

Cette contrainte découlait de la plus pure tradition des théories de Montesquieu, selon lesquelles les juges n'étaient rien de plus que «la bouche qui prononce les paroles de la loi; des êtres inanimés qui n'en peuvent modérer ni la force ni la rigueur»[7]; et elle figurait en bonne place dans la loi du 1624 août 1790 sur l'organisation judiciaire, dont on vient de fêter le bicentenaire.

L'article 10 du titre II de la loi surmentionée posait le principe de la séparation des pouvoirs législatif et judiciaire en ces termes: «Les tribunaux ne pourront prendre directement ou indirectement aucune part à l'exercice du pouvoir législatif; ni empêcher ou suspendre l'exécution des décrets du corps législatif... » Et l'article 12 du même titre ajoutait: «Ils (les tribunaux) ne pourront point faire de règlements mais ils s'adresseront au corps législatif toutes les fois qu'ils croiront nécessaire soit d'interpréter une loi soit d'en faire une nouvelle»[8]. Le «référé législatif» constituait alors l'instrument dont disposait le corps législatif pour interpréter les lois, interprétation à laquelle les juges ne pouvaient même pas procéder.

C'est cependant au nom de ce principe jacobin de l'Assemblée, résultant de la Révolution française, qu'on a refusé pendant longtemps de légitimer le pouvoir des autorités judiciaires d'annuler les décisions émanant de l'Assemblée. Au Royaume-Uni, c'est précisément le même principe de la souveraineté du parlement, fruit de la «Glorieuse Révolution» de 1688, qui empêche actuellement les instances judiciaires de veiller à la constitutionnalité des lois. Conformément à ce principe, les juges ont pour tâche d'appliquer les lois et bien entendu de les interpréter, mais ne sont pas investis du pouvoir d'en exercer le contrôle, les décisions du corps législatif traduisant la volonté souveraine du peuple.

Partant de cette conception traditionnelle de la séparation des pouvoirs, tout système de contrôle judiciaire de la constitutionnalité des lois était considéré attentatoire au principe de la souveraineté du parlement, fondée, elle, sur la prééminence du législatif sur les autres pouvoirs de l'Etat. Cette conception s'appuyait sur l'idée que le parlement était composé des représentants du peuple, lesquels, à ce titre, représentaient le souverain au sein d'un régime démocratique représentatif. Dans cette optique, toute intervention d'une instance constitutionnelle quelconque tendant à limiter l'autonomie de l'organe représentatif suprême de l'Etat ne pouvait être qu'inadmissible, et de ce fait, le contrôle des lois ne pouvait ressortir que de ce seul organe.

En tout cas, il est clair que ce principe de la souveraineté du peuple que posent les constitutions modernes, de nos jours comme dogme fondamental de tout *Etat de droit* démocratique, est un principe politique inhérent au pouvoir constituant de l'Etat, représenté par tous les corps constitués de l'Etat, et non par le pouvoir de l'un ou de l'autre des corps constitués exerçant le pouvoir public. Il est donc impossible d'entamer un débat sur la souveraineté relative des corps constitués de l'Etat, puisque tous émanent du souverain et en sont les représentants. Aussi, cela n'a-t-il pas de sens aujourd'hui d'exciper de la souveraineté du parlement pour repousser l'instauration d'un mécanisme capable de garantir la Constitution à laquelle le parlement est lui aussi subordonné.

---

(6) E. GARCÍA DE ENTERRÍA, *La Constitución como norma y el Tribunal Constitucional*, Madrid 1981, p. 164.

(7) *Cit.* par Ch. H. MC ILWAIN, *The High Court of Parliament and its Supremacy*, Yale 1910, p. 323.

(8) *Cit.* par E. GARCÍA DE ENTERRÍA, *op. cit.*, p. 164, note 88.

Pour reprendre l'argument dans un autre sens, il ne faut pas oublier que dans les régimes démocratiques de type présidentiel ou parlementaire, le président de la République ou le chef du gouvernement sont élus par le peuple et émanent donc de la souveraineté populaire, tout comme les membres du parlement. Du moment où la Constitution accorde la souveraineté au peuple, il est tout à fait clair que cette qualité ne peut être conférée à un organe de l'Etat plutôt qu'à un autre. Or tous les pouvoirs de l'Etat et tous les organes qui l'exercent tirent leur légitimité du peuple. Par conséquent, aucun organisme constitutionnel n'est ni ne peut être vraiment souverain, pas même le parlement[9], et tous doivent être subordonnés à la Constitution.

D'ailleurs, il ne faut pas oublier que dans les démocraties contemporaines, le jeu des forces politiques et sociales tendent a relativiser davantage les fonctions constitutionnelles des organes de l'Etat en transformant le parlement dans une sorte de forum des partis politiques et, en forçant le gouvernement à négocier forcément avec eux, ainsi qu'avec les syndicats et les groupes de pression. Cette primauté des partis politiques a maintes fois ébréché le principe de la séparation des pouvoirs et conduit, à l'inverse, à leur concentration de fait dans les mains du gouvernement ou dans celles des partis eux-mêmes. Il ne fait aucun doute, par conséquent, que la nécessité s'est imposée de prendre les mesures propres à orienter les activités des organes de l'Etat et celles des partis eux-mêmes sur des voies constitutionnelles[10].

En tout cas, à l'exception du Royaume-Uni, le mythe tenace de la souveraineté du parlement s'est depuis dissipé en Europe. En effet, le contrôle juridictionnel de la constitutionnalité des lois a fait son apparition en Europe à la suite de la grande crise consécutive à la première guerre mondiale et aux tragédies successives imputables à des errances politiques. Ceci a conduit à la fois à la conversion de la Constitution en code normatif, directement applicable et imposable, et à la mise sur pied d'organismes constitutionnels ayant pour tâche de sauvegarder juridictionnellement l'ordre constitutionnel et de garantir la suprématie de la Constitution, non seulement sur le pouvoir exécutif -contrôlé, séparément, par un autre type d'instance judiciaire ou juridictionnelle- mais essentiellement sur le parlement, c'est à dire sur les actes législatifs et les lois, notamment. En conséquence, la souveraineté du parlement a cessé d'être au-dessus de la justice et, le contrôle juridictionnel de la constitutionnalité est devenu l'instrument permettant l'assujettissement du parlement à la Constitution, lorsque la formation de majorités éphémères déséquilibre les pouvoirs de l'Etat, ou lorsque l'irrationalité des relations politiques et sociales peut porter atteinte aux principes et aux valeurs supérieurs de la société. De fait, les terribles leçons tirées des abus des régimes nazi et fasciste en Europe ont, sans doute, défiguré les mythes et théories d'alors quant à l'infaillibilité de la loi. Aussi, comme l'a fait observer le Professeur Favoreu, le mythe rousseauiste de l'infaillibilité de la loi et, donc, du parlement par lequel s'exprime la volonté générale s'effondre «et 1a célèbre formule selon laquelle le législateur ne peut mal faire est à réviser»[11].

---

(9) P. Lucas MURILLO DE LA CUEVA, «El examen de la constitucionalidad de las leyes y la soberanía parlamentaria», *Revista de estudios políticos*, nº 7, Madrid 1979, p. 212.

(10) *Idem*, p. 212.

(11) L. FAVOREU, «Europe occidentale» in L. FAVOREU et J.A. JOLOWICZ. (ed.), *Le contrôle juridictionnel des lois. Légitimité, effectivité et développements récents*, Paris 1986, p. 43. Publié comme «Actualité et légitimité du contrôle juridictionnel des lois en Europe occidentale» in *Revue du droit public et de la science politique en France et à l'étranger*, Paris 1984, (5), pp. 1147 et 1201.

En effet, l'expérience européenne de l'entre-deux-guerres a fait naître un sentiment de prudence empreint de scepticisme eu égard des parlements et de la représentativité. Comme le Professeur Mauro Cappelletti l'a fait remarquer: «On réalise que l'on s'était fait trop d'illusions sur la théorie démocratique libérale» vu que souvent «la réalité était éloignée du mythe de la suprématie de la volonté du peuple et que «les Parlements et leur législation pouvaient devenir les instruments de régimes despotiques, et que les majorités pouvaient être elle-même brutalement oppressives»[12]. En fait, les législateurs de la République de Weimar et de l'Italie mussolinienne ont échoué comme garants de la liberté. Ils sont au contraire devenus l'instrument de majorités circonstancielles au profit de la consolidation de régimes totalitaires.

Aussi peut on dire que ces deux pays ont appris la leçon et ont non seulement introduit dans leurs nouvelles constitutions d'après-guerre des valeurs fondamentales, solidement enracinées, des libertés et des droits hors d'atteinte du parlement, mais ont aussi adopté le principe du contrôle juridictionnel de la constitutionnalités des lois, à l'instar de l'Autriche, dans les années vingt.

Dans ce sens, on a pris conscience de la nécessité de protéger les libertés non seulement contre l'exécutif mais aussi contre le législatif, comme l'écrit le Professeur Jean Rivero:

> A la vieille idée, qui domine tout le XIXème siècle libéral, de la protection de la liberté *par la loi* tend à se substituer à l'idée expérimentale de la nécessité de la protection des libertés *contre la loi*. Et cette évolution rend possible ce phénomène extraordinaire qu'est l'acceptation d'une autorité supérieure au législateur lui-même, d'une autorité chargée d'imposer au législateur le respect de la Constitution[13].

Conséquemment, les pays de l'Europe continentale ont adopté un contrôle juridictionnel de la constitutionnalité des lois, empruntant des voies différentes de celles du système nord-américain et, ainsi ont adopté le principe du contrôle juridictionnel pour d'autres raisons. Selon le Professeur Favoreu, le phénomène européen s'est produit moins en raison d'un problème de logique juridique -à la lumière de l'affaire *Marbury* v. *Madison*, en vertu de quoi, une loi contraire à la Constitution ne peut être appliquée- que de logique politique. C'est plutôt «la crainte de l'oppression par une majorité parlementaire qui a été déterminante dans le changement de position des pays de l'Europe occidentale quant au contrôle juridictionnel de la constitutionnalité des lois»[14].

Il est également possible de trouver une explication à cette logique politique du contrôle juridictionnel de la constitutionnalité dans le fait que, dans bon nombre de pays, la représentativité de la volonté générale, exprimée par des élus, s'est démythifiée en raison notamment de ce que le corps législatif se trouvait être composé la plupart du temps d'individus choisis par les partis politiques et qui, bien qu'étant incontestablement une émanation de ces mêmes partis, ne représentent pas vraiment, en fait, la volonté populaire.

---

(12) M. CAPPELLETTI, «Rapport général» in L. FAVOREU et J.A. JOLOWICZ. (ed.), *Le contrôle juridictionnel des lois. Légitimité, effectivité et développements récents, op. cit.*, pp. 293-294.

(13) J. RIVERO, «Rapport de synthèse» in L. FAVOREU (ed.), *Cours constitutionnelles européennes et droits fondamentaux*, Aix-en-Provence 1982, p. 519.

(14) L. FAVOREU, «Europe occidentale», *loc. cit.*, p. 43.

De toute façon, l'idée d'introduire un certain nombre de valeurs hors de l'emprise d'une majorité circonstancielle ou passagère a contribué, d'une manière ou d'une autre, au transfert du caractère traditionnellement sacré de la loi à la Constitution. On a, en d'autres termes, désacralisé la loi au profit de la Constitution.

C'est, par conséquent, après la deuxième guerre mondiale qu'on peut dire que dans les pays de l'Europe continentale «Il y a une redécouverte de la Constitution comme texte à caractère juridique»[15] ou plutôt que ces pays ont découvert la véritable nature fondamentale de la Constitution en y voyant une loi supérieure et suprême, applicable à tous les organes de l'Etat et imposable par les tribunaux. Comme l'a souligné le Professeur Mauro Cappelletti, ce qui est tout à fait nouveau dans le constitutionnalisme européen moderne:

> C'est le sérieux effort pour concevoir la Constitution non comme un simple guide à caractère moral, politique ou philosophique, mais comme une loi véritable, elle-même *positive* et *obligatoire*, d'une nature supérieure, plus permanente que la législation ordinaire[16].

Et, bien sûr, cette loi positive et supérieure devait s'appliquer au législateur comme à tous les organes de l'Etat. C'est ce que déclarait de manière expresse le Conseil constitutionnel français dans sa décision sur les nationalisations du 16 janvier 1982, laquelle stipulait:

> Considérant que, si l'article 34 de la Constitution place dans le domaine de la loi 'les nationalisations d'entreprises et les transferts d'entreprises du secteur public au secteur privé, cette disposition, tout comme celle qui confie à la loi la détermination des principes fondamentaux du régime de la propriété, ne saurait dispenser le législateur, dans l'exercice de sa compétence, du respect des principes et des règles de valeur constitutionnelle qui s'imposent à tous les organes de l'Etat[17].

Se référant à cette décision du Conseil constitutionnel, le Professeur Louis Favoreu l'a qualifiée comme «l'affirmation fondamentale de la plénitude de la réalisation de l'*Etat de droit* en France» au regard de la situation antérieure, «dans la mesure où le législateur qui, jusqu'à une époque récente, échappait en fait sinon en droit, à la soumission à la règle supérieure»[18].

Aussi la suprématie de la Constitution sur le parlement a-t-elle marqué la fin de l'absolutisme parlementaire[19], modifié l'ancien concept de souveraineté parlementaire et ouvert la voie au contrôle constitutionnel en France avec la création du Conseil constitutionnel. Ce processus avait cependant déjà été engagé plus largement dans d'autres pays de l''Europe continentale comme l'Autriche, l'Allemagne et l'Italie.

Un autre facteur qui a contribué à l'apparition de mécanismes de contrôle juridictionnel de la constitutionnalité des lois a été la transformation de la notion de «loi» comme acte du parlement. En fait, les lois, jadis considérées dans la tradition

---

(15) *Idem.*

(16) M. CAPPELLETTI, *loc. cit.*, p. 294.

(17) L. FAVOREU et L. PHILIP, *Les grandes décisions du Conseil constitutionnel*, Paris 1984, p. 527. L. FAVOREU, «Les décisions du Conseil constitutionnel dans l'affaire des nationalisations», *Revue du droit public et de la science politique en France et à l'étranger*, Paris 1982, p. 400.

(18) L. FAVOREU, «Les décisions du Conseil constitutionnel... », *loc. cit.*, p. 400.

(19) J. RIVERO, «Fin d'un absolutisme», *Pouvoirs*, 13, Paris 1980, pp. 5-15.

du XIXème siècle, comme le fruit de la tâche du législateur en tant qu'expression de la volonté générale, se sont converties, au fil de l'évolution des régimes parlementaires, en actes de la majorité parlementaire et du gouvernement par un système de «verres communicants», par le truchement des partis politiques. De sorte que les lois ne sont pas toujours nécessairement l'expression de la volonté de tous ni adoptées par une majorité solide et mythique; elles n'ont été, dans certains cas, comme le dit le Professeur Jean Rivero, que «l'expression de la volonté gouvernementale approuvée par une majorité solidaire»(20). En outre, compte tenu de l'évolution des tâches de l'Etat, la loi a eu tendance à devenir un produit plus technique, dont la teneur échappe de ce fait et fréquemment même au contrôle effectif du parlement, puisque ce sont les technocrates qui au sein de l'Administration en conçoivent et en fixent le contenu, en dehors de toute participation effective de membres du parlement. Le contrôle juridictionnel constitue donc un instrument efficace permettant de veiller à la constitutionnalité de tels actes ou lois du parlement, lois qui, dans bien de cas, traduisent la volonté gouvernementale plutôt que la volonté générale.

Cela étant, la suprématie de la Constitution et son emprise sur le législatif a conduit à doter la Constitution de garanties juridictionnelles plutôt que politiques, ces dernières s'étant avérées inefficaces à la lumière de l'expérience, en France, du Sénat conservateur de 1799 et de la Constitution de 1852. En règle générale, les constitutions ont fixé la répartition des pouvoirs publics entre les différents organes de l'Etat et ont essentiellement accordé des pouvoirs fondamentaux au législatif, corps traditionnellement considéré infaillible puisque expression même de la volonté populaire. Cependant, politiquement parlant, l'autocontrôle du parlement s'est avéré illusoire. D'un autre coté, les constitutions ont progressivement déterminé les droits fondamentaux des individus et des minorités, même contre la volonté de la majorité. C'est ce qui fait dire au Professeur Cappelletti qu' «aucun système efficace de contrôle de ces droits ne peut être confié aux électeurs ou à des personnes et organes dépendant, et étroitement tributaires, de la volonté de la majorité»(21), en d'autres termes, au législatif proprement dit.

C'est pour cela que, contrairement aux systèmes politiques de contrôle de la constitutionnalité des lois, la tendance générale du constitutionnalisme contemporain, dans les régimes constitutionnels dotés d'une Constitution écrite, est de prévoir l'existence de moyens de protection juridictionnelle de la Constitution en accordant des pouvoirs effectifs de contrôle de la constitutionnalité des lois soit aux tribunaux ou aux autorités judiciaires ordinaires, soit à des cours constitutionnelles spéciales.

3. La légitimité du contrôle juridictionnel de la constitutionnalité et les systèmes de separation des pouvoirs

En général, on peut dire que dans le constitutionnalisme moderne, le pouvoir judiciaire, prétendument le «moins dangereux»(22) de tous les pouvoirs de l'Etat et en fait politiquement le moins dangereux des organes de l'Etat, s'est vu confier la tâche de défendre la Constitution et de veiller à la constitutionnalité des lois. C'est le cas en Amérique.

(20) J. Rivero, «Rapport de synthèse», *loc. cit.*, p. 519.

(21) M. Cappelletti, *loc. cit.*, p. 295.

(22) A. Bickel, *The Least Dangerous Branch. The Supreme Court at the Bar of Politics*, Indianapolis 1962.

Dans d'autres cas, comme en Europe, la fonction juridictionnelle du contrôle de la constitutionnalité a été attribuée à des organes ou à des cours spéciales indépendants du pouvoir judiciaire.

Dans un cas comme dans l'autre, cela a naturellement soulevé un débat interminable autour du «gigantesque problème du contrôle judiciaire» selon l'expression du Professeur Cappelletti, et la discussion a porté sur la légitimité ou l'illégitimité du pouvoir conféré à des entités publiques, qui ne sont pas responsables devant le peuple, de contrôler les actes de celles qui, en revanche, sont politiquement responsables(23) ou, sous un autre angle, le débat a été axé sur le caractère démocratique ou non démocratique du contrôle juridictionnel de constitutionalité(24).

Les positions, bien sûr, alternent soit pour justifier l'absence de contrôle juridictionnel ou judiciaire de la constitutionnalité dans les régimes où prévaut la souveraineté du parlement, soit pour critiquer ce contrôle au motif que des juges ont fait preuve d'un activisme débordant dans l'adaptation de la Constitution en établissant des normes constitutionnelles non écrites ou en attribuant un caractère constitutionnel à certaines règles. Dans ces conditions, on avait estimé que le contrôle juridictionnel était illégitime parce que, croyait-on, des organismes non élus ne devaient pas contrôler les corps élus de l'Etat et que les organismes publics non élus n'avaient pas faculté de déterminer quelle norme de l'Etat avait force de loi, c'est à dire de se prononcer sur sa constitutionnalité ou son inconstitutionnalité.

En tout cas, on peut considérer ce débat abstrait, byzantin et interminable, principalement parce qu'il est axé sur un prétendu problème de légitimité abstraite du contrôle juridictionnelde constitutionalité qui ne peut être résolu que de manière abstraite en assimilant démocratie et représentativité en un tout(25). Le problème du contrôle juridictionnel ou des pouvoirs dont sont investis les juges ou des organes constitutionnels de nature juridictionnelle pour veiller à la constitutionnalité des lois, ne peut être abordé ou discuté sous l'angle de la légitimité ou de l'illégitimité en partant du principe que la démocratie repose sur la seule représentativité. La démocratie déborde le cadre de la représentativité parce qu'elle est plutôt un mode de vie où les libertés individuelles et les droits fondamentaux de l'homme doivent être respectés, au point de pouvoir dire que tout contrôle juridictionnel effectif de la constitutionnalité des lois n'est pas viable dans des régimes non démocratiques, notamment en raison du fait qu'il ne peut y avoir d'indépendance réelle des juges dans de tels régimes(26); et «il est clair qu'on ne peut pratiquer de contrôle judiciaire efficace là où l'indépendance du pouvoir judiciaire n'est pas garantie»(27).

C'est aussi la raison pour laquelle on a observé que c'est à la suite de périodes de dictature que la plupart des pays européens ont instauré un contrôle

(23) M. CAPPELLETTI, «El formidable problema del control judicial y la contribución del análisis comparado», *Revista de estudios políticos*, n° 13, Madrid 1980, pp. 61-103, («The Mighty Problem of Judicial Review and the Contribution of Comparative Analysis», *Southern California Law Review*, 1980, p. 409).

(24) M. CAPPELLETTI, «Rapport général», *loc. cit.*, pp. 296 et ss.

(25) *Cf.* Allan R. BREWER-CARÍAS, *op .cit.*, pp. 116 et ss.

(26) M. CAPPELLETTI, «Rapport général», *loc. cit.*, p. 290.

(27) J. CARPIZO et H. FIX-ZAMUDIO, *The Necessity for and the Legitimacy of the Judicial Review of the Constitutionality of the Laws in Latin America. Recent Developments*. International Association of Legal Sciences. Uppsala Colloquium 1984 (polycopié), p. 22. Publié aussi in L. FAVOREU et J. A. JOLOWICZ (ed.), *Le contrôle juridictionnel des lois..., op. cit.*, pp. 119-151.

juridictionnel en matière de constitutionnalité; tel a été le cas en Allemagne, en Italie, en Espagne et au Portugal[28].

Par conséquent, dans tout régime représentatif et démocratique, le pouvoir accordé aux juges de veiller aux anomalies du législatif et aux contraventions par l'organe représentatif des droit fondamentaux doit être considéré absolument démocratique et légitime[29]. Comme le fait observer le Professeur Jean Rivero dans son rapport final au Colloque international d'Aix-en-Provence de 1981 sur la protection des droits fondamentaux par les cours constitutionnelles en Europe:

> Le contrôle marque un progrès dans le sens de la démocratie, qui n'est pas seulement un mode d'attribution du pouvoir, mais aussi un mode d'exercice du pouvoir. Et je pense que tout ce qui renforce les libertés fondamentales des citoyens va dans le sens de la démocratie[30].

Dans cet ordre d'idées, le professeur Eduardo García de Enterría, se référant aux libertés constitutionnelles et aux droits fondamentaux comme limites imposées aux pouvoirs de l'Etat, devait noter:

> Si la Constitution les établit, il est évident qu'une majorité parlementaire circonstancielle qui les ignore ou les viole, loin de pouvoir légitimer son attitude en invoquant la force majoritaire, montre plutôt son abus de pouvoir et son intention de subjuguer ou exclure la minorité. La fonction de protection qu'exerce le tribunal constitutionnel contre cet abus, en annulant les actes législatifs qui portent atteinte à la liberté de quelques unes ou de tous les citoyens est le seul instrument efficace contre cette transgression, il n'y a pas d'autre moyen d'obtenir une garantie effective de la liberté qui aille au-delà de la simple rhétorique d'un texte constitutionnel[31].

C'est aussi le principal argument qu'avançait Hans Kelsen dans son article publié dans la *Revue du droit public et de la science politique en France et à l'étranger* en 1928, pour réfuter la thèse en question de la force de la majorité. Il écrivait:

> Si l'on voit l'essence de la démocratie, non dans la toute puissance de la majorité, mais dans le compromis constant entre les groupes représentés au parlement par la majorité et la minorité, et par suite dans la paix sociale, la justice constitutionnelle apparaît comme un moyen particulièrement propre à réaliser cette idée. La simple menace du recours au tribunal constitutionnel peut être entre les mains des minorités pour prévenir des atteintes contraires à la Constitution du côté de la majorité contre des intérêts juridiquement protégés, et, partant, permet de combattre la dictature de la majorité, laquelle n'est pas moins dangereuse pour la paix sociale que la minorité elle-même[32].

Or, le contrôle juridictionnel tire sa légitimité démocratique non seulement de la protection qu'il assure des droits fondamentaux, mais également de celle concernant les aspects organiques de la Constitution, c'est à dire de l'exercice d'un contrôle des systèmes de répartition des pouvoirs adoptés par la Constitution.

---

(28) L. FAVOREU, «Europe occidentale», *loc. cit.*, p. 44. *Cf.* P. DE VEGA GARCÍA, «Jurisdicción constitucional y crisis de la Constitución», *Revista de estudios políticos*, nº 7, Madrid 1979, p. 108.

(29) E. V. ROSTOW, «The Democratic Character of Judicial Review», *Harvard Law Review*, 193, 1952.

(30) J. RIVERO, «Rapport de synthèse», *loc. cit.*, pp. 525-526. *Cf.* M. CAPPELLETTI «Rapport général», *loc. cit.*, p. 300.

(31) E. GARCÍA DE ENTERRÍA, *op. cit.*, p. 190.

(32) H. KELSEN, *loc. cit.*, p. 253.

A ce propos, il convient de souligner que le problème de la légitimité du contrôle ne s'est jamais posé dans le cas de la répartition verticale des pouvoirs de l'Etat propre aux régimes politiquement décentralisés ou de type fédéral. Au contraire, on peut dire que le contrôle juridictionnel de la constitutionnalité est essentiellement et étroitement lié au fédéralisme[(33)].

C'est ce qui explique que la forme de l'Etat se moule sur les principes des plus importants qui ont contribué à l'instauration du contrôle juridictionnel de la constitutionnalité des lois et à en justifier l'introduction dans le constitutionnalisme contemporain.

En effet, le fédéralisme exige l'imposition d'un certain degré de suprématie des lois fédérales sur la législation locale, régionale ou des Etats membres. Ce n'est donc pas par hasard que les pays dotés d'une structure fédérale et politiquement décentralisée ont été les premiers à instaurer un contrôle judiciaire de la constitutionnalité des lois. Tel a été le cas, au XIXème siècle, des Etats-Unis d'Amérique et de tous les pays fédéraux d'Amérique latine qui ont instauré un contrôle judiciaire de la constitutionnalité des lois et des autres actes de l'Etat. De même en Europe, l'Allemagne, s'est dotée d'une structure fédérale, l'Italie d'un système régional décentralisé et; l'Espagne de communautés administrativement autonomes, ont mis en place un système de contrôle juridictionnel de la constitutionnalité des lois.

Dans tous ces cas, il est évident que la nécessité d'instaurer un contrôle judiciaire ou juridictionnel par un tribunal constitutionnel se justifiait en vue précisément du règlement de conflits de pouvoirs susceptibles d'apparaître entre les diverses instances nationales et régionales. L'une des tâches fondamentales des cours et tribunaux constitutionnels en Autriche, en Allemagne, en Italie et en Espagne et du contrôle judiciaire de la constitutionnalité qu'exercent les cours suprêmes en Amérique latine est justement de régler les différends entre les instances politique-administratives nationales et les Etats membres de la fédération, les régions politiques ou les communautés autonomes, selon les pays. C'est donc la décentralisation politique, dans le cas des Etats fédéraux comme des Etats dits régionalisés, qui a contribué à l'apparition et à la consolidation de cours ou de tribunaux constitutionnels chargés précisément de veiller à la constitutionnalité des lois afin de garantir l'équilibre constitutionnel entre l'Etat et les entités territoriales. Aussi, dans les Etats fédéraux ou administrativement et politiquement décentralisés, ne peut il y avoir de doute quant à la légitimité du contrôle juridictionnel de la constitutionnalité des lois ni de débat en la matière, sauf en ce qui concerne la justification de son existence et de sa nécessité.

Par conséquent, les problèmes de légitimité que soulève le contrôle juridictionnel de la constitutionnalité des lois comme une garantie de la Constitution, ne se pose pas face au fédéralisme ou à la décentralisation politique, non plus qu'à ce qui concerne les droits fondamentaux de l'individu. Elle constitue un frein au pouvoir législatif dans la mesure où ce contrôle juridictionnel s'exerce sans conteste sur lui[(34)].

---

(33) W.J. Wagner, *The Federal States and their Judiciairy*, The Hague 1959, p. 85.

(34) *Cf.* B.O. Nwabueze, *Judicial Control of Legislative Action and its Legitimacy. Recent Developments*, African Regional Report, International Association of Legal Sciences. Uppsala Colloquium 1984, (polycopié) p. 23. Publié aussi in L. Favoreu et J.A. Jolowicz (ed.), *Le contrôle juridictionnel des lois..., op. cit.*, pp. 193-222.

On ne peut cependant pas en dire autant en ce qui concerne le partage horizontal ou la séparation des pouvoirs. Même si cela impose également des limites au pouvoir législatif, l'acceptation du contrôle judiciaire de la constitutionnalité des lois a soulevé des polémiques quant à sa légitimité, du fait notamment que ce contrôle se heurte au principe de la suprématie du parlement sur les autres pouvoirs de l'Etat. Mais, cela a fourni des arguments en faveur de ce contrôle judiciaire, comme contre-poids essentiel entre les différents pouvoirs de l'Etat pour garantir la Constitution.

En effet, la séparation des pouvoirs, conséquence, entre autres, de la répartition horizontale des pouvoirs de l'Etat entre ses organes, exige essentiellement un mécanisme indépendant pour garantir le contenu organique de la Constitution. Un tel système de contrôle est indispensable dès lors qu'il s'agit en particulier de la démarcation des pouvoirs entre le législatif et le exécutif. Dans ce cas là, il a été nécessaire d'y intercaler un système de contrepoids pour maintenir l'équilibre que pose la Constitution. Par conséquent, les pouvoirs accordés aux organes judiciaires aux fins de contrôle de la constitutionnalité et de la légalité des actes administratifs ont été acceptés sans discussion, comme étant essentiellement liés au concept de l'*Etat de droit*, tout autant qu'au contrôle de la constitutionnalité des lois.

Mais, les principes traditionnels de la suprématie du parlement, d'une part, et de la séparation des pouvoirs, d'autre part, ont été si importants en Europe qu'ils ont eu pour conséquence d'ôter toute possibilité aux autorités judiciaires d'exercer leur pouvoir de contrôle non seulement sur la légalité des actes administratifs, mais aussi sur la constitutionnalité des lois. C'est pour cela qu'ont été créées des juridictions contentieux administratif indépendantes du pouvoir judiciaire et qu'on a développé des systèmes de contrôle juridictionnel de la constitutionnalité en prenant soin de les confier à de nouveaux organes constitutionnels séparés du pouvoir judiciaire. Ainsi, la nécessité d'instaurer un contrôle juridictionnel de la constitutionnalité des lois à titre de garantie de la Constitution s'est accommodé au principe de la séparation des pouvoirs en vertu duquel on considérait traditionnellement toute tentative de contrôle judiciaire de la constitutionnalité des lois comme une ingérence inadmissible des autorités judiciaires dans le domaine du législatif.

C'est cette confrontation de la nécessité d'instituer un contrôle juridictionnel de la Constitution et du principe de la séparation des pouvoirs qui a poussé à la création, en Europe continentale, de cours constitutionnelles spéciales ayant pour attribution juridictionnelle particulière et spécifique de veiller à la constitutionnalité des lois, mais sans relever toutefois de l'ordre judiciaire traditionnel. Ainsi a-t-on mis fin à cette antinomie, avec la création de nouvelles cours constitutionnelles hiérarchiquement au-dessus des pouvoirs horizontalement séparés, au-dessus également du parlement, de l'exécutif et des autorités judiciaires, afin de veiller à la suprématie de la Constitution sur tous les organes de l'Etat.

Le «système autrichien» de contrôle juridictionnel ou le «modèle européen», comme on l'a aussi appelé,[35] se caractérise par le fait que la justice constitutionnelle a été confiée à un organe constitutionnel structurellement indépendant des autorités judiciaires ordinaires, c'est à dire, du pouvoir judiciaire et de son organisation. De

---

[35] L. FAVOREU, «Actualité et légitimité du contrôle juridictionnel des lois en Europe occidentale», *loc. cit.*, p. 1149.

plus, les membres des cours constitutionnelles n'appartiennent pas à la carrière judiciaire et sont plutôt nommés pour l'essentiel par les organes politiques et, en particulier, par le parlement et l'exécutif. Ce système a donné naissance à des organes constitutionnels spéciaux, qui, bien que n'appartenant pas au pouvoir judiciaire, n'en exercent pas moins une activité juridictionnelle proprement dite.

Ces cours, conseils ou tribunaux constitutionnels ont été considérés comme les «interprètes suprêmes de la Constitution», selon le qualificatif que leur attribue la Loi organique instituant le Tribunal constitutionnel en Espagne[(36)], ou encore comme les «gardiens de la Constitution»[(37)]. Le Professeur Eduardo García de Enterría, ancien juge à la Cour européenne des droits de l'homme, se référant au Tribunal constitutionnel espagnol, l'a qualifié de «Commissaire du pouvoir constituant, chargé de défendre la Constitution et de veiller à ce que tous les organes constitutionnels conservent leur stricte qualité de pouvoirs constitués»[(38)]; et l'ancien président de ce même Tribunal constitutionnel espagnol, le Professeur Manuel García Pelayo y a vu, lui, «un organe constitutionnel institué et directement structuré par la Constitution» et qui:

> En tant que régulateur de la constitutionnalité des actes de l'Etat, est appelé à assurer la pleine application de l'Etat de droit et à veiller à la bonne répartition des pouvoirs établie par la Constitution, éléments essentiels tous deux, à notre époque, de tout véritable Etat constitutionnel[(39)].

En tout cas, compte tenu du fait qu'elles sont créées en qualité d'organes constitutionnels indépendants de ceux des pouvoirs législatif, exécutif et judiciaire, les Cours constitutionnelles européennes -à l'instar des autorités judiciaires agissant en qualité des juges constitutionnels dans d'autres systèmes- ont été érigées en garantes suprêmes des systèmes de partage vertical et horizontal du pouvoir[(40)], et même de la distinction entre pouvoir constituant et pouvoir constitué. En effet, la fonction du juge constitutionnel est aussi de garantir que les pouvoirs constitués agissent dans les limites que fixe le pouvoir constituant, comme le stipule la Constitution. L'objectif primordial du juge constitutionnel est donc bien d'être le gardien de la primauté du pouvoir constituant sur le pouvoir constitué. Et cela même dans le cas de contrôle préventif de la constitutionnalité, de conflit entre une loi et la Constitution, comme c'est le cas en France, où, dans une telle situation, la loi ne peut être votée, sauf si une révision de la Constitution intervient.

4. Le juge constitutionnel et la protection des droits fondamentaux

La défense de la Constitution n'est pas seulement une fonction essentielle de la justice constitutionnelle visant à garantir les différents modes de répartition du pouvoir entre les corps constitués de l'Etat et à assurer la stabilité et la continuité au plan politique, y compris dans le cas d'alternance politique de majorités[(41)]. La justice constitutionnelle a également pour rôle de garantir les droits et libertés individuels

(36) Art. 1. Ley Orgánica del Tribunal constitucional, Oct. 1979, *Boletín Oficial del Estado*, n° 239.
(37). G. Leibholz, *Problemas fundamentales de la democracia*, Madrid 1971, p. 148.
(38) E. García de Enterría, *op. cit.*, p. 198.
(39) M. García Pelayo, «El status del Tribunal Constitucional», *Revista española de derecho constitucional*, n° 1, Madrid 1981, p. 15.
(40) *Cf.* M. García Pelayo, *loc. cit.*, p. 20.
(41) L. Favoreu, «Le Conseil constitutionnel et l'alternance», *Revue française de science politique* (La Constitution de la Cinquième République), n° 34, (4-5), Paris 1984, pp. 1005-1114.

fondamentaux. C'est là, comme nous l'avons dit, un volet essentiel de l'Etat de droit et l'un des arguments de poids brandis dans la défense de la légitimité du contrôle juridictionnel de la constitutionnalité des actes de l'Etat.

En effet, la justice constitutionnelle et le contrôle juridictionnel de la constitutionnalité des lois sont étroitement liés à l'établissement constitutionnel et effectif des droits fondamentaux. La nécessité d'instaurer un système de contrôle juridictionnel de la constitutionnalité se fait sentir lorsqu'il existe des déclarations consacrant des droits et des libertés fondamentaux liés aux valeurs constitutionnelles d'une société déterminée.

Or, bien que l'idée de droits fondamentaux consacrés dans une Constitution ait des antécédents historiques, elle n'a fait son apparition en Europe qu'après la deuxième guerre mondiale. La question de créer un système de contrôle juridictionnel -exception faite des systèmes implantés en Autriche et en Tchécoslovaquie dans la anné 1920-, comme moyen de défendre les droits de l'homme, ne s'est posée que postérieurement à la deuxième guerre mondiale en raison précisément des très graves violations dont ils avaient été l'objet en Europe. Là encore, ce n'est pas par hasard si l'Italie et l'Allemagne ont consacré, pour la première fois dans leurs constitutions, les droits de l'homme, et admis la nécessité de mettre au point les mécanismes propres à en assurer la défense, mécanismes au nombre desquels figurait le contrôle de la constitutionnalité des lois.

A l'opposé, l'absence de déclaration constitutionnelle des droits individuels fondamentaux comme moyen de limiter l'action du législateur a été l'une des principales raisons expliquant l'inexistence de tout système de contrôle judiciaire ou juridictionnel de la constitutionnalité des lois, comme l'illustre le cas britannique. C'est ce qui fait dire au Professeur D.G.T. Williams que «le problème de fond quant à la consécration constitutionnelle des droits fondamentaux ou d'une structure fédérale au Royaume-Uni est le contrôle judiciaire», vu que «l'adoption d'une déclaration constitutionnelle des droits fondamentaux supposerait naturellement l'exercice de leur contrôle judiciaire par les tribunaux anglais», c'est à dire qu'il incomberait aux tribunaux ordinaires «de garantir ou de protéger certaines libertés fondamentales contre le Législateur proprement dit»(42).

De toute façon, ce qui est tout à fait clair dans les régimes dotés de constitutions écrites est que si la Constitution s'érige en loi suprême, ayant force obligatoire, le système constitutionnel doit en fixer expressément les moyens de la défendre et de la garantir. Dans le cas contraire, comme le faisait observer Hans Kelsen:

> Une Constitution à laquelle la garantie de l'annulabilité des actes inconstitutionnels fait défaut, n'est pas pleinement obligatoire, au sens technique... Une Constitution dans laquelle les actes inconstitutionnels et en particulier les lois inconstitutionnelles restent aussi valables -leur inconstitutionnalité ne permettant pas de les annuler- équivaut à peu près, du point de vue proprement juridique, à un vœu sans force obligatoire(43).

La garantie juridictionnelle de la Constitution, c'est à dire, le pouvoir conféré aux juges -aux autorités judiciaires ou aux instances constitutionnelles spéciales,

---

(42) D.G.T. WILLIAMS, «The Constitution of the United Kingdom», *Cambridge Law Journal*, n° 31, 1972, pp. 278-279.

(43) H. KELSEN, *loc. cit.*, p. 250.

selon le cas- de déclarer inconstitutionnels des actes des pouvoirs publics pris en violation de la Constitution ou d'annuler ceux de portée générale, constitue donc un volet essentiel de l'Etat de droit qui permet d'assurer l'assujettissement de tous les organes de l'Etat au droit, ainsi que le respect par eux des limites que leur impose la Constitution conformément aux systèmes de partage du pouvoir de l'Etat en vigueur[(44)], outre le respect par eux des droits et libertés fondamentaux que consacre la Constitution.

5. La justice constitutionnelle et le «pouvoir juridictionnel»

Dans le cas des Cours constitutionnelles européennes, il faut tenir compte du fait que si elles ont bien qualité d'organes constitutionnels indépendants et séparés des organes traditionnels de l'Etat (le législatif, l'exécutif et le judiciaire), elles connaissent cependant des conflits constitutionnels, toujours dans le cadre de l'exercice d'une fonction juridictionnelle. Or, les cours constitutionnelles, comme dans le cas des tribunaux ordinaires agissant en tant que juges constitutionnels, exercent toutes un pouvoir de contrôle constitutionnel. Cependant, on ne peut voir dans ces Cours constitutionnelles un «législateur négatif», comme le prétendait Hans Kelsen[(45)], mais plutôt des organes dotés d'une fonction juridictionnelle.

En effet, pour réfuter l'objection à la justice constitutionnelle mettant en avant le principe de la séparation des pouvoirs, Hans Kelsen alléguait que lorsque le tribunal constitutionnel annulait un acte du parlement, celui-ci exerçait une activité non pas juridictionnelle mais législative. Il soutenait que:

> Annuler une loi, c'est poser une norme générale: car l'annulation d'une loi a le même caractère de généralité que sa confection, n'étant pour ainsi dire que la confection avec un signe négatif, donc elle-même une fonction législative[(46)].

Mais en réalité, lorsqu'une cour ou un tribunal constitutionnel annule une loi, il ne le fait pas par caprice, et l'annulation qu'il peut être amené à prononcer ne s'inspire pas de pouvoirs discrétionnaires, mais se fonde sur des critères légaux, il y procède en appliquant une règle supérieure, la Constitution; de sorte qu'il n'exerce donc pas, dans ce sens, de fonction législative[(47)]. Il exerce vraiment une fonction juridictionnelle, à l'instar de celle assignée aux autorités judiciaires mais se caractérisant par le fait qu'elle s'exerce à titre de garantie de la Constitution. Et s'il est vrai que les juges constitutionnels prennent souvent des décisions de caractère politique lorsqu'ils sont appelés à statuer sur la constitutionnalité d'actes législatifs, ils le font sur la base de méthodes et de critères légaux, dans le cadre d'un procès engagé par une partie ayant la légitimation nécessaire. Et même dans les cas où la justice constitutionnelle est appelée par suite d'une action populaire à statuer[(48)] sur l'inconstitutionnalité d'une loi, comme c'est le cas au Vénézuéla, le processus judiciaire suit un cours dans lequel la Cour suprême statue sur une affaire judiciaire, même s'il n'existe pas à proprement parler de parties au sens habituel d'une procédure. Néanmoins, le juge constitutionnel ne peut agir que sur les instances ou

---

(44) M. HIDÉN, «Constitutional Rights in the Legislative process: the Finnish System of Advance Control of Legislation», *Scandinavian in Law*, n° 17, Stockholm 1973, p. 97.

(45) H. KELSEN, *loc. cit.*, p. 226.

(46) *Idem*, p. 224.

(47) A. PÉREZ GORDO, *El Tribunal Constitucional y sus Funciones*, Barcelona 1982, p. 41.

(48) *Cf.* en sens contraire B.O. NWABUEZE, *Judicial Control of legislative Action...*, *loc. cit.*, p. 3.

sur la requête formelle d'une personne dont les droits ou les intérêts sont censés être lésés par une loi déterminée, et ne peut procéder *ex officio*. Aussi est-il absolument impossible de voir dans le rôle du juge constitutionnel une fonction législative, celle-ci étant plutôt une fonction juridictionnelle.

En conclusion, le contrôle juridictionnel de la constitutionnalité est conçu, à la fois dans les modèles américain et européen, comme une garantie constitutionnelle de la répartition et de la limitation des pouvoirs de l'Etat que détermine la Constitution, de même qu'il est exercé par des organes indépendants, qu'il s'agisse de tribunaux ordinaires ou de cours constitutionnelles spéciales.

Dans les systèmes américain et latino-américain, le contrôle juridictionnel de la constitutionnalité entre dans les attributions du pouvoir judiciaire car l'exercice en incombe à la Cour suprême et à la justice ordinaire. Dans ces deux systèmes, on peut dire que le juge constitutionnel s'avère être le pouvoir judiciaire. Dans le système européen, en revanche, le contrôle juridictionnel de la constitutionnalité des lois est assigné à des cours ou à des tribunaux constitutionnels érigés en organes de rang constitutionnel et indépendants du pouvoir judiciaire. Ils exercent une fonction juridictionnelle à l'instar des organes relevant de la juridiction administrative, bien que séparément des autorités judiciaires.

En tout cas, de même que le Conseil constitutionnel de par la décision qu'il a rendue le 22 juillet 1980 à la suite de l'examen de conformité à la Constitution de la Loi du 25 juillet 1980 relative à la validation d'actes administratifs(49), a révélé l'existence aux côtés des pouvoirs législatif et exécutif d'un troisième pouvoir que l'on peut qualifier de «pouvoir juridictionnel» englobant des juridictions administratives et judiciaires, dans ce même «pouvoir juridictionnel» ou ce «pouvoir judiciaire» (au sens large), selon l'expression du Professeur Favoreu(50), il est possible de faire rentrer le Conseil constitutionnel. De sorte que le «pouvoir juridictionnel» peut, en France, être considéré comme intégrant les juridictions administrative, judiciaire et constitutionnelle, cette dernière étant confiée au Conseil constitutionnel.

Dans ce sens, on peut dire que le contrôle de la constitutionnalité des lois et du respect des droits fondamentaux est exercé, en France, par le «pouvoir juridictionnel», de la même manière que le «pouvoir judiciaire» l'exerce dans les pays d'Amérique.

Bien entendu, il n'y a pas de système de justice constitutionnelle unique en mesure de garantir et de défendre la Constitution, non plus qu'il ne peut y avoir un système idéal applicable à tous les pays(51).

Dans le droit constitutionnel contemporain, chaque Etat a mis au point son propre système, et c'est précisément à l'étude comparative des grandes tendances du rapport entre justice constitutionnelle et pouvoir judiciaire qu'on consacrera les deux parties ci-après, dans lesquelles on analysera séparément les systèmes de contrôle de la constitutionnalité exercé par les autorités judiciaires (le pouvoir judiciaire ayant qualité de juge constitutionnel) (*Première Partie*) et les systèmes de contrôle de la constitutionnalité exercé par des organes constitutionnels spéciaux et totalement indépendants du pouvoir judiciaire (le juge constitutionnel indépendant du pouvoir judiciaire) (*Deuxième Partie*).

---

(49) L. FAVOREU et L. PHILIP, *op. cit.*, pp. 472 et ss.
(50) L. FAVOREU, «Chronique», *Revue du droit public et de la science politique*, Paris 1980, p. 1661.
(51) *V.* en général, Allan R. BREWER-CARÍAS, *op. cit.*, pp. 125 et ss.

PREMIÈRE PARTIE

LE POUVOIR JUDICIAIRE COMME JUGE CONSTITUTIONNEL

Conformément aux principes du constitutionnalisme moderne dégagés de la révolution américaine, le pouvoir judiciaire peut être considéré comme le pouvoir de l'Etat qui a, par excellence, la fonction d'être juge constitutionnel. C'est à dire c'est le pouvoir de l'Etat, conformément au principe de la séparation de pouvoirs, qui a pour tâche de veiller à la suprématie de la Constitution tant du point de vue organique que du point de vue dogmatique. En effet, le pouvoir judiciaire, comme juge constitutionnel, a l'attribution d'exercer le contrôle judiciaire de la constitutionnalité des lois et de protéger les droits fondamentaux établies dans la Constitution.

C'est le principe dans presque tous les pays du monde contemporain qui ont reçu l'influence du constitutionnalisme moderne sans les déviations en matière de séparation des pouvoirs produite par la Révolution française. Voilà pourquoi le principe général en matière de contrôle de la constitutionnalité des lois, exception faite des pays européens, c'est l'attribution au pouvoir judiciaire de la fonction d'être juge constitutionnel. En revanche, dans tous les pays du monde contemporain, c'est en général le pouvoir judiciaire, c'est à dire l'autorité judiciaire, qui a la tâche d'être gardienne des garanties et des droits constitutionnels des individus.

Pour étudier le rôle du pouvoir judiciaire comme juge constitutionnel en droit comparé, il faut distinguer le contrôle judiciaire de la constitutionnalité des lois (Chapitre I) de la fonction du pouvoir judiciaire comme juge constitutionnel des garanties et droits constitutionnels (Chapitre II).

CHAPITRE I

LE CONTRÔLE JUDICIAIRE DE LA CONSTITUTIONNALITÉ DES LOIS

Le contrôle juridictionnel de la constitutionnalité des lois, quand il est attribué au pouvoir judiciaire, peut être la tâche de tous les juges ou celle de certains. Dans le premier cas, le système du contrôle judiciaire de la constitutionnalité des lois est le système diffus, le plus répandu dans le monde (I); dans le deuxième cas, le système du contrôle judiciaire de la constitutionnalité des lois est le système concentré, parce que la tâche de contrôle est attribuée à un seul organe judiciaire, soit la Cour suprême du pays, soit à un tribunal constitutionnel appartenant au pouvoir judiciaire (II).

I. LE CONTRÔLE JUDICIAIRE DE LA CONSTITUTIONNALITé DES LOIS EXERCé PAR TOUS LES JUGES: LE SYSTÈME DIFFUS

Le contrôle judiciaire de la constitutionnalité des lois, quand il est attribué à tous les juges, quel que soit leur rang et leur hiérarchie, donne lieu à ce que l'on appelle le contrôle diffus de la constitutionnalité des lois. Cette forme de contrôle a pour origine les principes du constitutionnalisme nord-américain et, s'est étendue particulièrement au XIXème siècle, à presque tous les pays latino-américains, à quelques pays européens comme la Grèce, la Suisse et le Portugal, aux pays du *common law*, et même au Japon[1].

Né sur le continent américain, le système est aussi appelé système ou modèle américain du contrôle de constitutionnalité des lois, particulièrement lorsqu'on l'oppose au système concentré de la constitutionnalité des lois que l'on trouve en Amérique latine depuis le XIXème siècle et qui, en vertu de son adoption en Autriche, dans les années vingt, et son extension en Europe, est appelé modèle européen.

En tout cas, le contrôle diffus de la constitutionnalité des lois est non seulement la caractéristique la plus distinctive du système constitutionnel des Etats-Unis, mais aussi l'une des principales contributions du constitutionnalisme américain à la théorie et à la pratique du droit constitutionnel.

Conformément au système diffus, le pouvoir de déclarer l'inconstitutionnalité des lois est attribué à tous les juges d'un pays donné.

---

(1) *V.* Allan R. BREWER-CARÍAS, *Judicial Review in Comparative Law*, Cambridge University Press, 1989, pp. 125 et ss.

En effet, s'il est vrai que la Constitution est la loi suprême de l'Etat et que le principe de sa suprématie est accepté, la Constitution s'impose à toute autre loi qui lui est incohérente, que ce principe soit expressément établi dans la Constitution ou qu'il soit implicite à cette suprématie. Par conséquent, les lois qui violent la Constitution ou qui, d'une façon ou d'une autre, sont contraires à ses normes, principes ou valeurs, sont nulles ou non avenues et ne peuvent être appliquées par les juges qui doivent préférer la Constitution.

Comme l'a affirmé le juge Marshall, tous les juges et tous les tribunaux doivent décider les cas concrets dont ils sont saisis «conformément à la Constitution, négligeant la loi inconstitutionnelle». C'est là «la vraie essence du devoir judiciaire»[(2)]. Cependant, ce rôle, dans ce système de contrôle de la constitutionnalité, revient à tous les tribunaux et non pas à l'un d'entre eux en particulier, et il ne doit pas être considéré comme un pouvoir mais bien comme un devoir attribué aux juges afin de décider de la conformité à la Constitution, négligeant les lois contraires aux normes de celle-là.

1. La logique du système diffus de contrôle de la constitutionnalité des lois

Le système diffus de contrôle de la constitutionnalité des lois est la conséquence la plus marquée de l'effectivité du principe de la suprématie constitutionnelle qui assigne à tous les juges le pouvoir de juger la constitutionnalité des lois (A). Le système existe dans les pays qui appartiennent au système juridique du *common law* ainsi qu'à celui de droit civil. Il n'est par conséquent incompatible avec aucun système juridique (B). C'est pourquoi dans tous les systèmes, des correctifs tendant assurer une uniformité de l'application de la Constitution ont été développés, particulièrement en attribuant des pouvoirs de révision judiciaire à la Cour suprême ou à une autre haute juridiction (C).

A. La suprématie constitutionnelle

(a) L'origine dans le constitutionnalisme nord-américain

Selon les principes établis par la Révolution américaine à partir de 1776, dans la mesure où la Constitution est la loi suprême du pays, en cas de conflit entre la Constitution et la loi, c'est la première qui doit prévaloir. Tous les juges sont donc en devoir de décider quelle loi sera appliquée dans chaque cas particulier. Comme le juge William Patterson l'a établi aux Etats-Unis, dans le affaire *Vanhorne's Lesser vs. Dorrance* (1795), il y a près de deux cents ans:

> Si un acte législatif est contraire à un principe constitutionnel, le premier doit être laissé de côté et devra être rejeté comme preuve d'incompatibilité. Je soutiens la position ferme et claire que, dans pareil cas, il est du devoir du tribunal d'adhérer à la Constitution et de déclarer l'acte nul et non avenu[(3)].

S'il est vrai que le principe de la suprématie de la Constitution n'a pas été établi expressément dans le texte de la Constitution de 1789, il était néanmoins formulé et élaboré par les rédacteurs de la Constitution. En effet, on peut dire que cette idée de la suprématie constitutionnelle a été élaborée doctrinairement pour la

---

(2) *Marbury v. Madison*, 5 US (1 Cranch), 137, (1803).

(3) *Vanhorne's Lessee v. Dorrance*, 2 Dallas 304 (1795). *V.* in S.I. KUTLER (ed.), *The Supreme Court and the Constitution. Readings in American Consittucional History*, New York, 1984, p. 8.

première fois, en Amérique du Nord, en 1788, par Alexander Hamilton qui, dans son ouvrage *The Federalist,* faisant allusion au rôle des juges en tant qu'interprètes de la loi, signale:

> Une Constitution est, de fait, et c'est ainsi qu'elle doit être considérée par les juges, une loi fondamentale. Par conséquent, c'est à ceux-ci qu'il revient d'établir sa signification, de même que celle de tout acte provenant du corps législatif. En cas de situation irréconciliable entre deux actes, il est clair que prévaudra celui dont la validité est supérieure; en d'autres termes, la Constitution doit prévaloir sur toutes les lois, de la même manière que *l'intention du peuple doit prévaloir sur l'intention de ses agents.*

Par ailleurs, lorsque Hamilton traite du principe du pouvoir des juges de déclarer nul tout acte législatif contraire à la Constitution, il soutient que cela ne veut aucunement dire qu'une supériorité est accordée au pouvoir judiciaire au détriment du Législateur. Selon ses propres termes:

> La seule chose que cela suppose, c'est que le pouvoir du peuple est supérieur à l'un comme à l'autre et que, dans les cas où la volonté du Législateur, déclarée dans les lois, se trouve en opposition à celle du peuple, déclarée dans la Constitution, les juges doivent se soumettre à la dernière plutôt qu'aux premières.

> Dans sa conclusion, Hamilton signale:

> Aucun acte législatif contraire à la Constitution ne peut être valide. Le nier serait armer que l'inférieur est plus important que le principal, que le serviteur se place au-dessus de ses patrons, que les représentants du peuple sont supérieurs au peuple lui-même[4].

En tout cas, le principe de la suprématie de la Constitution et celui du pouvoir des juges à donner la préférence à la Constitution et à considérer nulles et non avenues les lois contraires à la Constitution ont été définitivement formulés par le Juge Marshall dans le affaire *Malbury vs. Madison* (1803):

> Ceux qui appliquent la règle à des cas particuliers doivent obligatoirement l'exposer et l'interpréter ... ainsi si une loi s'oppose à la Constitution ... le tribunal doit déterminer laquelle parmi les règles en conflit régit le cas: c'est là l'essence du devoir judiciaire. Dès lors, si les tribunaux décident de respecter la Constitution et si celle-ci est supérieure à la loi, ce sera la Constitution et non la loi qui régira le cas dont elles sont saisies[5].

La particularité du système américain réside dans le fait que le pouvoir de tous les tribunaux de «se prononcer sur la constitutionnalité des actes législatifs relevant de leur juridiction normale et de les appliquer et... de refuser d'appliquer, dans le cas où ils estiment qu'ils sont inconstitutionnels et, pourtant, non avenus»[6], n'était pas expressément prévu dans la Constitution. Il découlait de l'ensemble du

---

(4) *The Federalist* (ed. B.F. Wright), Cambridge, March 1961, pp. 491-493.
(5) *Marbury v. Madison*, 5 US (1 Cranch), 137, (1803).
(6) E.S. CORWIN, «Judicial Review», *Encyclopedia of the Social Sciences*, Vols. VII-VIII, p. 457.

système constitutionnel aux yeux de la Cour suprême, notamment de M. John Marshall, dans la célèbre affaire *Marbury vs. Madison* de 1803[(7)], s'appuyant sur deux arguments principaux, à savoir, en premier lieu, la suprématie de la Constitution, en qualité de loi fondamentale, à laquelle doivent se plier les autres lois; en second lieu, la faculté et l'obligation des tribunaux d'interpréter les lois et de ne pas appliquer celles contraires à la Constitution, à considérer nulles et non avenues[(8)].

Cette obligation fondamentale des tribunaux américains a été clairement résumée par la Cour suprême lors de l'affaire *Etats-Unis vs. Butler*, en 1936, en ces termes:

> La Constitution est la loi suprême du pays voulue et établie par le peuple. Toute législation doit se conformer aux principes qui y sont énoncés. Lorsqu'un acte du Congrès est adéquatement attaqué devant les tribunaux pour non conformité au mandat constitutionnel, l'instance judiciaire n'a qu'une chose à faire, confronter l'article de la Constitution qui est invoqué et la loi contestée et décider si cette dernière en cadre dans le premier. Tout ce qu'il a pour tâche ou peut faire est de rendre une décision mûrement pesée en la matière. Le seul pouvoir qu'il détient, est celui de juger. Ce tribunal n'approuve ni rejette les actes du législatif. Sa fonction, délicate et difficile, consiste à vérifier et à déclarer si la législation est conforme ou en contravention aux dispositions de la Constitution; une fois accomplie, celle-ci prend fin[(9)].

A la lumière de cette doctrine, les tribunaux, dans le système de contrôle diffus de la constitutionnalité aux Etats-Unis, ont qualité de gardiens spéciaux ou de gardiens de la lettre de la Constitution, et non seulement de la Constitution «nationale», mais également des constitutions des membres Etats.

Par ailleurs, dans le système américain, le pouvoir de contrôle juridictionnel découlait de la doctrine de la suprématie judiciaire, celle-ci étant susceptible de s'exercer sur tous les actes de l'Etat et pas seulement sur ceux du législatif. Pour cette raison, tous les actes du Congrès, les constitutions et lois des Etats, tous les actes du gouvernement et de l'administration, voire ceux du judiciaire, sont assujettis au contrôle judiciaire de la constitutionnalité des lois[(10)], et même si aucun traité n'a été frappé d'inconstitutionnalité par les tribunaux[(11)], dans l'affaire *Missouri vs. Holland* (1920) il était clairement établi que la validité constitutionnelle des traités et de toute législation s'y appuyant pouvait fort bien être sujette à enquête judiciaire[(12)].

---

(7) «...la responsabilité d'introduire la pratique (du contrôle juridictionnel des actes législatifs) en tant que norme dans les tribunaux fédéraux incombe en premier lieu au Great Chief Justice». Ch. G. HAINES, *The American Doctrine of Judicial Supremacy*, Supremacy, Berkeley 1932, p. 122.

(8) E.S. CORWIN, «Marbury v. Madison and the Doctrine of Judicial Review», *Michigan Law Review*, n° 12, 1914, p. 538.

(9) 297 US (1936).

(10) *Cf.* A TUNC et S. TUNC, *Le système constitutionnel des Etats-Unis d'Amérique*, Paris 1954, Vol. II, p. 272.

(11) P.G. KAUPER, «Judicial Review of Constitutional Issues in the United States» in H. MOSLER (ed.), Max-Plank Institut für Auslândisches ôffentliches Recht und Vôlkerrecht, *Verfassungsgerichtsbarkeit in der Gegenwant* (Constitutional Review in the World Today), (Internationales Kolloquium, Heidelberg, 1961), Köln-Berlin 1962, p. 628.

(12) *Missouri v. Holland*, 252 US 346 (1920) dans lequel la Cour a établi que le «traité contesté ne contrevient pas les mots prohibitoires que l'on peut trouver dans la Constitution» concluant que «nous sommes d'avis que le traité et la loi doivent être maintenus... ».

Dans d'autres pays, il faut le dire, le pouvoir de contrôle diffus de la constitutionnalité par tous les juges a été expressément établi de façon générale comme une règle de droit positif.

Ainsi, au moins depuis 1910, la Constitution colombienne établit:

> La Constitution est la norme des normes. En cas d'incompatibilité entre la Constitution et la loi ou une autre norme juridique, on appliquera les dispositions constitutionnelles (Art.4. C. 1991).

Dans le même sens, l'article 20 du Code des procédures civiles vénézuélien établit, depuis 1897, que:

> Lorsque la loi en vigueur dont l'application est demandée est en contradiction avec l'une quelconque des dispositions constitutionnelles, les juges appliqueront cette dernière de préférence.

Au Guatemala également, la Constitution de 1965 a établi expressément le principe de la suprématie de la Constitution et, par conséquent, la nullité de tous les actes de l'Etat qui la contrarient, tout en attribuant aux juges le devoir de donner la préférence à la Constitution dans les cas de lois en contradiction avec elle.

L'article 77, plus particulièrement, prévoit la norme générale lorsqu'il affirme:

> Les lois, les dispositions du gouvernement et tout autre ordre régissant l'exercice des droits garantis dans la Constitution doivent être déclarés nuls *ipso jure* s'ils diminuent, restreignent ou déforment ces droits.

L'article 246 ajoute:

> Les tribunaux de justice observeront toujours le principe selon lequel la Constitution prévaut sur toute loi ou traité international.

Selon ces normes, le contrôle judiciaire attribué à tous les tribunaux de justice a été conçu par la Constitution comme un devoir des juges susceptible d'être exercé *ex officio* en décidant un cas concret.

En outre, l'article 245 de la Constitution guatemaltèque, relatif au caractère purement incident du contrôle, stipule:

> Si l'inconstitutionnalité d'une loi est déclarée, la décision doit se borner à établir que la disposition légale est inapplicable au cas et que la question devra être envoyée au parlement.

(b) L'expansion vers l'Amérique latine

Vers la moitié du XIXème siècle, le système américain du contrôle de la constitutionnalité influençait la plupart des systèmes latino-américains qui l'ont adopté d'une façon ou d'une autre.

L'ouvrage d'Alexis de Tocqueville *La démocratie en Amérique*[13] a joué un rôle fondamental dans l'adoption du système par les pays d'Amérique latine dotés de la

---

(13) La première édition en espagnol de l'ouvrage a été publiée en 1836, un an après les éditions anglaise et française. Sur l'influence de l'ouvrage de De Tocqueville en la matière, v. J. CARPIZO et H. FIX-ZAMUDIO, «La necesidad y la legitimidad de la revisión judicial en América latina. Desarrollo reciente» in *Boletín mexicano de derecho comparado*, 1985, p. 33; R.D. BAKER, *Judicial Review in Mexico. A Study of the Amparo Suit*, Austin 1971, pp. 15, 33.

forme d'Etat fédéral, comme c'était le cas de l'Argentine (1860), du Mexique (1857), du Vénézuéla (1858) et du Brésil (1890). Ce système a également été adopté dans d'autres pays comme la Colombie (1850) qui avait vécu une brève expérience fédérale et en République Dominicaine (1844), qui ne possédait pas de forme fédérale d'Etat, où il est encore en vigueur[14].

La plupart des systèmes latino-américains de contrôle de la constitutionnalité se sont éloignés du système diffus original pour s'orienter vers un système mixte, soit en y ajoutant des aspects concentrés du contrôle de la constitutionnalité, soit en adoptant le système mixte dès le début comme au du Vénézuéla, en Colombie, au Guatemala et au Pérou. En revanche, le système argentin demeure le plus semblable au modèle américain[15] tout en préservant des caractéristiques propres. Le système mexicain est resté lui aussi un système diffus mais avec la particularité du *juicio de amparo* qui est devenu une institution à part entière. Au Brésil, en Colombie et au Vénézuéla, le système diffus a été associé à un système concentré de contrôle de la constitutionnalité des lois, exercés par la Cour suprême.

a. Le système en Argentine: En ce qui concerne l'Argentine[16], en 1860, la Constitution de la République établissait, dans ses articles 31 et 100, et avec une terminologie très semblable à celle de la Constitution américaine, les principes de la suprématie constitutionnelle et le rôle du pouvoir judiciaire. En effet, d'une part, l'article 31, très proche de la «clause de suprématie» de la Constitution américaine, stipulait:

> La présente Constitution, les lois de la Nation dûment approuvées par le Congrès et les traités souscrits avec des pays étrangers constituent la loi suprême de la Nation, et les autorités de chacune des Provinces sont tenues de s'y soumettre, sans avoir à supporter de dispositions contraires éventuellement contenues dans les lois provinciales ou les constitutions.

D'autre part, l'article 100 faisait référence au pouvoir judiciaire en établissant que:

> La Cour suprême et les tribunaux inférieurs de la Nation sont compétents pour juger et décider tous les cas relatifs aux aspects régis par la Constitution, par les lois de la Nation et par les traités souscrits avec des pays étrangers.

C'est ainsi que la Constitution argentine de 1860, très semblable dans sa terminologie à la Constitution américaine, ne renferme aucune norme expresse conférant des pouvoirs de contrôle de la constitutionnalité à la Cour suprême ou à d'autres tribunaux. Or, comme cela s'est produit aux Etats-Unis, le contrôle

---

(14) La Constitution de 1844, ainsi que celle de 1966 (art. 46), établissent que «sont nuls et non avenus tous les décrets, lois, résolutions, normes ou actes contraires à la Constitution». Par conséquent, tous les tribunaux peuvent déclarer un acte inconstitutionnel et inapplicable à un cas concret. *Cf.* M. BERGES CHUPANI, «Informe» in *Memoria de la Reunión de Cortes Superiores de Justicia de Iberoamérica, el Caribe, España y Portugal,* Caracas 1983, p. 380.

(15) A.E. GHIGLIANI, *Del control jurisdiccional de constitucionalidad,* Buenos Aires 1952, qui parle de la «filiation nord américaine» du contrôle judiciaire de la constitutionnalité en Argentine, pp. 6, 55 115. *Cf.* R. BIELSA, *La protección constitucional y el recurso extraordinario. Jurisdicción de la Corte Suprema,* Buenos Aires 1958, p. 116; J.A.C. GRANT, «El control jurisdiccional de la constitucionalidad de las leyes: una contribución de las Américas a la Ciencia Política», *Revista de la Facultad de Derecho de México,* UNAM, Vol. XII, nº 45, 1962, p. 652; C.J. FRIEDRICH, *The Impact of American Contitutionalism abroad,* Boston 1967, p. 83.

(16) Allan R. BREWER-CARÍAS, *op. cit.,* pp. 156-163.

constitutionnel en Argentine est une création de la Cour suprême, basée sur les principes de suprématie constitutionnelle et du devoir judiciaire en ce qui concerne l'application de la loi. Le premier cas d'application du contrôle en rapport avec une loi fédérale a été le affaire *Sojo*, (1887), concernant l'inconstitutionnalité d'une loi qui cherchait à étendre la juridiction issue de la Cour suprême[17], comme dans le affaire *Malbury vs Madison*.

Grâce à l'action des juges, le système argentin de contrôle de la constitutionnalité a évolué au XIXème siècle vers un système diffus[18] dans lequel tous les tribunaux et tous les juges avaient le pouvoir de déclarer l'inconstitutionnalité des actes législatifs, des traités, des actes exécutifs, des actes administratifs et des décisions judiciaires, que ce soit au niveau national ou provincial[19].

Ainsi, en Argentine, le pouvoir de contrôler la constitutionnalité des actes de l'Etat n'est pas réservé à un seul organe judiciaire ni à un groupe de ceux-ci. Il concerne tous les tribunaux, dans la limite de leur juridiction.

b. Le système au Brésil: Quant au système brésilien de contrôle de la constitutionnalité, à l'instar du système argentin, c'est l'un des systèmes latino-américains qui a suivi au plus près le modèle américain[20]. Aujourd'hui, il peut être considéré comme un système mixte après l'établissement, dans la Constitution de 1934, d'une action directe d'inconstitutionnalité qui peut être portée devant le Tribunal suprême fédéral afin de contester une loi.

En effet, la Constitution fédérale de 1891 obéit à une nette influence nord-américaine[21], puisqu'elle conférait au Tribunal suprême fédéral le pouvoir de contrôler, par un recours extraordinaire, la décision des tribunaux fédéraux et de ceux des Etats membres lorsque la validité ou l'application des traités ou des lois fédérales avait été mise en question et les décisions s'étaient avérées contradictoires, ou encore lorsque la validité des lois ou des actes du gouvernement des Etats avait été mise en question, étant donné leur contradiction à l'égard de la Constitution ou des lois fédérales et les décisions avaient considéré valides les actes ou les lois saisis[22].

---

(17) *Cf.* A.E. GHIGLIANI, *ob. cit.*, p. 58 R. BIELSA, *op. cit.*, pp. 41, 43, 179 qui parle de la «création prétorienne» du contrôle judiciaire par la Cour suprême, *op. cit.*, p. 179. *Cf.* J.R. VANOSSI et P.E. UBERTONE, *Instituciones de defensa de la Constitución en la Argentina*, UNAM, Congreso Internacional sobre la Constitución y su defensa, México 1982, (polycopié), p. 4; H. QUIROGA LAVIE, *Derecho constitucional*, Buenos Aires 1978, p. 481. Avant, en 1863, les premières décisions de la Cour suprême étaient adoptées dans des affaires constitutionnelles mais référées à des actes provinciaux et exécutifs.

(18) N.P. SAGÜÉS, *Recurso extraordinario*, Buenos Aires 1984, Vol. I, p. 91; J.R. VANOSSI et P.F. UBERTONE, *loc. cit.*, pp. 2, 14. *V.* aussi J.R. VANOSSI, *Teoría constitutional*, Buenos Aires, Vol. II, *Supremacía y control de constitucionalidad*, Buenos Aires 1976, p. 155.

(19) En particulier concernant l'inconstitutionnalité des traités et la possibilité des tribunaux de les contrôler, A.G. GHIGLIANI, *op. cit.*, p. 62; J.R. VANOSSI, *Aspectos del recurso extraordinario de inconstitucionalidad*, Buenos Aires 1966, p. 91 et *Teoría constitucional*, *op. cit.*, Vol. II, p. 277. *Cf.* R. BIELSA, *op. cit.*, p. 120-148; J.R. VANOSSI et P.F. UBERTONE, *loc. cit.*, p. 6.

(20) Allan R. BREWER-CARÍAS, *op. cit.*, pp. 315-317; H. FIX-ZAMUDIO et J. CARPIZO, «Amérique latine» in L. FAVOREU et J.A. JOLOWICZ (ed.), *Le contrôle juridictionnel des lois. Légitimité, effectivité et développements récents*, Paris 1986, p. 121.

(21) O.A. BANDEIRA DE MELLO, *A Teoria das constituiçoes rigidas*, Sao Paulo 1980, p. 157; J. Alfonso DA SILVA, *Sistema de defensa da Constituicao Brasileira*, Congreso sobre la Constitución y su Defensa, UNAM, México 1982, p. 29, (polycopié).

(22) Article 59, III, 1, Constitution 1981.

Comme conséquence de cette attribution constitutionnelle expresse, la loi fédérale n° 221 de 1894[23] conférait à tous les juges fédéraux le pouvoir de juger la validité des lois évidemment inconstitutionnelles et des règles exécutives et de décider leur inapplication dans des cas concrets. Le système diffus de contrôle de la constitutionnalité de la législation a donc été établi au Brésil vers la fin du XIXème siècle et a été perfectionné par les réformes postérieures de 1926, 1934, 1937, 1946 et 1967[24]. On peut par conséquent déduire que le trait principal du système brésilien de contrôle de la constitutionnalité est son caractère diffus et ses liens avec le modèle américain.

Quoi qu'il en soit, contrairement aux modèles américain et argentin, où les pouvoirs des tribunaux de contrôler la constitutionnalité de la législation découlent du principe de suprématie de la Constitution appliqué par la Cour suprême, le système diffus de contrôle de la constitutionnalité apparaît au Brésil sur disposition expresse de la Constitution de 1891[25] et est toujours présent dans les normes constitutionnelles. A cet égard, la Constitution de 1988, en vigueur, établit la compétence du Tribunal fédéral suprême pour juger, par des recours extraordinaires, les cas décidés en dernier ressort par d'autres tribunaux ou d'autres juges, premièrement lorsque les décisions contestées sont en contradiction avec une disposition de la Constitution ou nient une loi fédérale ou un traité; deuxièmement, quand elles déclarent l'inconstitutionnalité d'un traité ou d'une loi fédérale, et troisièmement, lorsqu'ils estiment que la loi ou un autre acte du gouvernement local est contraire à la Constitution ou à une loi fédérale valide[26]. Cette norme détermine donc le système diffus de contrôle de la constitutionnalité ainsi que le pouvoir du Tribunal fédéral suprême d'intervenir dans toute procédure concernant la question de la constitutionnalité.

Comme il a déjà été mentionné plus haut, le système diffus de contrôle de la constitutionnalité au Brésil suit les traits généraux du modèle américain, mis en place également en Argentine. Par conséquent, tous les tribunaux de première instance ont le pouvoir de ne pas appliquer les lois (fédérales, municipales ou des Etats) qu'ils considèrent inconstitutionnelles, lorsque la question de leur constitutionnalité a été soulevée par l'une des parties de la procédure. Mais les juges n'ont pas de pouvoir *ex officio* pour juger la constitutionnalité des lois qui doit être soulevée en tant qu'exception ou défense par l'une des parties de la procédure.

(c) Le juicio de amparo *au Mexique et le contrôle de la constitutionnalité des lois*

Comme l'a décrit Alexis de Tocqueville, un système diffus de contrôle de la constitutionnalité fût adopté dans la Constitution mexicaine de 1847, lui aussi sous l'influence du système de contrôle de la constitutionnalité nord-américain[27]. Il attribue aux tribunaux fédéraux le devoir de «protéger» les droits et les libertés inscrits dans la Constitution contre toute atteinte des pouvoirs exécutif et législatif des Etats membres ou de la Fédération.

---

(23) Article 13, 10. Loi 221 du 20 novembre 1984.

(24) O.A. BANDEIRA DE MELLO, *op. cit.*, pp. 158-237.

(25) *Cf.* J. Alfonso DA SILVA, *loc. cit.*, pp. 32,34; J. Alfonso DA SILVA, *Curso de direito constitucional positivo*, Sao Paulo 1984, p. 17.

(26) Article 102, III, Constitution. J. Alfonso DA SILVA, Sistema ... *loc. cit.*, p. 43; O.A. BANDEIRA DE MELLO, *op. cit.*, p. 215.

(27) Allan R. BREWER-CARÍAS, *op. cit.*, pp. 163-167.

L'article 25 des Actes des Réformes de 1847 stipulait:

> Les tribunaux de la Fédération protégeront (*ampararán*) les habitants de la République dans l'exercice et la conservation des droits qui leurs sont garantis dans la Constitution et dans les lois constitutionnelles contre toute atteinte de la part des pouvoirs législatif ou exécutif, soit de la Fédération, soit des Etats; les tribunaux mentionnés se limitant à octroyer leur protection dans les cas particuliers auxquels se réfère la procédure, sans faire aucune déclaration générale relative à la loi ou à l'acte en question[28].

Par la suite, un article semblable a été adopté de façon définitive par la Constitution de 1857 qui a créé, au moyen d'une procédure spéciale très importante, une institution juridictionnelle unique sous le nom de *juicio de amparo,* basée aujourd'hui sur des dispositions du texte constitutionnel publié en 1982, suivant les orientations déterminées par la Constitution de 1917.

Le *juicio de amparo,* même s'il constitue la seule voie judiciaire susceptible d'être employée pour le contrôle de la constitutionnalité de la législation, a d'autres fonctions puisque, en tant qu'institution complexe, il comprend au moins cinq actions et procédures judiciaires différentes.

La première de ces fonctions est l'*amparo de la libertad* dans laquelle la procédure d'*amparo* fonctionne comme un moyen judiciaire visant à la protection des droits fondamentaux établis dans la Constitution. A cet égard, le processus d'*amparo* pourrait correspondre au recours d'*habeas corpus* lorsqu'il vise la protection de la liberté individuelle. Mais il peut aussi servir de protection des autres droits fondamentaux établis aux articles 1 à 29 lorsque ceux-ci sont enfreints par acte d'une autorité[29].

Le deuxième aspect du processus d'*amparo* est qu'il peut être exercé contre des décisions judiciaires (art. 107, 111, V) lorsqu'on invoque que les dispositions légales ont été appliquées par le juge de façon incorrecte. Il s'agit alors de l'*amparo judicial* ou de l'*amparo* de cassation, très semblable au recours en cassation existant dans les lois de procédure civile et pénale des pays de droit civil, en vue de contrôler la légalité des décisions judiciaires.

La troisième fonction du procès d'*amparo* est l'*amparo* administratif, au moyen duquel il est possible de contester des actes administratifs qui violent la Constitution ou les lois[30]. C'est là un moyen de contrôle de la constitutionnalité et de la légalité de l'action administrative, équivalent au «contentieux administratif» français répandu dans presque tous les pays de droit civil.

La quatrième fonction est celle d'*amparo agrario* mis en place pour protéger les paysans contre actes des autorités agraires qui pourraient affecter leurs droits consacrés par les dispositions de la réforme agraire, en particulier en ce qui concerne la propriété rurale collective[31].

---

(28) *V.* le texte in J. Carpizo, *La Constitución mexicana de 1917,* México 1979, p. 271; R.D. Baker, *op. cit.,* p. 23; et H. Fix-Zamudio, «Algunos aspectos comparativos del derecho de amparo en México y Venezuela», *Libro Homenaie a la Memoria de Lorenzo Herrera Mendoza,* Caracas 1970, Vol. II, p. 336. *V.* aussi H. Fix-Zamudio, «A Brief Introduction to the Mexican Writ of Amparo», *California Western International Law Journal,* San Diego 1977, p. 313.

(29) *Cf.* R.D. Baker, *op. cit.,* p. 92.

(30) Article 107, IV.

(31) Article 107, II.

En fin, l'*amparo contra leyes* (contre les lois) auquel on peut avoir recours pour contester les lois qui violent la Constitution. Dans ces cas, le *juicio de amparo* est un moyen de contrôle de la constitutionnalité de la législation, exercé de façon directe en l'absence de tout acte judiciaire d'application de la loi considérée inconstitutionnelle. Cet aspect est certainement le plus spécifique de la justice constitutionnelle[32].

Des cinq aspects du processus d'*amparo*, seul le dernier peut être employé comme un moyen de contrôle de la constitutionnalité des actes législatifs. Dans ce cas, il partage certains points communs avec le système diffus de contrôle de la constitutionnalité, tout en conservant des traits spécifiques.

En effet, la particularité de l'*amparo* «contre les lois» réside dans le fait qu'il s'agit ici d'une procédure entamée au moyen d'une action directe portée devant un tribunal fédéral de district[33] par un plaidant contre une loi particulière, la partie défendant étant l'organe suprême de l'Etat qui est intervenu dans la procédure de formation de la loi, c'est à dire le Congrès de l'Union ou les législatures d'Etat qui l'ont produite, le Président de la République ou les gouverneurs d'Etat qui l'ont promulguée et les secrétaires d'Etat qui l'ont contresignée et ont ordonné sa publication[34].

Dans ces cas, les décisions judiciaires des tribunaux fédéraux ou de district peuvent faire l'objet d'une révision par la Cour suprême de justice [35].

De cette façon, l'*amparo* contre les lois est une action directe contre une loi; l'existence d'un acte administratif concret ou d'une décision judiciaire pour statuer ou pour l'appliquer n'est pas nécessaire à son exercice. Cependant, la question constitutionnelle soulevée n'étant pas abstraite, seules les lois qui affectent directement le plaidant, sans qu'il soit besoin d'un autre acte de l'Etat immédiat ou suivant, peuvent faire l'objet de cette action. Ainsi donc, l'objet de cette action résident dans les lois auto-applicatives[36], c'est à dire celles qui, par leur promulgation, causent un préjudice direct et personnel au plaidant. C'est pourquoi, en principe, l'action visant l'*amparo* contre les lois doit être portée devant les tribunaux dans les 30 jours à compter de leur établissement[37].

(d) Le contrôle diffus de la constitutionnalité des lois au Vénézuéla

Le contrôle diffus de la constitutionnalité des lois dans le système vénézuélien[38], établi en parallèle avec un système de contrôle concentré de la constitutionnalité attribué à la Cour suprême de justice, est de deux types: incident et principal. Le contrôle incident résulte du pouvoir que tous les juges ont d'apprécier

---

[32] H. FIX-ZAMUDIO, «Algunos problemas que plantea el amparo contra leyes», *Boletín del Instituto de Derecho Comparado de México*, UNAM, nº 37, 1960, pp. 15,20.

[33] Article 107, XII.

[34] H. FIX-ZAMUDIO, «Algunos problemas que plantea el amparo ... », *loc. cit.*, p. 21.

[35] Article 107, VIII, a.

[36] *Cf.* R.D. BAKER, *op. cit.*, pp. 164-167; H. FIX-ZAMUDIO, «Algunos problemas que plantea el amparo... », *loc. cit.*, p. 24.

[37] Article 21. Loi d'*amparo*. *Cf.* H. FIX-ZAMUDIO, «Algunos problemas que plantea el amparo... », *loc. cit.*, p. 32. *Cf.* R. D. BAKER, *op. cit.*, p. 171.

[38] Allan R. BREWER-CARÍAS, *op. cit.*, pp. 277-279; Allan R. BREWER-CARÍAS, *Estado de derecho y control judicial*, Madrid 1987, pp. 25-32.

la constitutionnalité d'une loi de façon incidente, dans un procès quelconque. Le contrôle principal est le pouvoir de tous les juges compétents en matière d'action d'*amparo* de décider l'inapplicabilité pour raison d'inconstitutionnalité d'une loi violant les droits et garanties constitutionnels du requérant, le résultat étant une action d'*amparo* contre les normes.

a. Le contrôle diffus incident: Comme nous l'avons mentionné, depuis 1897, le Code de procédure civile établit expressément dans les «Dispositions fondamentales» que, lorsque la loi en vigueur dont l'application est demandée est en contradiction avec une quelconque disposition constitutionnelle, les juges appliqueront cette dernière de préférence.

Selon cette norme, le système diffus de justice constitutionnelle au Vénézuéla autorise tous les juges, quel que soit le niveau judiciaire du plus bas de la hiérarchie jusqu'à la Cour suprême de justice elle-même, à décider de ne pas appliquer une loi considérée contraire à la Constitution quand l'application de celle-ci est nécessaire pour la décision d'un procès concret. Telle est sans doute la conséquence fondamentale du principe de la suprématie constitutionnelle, telle qu'elle a toujours été considérée au Vénézuéla depuis le début du XXème siècle par tous les commentateurs du Code de procédure civile[(39)].

La nullité des actes inconstitutionnels découle du principe de prééminence de la Constitution, qui est une conséquence de sa suprématie. En effet, la suprématie constitutionnelle implique l'obligation des juges de respecter la Constitution et leur pouvoir-devoir de l'appliquer. C'est pourquoi lorsqu'une loi est inconstitutionnelle les juges ne peuvent l'appliquer et doivent préférer le texte de la Constitution, car une loi inconstitutionnelle ne possède aucune valeur. On peut dire que ce principe a été établi au Vénézuéla depuis le début du régime constitutionnel, en particulier dès la Constitution de 1811, ce qui a conduit à considérer qu'un contrôle diffus de la constitutionnalité a été implicitement adopté[(40)], sous l'influence, bien sûr, du constitutionnalisme nord-américain.

En effet, l'article 227 de la Constitution de 1811 stipulait:

> Art. 227. La présente Constitution, les lois promulguées qui en découlent en vue de son exécution ainsi que tous les traités conclus sous l'autorité du gouvernement de l'Union constitueront la loi suprême de l'Etat sur tout le territoire de la Confédération, et les autorités et les habitants des provinces seront obligés de leur obéir et de les observer religieusement sans excuse ni prétexte; quant aux lois en contradiction avec la teneur de cette loi suprême qui auraient pu être adoptées n'auront de valeur qu'après avoir rempli les conditions requises pour la juste et légitime révision (de la Constitution) et leur sanction[(41)].

---

(39) *V.* R. FEO, *Estudios sobre el Código de procedimiento civil venezolano*, Caracas 1904, Vol. I, pp. 26-35; R. MARCANO RODRÍGUEZ, *Apuntaciones analíticas sobre las materias fundamentales y generales del Código de procedimiento civil venezolano*, Caracas, Vol. I, pp. 36-38; A. BORJAS, *Comentarios al Código de Procedimiento Civil*, Caracas, Vol. I, pp. 33-35.

(40) *V.* H.J. LA ROCHE, *El control jurisdiccional de la constitucionalidad en Venezuela y Estados Unidos*, Maracaibo, 1971, p. 24; T. POLANCO, «El Recurso de inconstitucionalidad en la Constitución Venezolana de 1811», in *El pensamiento Constitucional de Latinoamérica 1810-1830*, Congreso de Academias e Institutos Históricos. Actas y Ponencias, Caracas 1962, Vol. 3, p. 208.

(41) *V.* Allan R. BREWER-CARÍAS, *Las Constituciones de Venezuela*, *op. cit.*, Madrid 1985, p. 203.

Selon cette norme, donc, et conformément au modèle de justice constitutionnelle défini quelques années auparavant, en 1803, par le juge Marshall dans l'affaire *Malbury vs Madison*, la Constitution était considérée comme la loi suprême de l'Etat, les lois inconstitutionnelles n'ayant aucune valeur, c'est à dire qu'elles étaient considérées nulles. La garantie de la suprématie et l'inviolabilité de la Constitution reposaient par conséquent sur la nullité des lois inconstitutionnelles (non pas leur annulabilité); ce qui explique pourquoi les juges n'étaient pas obligés de les appliquer. Au contraire, ils devaient appliquer de préférence la Constitution, car ils étaient tenus de lui «obéir et de l'observer religieusement». C'est ce qu'établissait expressément la Constitution de 1830:

> Art. 186. Aucun fonctionnaire public ne pourra promulguer ou exécuter des ordres ou leur obéir si ceux-ci sont contraires à la Constitution ou aux lois, ou violent les formalités prévues par celles-ci ou sont promulgués par des autorités manifestement incompétentes[42].

De son côté, la Constitution de 1893 inclut une déclaration expresse selon laquelle les lois qui pourraient réglementer l'exercice des droits reconnus et consacrés dans la Constitution ne devraient pas restreindre ces derniers ni leur porter atteinte; dans le cas contraire «elles seront tenues comme inconstitutionnelles et dépourvues d'efficacité» (art. 17). Ceci fait l'objet de l'article 46 de la Constitution de 1961.

On peut donc dire que, depuis 1811, existe au Vénézuéla un système de contrôle diffus de la constitutionnalité des lois, s'appuyant sur les principes de la suprématie de la Constitution, de la nullité et inefficacité des actes inconstitutionnels et de la responsabilité des fonctionnaires qui les édicteraient. Le contrôle a suivi implicitement les grandes lignes du modèle des Etats-Unis jusqu'en 1897, date à laquelle a été établi expressément, dans le Code de procédure civile, le pouvoir de tous les juges d'apprécier la constitutionnalité des lois.

b. Le contrôle diffus principal: Outre le contrôle diffus incident de la constitutionnalité des lois, qui suit la voie classique de l'archétype états-unien, le système vénézuélien possède un contrôle diffus principal lié à l'action de l'*amparo*, et qui permet l'exercice d'actions directes d'*amparo* contre des lois et des normes violant les droits et garanties constitutionnels, en vertu desquels l'inapplicabilité de la loi peut être décidée à l'égard du demandeur[43].

Comme nous l'avons signalé, à l'intérieur du principe de la suprématie constitutionnelle existe celui de la prééminence des droits et garanties constitutionnels qui oblige tous les juges à faire respecter et appliquer ces derniers. Plus encore, la Constitution elle-même établit la garantie objective des droits lorsqu'elle déclare la nullité des actes violant ces mêmes droits. Ainsi, l'article 46 prévoit:

> Art. 46. Tout acte du pouvoir public qui viole ou restreint les droits garantis par la présente Constitution est nul, et les fonctionnaires et employés publics qui l'ordonnent ou l'exécutent encourent en responsabilité pénale, civile et administrative selon les cas, sans que puissent leur servir d'excuse des ordres supérieurs manifestement contraires à la Constitution et aux lois.

---

(42) *V.* Allan R. BREWER-CARÍAS, *Las Constituciones de Venezuela, op. cit.*, p. 353.

(43) Allan R. BREWER-CARÍAS et Carlos AYALA CORAO, *Ley orgánica de amparo sobre derechos y garantías constitucionales*, Caracas 1988, p. 28.

Ainsi, cette primauté des droits constitutionnels, conçue et garantie sous cette forme, impose à tous les juges le devoir d'appliquer de préférence la Constitution (et les droits y établis) par rapport aux lois et normes qui les violent au moyen du contrôle diffus incident déjà mentionné.

Par ailleurs, elle permet à tout individu se prétendant lésé dans ses garanties et droits constitutionnels par une loi ou une norme d'obtenir la protection judiciaire par le biais de l'*amparo* direct contre la norme, conformément à l'article 3 de la Loi organique d'*amparo*. Dans ces cas, la primauté des droits et garanties peut être assurée par ce système de contrôle de la constitutionnalité, lui aussi à caractère diffus, mais principal. En effet, dans le cas d'action d'*amparo* contre normes, il s'agit d'un système de contrôle de la constitutionnalité des lois et des normes à caractère principal, c'est à dire qu'il s'agit d'une action directe contre une loi ou une norme moyennant laquelle la décision aura pour but d'apprécier l'inapplicabilité de la loi à l'égard du plaignant.

Il s'agit par conséquent d'un contrôle principal de la constitutionnalité au moyen d'une action d'*amparo*, mais en même temps à caractère diffus puisqu'elle n'est pas intentée devant un seul organe judiciaire.

La compétence en matière d'*amparo* est attribuée à tous les juges de première instance compétents, en fonction de la nature du droit ou de la garantie constitutionnel violé ou menacé de violation (art. 7). Cependant, lorsque les faits, les actes ou les omissions qui sont à l'origine des violations ou de la menace de violation se produisent dans des lieux dépourvus de tribunal de première instance, l'action d'*amparo*, est interjetée devant n'importe quel juge du lieu (art. 9). De cette façon, le caractère diffus de la compétence judiciaire en matière d'*amparo* fait de l'*amparo* contre les lois et les normes un contrôle principal et diffus de la constitutionnalité.

Quoi qu'il en soit, s'agissant d'un contrôle principal par voie d'action, les pouvoirs du juge d'*amparo* en matière de contrôle de la constitutionnalité demeurent circonscrits à la question posée par le plaignant en ce qui concerne la violation qu'il dénonce par rapport aux droits ou garanties qui pourraient être lésés par la loi ou la norme. Le juge d'*amparo* ne possède donc pas le pouvoir d'agir d'office, ni de considérer d'office d'autres vices ou violations des droits qui ne sont pas dénoncés par le requérant.

Tel que l'établit l'article 3 de la Loi organique de l'*amparo* sur les droits et garanties constitutionnels, le juge en cas d'*amparo* contre des lois ou normes «devra apprécier l'inapplicabilité de la norme», c'est à dire qu'il devra exercer un contrôle de la constitutionnalité semblable au contrôle diffus classique et décider de l'inconstitutionnalité de la loi ou de la norme.

(e) Le système diffus de contrôle de la constitutionnalité en Europe

Après son adoption aux Etats-Unis et son élargissement aux pays latino-américains, le contrôle diffus de la constitutionnalité des lois a été mis en place pour la première fois en Europe[44], au Portugal, dans la Constitution républicaine de 1911, sous l'influence des principes de la Constitution brésilienne de 1891, elle-même influencée, comme nous l'avons vu, par le système nord-américain. Le système

[44] V. Pierre BON et al., *La justice constitutionnelle au Portugal*, Paris 1989, p. 31.

diffus a été conservé au Portugal dans la Constitution de 1982 bien qu'associé à un système concentré de contrôle, attribué au Tribunal constitutionnel.

Le système diffus de contrôle de la constitutionnalité des lois a aussi été adopté en Grèce où est reconnu un système de contrôle de la constitutionnalité très semblable au système de contrôle de la constitutionnalité des lois des Etats-Unis[45].

a. Le système au Portugal: La Constitution de la République portugaise adoptée par l'Assemblée constituante en avril 1976 jetait les bases d'un système hybride de contrôle juridictionnel de la constitutionnalité des lois, dans lequel le Conseil de la Révolution, sa Commission constitutionnelle et les tribunaux ordinaires jouaient un rôle très important[46], donnant ainsi naissance au système le plus complet de contrôle de la constitutionnalité des lois de l'Europe, lequel reprenait l'essentiel du modèle européen et du système français parallèlement à des éléments propres au système de contrôle judiciaire diffus. Ce système hétérogène de contrôle judiciaire devait être maintenu à la suite de la première révision de la Constitution ratifiée par la Loi constitutionnelle no. 1/82 du 30 septembre 1982[47] qui le réglemente, comme nous l'avons dit, de manière telle qu'on peut encore le considérer de nos jours comme le plus complète des systèmes de contrôle de la constitutionnalité européens.

La Constitution de 1982 n'est pas seulement écrite et rigide[48], elle a aussi expressément rang de loi suprême du pays à laquelle sont dûment assujettis tous les autres actes de l'Etat. A ce propos, l'article 3 de la Constitution stipule:

> L'Etat sera subordonné à la Constitution et fondé sur la légalité démocratique.
>
> La validité des lois et autres actes publics des régions autonomes et des autorités locales dépendra de leur conformité à la Constitution.

La conséquence de cette clause de suprématie est expressément prévue dans le texte de la Constitution, dont l'article 227 stipule:

> Sont inconstitutionnelles les normes qui enfreignent les dispositions de la Constitution ou les principes qui y sont consacrés.

Par conséquent, la suprématie de la Constitution et des principes que posent les dispositions, signifie que les lois et les actes de l'Etat qui leur sont contraires s'avèrent inconstitutionnels et donc nuls. Cette assertion appelle, bien sûr, la mise en place d'un système complexe de contrôle judiciaire de la constitutionnalité des actes de l'Etat, au sein duquel existe un système diffus aux côtés d'un système concentré dont se trouve dotée une Cour constitutionnelle.

En effet, aux termes de l'article 207 de la Constitution portugaise,

---

(45) E. SPILIOTOPOULOS, «Judicial Review of Legislative Acts in Greece», *Temple Law Ouarterly*, nº 56 (2), Philadelphia 1983, p. 57.

(46) Allan R. BREWER-CARÍAS, *Judicial Review...*, *op. cit.*, pp. 265-266; J. CAMPINOS, «La Constitución portuguesa de 1976 y su defensa», *La Constitución y su defensa*, UNAM, México 1984, p. 527; M. GONSALO, «Portugal, el Consejo de la Revolución, su Comisión constitucional, los tribunales ordinarios como órganos de control de la constitucionalidad», *Boletín de jurisprudencia constitucional*, Cortes Generales, nº 8, Madrid 1981; Pierre BON *et al.*, *op. cit.*, pp. 26 et ss.

(47) *Diario de la República*, nº 227.

(48) Article 290.

Dans les affaires dont ils sont saisis, les tribunaux ne pourront pas appliquer de normes contrevenant aux dispositions de la Constitution ou violant les principes qui y sont consacrés.

Cette disposition constitutionnelle autorise tous les tribunaux du pays à ne pas appliquer des dispositions inconstitutionnelles, ce qui englobe non seulement les lois mais aussi les décrets-lois, les règlements, les actes pris au niveau régional ou tous autres actes normatifs publics, y compris les traités internationaux. Par conséquent, la Constitution établit non seulement le pouvoir de tous les tribunaux de s'abstenir d'appliquer des normes qu'ils jugent inconstitutionnelles dans telle ou telle affaire, mais également l'obligation de le faire. C'est donc là une faculté susceptible d'être exercée *ex officio* par n'importe quel tribunal, encore que toute partie à une affaire précise ou le ministère public puisse soulever la question constitutionnelle.

Le contrôle de la constitutionnalité des lois est donc un contrôle diffus conféré à tous les tribunaux dans les cas concrets où est soulevée une question qu'ils doivent résoudre au moment de statuer en la matière. Ainsi, lorsqu'ils estiment qu'une norme est inconstitutionnelle, celle-ci est considérée sans effet au regard l'affaire en question, c'est à dire, nulle *inter partes*, avec des effets *ex tunc* et *pro praeterito*, de telle sorte que l'acte normatif est considéré comme n'ayant jamais été valable en relation avec l'affaire et des parties intéressées.

b. Le système grec: Fondé aussi sur le principe de la suprématie de la Constitution et sur la rigidité des constitutions de 1844 et de 1864, le contrôle de la constitutionnalité était à l'origine conçu par la Cour suprême de Grèce[49], en 1847, dans une optique étroite, comme le pouvoir accordé à tous les tribunaux de vérifier dans tout litige concret entre parties si l'acte législatif «remplit toutes les conditions requises, en conformité de la Constitution, en vue de l'adoption d'une décision législative», et se limitait donc à la constitutionnalité formelle des lois. Dans la même décision, la Cour excluait du pouvoir de contrôle judiciaire des tribunaux l'examen de fond de la constitutionnalité des lois, dans le sens où leur juridiction n'incluait pas l'examen du «contenu de la décision législative parce qu'il est impossible que le pouvoir qui représente la souveraineté de l'Etat agisse illégalement»[50]. Plus tard, en 1871 et en 1879, la Cour suprême a renversé sa position quant à la conception étroite du contrôle judiciaire et a estimé que celui-ci pouvait s'appliquer à une loi lorsque cette dernière «entre nettement en contradiction avec une disposition supérieure de la Constitution», auquel cas, «le tribunal a le pouvoir de ne pas l'appliquer dans l'affaire dont il est saisi»[51].

La Constitution de 1927 a été la première à doter expressément de pouvoirs de contrôle juridictionnel tous les tribunaux; son article 5 a été modifié avec l'introduction d'une clause interprétative, qui, dans le système constitutionnel grec a force de loi au même titre que les dispositions constitutionnelles, et dans laquelle il était stipulé que «1e sens véritable» de la disposition qui déclare que le «pouvoir judiciaire est dévolu aux tribunaux indépendants seuls assujettis à la loi»[52] «est l'obligation des tribunaux de ne pas appliquer de lois dont le contenu est contraire à la Constitution»[53].

---

(49) Allan R. BREWER-CARÍAS, *Judicial Review..., op. cit.*, pp. 168-172.
(50) Décision n° 198 (1847), *cit.*, in E. SPILIOTOPOULOS, *loc. cit.*, p. 471.
(51) Décision n° 18 (1871) et n° 23 (1897), *cit.*, in E. SPILIOTOPOULOS, *loc. cit.*, p. 472.
(52) Article 5.
(53) *V.* E. SPILIOTOPOULOS, *loc. cit.*, p. 472, note 43.

Cette norme constitutionnelle expresse concernant le contrôle judiciaire de la constitutionnalité des lois, bien qu'éliminée de la Constitution après 1935, et conformément au principe jurisprudentiel antérieur, a continué d'être appliquée par la Cour suprême et le Conseil d'Etat à titre de «pratique complémentaire» de la Constitution[54]. Comme le fait observer le Professeur Epaminondas Spiliotopoulos:

> Partant du droit jurisprudentiel et en l'absence des dispositions constitutionnelles expresses que contenait précédemment la Constitution de 1927, les spécialistes en droit public soutenaient la théorie que le pouvoir des tribunaux de contrôler la constitutionnalité des lois et de refuser d'appliquer les dispositions légales qu'ils estimaient inconstitutionnelles découlait d'une pratique complémentaire de la Constitution[55].

La Constitution du 29 septembre 1968, promulguée sous la dictature militaire, et bien que dénuée de tout caractère réellement coercitif en matière de contrôle juridictionnel, devait en rétablir les bases constitutionnelles en stipulant à l'article 118 que:

> Les tribunaux sont tenus de ne pas appliquer les dispositions légales, les décrets et règlements pris en violation de la Constitution ou contraires à sa lettre[56].

Ce principe devait être repris plus tard dans la Constitution de 1975, toujours en vigueur, où il était stipulé que «les tribunaux seront tenus de ne pas appliquer des lois dont le contenu est contraire à la Constitution[57]. Dans la même ligne de principes, l'article 87 de la Constitution stipule:

> Dans l'exercice de leurs fonctions, les juges ne seront assujettis qu'à la Constitution et aux lois; en aucun cas ils ne seront tenus de se conformer à des dispositions prises en contravention à la Constitution[58].

Le contrôle judiciaire de la constitutionnalité des lois dans le système constitutionnel grec, comporte donc une obligation et un pouvoir exprès pour tous les juges, qui s'exercent dans les mêmes conditions que dans tous les systèmes diffus de contrôle judiciaire, seulement dans les cas où les tribunaux statuent dans une affaire déterminée à laquelle s'applique la loi contestée.

B. La compatibilité du système diffus avec tous les systèmes juridiques

Bien que le système diffus de contrôle de la constitutionnalité des lois trouve son origine aux Etats-Unis, on peut affirmer qu'il n'est pas propre au *common law* et qu'il n'est pas incompatible avec la tradition des systèmes de droit civil. Bien au contraire, il existe depuis le XIXème siècle dans la plupart des pays latino-américains qui appartiennent tous au système juridique de droit civil. C'est le cas notamment du Mexique, de l'Argentine et du Brésil qui ont suivi le modèle américain ainsi que celui de la Colombie et du Vénézuéla qui possèdent un système mixte de contrôle judiciaire de la constitutionnalité.

Il est également présent en Europe, dans des pays à tradition de droit civil, comme le Portugal, la Suisse et la Grèce. En Suisse, le système diffus de contrôle de la constitutionnalité a été établi dans la Constitution d'une manière restreinte, dans

---

(54) *Cf. Idem*, p. 470, note 30 et p. 474.
(55) *Idem*, p. 475.
(56) *V. Información Jurídica*, n° 300, Madrid 1969, p. 103.
(57) Article 93, 4.
(58) Article 87, 3.

la mesure où il autorise les tribunaux à décider en matière constitutionnelle de l'applicabilité des actes législatifs des Cantons mais non de celle des lois fédérales[59]. En Grèce, comme nous l'avons déjà vu, la Constitution (art. 93) confie aux tribunaux le pouvoir de ne pas appliquer les dispositions dont le contenu est considéré contraire à la Constitution.

C'est ainsi que le système judiciaire diffus de contrôle de la constitutionnalité a fonctionné tant dans des systèmes juridiques à tradition de *common law* que dans des systèmes à tradition de droit civil. Nous ne pouvons pas, par conséquent[60] partager l'opinion des professeurs Mauro Cappelletti et John Clarke Adams qui affirment qu'il existe une incompatibilité fondamentale entre le système diffus de contrôle de la constitutionnalité et les systèmes juridiques basés sur le droit romain[61]. Le professeur Cappelletti a dit aussi que la seule expérience de l'Italie et de l'Allemagne de l'Ouest, préalable à la création du Tribunal constitutionnel dans ces pays, révèle l'impropriété de la méthode décentralisée dans les pays de droit civil[62].

Nous ne croyons pas que les arguments en faveur du système concentré du contrôle de la constitutionnalité puissent se trouver dans le domaine de l'impropriété ou de la propriété d'un système de contrôle de la constitutionnalité des lois par rapport à un système juridique. Tout système particulier de contrôle de la constitutionnalité doit être adopté conformément au principe de la suprématie de la Constitution. Or, si le principe de la suprématie constitutionnelle est adopté, les tribunaux, qui ont le pouvoir de décider quelle norme appliquer quand il existe une contradiction entre une loi particulière et la Constitution, seront obligés de donner la priorité à la Constitution, faisant de cela un devoir indépendamment du système particulier (*common law* ou droit romain) du pays en question.

Il existe un autre aspect relatif aux effets pratiques d'ordre légal de l'adoption du système diffus du contrôle de la constitutionnalité. En Europe, en l'absence de tout système judiciaire de contrôle de la constitutionnalité avant les années 1920, en présence du schéma traditionnel de séparation des pouvoirs, basé sur la souveraineté du législateur et de la loi, et de la méfiance à l'égard des tribunaux en ce qui concerne le contrôle de l'action législative, les critiques du système diffus du contrôle de la constitutionnalité sont aussi anciennes que l'existence même du modèle européen. Par exemple, Hans Kelsen, le créateur du modèle autrichien faisait référence aux problèmes soulevés par le système diffus, en justifiant le pouvoir centralisé afin d'examiner la régularité des normes générales, en soulignant l'absence d'unité dans les solutions et l'incertitude légale pouvait résulter de l'abstention d'un tribunal d'appliquer une norme ou une loi inconstitutionnelle, alors qu'un autre tribunal décide le contraire[63].

---

(59) H. FIX-ZAMUDIO, *Los tribunales constitucionales y los derechos humanos*, México 1980, p. 17, 84; A. JIMÉNEZ BLANCO, «El Tribunal Federal suizo», *Boletín de jurisprudencia constitucional*, Cortes Generales, nº 6, Madrid 1981, p. 477.

(60) Allan R. BREWER-CARÍAS, *Judicial Review..., op, cit.*, pp. 128-131.

(61) M. CAPPELLETTI et J.C. ADAMS, «Judicial Review of Legislation: European Antecedents and Adaptations», *Harvard Law Review*, nº 79, (6), 1966, p. 1215.

(62) M. CAPPELLETTI, *Judicial Review in the Contemporary World*, Indianapolis 1971, p. 59. Dans le même sens, M. FROMONT considère qu'il est «difficile d'admettre» le système diffus de contrôle juridictionnel dans les pays à tradition de droit romain. *V.* «Préface» in J.C. BÉGUIN, *Le contrôle de la constitutionnalité des lois en République fédérale d'Allemagne*, Paris 1982, p. V.

(63) H. KELSEN, «La garantie juridictionnelle de la Constitution (La justice constitutionnelle)», *Revue du droit public et de la science politique en France et à l'étranger*, 1928, p. 218.

Dans ce même sens, les professeurs Mauro Cappelletti et John Clarks Adams ont souligné que le système diffus de contrôle de la constitutionnalité peut provoquer de graves incertitudes et des confusions lorsqu'un tribunal décide d'appliquer une loi qu'un autre tribunal ne considère pas valable[(64)].

Ces problèmes, néanmoins, existent dans les deux systèmes, celui du *common law* et celui du droit civil ou romain, quand ils suivent le système diffus de contrôle judiciaire de la constitutionnalité, et ne sont pas particuliers aux pays de droit romain, qui l'ont adopté, comme semblent le démontrer les professeurs Cappelletti et Adams, sur la base des effets correctifs de la doctrine *stare decisis*, caractéristique du système de *common law* et étrangère au système de droit romain.

Leur argument est le suivant:

> Selon la doctrine anglo-américaine de *stare decisis*, une décision adoptée par le plus haut tribunal d'une juridiction quelconque lie tous les autres tribunaux de la même juridiction. A partir du moment où le tribunal déclare une loi inconstitutionnelle, aucun autre tribunal ne peut appliquer celle-ci. Ce tribunal n'a pas besoin d'un octroi de pouvoir spécifique pour déclarer la non validité d'une loi et ne doit prendre de décision que concernant l'applicabilité de la loi dans le cas concret; la doctrine *stare decisis* fait le reste en demandant aux autres tribunaux de suivre le précédent dans les cas postérieurs. Par conséquent, si la loi inconstitutionnelle continue d'apparaître dans le journal officiel, elle restera lettre morte.

Ils terminent leur argumentation en disant:

> La *stare decisis* ne fait pas partie normalement du système de droit romain; dans de tels systèmes les tribunaux ne sont généralement pas limités, même pas par les décisions des tribunaux supérieurs[(65)].

L'argument a été développé postérieurement par le professeur Cappalletti dans son livre *Judicial Review in the Contemporarv World* où il a exprimé:

> A partir du moment où la *stare decisis* est étrangère aux juges de droit civil, un système qui autorise chaque juge de décider sur la constitutionnalité des lois risque de créer une situation dans laquelle un juge néglige une loi parce qu'il la considère inconstitutionnelle alors qu'un autre l'appliquera comme étant constitutionnelle.
>
> Allant plus loin, le même organe judiciaire qui aurait un jour négligé une loi donnée, un autre jour pourrait la soutenir, après changé d'avis quant à sa légitimité constitutionnelle. Cela peut entraîner des différences entre des autorités judiciaires différentes, par exemple, entre un tribunal ordinaire et des tribunaux administratifs, ou bien, entre les juges plus jeunes et radicaux appartenant aux tribunaux inférieurs et les juges plus anciens et traditionnels des tribunaux supérieurs... Les résultats, extrêmement dangereux, peuvent créer des conflits graves entre les organes judiciaires ainsi que de graves incertitudes concernant la loi[(66)].

---

(64) M. CAPPELLETTI et J.C. ADAMS, *loc. cit.*, p. 1215.
(65) *Idem*, p. 1215.
(66) M. CAPPELLETTI, *op. cit.*, p. 58.

Il faut insister sur le fait que ces problèmes issus du principe de suprématie de la Constitution existent tant dans les pays qui suivent le système de droit romain, que dans ceux de *common law*. S'il est vrai que la doctrine *stare decisis* corrige les problèmes, elle ne peut les résoudre tous. Par exemple, aux Etats-Unis, les cas portant sur une question constitutionnelle décidée par des tribunaux inférieurs ne peuvent pas tous être envoyés à la Cour suprême qui a le pouvoir discrétionnaire de décider le cas dont elle va se saisir[(67)].

D'autre part, même si la doctrine *stare decisis*, telle qu'elle est connue dans tous les pays du *common law*, ne s'applique pas aux pays de tradition romaine, qui ont adopté le système diffus de contrôle de la constitutionnalité, ces pays ont mis au point, de façon parallèle et naturelle, leurs propres corrections aux problèmes posés, en obtenant des effets similaires.

Par exemple, dans le système mexicain d'*amparo*, la Constitution établit le principe dit de la *jurisprudencia*, selon lequel les précédents ou décisions antérieures provenant des tribunaux fédéraux doivent obligatoirement être pris en compte[(68)]. Conformément à ce principe, la loi d'*amparo* établit que les décisions de la Cour suprême ainsi que les décisions d'autres corps collégiaux sont considérées comme des précédents obligatoires, après cinq décisions consécutives non interrompues par arrêté contraire. Les effets de la *jurisprudencia* ont été partiellement considérés comme équivalents à ceux qui résultent de la règle du *stare decisis*.

De plus, dans le système mexicain de l'*amparo*, le dit «*amparo* contre les lois» a aussi été envisagé comme une action extraordinaire d'inconstitutionnalité des lois auto-éxécutées pouvant porter directement atteinte aux droits individuels. Un tel cas peut être porté devant les tribunaux fédéraux qui sont autorisés à juger les inconstitutionnalités d'une loi sans qu'il y ait un rapport quelconque avec un procès particulier[(69)].

A cet égard, en Argentine et au Brésil, deux pays qui suivent de près le modèle américain dans la mesure où le pouvoir est garanti aux tribunaux de décider de l'inapplicabilité d'une loi basée sur des considérations constitutionnelles, une institution nommée «recours extraordinaire d'inconstitutionnalité» a été mise en place. Ce recours est introduit devant la Cour suprême contre les décisions judiciaires adoptées en dernière instance, quand une loi fédérale est considérée inconstitutionnelle et inapplicable par un tribunal[(70)]. Dans ces cas, bien que la décision adoptée par la Cour suprême a des effets *in casu et inter partes*, du fait de son adoption par la Cour suprême, elle acquiert, en fait, des effets obligatoires (précédents) sur le tribunal inférieur[(71)].

De même, dans quelques pays européens de droit romain qui ont adopté le système diffus du contrôle de la constitutionnalité, des mécanismes juridiques

---

(67) 28 US Code, Section 1254, 1255, 1256, 1257. *V.* aussi Norme n° 17 de la Cour suprême.

(68) Article 107, Section XIII, paragraphe 1 de la Constitution (amendement de 1950-1951).

(69) R.D. BAKER, *op. cit.*, pp. 164, 250-251, 256, 259.

(70) H. FIX-ZAMUDIO, *Veinticinco Años de Evolución de la Justicia Constitucional 1940-1965*, México, 1968, pp. 26, 36; J. CARPIZO et H. FIX-ZAMUDIO, «La necesidad y la legitimidad de la revisión judicial en América latina. Desarrollo reciente», *loc. cit.*, p. 33. Publié aussi in L. FAVOREU et J.A. JOLOWICZ, *Le contrôle juridictionnel des loi Légitimité, effectivité et développements récents*, Paris 1986, pp. 119-151

(71) J.R. VANOSSI et P.E. UBERTONE, *Instituciones de defensa de la Constitución en la Argentina, loc. cit.*, p. 32.

spéciaux ont été établis pour résoudre des problèmes issus de décisions contradictoires de différents tribunaux concernant des questions constitutionnelles. C'est le cas de la Grèce dont la Constitution de 1975 régit un Haut tribunal spécial qui a le pouvoir de décider de l'inconstitutionnalité des lois quand des décisions contradictoires ont été adoptées en la matière par le Conseil d'Etat, la Cour de cassation ou la Cour des comptes. En pareil cas, les décisions du Haut tribunal spécial ont des effets absolus et généraux, vis-à-vis de la constitutionnalité des lois[72].

Finalement, les autres pays à tradition de droit romain qui ont adopté le système diffus de contrôle de la constitutionnalité ont corrigé les problèmes d'incertitude et de conflit en adoptant un modèle mixte de contrôle de la constitutionnalité, c'est à dire en utilisant parallèlement le système diffus et le système concentré. En Amérique latine, c'est le cas du Guatemala[73], de la Colombie et du Vénézuéla. Dans ces deux derniers pays, particulièrement, le système concentré du contrôle de la constitutionnalité existe parallèlement au système diffus légalement établi dans la loi positive, et la Cour suprême ou la Cour constitutionnelle est quand même autorisée à annuler une loi inconstitutionnel avec des effets *erga omnes*, moyennant une action populaire qui peut être portée devant la Cour par un habitant quelconque du pays. Donc, parallèlement aux pouvoirs des tribunaux de décider de l'inapplicabilité d'une loi considérée inconstitutionnelle dans un cas concret, la Cour suprême ou la Cour constitutionnelle a le pouvoir d'annuler, avec des effets généraux, les lois contestées comme étant inconstitutionnelles[74].

Dans la même ligne de pensée, d'autres pays de l'Europe, traditionnellement de droit romain et ayant adopté le système diffus de contrôle de la constitutionnalité, ont aussi adopté parallèlement le modèle du système concentré, en donnant à la Cour suprême ou à un Tribunal constitutionnel le pouvoir d'annuler les lois inconstitutionnelles. C'est le cas de la Suisse où, même si aucun contrôle judiciaire constitutionnel n'est permis en ce qui concerne les lois fédérales, le Tribunal fédéral a le pouvoir de déclarer l' inconstitutionnalité d'une loi cantonale avec des effets *erga omnes* quand il est requis par un recours spécial de droit public en cas de violation des droits fondamentaux[75]. Au Portugal, c'est le Tribunal constitutionnel qui a le pouvoir d'annuler les lois inconstitutionnelles quand il est saisi par voie d'action directe.

Par conséquent, dans le même sens que la doctrine *stare decisis* dans les pays appartenant au *common law*, pour résoudre les problèmes d'incertitude et l'éventuel caractère conflictuel des décisions judiciaires prises par différents tribunaux concernant la constitutionnalité des lois que le système diffus du contrôle de la constitutionnalité peut produire, les pays de tradition romaniste ont mis au point une série de mécanismes légaux pour prévenir l'effet négatif qui découle de ces problèmes, soit en donnant un caractère obligatoire aux précédents, soit en garantissant à la Cour suprême ou à une Cour constitutionnelle les pouvoirs nécessaires pour déclarer l'inconstitutionnalité des lois ayant parfois des effets

---

(72) E. SPILIOTOPOULOS, «Judicial Review of Legislative Acts in Greece», *loc. cit.*, pp. 496-500.

(73) J.H. GARCÍA LA GUARDIA, *La defensa de la Constitución*, México 1983.

(74) A.R. BREWER-CARÍAS, *El control de la constitucionalidad de los actos estatales*, Caracas 1977; L.C. SACHICA, *El control de la constitucionalidad y sus mecanismos*, Bogotá 1980.

(75) E. ZELLWEGER, «El Tribunal Federal Suizo en calidad de Tribunal Constitucional», *Revista de la Comisión Internacional de Juristas*, Vol. VII (1), 1966, p. 119; H. FIX-ZAMUDIO, *Los Tribunales constitucionales..., op. cit.*, p. 84.

obligatoires et généraux. Par conséquent, les problèmes posés par le système diffus du contrôle de la constitutionnalité de la législation sont communs aux pays qui ont adopté soit le système romain, soit celui du *common law*, de façon que l'on ne peut considérer le système de contrôle de la constitutionnalité «incompatible» avec le système romain ou avec celui du *common law* d'un pays donné, par le seul fait que la règle *stare decisis* n'existe pas dans le système de droit romain.

Comme nous l'avons déjà dit, la compatibilité absolue en cette matière réside dans le principe de la suprématie constitutionnelle selon lequel les juges chargés de l'application de la loi peuvent décider de l'inapplicabilité de celle-ci lorsqu'elle contredit la Constitution et donner la préférence à cette dernière. Tel est le système original de contrôle de la constitutionnalité après le triomphe de la Constitution sur le législateur.

Néanmoins, dans les pays européens de droit romain, la méfiance séculaire à l'égard du pouvoir judiciaire a ouvert la voie à la mise en place du système concentré de contrôle juridictionnel de la constitutionnalité qui a permis de redécouvrir la suprématie constitutionnelle par un autre biais. Cela ne signifie pas pour autant que l'on puisse considérer le contrôle diffus de la constitutionnalité de la législation comme étant incompatible avec le système romain ou avec celui du *common law*.

C. Le rôle des Cours suprêmes

Comme nous l'avons vu plus haut, dans les systèmes diffus de contrôle judiciaire de la constitutionnalité des lois, le pouvoir de contrôle est attribué à tous les juges et non pas à un seul organe ou autorité judiciaire. Même la Cour suprême a le pouvoir de décider de ne pas appliquer une loi lorsqu'elle estime que celle-ci est contraire à la Constitution, et d'appliquer cette dernière de préférence.

Cependant, dans le processus judiciaire de contrôle de la constitutionnalité, les Cours suprêmes jouent un rôle de premier plan du fait de la doctrine qu'elles peuvent établir. En tout cas, les effets de cette doctrine varient selon les systèmes juridiques[76].

(a) La Cour Suprême des Etats-Unis, le **writ of certiorari** *et le principe de* **stare decisis**

Au sommet du système judiciaire fédéral des Etats-Unis se trouve la Cour suprême, à laquelle est confiée non seulement une juridiction d'appel mais également une juridiction originale qu'institue la Constitution à titre exclusif. Cette juridiction originale de la Cour suprême connaît des affaires dont la Cour peut être directement saisie, laquelle englobe celles auxquelles un Etat est partie ainsi que celles dans lesquelles sont en cause des ambassadeurs. Les litiges entre deux Etats, nés généralement de conflits de droit en matière frontalière, d'eau ou minière, ne peuvent être portés que devant la Cour suprême, les cours de district pouvant connaître de leur côté d'autres affaires relevant de la juridiction originale non exclusive[77].

En conséquence, compte tenu du fait que la juridiction originale de la Cour suprême est de par nature limitée et de moindre importance, il est évident que le plus gros de son activité comme interprète de la Constitution est absorbé par sa juridiction d'appel, au sein de laquelle elle agit en qualité de tribunal de dernière instance.

---

[76] Allan R. BREWER-CARÍAS, *Judicial Review...*, *op. cit.*, pp. 140-144.

[77] *Cf.* L. BAUM, *The Supreme Court*, Washington 1981, p. 11.

A cet égard, notamment dans le domaine constitutionnel, la Cour suprême apparaît comme «le tribunal le plus important du système américain»[(78)], doté d'une très vaste juridiction d'appel réglementée par le Congrès, dans le but d'assurer une interprétation définitive, autorisée et uniforme de la Constitution, des lois et des traités des Etats-Unis.

Ainsi, la Cour suprême a la faculté de réviser toutes les décisions des cours d'appel [(79)] des Etats-Unis, qui ont, elles, le pouvoir de réviser les décisions de toutes les cours de district, de sorte que, en général, la juridiction d'appel de la Cour suprême peut s'étendre à toutes les affaires qui prennent source dans le système judiciaire fédéral.

En outre, la Cour suprême est compétente en appel pour réviser les décisions des Cours suprêmes des différents Etats dans toutes les affaires relevant de la législation fédérale, d'un traité, de la loi d'un Etat ou encore à la réclamation d'un droit au titre de la Constitution, de traités ou de lois des Etats-Unis [80]. Elle est enfin compétente pour réviser les décisions des cours fédérales spécialisée, comme la *Court of Claims*, la Cour chargée du contentieux en matière douanière et de brevets et la Cour chargée de l'examen des recours militaires[(81)].

Mais en dehors de la juridiction d'appel propre à la hiérarchie du système judiciaire, il se trouve aussi des cas où la Cour suprême a la faculté d'agir en juridiction d'appel de dernière instance lorsqu'elle est appelée à réviser des décisions des cours fédérale de district dont elle est saisie directement par voie de recours. A ce sujet, le *U.S. Code* établit un droit de recours devant la Cour suprême contre les décisions de toute cour fédérale, y compris les cours fédérale de district, quand elles «déclarent une loi du Congrès inconstitutionnelle à propos d'une action civile, d'un procès ou d'une instance dont sont partie les Etats-Unis, un de leurs organismes ou un de leurs fonctionnaires ou employés en tant que fonctionnaire ou employé». Les Etats-Unis peuvent faire appel directement devant la Cour suprême contre une décision d'une cour fédérale de district rejetant une procédure criminelle ou établissant une culpabilité criminelle pour inconstitutionnalité de la loi fédérale criminelle[(82)]. Enfin, le *U.S. Code* autorise toute partie à faire directement appel «devant la Cour suprême contre tout ordre accordant ou refusant, après notification et audience, des injonctions interlocutoires ou permanentes à propos d'une action civile, d'un procès ou d'une instance intenté à propos d'une loi du Congrès devant une cour de district de trois juges»[(83)], quand la loi fédérale ou d'un Etat a été mise en cause du fait de son inconstitutionnalité.

Comme on peut le voir, la juridiction d'appel de la Cour suprême est énorme, au point qu'il a fallu restreindre l'exercice du droit de recours devant le plus haut tribunal, et c'est ainsi que la Cour suprême s'est progressivement transformée en juge pour statuer sur la recevabilité ou non de tout recours exercé devant elle, celle-ci ayant pouvoir de refuser de connaître d'une affaire lorsqu'elle a la conviction que la question qui y est soulevée ne revêt pas suffisamment d'importance.

---

(78) B. SCHWARTZ, *American Constitutional Law*, Cambridge 1955, p. 129.

(79) 28, US Code 1254 qui se réfère aux méthodes par lesquelles les cas des cours d'appel peuvent être contrôlés par la Cour suprême.

(80) 28. US Code, 1257.

(81) 28. US Code, 1255, 1256.

(82) 28. US Code, 1252, 3731.

(83) 28. US Code 1253, 2281, 2282, 2284.

La juridiction d'appel de la Cour suprême est par conséquent à la fois impérative et discrétionnaire, la juridiction discrétionnaire étant la plus importante vu le nombre d'affaires révisées.

Pour ce qui est du droit d'appel et de la juridiction impérative d'appel de la Cour suprême, ceux-ci sont prévus lorsque sont en jeu des questions constitutionnelles de poids et notamment dans le cas où une loi du Congrès est considérée inconstitutionnelle par une cour fédérale ou la Cour suprême d'un Etat, ou quand une loi d'un Etat a été déclarée inconstitutionnelle par une cour fédérale d'appel, ou quand sa constitutionnalité est contestée devant la Cour suprême d'un Etat.

Dans tous les autres cas concernant ou non la matière constitutionnelle, la Cour suprême des Etats-Unis a compétence pour réviser toutes les décisions des cours fédérales d'appel, des cours fédérales spécialisées et toutes les décisions des Cours suprêmes des Etats portant sur des questions touchant à la législation fédérale, mais de manière discrétionnaire quand elle effectue l'examen d'un *writ of certiorari*.

En effet, dans tous ces cas où il n'y a pas de droit d'appel ou dans lesquels il n'y a pas de juridiction d'appel impérative, il est possible de saisir la Cour suprême par voie de requête de *certiorari*, moyen qui permet à un plaideur ayant perdu un procès devant une cour inférieure de solliciter auprès de la Cour suprême la révision de l'affaire en exposant les motifs de sa pétition[(84)].

Selon les «Règles de la Cour suprême», pour contribuer à l'uniformité et à la cohésion de la législation fédérale, les facteurs qui pourraient inciter la Cour suprême à accorder le bénéfice du *certiorari*, sont: 1. questions importantes touchant à la législation fédérale sur lesquelles la Cour ne s'est pas prononcée antérieurement; 2. interprétations contradictoires de lois fédérales par des cours inférieures; 3. décisions de cours inférieures en conflit avec celles antérieurement rendues par la Cour suprême; 4. et séparation par des instances inférieures en ce qui concerne le cours normal des procédures judiciaires[(85)].

La Cour suprême peut, bien sûr, accéder à la révision en fonction d'autres motifs ou la refuser en dépit même de l'existence de l'une ou de plusieurs des raisons précitées. La discrétion de la Cour suprême n'a pas de limite, et c'est au vu de l'importance de la question ou en fonction de l'intérêt public qu'elle délivre le bénéfice de *certiorari* aux fins de révision de certaines affaires.

(b) La Cour Suprême en Argentine, le Tribunal Suprême fédéral du Brésil et le recours extraordinaire

En Argentine, la Cour suprême de justice est le seul organe judiciaire créé par la Constitution. Elle est considérée comme «l'interprète final de la Constitution» ou comme la «défenderesse de la Constitution»[(86)].

Elle couvre aussi deux types de juridiction: originale et d'appel. La juridiction originale est établie dans la Constitution et ne peut par conséquent être élargie par des lois. Elle concerne les matières relatives aux ambassadeurs, aux ministres et aux consuls étrangers; elle s'étend aux Provinces (art. 101).

---

(84) L. BAUM, *op. cit.*, p. 81.
(85) *Cf.* R.A. ROSSUM et G.A. TARR, *American Constitutional Law*, NY 1983, p. 28.
(86) R. BIELSA, *op. cit.*, p. 270; J.R. VANOSSI et P.F. UBERTONE, *loc. cit.*, p. 18.

En appel, la Cour suprême a juridiction sur deux types d'appel: ordinaire et extraordinaire. En ce qui concerne le premier, la Cour suprême a le pouvoir de contrôler les décisions de la Chambre nationale d'appel dans les cas suivants: 1. Les affaires dans lesquelles la Nation constitue l'une des parties selon un montant fixé périodiquement; 2. L'extradition de criminels par d'autres pays; et 3. La saisie de navires en temps de guerre et autres cas liés au droit maritime.

Dans ces cas de juridiction d'appel ordinaire, la Cour suprême de justice se comporte comme un tribunal de troisième instance et de dernier ressort en contrôlant l'intégrité du cas décidé par la Chambre nationale d'appel.

Mais, comme on l'a dit, la juridiction d'appel de la Cour suprême de justice peut aussi être exercée par ce qu'on a appelé un «recours extraordinaire» qui est, en fait, un appel extraordinaire, dans lequel celui qui fait partie d'un cas décidé par les Chambres nationales d'appel et par les Tribunaux supérieurs des provinces peut le porter devant la Cour suprême, particulièrement quand il s'agit de cas qui traitent de questions constitutionnelles et qui présentent des conditions spéciales.

C'est, sans doute, le moyen normalement employé par la Cour suprême pour décider sur l'interprétation finale de la Constitution lorsqu'elle contrôle la constitutionnalité des actes de l'Etat Conséquemment, c'est la voie la plus importante pour le contrôle de la constitutionnalité des lois[(87)].

Quoi qu'il en soit, le recours extraordinaire est différent du *writ of certiori*_étant donné que la Cour suprême en Argentine n'a pas de pouvoirs discrétionnaires pour accepter ou non des recours extraordinaires. Par conséquent, dans le système argentin, toute la juridiction d'appel de la Cour suprême, soit ordinaire ou extraordinaire, est obligatoire et s'exerce comme conséquence d'un droit des parties de faire appel au recours extraordinaire[(88)].

Cependant, la différence entre l'appel ordinaire et le recours extraordinaire c'est que même s'il est connu en tant qu' «appel extraordinaire» ce n'est pas proprement un appel. I1 s'agit plutôt d'un recours autonome. Lorsque ce recours est exercé, la Cour suprême ne se comporte pas comme une simple cour de troisième instance[(89)], particulièrement parce que la Cour ne contrôle pas les motifs de la décision judiciaire considérée vis-à-vis des faits; son pouvoir de contrôle se borne aux aspects de loi sur des questions constitutionnelles. C'est pourquoi la Cour suprême n'agit pas *pure litigatoris* mais *pure constitutionis*; elle ne juge pas *questio facti* mais *questio suris* en vertu du recours extraordinaire[(90)].

Cette différence fondamentale entre la fonction de la Cour suprême comme conséquence de l'exercice d'un appel ou d'un recours extraordinaire est suivi d'une autre différence formelle; contrairement à l'appel, le recours extraordinaire doit être motivé et fondé sur des raisons constitutionnelles[(91)].

Même si on l'appelle «extraordinaire», l'appel ordinaire étant réduit au contrôle de très peu de décisions de la Chambre nationale d'appel, en réalité, le recours

---

(87) Allan R. BREWER-CARÍAS, *Judicial Review..., op. cit.*, pp. 156-163
(88) *Cf.* R. BIELSA, *op. cit.*, pp. 60-61; J.R. VANOSSI et P.F. UBERTONE, *loc. cit.*, p. 19.
(89) *Cf.* N.P. SAGÜÉS, *op. cit.*, p. 270; R. BIELSA, *op. cit.*, pp. 185, 221, 228, 275.
(90) R. BIELSA, *op. cit.*, p. 222.
(91) *Cf.* R. BIELSA, *op. cit.*, pp. 245, 252.

extraordinaire est devenu la voie judiciaire par laquelle les parties peuvent avoir accès le plus facilement à la Cour suprême de justice afin d'obtenir le contrôle de la constitutionnalité des actes de l'Etat[92]; notamment, parce que les décisions définitives de la Chambre nationale d'appel ne sont pas les seules à faire l'objet du recours, mais aussi les décisions définitives des Tribunaux des provinces où sont présentés la plupart des cas de droit commun.

En tout cas l'exercice de ce recours extraordinaire est soumis à des règles particulières que nous devons remarquer.

Premièrement, le recours extraordinaire ne peut s'exercer que par rapport à la matière constitutionnelle, d'où son importance en ce qui concerne le contrôle de la constitutionnalité. A cet égard, le recours extraordinaire peut s'exercer dans trois cas:

a. Lorsque a été soulevée la question de validité d'un traité, d'une loi du Congrès ou d'une autre autorité exercé au nom de la Nation et que la décision judiciaire a été contraire à la validité de l'acte particulier;

b. Lorsque la validité d'un acte ou d'un arrêté des autorités provinciales a été remise en question sur le terrain de l'incompatibilité de la Constitution, des traités ou des actes du Congrès, et que la décision judiciaire a été favorable à la validité de l'acte particulier;

c. Lorsque l'interprétation d'un article de la Constitution, d'un traité ou d'une loi du Congrès ou de tout autre acte de la Nation a été remise en question, et que la décision judiciaire a été contraire à la validité d'un droit, d'un privilège ou d'une immunité fondée sur l'article en question[93].

Mais il faut dire qu'en tant que création de la doctrine de la Cour suprême de justice, le recours extraordinaire a aussi été accepté contre «les décisions judiciaires arbitraires», c'est à dire là où le droit de se défendre dans une procédure a été violé. Le recours a également été accepté en cas de *grive institutionnel*, même dans des cas où il est normalement inadmissible. I1 a finalement été accepté en cas de refus effectif de justice[94].

Deuxièmement, concernant l'admissibilité du recours extraordinaire, il faut signaler que la question constitutionnelle doit être discutée dans la procédure des tribunaux inférieurs, et elle doit être prise en compte dans leur décision avant qu'elle ne soit portée devant la Cour suprême par le biais du recours extraordinaire[95]. Par conséquent, la Cour suprême doit rejeter le recours lorsque la question constitutionnelle n'a pas été discutée par le tribunal inférieur et n'a pas été considérée dans la décision[96]. Plus encore, la question constitutionnelle doit se maintenir dans les instances judiciaires des tribunaux inférieurs et ne doit pas être abandonnée par la partie intéressée. Dans le cas contraire, la Cour suprême doit repousser le recours extraordinaire[97].

---

(92) *Cf.* J.R. VANOSSI et P.F. UBERTONE, *loc. cit.*, p. 19.

(93) Loi 48, art. 14. *Cf.* J. R. VANOSSI et P. F. UBERTONE, *loc. cit.*, p. 20; R. BIELSA, *op. cit.*, pp. 210-211; N.P. SAGUÉS, *op. cit.*, p. 272.

(94) *Cf.* J.R. VANOSSI et P.F. UBERTONE, *loc. cit.*, p. 20.

(95) *Cf.* R. BIELSA, *op. cit.*, pp. 190, 202, 203, 205, 209.

(96) *Cf.* R. BIELSA, *op. cit.*, pp. 204.

(97) *Cf.* R. BIELSA, *op. cit.*, pp. 260.

Finalement, tous les autres aspects du caractère incident du contrôle de la constitutionnalité visent évidemment l'admissibilité du recours extraordinaire et particulièrement son exercice par une partie directement intéressée en la matière, dans lequel les droits sont affectés par des décisions concernant l'invalidité de la loi, et dont la solution de la question constitutionnelle est inévitable et indispensable pour la décision du cas. Nous devons remarquer à cet égard que, dans le système argentin, il a été expressément accepté que l'organe public dont les actes ont été mis en cause sur le terrain de l'inconstitutionnalité ainsi que le Procureur général ont la qualité de partie relative à l'exercice du recours extraordinaire(98).

En ce qui concerne le Brésil(99), à partir de l'établissement du système de contrôle de la constitutionnalité en 1891, la Constitution a toujours réglementé expressément le pouvoir du Tribunal fédéral suprême pour contrôler les décisions des tribunaux inférieurs en matière de constitutionnalité, par un recours extraordinaire qui peut être porté par la partie intéressée devant le Tribunal(100).

Ce recours extraordinaire d'inconstitutionnalité ne procède que lorsque la Cour suprême d'appel a pris des décisions considérées contraires à la Constitution ou qui dénient la validité d'un traité ou d'une loi fédérale; lorsque les décisions déclarent l'inconstitutionnalité d'un traité ou d'une loi fédérale; et lorsqu'une loi ou un acte du gouvernement local sont considérés valides alors qu'ils auraient été négligés comme inconstitutionnels ou contraires à une loi fédérale (Art. 102, III, Constitution).

Il faut mentionner que dans les questions constitutionnelles qui font l'objet de la procédure devant le Tribunal fédéral suprême, le Procureur général peut toujours intervenir et peut aussi le faire dans toute procédure dans laquelle la décision est pendent, afin de soulever des questions constitutionnelles qui doivent être décidées par le Tribunal(101).

Finalement, nous devons ajouter qu'en ce qui concerne la décision des questions constitutionnelles, le Tribunal suprême fédéral doit l'adopter avec le vote de la majorité des membres. La décision, comme celle de la première instance a des effets *inter partes* et *ex tunc* lorsqu'elle déclare l'inconstitutionnalité d'une loi. Dans un tel cas, le Tribunal reconnaît l'inconstitutionnalité *ab inito* de la loi dans une décision ayant des effets déclaratifs, mais il n'annule pas la loi qui continuera d'être applicable et en vigueur(102).

Dans le système brésilien, un aspect supplémentaire peut être distingué: une fois la décision adoptée par le Tribunal suprême, elle doit être envoyée au Sénat fédéral qui a le pouvoir, selon la Constitution, de «suspendre l'exécution totale ou partielle d'une loi ou d'un décret déclaré inconstitutionnel par le Tribunal supérieur fédéral par une décision définitive. En ce cas, les résultats des décisions du Sénat ont, évidemment, des effets *erga omnes* et *ex nunc*(103).

---

(98) *Cf.* R. BIELSA, *op. cit.*, pp. 237, 238.
(99) Allan R. BREWER-CARÍAS, *Judicial Review..., op. cit.*, pp. 316-317.
(100) J. Alfonso DA SILVA, *Sistema..., loc. cit.*, p. 44.
(101) J. Alfonso DA SILVA, *Sistema..., loc. cit.*, p. 44.
(102) D.A. BANDEIRA DE MELLO, *op. cit.*, p. 218.
(103) J. Alfonso DA SILVA, *Sistema..., loc. cit.*, pp. 69, 71, 73.

(c) *Le Tribunal constitutionnel portugais et le recours direct*

Dans le système de contrôle diffus de la constitutionnalité des lois au Portugal, la caractéristique la plus intéressante est le recours direct qui peut être exercé devant le Tribunal constitutionnel contre des décisions judiciaires portant sur des questions d'ordre constitutionnel, dans le genre du recours extraordinaire d'inconstitutionnalité que prévoient les systèmes argentin et brésilien ou des appels directs devant la Cour suprême des Etats-Unis[104].

En effet, l'article 280, 1, a. et b. de la Constitution portugaise prévoit un recours devant le Tribunal constitutionnel contre les décisions judiciaires lorsque les tribunaux refusent d'appliquer une norme jugée inconstitutionnelle ou en appliquent une dont l'inconstitutionnalité a été invoquée en cours de procès.

Ce recours doit obligatoirement être exercé par le ministère public si la norme dont l'application a été rejetée figure dans une convention internationale, un acte législatif ou un décret réglementaire[105]. Dans les cas où les tribunaux refusent d'appliquer une norme pour inconstitutionnalité, à la demande d'une partie, le recours direct ne peut être introduit que par celle ayant soulevé la question de l'inconstitutionnalité[106].

Mais le Tribunal constitutionnel, au Portugal, peut être saisi de recours contre des décisions d'instances inférieures, non seulement en cas de contrôle constitutionnel mais aussi en cas de contrôle diffus de la légalité, et cela dans les cas suivants:

D'abord, lorsque les tribunaux refusent d'appliquer une décision émanée d'un instrument régional motif pris qu'elle est illégale puisque violant la loi des régions autonomes ou celle, générale, de la République; en second lieu, lorsque les tribunaux refusent d'appliquer une disposition d'un instrument légal émanant d'un organe de la République au motif qu'elle est illégale puisque violant les lois d'une région autonome; en troisième lieu, lorsque le tribunal applique une disposition dont l'illégalité a été soulevée en cours d'instance sous prétexte de violation d'autonomies régionales. Dans ce dernier cas, seule la partie intéressée qui a soulevé la question a droit d'user du recours[107].

Par ailleurs, le ministère public est tenu d'interjeter des recours contre des décisions judiciaires dans lesquelles une disposition légale préalablement jugée inconstitutionnelle ou illégale par le Tribunal constitutionnel est appliquée[108].

Dans chacun de ces cas, les recours intentés devant le Tribunal constitutionnel seront circonscrits aux aspects inconstitutionnels ou illégaux, selon l'espèce[109]. C'est la raison pour laquelle le Tribunal ne procède pas à une révision factuelle de l'affaire, ses pouvoirs de contrôle judiciaire se limitant aux questions constitutionnelles. Les décisions du Tribunal constitutionnel dans les cas de contrôle constitutionnel sur recours n'ont d'effets qu'à l'égard de l'affaire en question et donc *inter partes*, et c'est seulement lorsque le Tribunal constitutionnel a jugé une disposition légale inconstitutionnelle dans trois cas judiciaires, qu'il apprécie et déclare l'inconstitutionnalité de la norme avec force obligatoire[110].

---

(104) Allan R. BREWER-CARÍAS, *Judicial Review..., op, cit.*, pp. 266-267.
(105) Article 282, 2.
(106) Article 280, 4.
(107) Article 280, 3, a, b, c.
(108) Article 280, 5.
(109) Article 280, 6.
(110) Article 281, 2.

(d) La Haute Cour spéciale en Grèce et les contradictions de la Jurisprudence

Le système diffus de contrôle judiciaire de la constitutionnalité en Grèce, bien que très voisin de celui pratiqué aux Etats-Unis d'Amérique, renferme un élément qui l'en différencie pas mal et qui découle de l'organisation particulière de l'appareil judiciaire grec[(111)].

En effet, en Grèce, les organes judiciaire essentiels sont organisés en deux grandes branches séparées et présentant certaines similitudes avec le modèle français: la branche civile et criminelle, avec à leur tête la Cour suprême, et la branche administrative coiffée par un Conseil d'Etat[(112)]. I1 existe donc deux organes judiciaires suprêmes dotés d'une juridiction d'appel définitif au niveau des juridictions civile et criminelle ordinaires ou à celui de la juridiction administrative. En outre, les articles 98 et 99 de la Constitution instituent une troisième branche indépendante du pouvoir judiciaire, relevant de la Cour des Comptes, compétente en matière de finances publiques et chargée de la vérification des comptes de la Nation. Tous les tribunaux des trois branches du pouvoir judiciaire ont le pouvoir de contrôler la constitutionnalité des lois et il peut par conséquent arriver que la Cour suprême, en matière civile ou criminelle, le Conseil d'Etat, en matière administrative ou la Cour des Comptes, en matière de finances publiques, rendent des décisions contradictoires ou conflictuelles en matière constitutionnelle, ce qui pourrait créer un état d'incertitude légale.

En vue de régler d'éventuels conflits découlant de décisions prises en matière constitutionnelle entre ces organisations judiciaires, la Constitution de 1968 a créé une Cour constitutionnelle[(113)], que la Constitution de 1975 a transformée en Haute Cour spéciale. La juridiction de cette Haute Cour spéciale a tendu à rapprocher le système grec de contrôle de constitutionnalité aux systèmes mixtes[(114)], mais en raison de son caractère particulier 94 inhérent à l'existence de trois organisations judiciaires indépendantes, ses fonctions consistent plutôt à corriger les inconvénients que le système diffus peut entraîner au niveau des trois branches de l'appareil judiciaire.

Cette Haute Cour spéciale, selon l'article 100, a compétence juridictionnelle non seulement en matière constitutionnelle mais également en matière électorale et de règlement de conflits touchant à la détermination des règles de droit international[(115)]. De plus, elle agit en qualité de juridiction en matière de conflit, à l'instar du Tribunal des conflits, en France[(116)]. En tout cas, la Haute Cour spéciale agit principalement en tant que tribunal de dernière instance dans le règlement des conflits d'ordre constitutionnel entre les Cours suprêmes du pouvoir judiciaire. A cet égard, la Constitution étend la compétence de cette Haute Cour spéciale au:

---

(111) Allan R. BREWER-CARÍAS, *Judicial Review..., op. cit.*, pp. 168-172.

(112) Articles 93-97, Constitution 1975. *Cf.* E. SPILIOTOPOULOS, *loc. cit.*, pp. 475-477. Bien que créé à l'origine en 1835, le Conseil d'Etat n'a commencé à fonctionner qu'en 1929. *Cf.* E. SPILIOTOPOULOS, *loc. cit.*, pp. 472, note 45.

(113) Article 106. *V. Información Jurídica, op. cit.*, pp. 99-100. *Cf.* les commentaires concernant ce Tribunal in H. FIX-ZAMUDIO, *Los tribunales constitucionales y los derechos humanos*, UNAM, México 1980, pp. 160-161.

(114) *Cf.* H. FIX-ZAMUDIO, *op. cit.*, p. 162.

(115) Article 100, 1, a, b, c, f.

(116) Article 100, 1, a, d.

Règlement de conflits relatifs à la détermination du caractère essentiellement constitutionnel ou non de la législation du parlement ou à l'interprétation de dispositions y afférentes lorsque des jugements conflictuels ont été rendus par le Conseil d'Etat, la Cour suprême de la Cour des Comptes[117].

Cette Haute Cour spéciale est composée du Président du Conseil d'Etat, du Président de la Cour suprême et du Président de la Cour des Comptes, de quatre conseillers d'Etat et de quatre membres de la Cour suprême. Lorsqu'elle statue en matière constitutionnelle, sa composition peut être élargie en s'attachant les services de deux professeurs de droit commun de Facultés de droit du pays,[118].

En vertu de la loi spéciale no. 345 de 1978, qui réglemente la procédure que doit suivre la Haute Cour spéciale en vue du réglemente conflits, «il y a conflit lorsque l'une des cours suprêmes chargée d'examiner la constitutionnalité d'une loi s'appliquant à l'affaire émet un avis contraire à l'opinion déjà exprimée par une autre cour suprême traitant la même loi»[119]. Dans ce cas, le conflit peut être élevé à la Haute Cour spéciale par deux voies, l'une incidente, l'autre principale. La première, celle de caractère incident permet à la Cour suprême dont l'avis est à l'origine du conflit de demander un jugement préliminaire sur la question de la constitutionnalité directement à la Haute Cour spéciale, la décision définitive en la matière étant alors ajournée. La seconde, à titre principal, peut être exercée lorsque la Cour suprême concernée n'ajourne pas sa décision définitive et la rend, auquel cas, l'affaire peut être portée devant la Haute Cour spéciale par voie de requête présentée par le Ministre de la justice, le Procureur près la Cour suprême, le Commissaire d'Etat auprès de la Cour des Comptes et le Commissaire d'Etat auprès de la juridiction administrative; et aussi par toute autre personne se prévalant d'un intérêt légalement protégé, y compris la partie perdante[120].

La Haute Cour spéciale n'examine que la question touchant à la constitutionnalité qui lui est déférée ou soumise, et la décision qu'elle rend en la matière a des effets *erga omnes*[121]. Aux termes de l'article 100 de la Constitution «les dispositions légales déclarées inconstitutionnelles seront nulles à compter de la date de publication du jugement ou de celle qu'aura fixée la décision». Par conséquent, la décision de la Haute Cour spéciale annule en principe tout acte inconstitutionnel, avec effets *ex nunc* dans l'avenir; mais cette même Cour peut assortir sa décision d'effets rétroactifs[122].

En conséquence, si à la suite de la décision de la Haute Cour spéciale, une cour inférieure rend une décision touchant à la constitutionnalité d'une loi contraire à l'avis de la Haute Cour spéciale, les plaideurs ont le droit d'intenter un appel, et si la décision en question est rendue par l'une des cours suprêmes, les parties ont la possibilité d'introduire une requête aux fins d'obtention d'une nouvelle audience[123].

Cependant, dans le cas où la question constitutionnelle est soulevée, les effets immédiats de la décision de la Haute Cour spéciale sont différents selon le caractère

(117) Article 100, 1, e.
(118) Article 100, 2.
(119) Article 48, 2 *cit.*, in E. SPILIOTOPOULOS, *loc. cit.*, p. 497.
(120) *Cf.* E. SPILIOTOPOULOS, *loc. cit.*, p. 497.
(121) Article 51, Loi 345, *cit.*, in E. SPILIOTOPOULOS, *loc. cit.*, p. 497.
(122) E. SPILIOTOPOULOS, *loc. cit.*, p. 500.
(123) Article 51. Loi 345, *cit.*, in E. SPILIOTOPOULOS, *loc. cit.*, p. 499.

incident ou principal de la procédure. Si la procédure est de caractère incident et la décision définitive ajournée au niveau de la Cour suprême, une fois rendu le jugement de la Haute Cour spéciale, la Cour suprême doit poursuivre la procédure en accord avec la décision de la Haute Cour spéciale:

> Mais si l'instance engagée devant la Haute Cour spéciale l'est à titre principal et si la Cour suprême concernée prononce un jugement définitif avant que la Haute Cour spéciale se soit prononcée, au lieu de l'ajourner, cette décision n'a pas automatiquement d'effet sur la décision définitive de la Cour suprême, et il s'ensuit que les plaideurs ont le droit, dans les quatre-vingt-dix jours à compter de la date à laquelle le jugement de la Haute Cour spéciale est rendu, d'introduire une requête spéciale et de solliciter une nouvelle audience de l'affaire devant la cour suprême, laquelle doit alors appliquer la décision de la Haute Cour spéciale[124].

(e) *L'absence des moyens extraordinaire de révision judiciaire dans le système vénézuélien*

Au Vénézuéla, conformément à l'article 20 du code de procédure civile, les effets d'une décision de ne pas appliquer la loi sont similaires à ceux du système des Etats-Unis, avec, cependant, une grande différence: aux Etats-Unis, les décisions des tribunaux sont effectivement considérées et appréciées comme précédents pour d'autres décisions, particulièrement celles de la Cour suprême selon la doctrine *stare decisis*. Dans le système juridique vénézuélien, la doctrine *stare decisis* n'a pas d'application car les juges, en conformité avec l'article 205 de la Constitution, sont soumis à celle-ci et aux lois, et pas à des précédents judiciaires. Par conséquent, les décisions judiciaires par lesquelles on a considéré l'inconstitutionnalité d'une loi conformément au système diffus de justice constitutionnelle ne sont pas obligatoires, ni pour le juge même qui l'a décidé ainsi, pouvant très bien modifier son critère, ni pour les autres juges, même lorsqu'il s'agit de juges inférieurs. En plus, en matière de contrôle diffus de la constitutionnalité des lois, il n'existe pas au Vénézuéla de mécanismes pour uniformiser la jurisprudence, chaque juge étant autonome dans l'exercice de ses pouvoirs d'appréciation de la constitutionnalité des lois[*].

En tout cas, la contradiction éventuelle qui pourrait apparaître entre les décisions des différents juges en matière d'inapplicabilité des lois jugées inconstitutionnelles, avec l'incertitude d'ordre juridique qui en résulte, peut être corrigée dans le système constitutionnel vénézuélien à partir de 1858, par l'établissement à partir de 1858, parallèlement au contrôle diffus de la constitutionnalité, d'un système de contrôle concentré attribué à la Cour suprême de justice qui peut être saisie par des *actions - populaires* susceptibles d'être exercées par toute personne contre les lois inconstitutionnelles et pouvant conduire à l'annulation de celles-ci.

2. La rationalité su système

Comme nous l'avons dit, l'essence du système diffus du contrôle judiciaire de la constitutionnalité des lois est la notion de la suprématie constitutionnelle: si la

---

[124] *Idem.*

[*] La situation à changé avec la Constitution de 1999. L'article 336,10 prévoit un recours extraordinaire qui s'exerce devant le Tribunal Supreme contre les décision des juges en matière constitutionnelle (contrôl diffus et décisions d'*amparo*).

Constitution est la loi suprême du pays, qui prévaut sur toutes les autres lois, aucun acte de l'Etat contrariant la Constitution ne peut pas devenir une loi effective. Au contraire, cet acte est considéré comme nul et non avenu. Selon les termes du juge Marshall:

> Si la Constitution est la loi fondamentale et suprême de la Nation... un acte de la législature qui violerait la Constitution serait non avenu[125].

A cet égard, la garantie effective de la suprématie de la Constitution ressort du fait que les actes qui la/ répugnent sont en effet nuls et non avenus. Et ils seront considérées de la même façon par les cours qui sont les organes de l'Etat appelés à appliquer la loi[126].

A. La nullité des actes inconstitutionnels

Or, le premier aspect qui montre la rationalité du système diffus est le principe de nullité des actes de l'Etat et, particulièrement, de la législation contrariant la Constitution.

En principe, la nullité d'un acte de l'Etat signifie que s'il prétend être un acte juridique de l'Etat, objectivement il ne l'est pas; il est irrégulier dans le sens où il ne correspond pas aux conditions établies pour l'édicter par une norme du rang supérieur. C'est ce que Hans Kelsen appelait la «garantie objective» de la Constitution[127] dans le sens où un acte de l'Etat nul et non avenu ne peut produire aucun effet, et n'a pas besoin d'un autre acte de l'Etat pour retirer sa qualité usurpée d'acte de l'Etat. Mais, si en revanche, cet acte de l'Etat était nécessaire, la garantie ne serait pas la nullité de l'acte mais son annulabilité.

Par conséquent, suivant une logique stricte, la suprématie de la Constitution signifie que tous les actes de l'Etat qui la violent sont nuls et non avenus, alors que théoriquement, toutes les autorités publiques ainsi que les individus pourraient être autorisés à apprécier l'irrégularité et à déclarer son inexistence et considérer l'acte comme étant non valide et non obligatoire. Evidemment, cela pourrait nous conduire à une anarchie juridique, c'est donc pourquoi la loi établit couramment des limites à ce pouvoir d'examen de la régularité des actes de l'Etat, en le réservant aux juges. Il résulte ainsi qu'un acte de l'Etat qui viole la Constitution peut seulement être examiné par les juges ayant le pouvoir de le considérer nul et non avenu. Cependant, en dépit des limites imposées par la loi sur le pouvoir d'examen des actes de l'Etat, cela ne signifie pas que la garantie cessera d'être la nullité de l'acte et se transformera en annulabilité. Au contraire, la garantie de la nullité de l'acte inconstitutionnel persiste, même si les limitations dérivées de la réserve légale attribuent aux juges le pouvoir de déclarer en exclusivité sa nullité. Dans un tel cas, d'autres autorités publiques, particulièrement les administratives, et les individus doivent considérer l'acte irrégulier de l'Etat comme étant effectif et obligatoire. Mais une fois que le juge déclare son inconstitutionnalité concernant un procès en particulier, l'acte devient nul et non avenu dans cette procédure.

En conclusion, dans les systèmes diffus de contrôle de la constitutionnalité, le devoir de tous les tribunaux est d'examiner la constitutionnalité des lois et de

---

(125) *Marbury v. Madison*, 5 US (1 Cranch), 137. (1803). *V.* texte in S.I. KUTLER (ed.), *op. cit.*, p. 29.
(126) *V.* en général, Allan R. BREWER-CARÍAS, *Judicial Review...*, *op. cit.*, pp. 131-134.
(127) H. KELSEN, *loc. cit.*, p. 214.

déclarer, le cas échéant, l'inapplicabilité d'une loi à un procès particulier considéré par le tribunal parce qu'elle est inconstitutionnelle et doit donc être considérée nulle et non avenue.

Mais, en tout cas, en matière de contrôle de la constitutionnalité, il faut signaler, à titre de principe général, qu'il existe une présomption de validité et de constitutionnalité des lois, dans le sens où les tribunaux doivent déclarer inconstitutionnelle une loi seulement dans le cas où sa nullité est évidente et établie indéniablement, preuve à l'appui. Le principe a été établi par la Cour suprême des Etats-Unis, par le juge Marshall à l'occasion de l'affaire *Fletcher vs Peck* (1810) en ces termes:

> La question de savoir si une loi doit être annulée parce que contraire à la Constitution est toujours une affaire très délicate, qui devrait être rarement pour ne pas dire jamais tranchée par l'affirmative en cas de doute... Mais ce n'est pas sur simple incidence ni sur une vague supposition que l'on peut affirmer que le législatif a outrepassé ses pouvoirs et que ses actes doivent être considérés nuls. L'opposition entre la Constitution et la loi doit être telle que le juge ait la nette et profonde conviction de leur incompatibilité[(128)].

Pour cette raison, la décision des juges quant à l'inconstitutionnalité des lois doit s'appuyer sur des motifs clairs, évidents et concluants pour en prononcer la nullité.

En outre, une autre auto contrainte des pouvoirs de contrôle judiciaire de la constitutionnalité réside dans le fait que l'appréciation de la constitutionnalité ou inconstitutionnalité d'une loi ne doit être prononcée par le Tribunal que lorsque cette décision est «absolument nécessaire pour la décision du cas concret»[(129)]. Par conséquent, le Tribunal ne doit pas décider de la constitutionnalité ou non de la loi, si cela ne change pas forcément sa décision définitive eu égard aux droits des parties, par exemple, si la question est insuffisamment liée au conflit ou s'il existe d'autres voies pour satisfaire la requête d'une partie sans avoir besoin d'évoquer la question constitutionnelle soulevée.

Le même juge Marshall aux Etats-Unis énonçait cette règle dans l'affaire *ex parte Randolph* (1833) lorsqu'il déclarait:

> I1 ne peut y avoir de question plus délicate portée devant le juge que celle impliquant la constitutionnalité d'un acte législatif. Si elle est vraiment indispensable au règlement de l'affaire, la Cour doit se réunir et en décider; mais si l'affaire peut être arrêtée sur d'autres points, tout respect juste à l'égard du corps législatif impose que le caractère obligatoire de ses lois ne soit pas inutilement ni capricieusement harcelé[(130)].

A ce sujet, le juge Brandeis de la Cour suprême des EtatsUnis, dans l'avis émis à l'occasion de l'affaire *Ashwander vs Tennessee Valley Authority* (1936), insistait sur l'une des règles en vertu desquelles la Cour suprême a évité de se prononcer sur bonne part de la problématique de la constitutionnalité en posant:

---

(128) *Fletcher v. Peck*, 6 Cranch 87 (1810).

(129) *Burton v. United States*, 196, US 283, 295 *cit.*, in *Ashwander v. Tennessee Valley Authoritv*, 297 US 288 (1936).

(130) *Ex parte Randolph*, 20 Fed. Cas. 242 (1833) *cit.*, par W.J. WAGNER, *The Federal States and their Judiciary*, The Hague 1959, p. 97.

> La Cour ne se prononcera pas sur une question constitutionnelle, même correctement étayée dans le dossier, s'il existe une autre base permettant de régler l'affaire... et donc, si une affaire peut être traitée en s'appuyant sur l'une des deux bases, l'une comportant un aspect constitutionnel, l'autre un point d'interprétation de la loi ou de droit commun, la Cour ne statuera que sur ce dernier[(131)].

Dans la même optique, aux Etats-Unis, dans l'affaire *Crowell vs Benson* (1932), il était précisé ce qui suit:

> Lorsque la validité d'un acte du Congrès est contestée et même si sa constitutionnalité est sérieusement mise en cause, il existe un principe primordial en vertu duquel la Cour devra d'abord vérifier s' il est possible de soutenir la loi de façon à éviter la question constitutionnelle[(132)].

Aussi, dans les systèmes diffus de contrôle judiciaire, la décision concernant l'inconstitutionnalité d'une loi doit être indispensable et inévitable dans le règlement d'une affaire. De sorte que s'il existe d'autres moyens de régler le conflit en contournant l'écueil constitutionnel, la Tribunal doit s'engager dans cette voie. Cela conduit à la thèse que soutient la Cour suprême des Etats-Unis en vertu de laquelle les lois doivent être interprétées, si possible, dans le but d'éviter des obstacles constitutionnels et d'obliger les tribunaux à se livrer à des interprétations permettant d'y tendre[(133)].

B. Le caractère incident du système

Le devoir des tribunaux de donner la préférence à la Constitution et par conséquent de ne pas appliquer, afin de résoudre les cas concrets, des lois considérées inconstitutionnelles, nulles et non avenues, conduit à un autre aspect qui montre la rationalité du système diffus du contrôle de la constitutionnalité des lois, et c'est que le devoir des tribunaux s'accomplit seulement *incidenter tantum*, par une procédure particulière entamée devant eux, où l'inconstitutionnalité d'une loi particulière n'est ni la «question» ni le point principal[(134)].

Par conséquent, une procédure particulière doit être portée devant un tribunal, indépendamment de la matière ou du sujet, le système diffus de contrôle judiciaire de la constitutionnalité étant un système incident de contrôle. Dans cette procédure, la question de l'inconstitutionnalité de la loi et de son inapplicabilité est soulevée dans un cas concret, indépendamment de sa nature, où l'applicabilité ou non de la loi concrète sera considérée par le juge chargé de la décision du cas. Cependant, dans le système diffus du contrôle de la constitutionnalité le but principal de la procédure et des décisions des tribunaux n'est pas la déclaration abstraite de la constitutionnalité ou de l'inconstitutionnalité de la loi, mais l'applicabilité ou non dans la résolution du cas concret soit civil, pénal, administratif, commercial ou du travail.

---

(131) *Ashwander v. Tennessee Valley Authority*, 297 US 288 (1936).

(132) *Crowell v. Benson*, 285 US 22 (1932), *cit.*, in *Ashwander v. Tennessee Valley Authority*, 297 US 288 (1936).

(133) *United States v. Congress of Industrial Organization*, 335 US 106 (1948).

(134) Selon le président de la Cour suprême, Stone, la Cour a «considéré utile de ne pas trancher des questions abstraites, hypothétiques ou contingentes», *Alabama Federation of Labor v. Mc. Adory*, 325 US, 450 (1945), p. 461.

La question de constitutionnalité est donc seulement un aspect incident de la procédure. Il devra être considéré par le juge afin de résoudre l'application ou non d'une loi dans la décision d'un cas concret, quand apparaissent des questions concernant sa constitutionnalité.

Aux Etats-Unis, ce caractère incident du contrôle juridictionnel marque une tendance très nette du système et a été utilisé par la Cour suprême moyennant l'interprétation des vocables «cas» ou «controverses» visés à l'article 3 de la section 2 de la Constitution.

De là qu'aucun contrôle juridictionnel abstrait de la validité des lois n'est autorisé aux Etats-Unis et que ce contrôle est circonscrit à des «cas» et à des «controverses» bien précis, sur la requête d'une partie. A cet égard, le juge Sutherland, dans l'affaire *Frothinaham vs Mallon* (1938) était tout à fait catégorique:

> Nous n'avons pas à proprement parler du pouvoir de contrôler et d'annuler des lois du Congrès parce qu'elles sont inconstitutionnelles. La question ne peut se poser que si la justification du fait ou de la menace d'un dommage direct, recevable, sert à s'appuyer sur une telle loi. C'est alors que l'exercice du pouvoir consiste à vérifier et à déterminer la loi applicable à la controverse[(135)].

Et toujours à ce propos, il était établi dans l'affaire *Muskrat vs Etats-Unis* (1911) que:

> Au travers des «cas» et des «controverses», les actions des plaideurs intentées devant les tribunaux visent à un règlement par le biais d'une instance régulière en conformité des lois et coutumes destinées à protéger ou à faire respecter des droits, ou encore à prévenir, corriger ou sanctionner des erreurs. Quand l'action d'une partie fondée sur la Constitution, des lois ou des traités des Etats-Unis demande l'intervention éventuelle du pouvoir judiciaire, alors l'affaire prend le caractère d'un «cas». Le terme suppose l'existence de parties adverses réelles ou éventuelles, dont les prétentions sont soumises au tribunal pour jugement définitif[(136)].

Par conséquent, le contrôle diffus de la constitutionnalité n'a qu'un caractère incident aux Etats-Unis et se limite à une question portée devant le juge dans un cas concret. C'est ce qui faisait dire au juge Brandeis dans l'avis porté dans l'affaire *Ashwander vs Tennessee Valley Authority* (1936):

> La Cour ne se prononcera pas sur la constitutionnalité des lois dans des procédures amicales ou conciliatoires, et s'y refusera parce que trancher de telles questions n'est légitime qu'en dernière instance quand cela est nécessaire pour régler un conflit réel, sincère et vital entre individus.

---

(135) *Frothinaham v. Mellon*, 262, US 447 (1923).

(136) *Muskrat v. United States*, 219 US, 346, (1911). Dans ce cas, en commentant *Marbury v. Madison*, le juge Day a affirmé: «Dans ce cas, le président de la Cour, Marshall, parlant au nom de la Cour, a prudemment signalé que le droit de déclarer inconstitutionnel un acte du Congrès ne pouvait être exercé que lorsqu'un cas précis opposant deux parties est soumis à la décision de la justice; qu'il n'existait pas de veto de la Cour contre la législation du Congrès; et que l'autorité de déclarer un acte inconstitutionnel découlait du fait que les tribunaux quand ils doivent administrer la loi, se prononcer entre deux parties d'un cas, et choisir parmi les dispositions de la loi fondamentale établie par le peuple et incarnée dans la Constitution et un acte des agents du peuple, doivent agir sous l'autorité de la Constitution, et l'appliquer comme la loi suprême».

En conséquence, les tribunaux doivent s'abstenir de se prononcer sur des questions d'ordre constitutionnel lorsqu'ils ont la conviction que les parties agissent de concert. «Il était impensable», ajoutait il dans l'avis précité sur ce point, que, «recourant à un arrangement à l'amiable, une partie perdante au niveau législatif s'en aille porter l'affaire devant les tribunaux aux fins de vérification de la constitutionnalité d'un acte législatif»(137).

Par exemple, le système argentin est lui aussi essentiellement incident dans la mesure où la question de la constitutionnalité n'est pas l'objet principal de la procédure, même si l'aspect constitutionnel peut être soulevé en tout moment et à tout stade de la procédure. Ce caractère incident conduit à considérer le système argentin de contrôle de la constitutionnalité comme un système indirect de contrôle, car l'aspect constitutionnel ne peut être soulevé que dans une controverse en cas d'une procédure judiciaire; cela se fait comme une exception, avant que la Cour n'ait adopté une décision et donc pas nécessairement pendant la *litis contestatio* de la procédure(138).

La condition principale pour soulever des questions constitutionnelles est de le faire dans un cas judiciaire ou dans un litige entre parties(139); ainsi, elles ne peuvent être soulevées comme des questions abstraites devant un tribunal, et les tribunaux ne peuvent pas prendre de décisions déclaratives dans des matières constitutionnelles(140).

C. Le problème du pouvoir d'initiative des juges et l'intervention des parties

Si l'application de la Constitution est un devoir des juges dans une décision concrète, c'est aussi leur devoir de ne pas appliquer une loi considérée inconstitutionnelle pour la résolution d'un cas. Par conséquent, en principe, conformément à la rationalité du système diffus, les juges doivent être autorisés afin de considérer la question constitutionnelle de leur propre initiative, même si aucune des parties dans la procédure n'a soulevé la question de l'inconstitutionnalité de la loi devant le juge.

En fait, c'est la conséquence directe de la garantie de la Constitution établie comme une garantie objective, ce que signifie la nullité des lois contraires aux normes de la Constitution, et c'est la conséquence de la réserve qui appartient aux juges pour considérer la nullité et par conséquent, l'inapplicabilité d'une loi inconstitutionnelle dans un cas particulier.

Dans ce contexte, la question de l'inconstitutionnalité d'une loi concernant un procès particulier ne doit pas être uniquement reléguée à l'instance d'une des parties, mais, au contraire, même si aucune des parties ne soulève la question d'inconstitutionnalité devant le juge, celui-ci doit la considérer de sa propre initiative et la déclarer. Cet aspect de la rationalité du système diffus du contrôle de la constitutionnalité est suivi dans quelques pays comme le Vénézuéla et la Grèce.

---

(137) *Ashwander v Tennessy Valley Authority*, 297 US 288 (1936), p. 345.

(138) A.E. Ghigliani, *op. cit.*, pp. 75-76.

(139) Article 100 de la Constitution; *Cf.* R. Bielsa, *op. cit.*, pp. 213-214; A.E. Ghigliani, *op. cit.*, p. 75; J.R. Vanossi et P.F. Ubertone, *loc. cit.*, p. 23.

(140) *Cf.* R. Bielsa, *op. cit.*, pp. 213-214; A.E. Ghigliani, *op. cit.*, p. 75; S.M. Lozada, *Derecho constitucional argentino*, Buenos Aires 1972, Vol. I, p. 342.

En effet, le système vénézuélien[141] possède, selon les lignes générales du système diffus de justice constitutionnelle, un caractère incident, c'est à dire, qu'il est *incidenter tantum* dans le sens où le juge peut revoir la constitutionnalité des lois et décider de ne pas les appliquer s'il estime qu'elles sont inconstitutionnelles, lors d'une décision sur un cas concret, comme conséquence d'une action intentée par une partie contre une autre, où, bien entendu, la constitutionnalité de la loi n'est pas la question principale soumise à la décision du juge, mais seulement une question incidente rattachée à la loi que le juge doit appliquer pour la résolution en l'espèce et dont l'application est demandée par une des parties.

Par conséquent, le pouvoir de contrôle de la constitutionnalité des lois de la part des juges peut être exercé uniquement lors des litiges concrets liés aux lois dont l'application est demandée par les parties et lorsque la question de l'inconstitutionnalité de la loi est pertinente pour le cas concerné et doit être décidé dans la résolution de celui-ci. Mais, dans le système vénézuélien, et contrairement au modèle des Etats-Unis, la question de la constitutionnalité peut être posée par le juge, sans qu'il soit nécessaire pour autant de soulever l'inconstitutionnalité de la loi dans l'action intentée ou comme exception par les parties. Par conséquent, le contrôle diffus de la constitutionnalité au Vénézuéla, même s'il possède un caractère incident, n'est pas un contrôle qui ne peut être exercé que lors d'une «exception d'inconstitutionnalité»[142] soulevée par une des parties; au contraire, le juge peut exercer ce contrôle *motu propio* comme il était indiqué dans la Constitution de 1901[143].

A la différence de la règle générale en vigueur dans les pays de *common law*, où la matière constitutionnelle doit toujours faire l'objet, en cas de contestation, d'une instance engagée par une partie, dans le système grec, le contrôle juridictionnel s'impose vraiment et les tribunaux peuvent, *ex officio* et sans que soit nécessaire la demande d'une partie, se prononcer sur la constitutionnalité des lois. A cet égard, le système grec de contrôle juridictionnel s'en tient strictement à la logique du système diffus et non à la pratique généralement admise dans le monde[144]. En Grèce, par conséquent, les tribunaux ont la faculté d'exercer ce contrôle *ex officio*, à l'exclusion de toute requête particulière introduite par les plaideurs contestant la constitutionnalité d'une loi. Bien entendu, si une telle requête est introduite, laquelle ne peut l'être que par une partie personnellement concernée par la matière, le tribunal doit procéder à l'examen de l'espèce. Le Professeur Spiliotopoulos soutenait cependant:

> En l'absence de requête précise, le tribunal peut soulever de sa propre initiative la question dans le cas où surgirait un doute à propos de la constitutionnalité d'une telle loi ou disposition en cours d'instance[145].

---

[141] Allan R. BREWER-CARÍAS, *Estado de derecho..., op. cit.*, pp. 28-29.

[142] *V.* dans le sens contraire l'opinion de H.J. LA ROCHE, *op. cit.*, pp. 137, 140, 150, 162 et José Guillermo ANDUEZA, *Jurisdicción constitutional en el derecho venezolano*, Caracas 1955, pp. 37-38.

[143] Article 106, 8. *V.* Allan R. BREWER-CARÍAS, *Las Constituciones de Venezuela, op. cit.*, p. 579.

[144] *Cf.* B.O. NWABUEZE, *Judicial Control of Legislative Action and its Legitimacy. Récent Developments*, IALS, Uppsala Colloquium, 1984, (polycopié), p. 3. Publié aussi in L. FAVOREU et J.A. JOLOWICZ, *Le contrôle juridictionnel des lois. Légitimité, effectivité et développements récents*, Paris 1986, pp. 193-222.

[145] E. SPILIOTOPOULOS, *loc. cit.*, p. 479.

Mais, indépendamment de ces systèmes, on doit admettre en général que dans la plupart des pays dotés d'un système de contrôle diffus, les règles de procédure interdisent aux tribunaux d'examiner toute question de leur propre initiative, dans le règlement d'affaires concrètes, même lorsqu'il s'agit de cas touchant à la constitutionnalité des lois[(146)].

En effet, aux Etats-Unis, même si le contrôle de la constitutionnalité doit se circonscrire à des «cas» ou à des «controverses», l'invalidité des lois doit être soulevée par une partie suffisamment avec la légitimation de procédure nécessaire, la résolution de la question constitutionnelle étant nécessaire au règlement de l'affaire. Sur ce point, la Cour suprême a mis au point un certain nombre de règles considérées comme «auto contrainte» dans l'exercice de ses pouvoirs de contrôle[(147)]. Dans ce sens, la Cour suprême, dans tout «cas» ou «controverse», a posé le principe selon lequel la question constitutionnelle doit être soulevée par une partie et notamment par une partie tenue de démontrer qu'elle est réellement la partie en cause. Ainsi, dans l'affaire *Fronthinaham vs Mellon* (1923), la Cour suprême a expressément établi que les questions d'ordre constitutionnel:

> Ne peuvent être posées que si la justification du fait ou de la menace d'un dommage direct, recevable, sert à s'appuyer sur une telle loi... [(148)].

Dans le même ordre d'idées, le juge Brandeis soutenait dans l'affaire *Ashwander vs Tennessee Valley Authority* que «la Cour ne se prononcera pas sur la validité d'une loi contestée par quelqu'un dans l'incapacité de démontrer que celle-ci le lèse»[(149)]. Aussi, pour soulever une question touchant à la validité d'une loi, faut il avoir dûment qualité de se pourvoir et, pour ce faire, la partie invoquant l'invalidité d'une loi doit elle démontrer - dans les conditions visées dans l'arrêt *Frothinaham vs Mellon* (1923):

> Non seulement que la loi est nulle, mais qu'elle (la partie) a subi ou qu'elle est sur le point de subir directement un dommage du fait de l'application de celle-ci, et non simplement qu'elle en est vaguement victime, au même titre que la collectivité[(150)].

(146) Comme l'a dit B.O. Nwabueze: «Le fait que le devoir n'est et ne peut qu'être accompli à la demande d'une personne lésée par une violation de la Constitution par le gouvernement renforce la légitimité de la fonction. Cela signifie que, étant donné une violation justiciable de la Constitution par la législature, quelque soit la gravité, le tribunal ne peut intervenir de sa propre initiative. I1 doit attendre d'être saisi par quelqu'un», *loc. cit.*, p. 3. *V.* la discussion sur cette question et l'opinion en sens contraire in J.R. Vanossi et P. F. Ubertone, *op, cit.*, p. 24; in G. Bidart Campos, *El derecho constitucional del poder*, Vol. II, Chap. XXIX; et in J.R. Vanossi, *Teoría Constitucional*, Vol. II, Buenos Aires 1976, pp. 318-319.

(147) *V.* H.J. Abraham, *The Judicial Process*, NY 1980, p. 373. Cette auto-limitation a été résumée par le juge Rutledge comme suit: «... questions constitutionnelles en rapport avec la législation ne pourront être tranchées par des procédures amicales, non adverses; avant d'établir le besoin d'en décider; en des termes plus larges que les faits précis auxquels doit s'appliquer la norme; si le dossier présente d'autres bases sur lesquelles trancher ce cas; à la requête de quelqu'un incapable de prouver qu'il a fait l'objet d'une violation par l'action d'une loi, ou qui s'en soit bénéficié; ou si est raisonnablement possible une interprétation de la loi permettant d'éviter la question», *Rescue Army v. Municipal Court of Los Angeles*, 331 US 549, (1947), p. 569. *V.* Allan R. Brewer-Carías, *Judicial Review..., op. cit.*, pp. 144.148.

(148) *Frothinaham v. Mellon*, 262 US 447 (1923).

(149) *Ashwander v. Tennessee Valley Authority*, 297 US 288 (1936), p. 346.

(150) *Frothinaham v. Mellon*, 262 US 447 (1923), p. 488.

A ce sujet, et à propos de la légitimation des contribuables eu égard aux décisions du Congrès en matière budgétaire[151], le juge Burger, dans l'affaire *United States vs Richarson* (1974), rappelait le «principe essentiel», toujours en vigueur, selon lequel pour faire appel à la justice, le plaignant doit avoir un intérêt personnel dans le résultat»... ou alléguer «un dommage particulier concret».. «qu'il a subi»... directement un dommage»... en somme, quelque chose de plus que de «simples griefs»[152].

Aux Etats-Unis, par conséquent, pour qu'il y ait contrôle juridictionnel on exige non seulement un «cas» ou une «controverse», mais aussi que la question constitutionnelle soit invoquée par une partie nécessairement habilitée, c'est à dire s'appuyant sur «des droits et des intérêts légaux propres» que lèse l'acte dont la validité est contestée»[153]. Et même dans les affaires où la Cour suprême permet que des personnes, des organisations ou des autorités publiques qui ne sont pas en cause devant elle, peuvent introduire une procédure à l'amiable, *amicus curae*, cela ne se produit que lorsque celles-ci ont un intérêt particulier en la matière, qu'elles l'ont démontré devant la Cour ou qu'elles ont agi avec le consentement des parties, leurs conclusions visant à étayer ou à complémenter les arguments des parties[154].

En tout cas, sans ces limites imposées aux parties quant à leur droit de soulever des questions constitutionnelles, comme le soutenait le juge Powell dans l'affaire *Wart vs Seldin* (1975):

> Les cours seraient placées dans la situation de trancher des questions abstraites et de portée tout à fait générale alors même que d'autres organismes gouvernementaux seraient plus compétents pour les instruire et que l'intervention de la justice ne serait pas nécessaire pour protéger des doits individuels... [155].

L'action en révision de la constitutionnalité des lois au sein des juges fédérales montre donc clairement qu'elle n'est pas l'*actio popularis* qui existe dans certains systèmes de contrôle judiciaire de type concentré et mixte. Au contraire, aux EtatsUnis, comme l'a souligné le Professeur B. Schwartz:

> Les citoyens n'ont pas la possibilité d'y recourir dans l'intérêt de l'ensemble de la collectivité, vu que la règle de la primauté du droit est respectée par les branches législative et exécutive. A moins de justifier d'un intérêt personnel direct, nul n'a la légitimation requise pour engager l'action[156].

Mais, l'exigence de la légitimation nécessaire pour soulever la question ne suffit pas pour que la cour l'examine; la partie qui allègue l'inconstitutionnalité de la loi est tenue d'en faire la démonstration. La Cour suprême a établi à cet égard qu'il existe une présomption de constitutionnalité et de validité des lois qu'adopte le Congrès, sauf preuve du contraire[157].

---

(151) *V. Flast v. Cohen*, 392 US 83 (1968).
(152) *United States v. Richardson*, 418, US 966 (1974). *Cf. De Funis v. Odegaard*, 416, US 312 (1974).
(153) *Warth v. Seldin*, 422 US 490 (1975).
(154) *Cf.* L. BAUM, *loc. cit.*, pp. 74, 80, 91.
(155) *Warth v. Seldin*, 422 US 490 (1975).
(156) B. SCHWARTZ, *op. cit.*, p. 151.
(157) *Ogden v. Saunders*, 12 Wheaton, 213 (1827), le juge Washington affirmait: «Présumer de la validité de toute loi, approuvée par le corps législatif, n'est qu'une manifestation de

A l'instar du système américain, dans le système argentin, l'existence d'un cas ou d'une controverse dans laquelle la question constitutionnel pourrait être soulevée n'est pas le seul fait nécessaire; il est de même indispensable que la question soit soulevée par une des parties de la procédure ayant un intérêt légitime en la matière, c'est à dire, qu'elle invoque un dommage particulier à son droit, causé par la loi considérée inconstitutionnelle[(158)].

D'autre part dans le système argentin, les questions constitutionnelles ne peuvent être soulevées par le tribunal même; donc, même lorsque le tribunal est convaincu de l'inconstitutionnalité d'une loi, si la partie n'a pas soulevé la question, le tribunal est obligé d'appliquer la loi à la décision du cas[(159)].

On remarque à cet égard que, même s'il s'agit de la doctrine appliquée invariablement par les tribunaux, quelques auteurs ont considéré que les questions constitutionnelles peuvent être décidées par les tribunaux sans avoir été soulevées par une des parties; dans ces cas, ils s'appuient sur le principe de la suprématie constitutionnelle et sur la notion «d'ordre public»[(160)].

Cependant, une exemption au besoin de l'intervention de la partie qui soulève la question constitutionnelle a été établie par la Cour suprême, autorisant la Cour à considérer des questions constitutionnelles par elle-même seulement en matière de juridiction des tribunaux et leur autonomie fonctionnelle. Conséquemment, la Cour suprême a décidé de l'inconstitutionnalité d'une loi qui élargissait la juridiction originale de la Cour suprême de justice établie dans la Constitution, même sans être soulevée par une partie[(161)].

D. Les effets *inter-partes* de la décision judiciaire

Un autre aspect de la rationalité du système diffus du contrôle judiciaire de la constitutionnalité est celui qui a trait aux effets de la décision adoptée par le tribunal concernant la constitutionnalité ou l'applicabilité de la loi dans la procédure concrète; et cet aspect des effets de la décision judiciaire pose deux questions. Premièrement, qui est touché par la décision? Deuxièmement, quand commencent les effets de la décision?

En ce qui concerne la première question, la rationalité du système diffus du contrôle de la constitutionnalité réside dans le fait que la décision adoptée par le juge n'a que des effets *in casu* et *inter partes*, c'est à dire, dans la procédure concrète, où la décision a été adoptée en ce qui concerne les parties. Autrement dit, dans le système diffus du contrôle de la constitutionnalité des lois, la décision judiciaire adoptée sur l'inconstitutionnalité et sur l'inapplicabilité de la loi dans le cas concret a seulement des effets *inter partes* concernant le cas concret et les parties qui participent à la procédure et, par conséquent, ne peuvent pas s'appliquer à d'autres individus.

respect à l'égard de la sagesse, de l'intégrité et du patriotisme dudit corps législatif. De même dans *Cooper v Telfair*, 4 Dallas (4.US) 14 (1800), le juge Washington a déclaré: «La présomption doit effectivement aller en faveur de la validité des lois, à moins que ne soit clairement démontré le contraire».

(158) A.E. GHIGLIANI, *op. cit.*, p. 82; J.R. VANOSSI et P.F. UBERTONE, *loc. cit.*, p. 23.

(159) R. BIELSA, *op. cit.*, pp. 198, 214; H. QUIROGA LAVIE, *op. cit.*, p. 479.

(160) G. BIDART CAMPOS, *El derecho constitucional del poder*, Vol. II, Chap. XXIX; J.R. VANOSSI, *Teoría constitucional*, *op. cit.*, Vol. II, pp. 318-319.

(161) Cf. J.R. VANOSSI et P.F. UBERTONE, *loc. cit.*, p. 25; R. BIELSA, *op. cit.*, p. 255; H. QUIROGA LAVIE, *op. cit.*, p. 479.

C'est une conséquence directe de l'aspect mentionné ci-dessus concernant le caractère incident du système diffus du contrôle de la constitutionnalité soulevé dans la procédure concrète.

En effet, si la décision du tribunal concernant la constitutionnalité et l'applicabilité d'une loi sur le terrain de la constitutionnalité peut seulement être adoptée dans une procédure en particulier et par rapport aux parties, elle ne pourra donc ni bénéficier ni porter préjudice à aucun autre individu ou procédure.

En tout cas, si une loi est considérée inconstitutionnelle dans la décision d'un cas judiciaire, cela ne signifie pas que la loi soit nulle, inexécutable ou inapplicable ailleurs. Autrement dit, c'est seulement concernant le procès particulier et les parties pour lesquels où l' inapplicabilité de la loi a été décidée par le tribunal, que la loi doit être considérée inconstitutionnelle nulle et non avenue, n'ayant aucun effet sur d'autres cas, d'autres juges ou d'autres individus. En tout cas, comme nous l'avons déjà vu, afin d'éviter l'incertitude d'ordre légal et les contradictions concernant la valeur des lois, quelques corrections ont été faites à ces effets *inter partes* par le biais de la doctrine *stare decisis* ou par la loi positive, quand la décision est adoptée par la Cour suprême d'un pays donné.

En ce qui concerne les effets *inter partes* de la décision judiciaire, bien sûr, c'est le système en vigueur aux Etats-Unis(162). En effet, toute décision d'une juge américaine se rapportant à une question constitutionnelle ne revêt en principe d'importance que pour les parties en présence. La décision n'a donc pas en soi d'effets généraux, et ces derniers ne s'étendent pas *erga omnes*. La loi déclarée inconstitutionnelle n'est ni annulée ni abrogée, le corps législatif qui l'a adoptée étant le seul investi du pouvoir d'y procéder. En conséquence, la loi déclarée nulle et non avenue par une cour continue de figurer au Journal officiel malgré la décision contraire emportant invalidité.

Cependant, lorsqu'une décision déclarant inconstitutionnelle une loi est prise par la Cour suprême, on fait jouer le principe *stare decisis et non quieta movere* à l'égard des tribunaux inférieurs, lesquels se trouvent liés par cette décision de la Cour suprême. Dans la pratique, on peut considérer que la loi perd sa force exécutoire puisque l'on peut supposer que postérieurement à la décision de la Cour suprême, si d'autres instances sont introduites au titre de cette même loi, celles-ci déboucheront aussi sur une fin de non-recevoir, car on peut prévoir que la Cour suprême, qui a déclaré nulle la loi en question dans une affaire, ne pourra que confirmer cet état dans la nouvelle affaire s'en prévalant.

Par ailleurs, il faut garder à l'esprit qu'aux Etats-Unis, la Cour suprême, quand elle statue sur la constitutionnalité d'une loi, interprète la Constitution en déclarant à la fois que cette dernière est la loi suprême du pays. Aussi cette déclaration à telle force obligatoire à l'égard de tous les organes de l'Etat, y compris, comme nous l'avons dit, vis-à-vis du judiciaire. Cela a été expressément établi par la Cour suprême dans l'affaire *Cooper vs Aaron* (1958), celle-ci confirmant la force exécutoire de sa décision antérieure dans l'affaire *Brown vs Board of Education of Topeka* (1954) concernant des pratiques ségrégationnistes dans le domaine de l'éducation, laquelle s'appliquait à tous les organes de l'Etat, qu'il s'agisse de l'exécutif, du législatif ou du judiciaire(163).

(162) Allan R. BREWER-CARÍAS, *Judicial Review..., op. cit.*, pp. 148 et ss.
(163) 347 US 483 (1954).

Dans l'affaire *Cooper vs Aaron*, la Cour déclarait:

> L'article 6 de la Constitution fait de celle-ci la loi suprême du pays. En 1803, le juge Marshall, parlant au nom de la Cour, disait à propos de la Constitution qu'elle était «la loi fondamentale et dominante», dans la célèbre affaire *Marbury vs Madison* ... et qu' «il incombe strictement au Département de la Justice de dire de quelle loi il est question». Cette décision posait le principe fondamental selon lequel la justice fédérale est suprême dans l'exposition des lois de la Constitution et que cette règle avait toujours été observée depuis par cette Cour et par le pays à titre de caractéristique permanente et indispensable de notre système constitutionnel. I1 en ressort que l'interprétation du quatorzième amendement donnée par cette Cour dans l'affaire Brown en fait la loi suprême du pays, et l'article 6 de la Constitution lui donne force obligatoire sur les Etats, même en vue des dispositions contraires de la Constitution ou des lois de tout Etat ... [(164)].

On peut donc dire que le principe *stare decisis*, aux Etats-Unis, s'étend à la force exécutoire des décisions de la Cour suprême sur les tribunaux inférieurs, contribuant de la sorte à l'interprétation uniforme de la Constitution et tendant à éviter des décisions contradictoires de la part des tribunaux sur des questions constitutionnelles.

Cependant, la règle du *stare decisis*, n'est pas absolue, et aux Etats-Unis elle est moins rigide que dans le système légal britannique[(165)], notamment aux yeux de la Cour suprême elle-même. Comme le disait le juge Brandeis dans l'affaire *Burnet vs Coronado Oil and Gas Co.* (1972), le *stare decisis:*

> Est habituellement une sage pratique car dans la plupart des cas, il est plus important d'établir une loi applicable que de l'établir correctement... Mais dans les cas mettant en jeu la Constitution fédérale, où les modifications par le législatif sont pratiquement impossibles, cette Cour a souvent cassé ses plus anciennes décisions. La Cour se plie aux leçons de l'expérience et, à force de mieux raisonner, elle reconnaît que l'empirisme (procéder par tâtonnements), si fructueux dans le domaine des sciences physiques, trouve aussi sa place dans la fonction judiciaire[(166)].

«Si la continuité était la seule vertu du judiciaire -aux dires du Professeur Bernard Schwartz- il serait en revanche bien difficile de prétendre que la Cour suprême a figuré depuis 1937 au nombre des tribunaux judiciaires modernes les moins vertueux»[(167)]. En effet, dans ces cinquante dernières années, l'une des particularités frappantes de la Cour suprême des Etats-Unis a été la fréquence avec laquelle elle a répudié son attitude d'antan à l'égard des questions de constitutionnalité, en ne se conformant pas aux décisions transmises par ses prédécesseurs et en cassant bon nombre de ses plus anciennes décisions, «dont certaines avaient appartenu à la jurisprudence américaine durant un siècle ou presque»[(168)]. Cette attitude de la Cour suprême a été expliquée par le juge Reed

---

(164) *Cooper v. Aaron*, 358 US 1 (1958).

(165) *Cf.* A. TUNC et S. TUNC, *Le droit des Etats-Unis d'Amérique, Sources et Technique*, Paris 1955, p. 174; B. SCHWARTZ, *op. cit.*, p. 159.

(166) *Burnet v Cronado Oil and Gas Co.*, 285 US 393 (1932), p. 406.

(167) B. SCHWARTZ, *The Supreme Court. Constitutional Revolution in Retrospect*, NY 1957, p. 345.

(168) B. SCHWARTZ, *American Constitutional Law*, *op. cit.*, p. 159.

rapportant l'avis de la Cour dans l'affaire *Smith vs Allwright* (1944) dans laquelle une interprétation antérieure de la Constitution était rejetée en ces termes:

> En parvenant à cette conclusion, nous ne sommes pas indifférents à l'avantage que présente la continuité des décisions en matière constitutionnelle. Néanmoins, une fois consciente de l'erreur du passé, cette Cour ne s'est jamais sentie contrainte à une continuité. En matière constitutionnelle, où les correctifs dépendent d'amendements et non de l'intervention du législatif, cette Cour, tout au long de son histoire a librement exercé son pouvoir de réexamen du fondement de ses décisions constitutionnelles. Cette pratique a été admise pendant longtemps et cette pratique s'est perpétuée jusqu'à ce jour. Cela est particulièrement vrai lorsque la décision censée être erronée découle de l'application d'un principe constitutionnel plutôt que d'une interprétation de la Constitution destinée à en obtenir le principe lui-même[(169)].

Mais même dans son application aux tribunaux inférieurs, le principe du *stare decisis*, pour ce qui est des décisions de la Cour suprême, prend un tour différent en fonction de la teneur de la décision. Dans certains cas, par exemple, une loi peut être considérée inconstitutionnelle uniquement dans son application à l'affaire dont est saisie la Cour et conserver sa validité quant à la forme, et là, la loi en question peut continuer de s'appliquer valablement à d'autres cas[(170)]. La force obligatoire de toute décision de la Cour suprême dépendra donc de la nature de la mise en cause dont la loi fera l'objet, c'est-à-dire, si celle-ci porte sur sa validité ou simplement sur son application à la partie, sur la base de faits qui lui sont particuliers.

Dans le système argentin du contrôle de la constitutionnalité, considéré comme un système diffus, les décisions judiciaires adoptées en matière de constitutionnalité, même si elles sont adoptées par des tribunaux inférieurs ou par la Cour suprême, lorsqu'ils considèrent qu'une loi est inconstitutionnelle, simplement, ils ne l'appliquent pas en donnant préférence à la Constitution mais sans l'annuler[(171)].

En Argentine, les tribunaux n'ont plus le pouvoir d'annuler ou abroger une loi dont le pouvoir est réservé au législateur et tout ce qu'ils peuvent faire c'est refuser son application au cas concret lorsqu'ils le considèrent inconstitutionnel[(172)]. Une fois la loi déclarée inconstitutionnelle et non applicable par le juge, elle est considérée nulle et non avenue, et sans effets, seulement dans le cas particulier. Cependant, la loi reste valide et généralement applicable, et le même tribunal peut changer son critère sur l'inconstitutionnalité et l'appliquer dans l'avenir[(173)].

C'est pourquoi, dans le système argentin, la décision judiciaire en matière constitutionnelle a aussi strictement des effets *inter partes* comme conséquence du caractère diffus. Par conséquent, la décision considérant la nullité d'une loi n'a que des effets concernant le procès particulier dans lequel a été soulevée la question et entre les parties qui sont intervenues; elle n'a pas d'effets *erga omnes*[(174)].

D'autre part, dans le système argentin, la décision du contrôle de la constitutionnalité, même celle de la Cour suprême, n'est pas obligatoire pour les

---

(169) *Smith v. Allwright*, 321 US 649 (1944).
(170) *Cf.* P.G. KAUPER, *loc. cit.*, pp. 611, 617.
(171) Allan R. BREWER-CARÍAS, *Judicial Review..., op. cit.*, pp. 158 et ss.
(172) R. BIELSA, *op. cit.*, pp. 197, 198, 345.
(173) A. E. GHIGLIANI, *op. cit.*, pp. 92, 95, 97; R. BIELSA, *op. cit.*, p. 196.
(174) H. QUIROGA LAVIÉ, *op. cit.*, p. 479.

autres tribunaux[(175)]. Même si la réforme constitutionnelle de 1949 a établi expressément que l'interprétation adoptée par la Cour suprême de justice sur les articles de la Constitution serait considérée obligatoire par les tribunaux nationaux et provinciaux[176], cet article de la Constitution a été postérieurement éliminé et aujourd'hui tous les tribunaux ont le pouvoir absolu de rendre des jugements autonomes, en exprimant leur propre interprétation constitutionnelle. Cependant, la Cour suprême de justice étant le plus haut tribunal du pays, avec une juridiction d'appel vaste, particulièrement au moyen des recours extraordinaires, ses décisions ont une influence définitive sur tous les tribunaux inférieurs, notamment lorsqu'une doctrine a clairement été établie et à plusieurs reprises[(177)].

Dans le système mexicain, en ce qui concerne les effets de la décision judiciaire adoptée dans les procès d'*amparo*, la Constitution a expressément déterminé, que les tribunaux ne peuvent «faire aucune déclaration générale sur la loi ou l'acte qui a donné lieu à la plainte», le jugement ne touchera «que les individus» et se borne à protéger dans le cas spécial de la plainte[(178)]. Par conséquent, la décision dans le procès d'*amparo* où s'accomplit le contrôle de la constitutionnalité de la législation, ne peut qu'avoir des effets *inter partes* et ne peut pas être une décision générale avec des effets *erga omnes*[(179)].

Par conséquent, les tribunaux dans leurs décisions relatives à l'inconstitutionnalité d'une loi, ne l'annulent ni la rejettent, la loi demeure dans le Journal Officiel et peut être appliquée par les tribunaux; le seul effet de la déclaration de leur inconstitutionnalité s'adresse aux parties de la procédure concrète.

D'autre part, il faut souligner que les décisions des procès d'*amparo* concernant le contrôle de la constitutionnalité n'ont pas d'effets sur d'autres tribunaux, et ne sont obligatoires pour d'autres tribunaux que dans des cas de *jurisprudencia* établie, c'est à dire dans les cas où le précédent est obligatoire. La Constitution ne prévoit pas expressément quand il s'agit d'un précédent obligatoire et renvoie à la loi organique d'*amparo* pour spécifier «les termes et les cas dans lesquels la *jurisprudencia* des tribunaux appartenant au pouvoir judiciaire fédéral est obligatoire ainsi que les conditions pour la modifier» (art. 107, XIII, I). D'après cette loi organique, la *jurisprudencia* est établie par la Cour suprême de justice ou par la cour de circuit lorsque cinq décisions consécutives ayant le même effet ont été rendues de manière ininterrompue[(180)]. Mais, cela peut être modifié lorsque le tribunal respectif prononce un jugement contradictoire à la majorité qualifiée des voix de ses membres[(181)].

Cependant, étant donné que la *jurisiprudencia* peut être établie par la cour fédérale de circuit et par la Cour suprême, des interprétations constitutionnelles contradictoires peuvent se dégager, dues aux effets obligatoires sur les tribunaux

---

(175) R. Bielsa, *op. cit.*, p. 196; A. E. Ghigliani, *op. cit.*, pp. 97-98.

(176) Article 95 de la Constitution de 1949. *Cf.* C. A. Ayarragaray, *Efectos de la declaración de inconstitucionalidad*, Buenos Aires 1955, p. 11; R. Bielsa, *op. cit.*, p. 268.

(177) J.R. Vanossi et P.E. Ubertone, *op. cit.*, p. 32.

(178) Article 107, II. Le principe est appelé la «formule Otero» du fait de son inclusion dans la Constitution de 1857 sous l'influence de Mariano Otero. *Cf.* H. Fix-Zamudio, «Algunos aspectos comparativos del derecho de amparo... », *loc. cit.*, p. 360; et H. Fix-Zamudio, «Algunos problemas que plantea el amparo... », *loc. cit.*, pp. 33, 37.

(179) Allan R. Brewer-Carías, *Judicial Review..., op. cit.*, pp. 166-167.

(180) Articles 192,193. *V.* les citations in R.D. Baker, *op. cit.*, pp. 256-257.

(181) Article 194. *V.* les citations in R.D. Baker, *op. cit.*, p. 263.

inférieurs. Pour résoudre ces conflits, la Constitution stipule le pouvoir de la Cour suprême ou des cours de circuit pour mettre fin au conflit, lorsque la contradiction est dénoncé par les Chambres de la Cour suprême, par une autre cour de circuit, par le Ministère public ou par une partie quelconque du cas dans lequel a été établi la *jurisprudencia*(182).

Par conséquent, la résolution de la contradiction entre les doctrines judiciaires a le seul but de déterminer une *jurisprudencia* unique en la matière, et n'affecte pas les situations judiciaires concrètes dérivées des décisions judiciaires contraires adoptées dans des procès respectifs(183).

Finalement, en ce qui concerne les effets pratiques du procès d'*amparo*, il faut souligner que la Constitution prévoit un remède préliminaire très particulier qui consiste en la possible suspension de l'application de l'acte de l'Etat contesté, semblable, pour certains aspects, à l'*injonction* dans le système nord-américain mais il se limite à une litispendance d'injonction(184).

E. Les effets déclaratifs de la décision des juges

Les effets *inter partes* qui dérivent de la décision judiciaire dans le système diffus du contrôle de la constitutionnalité sont liés à l'autre question concernant les effets de la décision dans le temps, c'est à dire, quand la déclaration d'inconstitutionnalité est-elle effective? La question est aussi en rapport avec l'aspect déjà mentionné de la nullité en tant que garantie de la Constitution(185).

En effet, nous avons dit que le premier et le plus important des aspects de la rationalité du système est celui de la suprématie de la Constitution sur tous les actes de l'Etat qui mènent à considérer toute loi contrariant la Constitution comme nulle et non avenue. C'est la garantie la plus importante de la Constitution. Par conséquent, quand un tribunal décide de la constitutionnalité d'une loi et que celle-ci résulte inconstitutionnelle et inapplicable dans un cas concret, elle est considérée nulle et non avenue comme si elle n'avait jamais existé.

Cette décision des juges dans le système diffus de justice constitutionnelle, de ne pas appliquer une loi qu'ils considèrent inconstitutionnelle, a des effets déclaratoires, c'est à dire que si le juge en l'espèce considère que la loi qu'on lui demande d'appliquer est inconstitutionnelle, il se limite à déclarer son inconstitutionnalité, considérant la loi inconstitutionnelle dès sa publication (*ab initio*), autrement dit, il la considère comme si elle n'avait jamais été en vigueur et comme si elle avait toujours été nulle. Evidemment, la décision des juges dans les cas considérés a des effets *ex-tunc* et *pro praeterito* ou rétroactifs, ce qui empêche une loi considérée inconstitutionnelle et inopérante d'engendrer des effets.

Par conséquent, dans ces cas de contrôle diffus, la décision du juge n'est pas déclaratoire de la «nullité» de la loi qu'il a estimé inconstitutionnelle, mais déclaratoire de «l'inconstitutionnalité de la loi»; évidemment, quand le juge décide

(182) Article 107, XIII. *V.* les commentaires in R.D. BAKER, *op. cit.*, p. 264.

(183) Article 107, XIII. *V.* les commentaires in J.A.C. GRANT, «El control jurisdiccional de la constitucionalidad de las leyes: una contribución de las Américas a la Ciencia Política», *Revista de la Facultad de Derecho de México*, UNAM, T. XII, 45, 1962, p. 662.

(184) Article 107, X. J.A.C. GRANT, *loc. cit.*, p. 652, note 33.

(185) Allan R. BREWER-CARÍAS, *Judicial Review.., op. cit.*, pp.133-134.

de ne pas l'appliquer en l'espèce, il considère que cette loi n'a jamais pu avoir produit d'effets en l'espèce considérée; en n'appliquant pas la loi, il estime qu'elle n'existe pas et qu'elle n'a jamais existé. Logiquement, c'est là où se trouve l'éventuel effet de sa décision et pas ailleurs; le juge qui connaît un cas concret prétendument réglé dans le passé par une loi dont l'application est exigée par une des parties du procès, lorsqu'il décide l'inapplicabilité de la loi au cas concret, «ignore» la loi inconstitutionnelle selon son critère et de ce fait estime que, dans le passé, elle n'a jamais eu d'effet sur le cas concret soumis à sa considération.

Les effets de la décision d'un juge qui déclare l'inapplicabilité d'une loi à cause de son inconstitutionnalité, conformément au système diffus de contrôle de la constitutionnalité, sont, si on veut, les mêmes que dans le cas d'une sentence déclarative: le juge déclare l'inconstitutionnalité de la loi et ne l'applique pas, il l'ignore, estimant qu'elle n'a jamais produit d'effets en la matière, ce qui équivaut à considérer que la loi n'a jamais existé, autrement dit, qu'elle est *ab initio* inexistante.

C'était le principe général appliqué dans le système américain au XIXème siècle, conformément auquel les décisions de la Cour en matière constitutionnelle avaient des effets *ex tunc* et rétroactifs. C'était la doctrine arrêtée par une Cour de district dans l'affaire *Vanhorne's Lessee vs Dorrance* (1795) en vertu de laquelle on considérait qu'un acte nul:

> N'avait jamais d'existence constitutionnelle; il est lettre morte, et n'a pas plus de vertu ni d'utilité que s'il n'avait jamais été pris...[(186)].

Cent ans plus tard, dans l'affaire *United States vs Realty Co.* (1895), la Cour suprême posait le même principe de manière plus décisive, en ces termes:

> Une loi du Congrès inconstitutionnelle revient au même que s'il n'y avait pas de loi[(187)]. Auparavant, la Cour, dans l'affaire *Norton vs Selby County* (1886) soutenait que

> Toute loi inconstitutionnelle n'est pas une loi; qu'elle ne confère pas de droits; qu'elle n'impose pas d'obligations; qu'elle n'accorde pas de protection; qu'elle ne crée pas de fonction; qu'elle est légalement aussi inopérante que si elle n'avait jamais été adoptée[(188)].

Par conséquent, le principe traditionnel de la nullité de toute loi inconstitutionnelle, et pourtant, les effets déclaratifs de la décision judiciaire qui la considère nulle et non avenue, comme si «elle n'eût jamais été adoptée» ou «jamais prise», s'appliquait aussi aux Etats-Unis. Les décisions judiciaires en matière constitutionnelle étaient donc considérées comme ayant des effets *ex tunc* et donc rétroactifs.

Néanmoins, la rigidité de cette doctrine, en raison notamment des effets nuisibles et injustes susceptibles de découler d'éventuelles décisions de la Cour, par rapport à des effets déjà produits en pratique par une loi considérée nulle, et aussi en raison de la force obligatoire des décisions de la Cour suprême à l' égard des cours inférieures, a conduit à en modifier le champ d'application et à déterminer si les décisions afférentes à chaque cas en particulier devaient ou non comporter des

---

(186) *Venhorn's Lessee v. Dorrance*, 2 Dallas, 304 (1795).
(187) *United States v. Realty Co.*, 163 US 427 (1895), p. 439.
(188) *Norton v. Selby County*, 118 US 425 (1886), p. 442.

effets rétroactifs[189]. Cela était expressément posé par le juge Clark à propos de l'affaire *Linkleter vs Walker* (1965), dans laquelle la Cour suprême devait appliquer de nouvelles règles constitutionnelles aux affaires définitivement arrêtées avant l'adoption d'autres règles en la matière. La Cour déclarait:

> Le demandeur prétend que notre méthode de régler les cas précédents démontre qu' un principe absolu de rétroactivité prévaut dans le domaine des décisions d'ordre constitutionnel. Nous croyons, toutefois, que la Constitution n'interdit ni n'exige d'effet rétroactif. Comme le disait le juge Cardozo, «Nous pensons que la Constitution fédérale n'a pas voix en ce qui concerne ce sujet.
>
> Admettant la prémisse selon laquelle il ne nous est ni prescrit ni interdit d'appliquer rétroactivement une décision, il nous faut alors peser le pour et le contre en vérifiant les antécédents du principe en question, son but et son incidence, et si son application rétroactive peut s'en trouver facilitée ou retardée[190].

Cependant, considérant que «le passé ne peut pas toujours être effacé par une nouvelle décision judiciaire», on a appliqué relativement des effets rétroactifs aux décisions de la Cour suprême en matière constitutionnelle. «Ces questions -faisait observer la Cour suprême dans l'affaire *Chicot Countv Drainage District vs Baxter State Bank* (1940)- sont parmi les plus épineuses de celles qui ont attiré l'attention des cours fédérales et des Etats, et il ressort nettement de nombreuses décisions que l'instauration générale d'un principe de nullité rétroactive absolue ne peut se justifier»[191].

A cet égard, le Professeur J.A.C. Grant soutenait, dans son étude classique sur «les effets juridiques d'une décision portant inconstitutionnalité d'une loi», contrairement à la position de la Cour suprême dans l'affaire *Norton vs Selby County* (1886), qu' «une loi inconstitutionnelle peut faire naître des droits. Elle peut imposer des obligations. Elle peut accorder protection. Elle peut même créer une fonction. En somme, elle peut ne pas être aussi inopérante que si elle n'avait jamais été adoptée»[192]. La Cour suprême a toutefois admis qu'elle avait compétence pour assortir ou refuser d'assortir d'effets rétroactifs ses décisions en matière constitutionnelle, et les Cours suprêmes des Etats en ont fait de même ces dernières décennies.

En matière criminelle, par exemple, la Cour a assorti d'effets pleinement rétroactifs ses décisions chaque fois qu'elles profitaient au justiciable. On a assorti, par exemple, d'effets rétroactifs des décisions touchant à la responsabilité criminelle, en octroyant aux détenus le bénéfice de l'*habeas cornus* aux fins de leur liberté, motif pris qu'ils tombent sous le coup d'une loi tenue pour inconstitutionnelle postérieurement à leur déclaration de culpabilité[193]. La Cour a également assorti d'effets rétroactifs ses décisions en matière constitutionnelle, comme le signale le Professeur J. A. C. Grant, lors de l'examen des règles essentielles destinées à mettre les personnes innocentes à l'abri de toute culpabilité, telle que l'obligation de

---

(189) Allan R. BREWER-CARÍAS, *Judicial Review.., op. cit.*, pp. 150-155.

(190) *Linkletter v. Walker*, 381 US 618 (1965).

(191) *Chicot County Drainage District v. Baxter State Bank*, 308 US 371 (1940), p. 374.

(192) J.A.C. GRANT, «The Legal Effect of a Ruling that a Statute is Unconstitutional», *Detroit College of Law Review*, 1978, (2), p. 207.

(193) *Ex parte Siebold*, 100 US 371, (1880).

pourvoir à l'assistance légale d'un défenseur au procès (*Gideon vs Wainwriaht*), 327 US, 335, 1963), lorsque l'accusé est appelé à plaider (*Arsenault vs Massachusetts,* 393 US 5, 1968), dans le cas où il est question de révoquer le sursis d'un condamné pour crime au vu de sa conduite ultérieure (*McConnell vs Rhav*, 393, US, 5.1968), ou encore dans le cas de la règle imposant l'administration indubitable de la preuve (*Ivan v City of New York*, 407 US, 203, 1972). Sa décision en matière de peine de mort a été également prise à titre pleinement rétroactif (*Withersipoon vs Illinois*, 393, US, 510, 1968)(194).

Mais, dans d'autres affaires criminelles, la Cour a adopté une position différente en n'accordant pas le caractère rétroactif à ses décisions en matière constitutionnelle susceptibles de favoriser le justiciable. Comme le Professeur Grant le fait remarquer, la Cour suprême a établi que tout changement dans l'interprétation de la Constitution, ayant pour effet de sanctionner des actes considérés inoffensifs à la lumière de l'interprétation précédente, ne peut s'appliquer rétroactivement puisque, comme il est établi dans l'affaire *Marks vs United States* (1977),

> Le principe selon lequel toute personne a le droit de savoir exactement à quelles peines elle s'expose est fondamental dans notre conception de la liberté constitutionnelle(195).

Par conséquent, les principes de la rétroactivité ou des effets *futurs* des décisions des cours en matière criminelle, n'est pas absolu, et il a été appliqué par la Cour en mesurant la portée dans chaque espèce. Aussi, lorsque la décision n'a pas entamé, par exemple, «l'impartialité du procès» mais a seulement lésé les droits à la vie privée d'une personne, la Cour a refusé d'assortir sa décision d'effets rétroactifs. Tel était le cas dans l'affaire *Linkletter vs Walker* (1965), où le juge Clarke, dans l'avis rendu par la Cour, déclarait:

> Dans les domaines où nous avons appliqué notre règle à titre rétroactif, le principe que nous appliquions touchait à l'impartialité du procès, à la grande probité de l'établissement des faits. Ici, l'impartialité du procès n'est pas remise en question. Tout ce que conteste le demandeur concerne la recevabilité de la preuve (obtenue illégalement), dont la solidité et la pertinence ne sont pas en cause et peuvent bien ne pas avoir eu de conséquence quant au résultat... (196).

Par conséquent, comme le signale le Professeur Grant, quand il s'agit simplement de protéger la vie privée de l'individu ou d'améliorer les mesures policières, comme dans le cas des nouvelles normes régissant les recherches à l'aide d'appareillage de surveillance électronique (*Desist vs United States*, 394, Us, 244, 1969), ou en rapport avec une arrestation légale (*Hill vs California*, 401, US, 797, 1971), un interrogatoire de police aux fins d'aveux (*Mc Mann vs Richardson*, 397, US, 759, 1970), ou avec le recours à des pièces compromettantes consignées par l'accusé (*Mackey vs United States*, 401, US, 667, 1971), la doctrine de la non rétroactivité adoptée dans l' affaire *Stovall vs Denno*(197) a été appliquée(198).

Il convient aussi de rappeler que, même dans des cas de règles ayant trait au type de procès que requiert la protection de toute personne innocente contre une éventuelle

(194) J.A.C. GRANT, *loc. cit.*, p. 237.
(195) *Marks v. United States*, 430 US 188 (1977), p. 191; J.A.C. GRANT, *loc. cit.*, p. 238.
(196) *Linkletter v. Walker*, 381 US 618 (1965).
(197) *Stovall v. Denno*, 388 US 293 (1967).
(198) J.A.C. GRANT, *loc. cit.*, p. 237.

condamnation, les règles fixées par la Cour suprême ont été conçues dans une optique totalement prospective lorsque l'attribution à celles-ci du caractère rétroactif est susceptible d'imposer des charges déraisonnables au gouvernement découlant, au moins en partie, de sa confiance dans les décisions antérieures de la Cour suprême.

C'est ce qui s'est produit dans l'affaire *De Stefano vs Woods*, où il a été établi que les procès criminels au niveau des Etats doivent prévoir un jury[(199)], et dans l'affaire *Adam vs Illinois* (1972) qui prévoit le droit à l'assistance d'un défenseur à l'audience préliminaire, et à propos de la rétroactivité de laquelle la Cour déclarait qu'elle perturberait sérieusement l'administration de notre droit criminel»[(200)].

Par ailleurs, en matière civile, on devait considérer que la nouvelle règle instituée par une décision de la cour en matière constitutionnelle ne pouvait porter atteinte aux droits de propriété ni aux contrats déjà conclus. A ce sujet, dans l'affaire *Gelpcke vs Dubuque* (1864), la Cour suprême estimait qu'une décision de la Cour suprême de l'Etat d'Iowa devait être assortie d'effets futurs uniquement, en déclarant:

> La règle valable et véritable est que, si le contrat, une fois établi, présentait toute validité aux yeux de la législation de l'Etat, comme il était expliqué et soumis aux juges compétentes, ni sa validité ni les engagements nés de lui ne peuvent être remis en cause par une quelconque action légale ultérieure non plus que par une décision des cours dont il relève modifiant l'interprétation de la loi[(201)].

Les Cours suprêmes des Etats cultivaient et appliquaient cette doctrine de la prospective touchant à la sujétion des actes des subordonnés. La Cour suprême de l'Etat d'Illinois, par exemple, considérait, en 1958, «injuste, inacceptable sous aucun prétexte et sans droit de cité dans une société moderne comme l'actuelle» la règle antérieurement établie par la même Cour (1898), en vertu de laquelle une école de district ne peut être tenue pour responsable des actes de négligence des conducteurs de ses autobus. En principe, le changement de la décision de 1898 aurait pu conduire à son application rétroactive; néanmoins, compte tenu de ce que sa pleine rétroactivité pouvait mettre à mal les finances de nombreuses petites écoles de district, la Cour devait déclarer:

> L'application rétroactive de notre décision risque de toucher durement les écoles de district qui avaient confiance dans les décisions antérieure en confirmant la doctrine de l'immunité délictuelle des écoles de district. Pour cette raison, nous estimons qu'il vaut mieux, en toute justice, décider que, hormis le demandeur, dans la présente affaire, la règle susvisée ne s'appliquera qu'aux cas susceptibles de se présenter dans l'avenir[(202)]

Enfin, on peut également établir qu'en matière administrative, la doctrine régissant le cas des fonctionnaires *de facto* a conduit à l'adoption de la règle de la prospective en matière des effets des décisions judiciaires de contrôle de la constitutionnalité. A cet égard, dans l'affaire *State vs Carroll* (1871), la Cour suprême de l'Etat de Connecticut posait qu'une loi «qui crée une fonction et prévoit un fonctionnaire pour en exécuter les obligations, doit avoir force de loi jusqu' à ce

(199) *De Stefano v. Woods*, 392 US 631 (1968).
(200) Adams *v. Illinois*, 405 US 278 (1972).
(201) 68 US (1 Wall) 175 (1864).
(202) *Molitor v. Kaneland Community Unit Dist.* n° 302, 18 III. 2d at 25, 162 N.E 2d at 96, *cit.* par J.A.C. GRANT, *loc. cit.*, p. 220.

que les cours en déclarent l'inconstitutionnalité»[203]. L'invalidité de l'emploi ne pouvait donc toucher les actes accomplis par le fonctionnaire *de facto.*

3. Aperçu général du système

Pour conclure, nous pouvons dire qu'en principe, la rationalité du système diffus du contrôle judiciaire de la constitutionnalité fonctionne de la manière suivante:

La Constitution a un caractère suprême sur l'ordre juridique entier. Or, les actes qui contrarient la Constitution ne peuvent avoir aucun effet et sont considérés nuls et non avenus.

Tous les tribunaux ont le pouvoir et le devoir d'appliquer la Constitution et les lois, par conséquent, ils ont aussi le pouvoir et le devoir de donner préférence à la Constitution sur les lois qui la violent et de les déclarer inconstitutionnelles et inapplicables dans la procédure concrète qui s'est développée devant ce tribunal.

Le pouvoir et le devoir des tribunaux pour considérer une loi inconstitutionnelle, donnant préférence à la Constitution, peuvent seulement être exercés dans une procédure particulière entamée par une des parties, où la question constitutionnelle est matière incidente et quand cette considération est nécessaire pour la résolution du cas. Le jugement du tribunal concernant l'inconstitutionnalité et l'inapplicabilité d'une loi dans une procédure particulière peut être prise par un juge de sa propre initiative, parce que son devoir est l'application et le respect de la suprématie de la Constitution.

La décision adoptée par le tribunal concernant l'inconstitutionnalité et l'inapplicabilité d'une loi a seulement des effets *inter partes* quant au cas concret dans lequel elle est prononcée; elle a un effet déclaratif dans le sens où elle se borne à déclarer la nullité *ab initio* de la loi. Mais, quand une loi est déclarée inconstitutionnelle et inapplicable, en fait, la décision a des effets *ex tunc* et *pro praeterito*, des effets rétroactifs au moment de la promulgation de la loi, considérant que la loi n'a produit aucun effet en ce qui concerne la procédure et les parties.

Comme on l'a vue, la logique du système diffus de contrôle judiciaire de la constitutionnalité n'est pas toujours absolue, et chaque système a créé des corrections aux éventuelles déviations issues de chacun des aspects de la rationalité du système, concernant la nullité ou l'annulabilité de l'acte inconstitutionnel, à savoir le pouvoir octroyé à tous les tribunaux ou à un nombre limité d'entre eux, afin de contrôler l'inconstitutionnalité, le caractère incident du système, l'initiative des juges ou l'exigence que ce soit l'une des parties qui pose la question d'inconstitutionnalité; et les effets *inter partes* et *erga omnes* de la décision et son caractère déclaratif ou constitutif.

II. LE CONTRÔLE JUDICIAIRE DE LA CONSTITUTIONNALITÉ DES LOIS EXERCÉ PAR LES COURS SUPRÊMES OU PAR DES TRIBUNAUX CONSTITUTIONNELS JUDICIAIRES: LE SYSTÈME CONCENTRÉ

Le contrôle judiciaire de la constitutionnalité des lois peut aussi être un contrôle de type concentré, attribué soit à la Cour suprême du pays soit à un tribunal constitutionnel spécial, appartenant au pouvoir judiciaire.

---

(203) *State v. Canoll*, 38 Conn. 449, (1871), *cit.*, par J.A.C. GRANT, *loc. cit.*, p. 232.

Nous pouvons dire que ce système de contrôle concentré de la constitutionnalité, quand il est exercé par les Cours suprêmes, est un système typiquement latino-américain qui a une tradition de plus d'un siècle.

En effet, d'une façon ou d'une autre, à l'exception du Mexique et de l'Argentine qui ont adopté le système diffus de contrôle judiciaire de la constitutionnalité comme la seule méthode de contrôle de la constitutionnalité des lois, presque tous les autres pays latino-américains ont adopté un système de contrôle judiciaire de la constitutionnalité, de type concentré, en général en attribuant à la Cour suprême du pays le pouvoir d'annuler les lois inconstitutionnelles ou de déclarer leur inconstitutionnalité. Ce n'est que récemment que quelques pays ont créé des cours ou des tribunaux constitutionnels intégrés dans le pouvoir judiciaire pour exercer le contrôle de la constitutionnalité des lois. Cela s'est sans soute produit sous l'influence du modèle européen plus récent, et particulièrement du Tribunal fédéral allemand qui, à l'instar du Tribunal constitutionnel portugais, est intégré, comme en Amérique latine, au pouvoir judiciaire.

En tout cas, le système concentré de contrôle de la constitutionnalité des lois exercé par les autorités judiciaires, a adopté en droit comparé trois modalités: en premier lieu, en attribuant à la Cour suprême de justice du pays le pouvoir d'exercer le contrôle de la constitutionnalité; en deuxième lieu, en attribuant tel pouvoir à des tribunaux ou des cours constitutionnelles spécialement créées au sein du pouvoir judiciaire dans ce but; et en troisième lieu, en attribuant le pouvoir de contrôle de la constitutionnalité des lois, à la fois à la Cour suprême et à un tribunal constitutionnel.

1. Le contrôle judiciaire de la constitutionnalité des lois exercé par la Cour suprême

Le premier système de contrôle de la constitutionnalité des lois qu'on peut identifier en droit comparé en tant que système concentré exercé par le pouvoir judiciaire, est le système selon lequel la Cour suprême de justice du pays est le tribunal compétent pour annuler les lois ou les déclarer inconstitutionnelles.

Ce pouvoir des Cours suprêmes, en général, est exercé en exclusivité, bien que, dans certains pays, le système concentré de contrôle de la constitutionnalité des lois soit établi comme partie d'un système mixte dans lequel existe parallèlement un système diffus de contrôle de la constitutionnalité des lois.

A. Le contrôle judiciaire de la constitutionnalité exercé par les Cours suprêmes en exclusivité

Le contrôle judiciaire de la constitutionnalité des lois, quand il est attribué exclusivement aux Cours suprêmes, peut être exercé par la Cour suprême de justice elle-même, soit par une Chambre constitutionnelle de la Cour suprême, spécialement créée à cette fin.

(a) La Cour suprême en tant que seul juge constitutionnel des lois: Uruguay, Panama et Paraguay

En Uruguay, au Panama et au Paraguay, il existe un système concentré de contrôle judiciaire de constitutionnalité qui confie â la Cour suprême de justice le pouvoir exclusif de contrôler la constitutionnalité de la législation, car c'est l'organe judiciaire situé au sommet de la juridiction(204).

A ce sujet, l'article 188, 1 de la Constitution de Panama octroie le pouvoir exclusif à la Cour suprême de justice de sauvegarder l'intégrité de la Constitution et de contrôler la constitutionnalité de la législation selon deux méthodes: par une action directe ou par un incidente introduite par un tribunal inférieur.

L'action directe est conçue comme une action populaire qui peut être portée devant la Cour suprême par toute personne, dénonçant l'inconstitutionnalité de la loi, des décrets, des décisions ou des actes, et qui peut être fondée sur des bases substantives comme sur des bases formelles. En ce cas, la décision doit être adoptée par le tribunal une fois entendu l'avis du Procureur général de la République(205).

La Constitution stipule néanmoins, que le juge qui, lors d'une procédure judiciaire ordinaire, *ex-officio* ou à la demande d'une partie, remarque l'inconstitutionnalité des normes légales ou exécutives applicables au cas, doit soumettre la question à la Cour suprême; cependant, il sera autorisé à continuer la procédure principale jusqu'au niveau de décision(206). Dans les deux cas, la décision de la Cour suprême est obligatoire(207) et non assujettie au contrôle(208).

Dans le système d'Uruguay la Constitution(209) attribue à la Cour suprême de justice la juridiction exclusive et originale de déclarer l'inconstitutionnalité des lois et d'autres actes d'Etat ayant force de loi, fondée sur des raisons substantives ou formelles(210). Conformément à la Constitution, la déclaration d'inconstitutionnalité d'une loi et l'inapplicabilité d'une disposition affectée en conséquence, peuvent être sollicitées devant la Cour suprême par tous ceux qui estiment qu'ont été lésés leurs intérêts personnels et légitimes(211). Par conséquent, une condition générale de légitimation très semblable à celle concernant le contrôle contentieux administratif a été établie.

Quand la question constitutionnelle lui est soumise par un tribunal inférieur ou comme conséquence d'une exception soulevée par une partie quelconque, la Cour suprême peut aussi exercer son pouvoir de contrôle *ex-officio*(212). En ce cas, le juge doit présenter un résumé de la question devant la Cour suprême et continuer la procédure jusqu'au niveau de décision. Une fois que la Cour suprême aura décidé, le tribunal inférieur devra prendre sa propre décision, conformément à la première(213).

(204) Allan R. BREWER-CARÍAS, *Judicial Review in Comparative Law*, Cambridge University Press, 1989, pp. 243-244.

(205) Article 188,1. Constitution.

(206) Article 188,2. Constitution.

(207) Article 188, in fine.

(208) Article 189.

(209) Le système fut originellement instauré en 1934, puis en 1951. *V.* H. GROSS ESPIELL, *La Constitución y su defensa*, Congrès «La Constitución y su Defensa», UNAM, 1982 (polycopié), pp. 7, 11. Le système fut maintenu dans la Constitution de 1966, dans l'Acte institutionnel n° 8 de 1977 et dans l'Acte institutionnel n° 12 de 1981. *Idem*, pp. 16, 20.

(210) Article 256.

(211) Article 258. *V.* H. GROSS ESPIELL, *loc. cit.*, pp. 28, 28; J.P. GATTO DE SOUZA, «Control de la constitucionalidad de los actos del poder público en Uruguay», *Memoria de la Reunión de Presidentes de Cortes Supremas de Justicia en Iberoamérica, El Caribe, España y Portugal*, Caracas 1982, pp. 661, 662.

(212) Article 258.

(213) Articles 258, 259.

En Uruguay, les décisions de la Cour suprême font exclusivement référence au cas concret ayant des effets seulement sur les procédures où elles ont été adoptées[214]. Evidemment, cette disposition est claire en ce qui concerne les voies incidentes de contrôle de la constitutionnalité, mais elle ne l'est pas dans le cas où la question constitutionnelle a été soulevée comme action directe. La loi n° 13747 de 1969[215], concernant la procédure de justice constitutionnelle, prévoit que la décision peut empêcher l'application des normes déclarées inconstitutionnelles par rapport à celui qui a intenté l'action et qui a obtenu la décision, et autorise à l'employer comme exception dans toute procédure judiciaire, y compris le contrôle contentieux administratif[216].

Semblable au modèle uruguayen, il faut mentionner le système paraguayen, dans lequel la Constitution autorise la Cour suprême à décider des actions et des exceptions afin de déclarer l'inconstitutionnalité et l'inapplicabilité des dispositions qui vont à l'encontre du texte fondamental[217]. Comme nous l'avons déjà mentionné, la procédure peut être entamée par une action ou une exception. Ici, la procédure du cas concret doit continuer jusqu'au niveau de décision. En tout cas, la décision de la Cour suprême n'a d'effets que concernant le cas concret et le requérant[218].

(b) *La Chambre constitutionnelle de la Cour suprême comme seul juge constitutionnel: Costa Rica*

Au Costa Rica, après la réforme constitutionnelle de 1989, une Chambre constitutionnelle a été créée à la Cour suprême de justice, chargée exclusivement de déclarer l'inconstitutionnalité des normes, quelle que soit leur nature et des actes assujettis au droit public, exception faite des actes juridictionnels du pouvoir judiciaire[219].

Par conséquent, un système concentré de contrôle judiciaire de la constitutionnalité des lois a été établi au Costa Rica; la Chambre constitutionnelle de la Cour suprême de justice est l'organe judiciaire qui exerce ce pouvoir en exclusivité. Ses fonctions sont régies par la loi de la juridiction constitutionnelle de 1990[220], de même que les moyens de recours qui peuvent être portés devant la Chambre constitutionnelle pour qu'elle exerce le contrôle de la constitutionnalité.

La Chambre constitutionnelle peut exercer le contrôle de constitutionnalité par le biais de quatre moyens: l'action d'inconstitutionnalité, les consultations législatives, les consultations judiciaires et la voie préventive[221].

a. L'action d'inconstitutionnalité: Conformément à l'article 73 de la loi de juridiction constitutionnelle, l'action d'inconstitutionnalité peut être exercée contre

---

[214] Article 259.
[215] *V.* H. GROSS ESPIELL, *loc. cit.*, p. 29.
[216] *Idem.*
[217] Articles 200, 207.
[218] L.M. ARGAÑA, «Control de la constitucionalidad de las leyes en Paraguay», *Memoria de la Reunión de Presidentes de Cortes Supremas de Justicia en Iberoamérica, El Caribe, España y Portugal,* Caracas 1983, pp. 550, 551; 669, 671.
[219] Article 10, Constitution de 1989.
[220] «Ley de jurisdicción constitutional», in *Revista Jurisprudencia Constitucional,* Salle constitutionnelle de la Cour suprême de justice, n° 1, Costa Rica 1990, pp. 14 et ss.
[221] *V.* en général Rubén HERNANDEZ V., *El control de la constitucionalidad de las leyes,* San José 1990.

les lois et autres dispositions générales: quand, dans l'élaboration des lois ou actes législatifs, il y a violation d'une condition ou démarche essentielle prévue dans la Constitution; quand une réforme constitutionnelle est approuvée en violation des normes constitutionnelles de procédure; quand une loi ou disposition générale enfreint la Constitution du fait qu'elle s'oppose à un traité public ou accord international; ou quand, au moment de la signature, approbation ou ratification de conventions ou accords internationaux, ou dans leur contenu ou effets, une norme ou principe constitutionnel ait été enfreint.

a'. Les voies d'exercice de l'action: Cette action constitutionnelle peut être exercée selon deux voies de procédure: la voie incidente et la voie d'action, principale ou directe.

a». La voie incidente: La voie incidente visant à solliciter la décision de la Chambre constitutionnelle peut être employée par toute personne qui soit partie d'une affaire en voie de résolution dans les tribunaux, même dans les cas d'habeas corpus ou d'*amparo*, ou dans une procédure afin d'épuiser la voie administrative. Dans ce dernier cas, il faudra invoquer l'inconstitutionnalité de la loi en tant que moyen raisonnable de protéger les droits ou les intérêts considérés lésés(222).

Dans ces cas, l'action d'inconstitutionnalité est présentée directement devant la Chambre constitutionnelle. La nouveauté de cette voie réside dans le fait que l'action est possible non seulement lorsqu'il s'agit d'une question d'inconstitutionnalité formulée dans une procédure judiciaire, mais également dans une procédure administrative. De cette manière, pour des raisons d'économie de procédure, il n'est pas indispensable qu'une affaire en cours de procédure administrative soit portée devant les tribunaux pour que l'action d'inconstitutionnalité puisse être exercée(223).

b». La voie principale: La loi de juridiction constitutionnelle octroie une légitimation pour exercer l'action d'inconstitutionnalité comme voie principale au «Contrôleur» général de la République, au «Procureur» général de la République, au Ministère public et au Défenseur du peuple(224).

L'action peut aussi être exercée de façon directe, par la voie principale, lorsque, étant donné la nature de l'affaire, il n'existe aucune lésion individuelle ni directe ou quand il s'agit de la défense d'intérêts diffus ou d'intérêts de la collectivité dans son ensemble(225). Dans ce cas, l'action s'exerce contre les normes ou lois auto applicatrices, qui ne requièrent pas d'actes de l'Etat interposés pour leur exécution, auquel cas il n'est pas nécessaire qu'existe une affaire préalable en cours de résolution pour que l'action puisse être intentée. Il n'est pas nécessaire non plus d'invoquer un intérêt individuel; il s'agit ici de la défense d'intérêts diffus ou collectifs. L'action d'inconstitutionnalité, dans ces cas, revêt par conséquent un certain caractère d'action populaire(226).

b'. Effets de la décision de la Chambre constitutionnele: La décision de la Chambre constitutionnelle déclarant l'action recevable annule la loi et a des effets *erga omnes*.

---

(222) Article 75, Loi de juridiction constitutionnelle.
(223) Article 82, Loi de juridiction constitutionnelle.
(224) Article 75, Loi de juridiction constitutionnelle.
(225) *Idem.*
(226) Rubén HERNÁNDEZ V., *op. cit.*

Conformément à l'article 89 de la loi, la sentence déclarant l'inconstitutionnalité d'une loi doit également déclarer l'inconstitutionnalité des autres préceptes de celle-ci, dont l'annulation est par conséquent indispensable, ainsi que des actes d'application mis en cause.

Les effets de la déclaration d'inconstitutionnalité et d'annulation de la loi par la Chambre constitutionnelle sont *ex tunc*, par conséquent, déclaratifs et rétroactifs, sauf en ce qui concerne les droits acquis de bonne foi (art. 91) ou les situations consolidées par prescription, caducité ou en vertu d'une sentence judiciaire(227).

b. Les consultations législatives de constitutionnalité: Selon la Constitution et la loi de juridiction constitutionnelle(228), le second moyen par lequel la Chambre constitutionnelle exerce son pouvoir de contrôle judiciaire concentré de la constitutionnalité est celui des consultations qui peuvent lui être adressées par l'Assemblée législative au cours de la discussion des réformes constitutionnelles, de l'approbation d'accords ou de traités internationaux et des projets de réforme de la loi de juridiction constitutionnelle.

Pour ce qui est des projets de lois ordinaires en discussion par les Chambres, ils peuvent aussi faire l'objet d'un contrôle constitutionnel par la Chambre constitutionnelle à la demande de 10 députés au moins.

Dans tous ces cas, bien sûr, il s'agit d'un moyen de contrôle de la constitutionnalité de type préventif, puisque la décision de la Chambre constitutionnelle est de nature obligatoire.

c. Les consultations judiciaires de constitutionnalité Tous les juges de la République peuvent solliciter à la Chambre constitutionnelle une consultation de constitutionnalité, lorsqu'ils ont des doutes fondés à l'égard de la constitutionnalité d'une norme ou d'un acte qu'ils doivent appliquer, ou d'une attitude ou omission qu'ils doivent juger dans un cas qui leur est soumis (art. 102 LJC).

Dans ces cas, le juge qui formule la consultation doit élaborer une résolution indiquant les normes contestées et les raisons du doute du tribunal concernant sa validité ou interprétation constitutionnelles. Dans ces cas, la procédure judiciaire doit être suspendue jusqu'à ce que la Chambre constitutionnelle ait satisfait la consultation(229).

Il est clair que la décision interprétative de la Chambre constitutionnelle a un caractère obligatoire et des effets de chose jugée(230).

d. Le contrôle préventif de la constitutionnalité par le veto présidentiel et la promulgation des lois: Le dernier moyen de contrôle de la constitutionnalité des lois se réfère au veto présidentiel appliqué à des lois sanctionnées mais non promulguées, pour des raisons d'inconstitutionnalité conformément à l'article 125 de la Constitution. Dans ces cas d'exercice du veto, si l'Assemblée n'accepte pas les objections constitutionnelles formulées par le Président, l'affaire doit être portée devant la Chambre constitutionnelle et la promulgation de la loi suspendue.

(227) Article 92, Loi de juridiction constitutionnelle.
(228) Article 96, Loi de juridiction constitutionnelle.
(229) Article 104, Loi de juridiction constitutionnelle.
(230) Article 117, Loi de juridiction constitutionnelle.

B. Le contrôle judiciaire de la constitutionnalité des lois exercé par la Cour suprême dans un système mixte de contrôle

Le deuxième type de contrôle judiciaire concentré de la constitutionnalité des lois attribué à la Cour suprême peut être trouvé dans les pays qui ont adopté un système mixte de contrôle de la constitutionnalité dans lequel fonctionnent parallèlement le contrôle diffus et le contrôle concentré. C'est le cas des systèmes du Vénézuéla et du Brésil.

(a) Le système du Vénézuéla

Au Vénézuéla, comme nous l'avons déjà vu, il existe un système mixte de contrôle de la constitutionnalité qui est à la fois diffus et concentré.

En ce qui concerne le contrôle concentré de la constitutionnalité des lois au Vénézuéla, comme le contrôle des lois au Brésil, est attribué au Tribunal suprême qui l'exerce parallèlement à un système diffus de contrôle[*].

La Constitution vénézuélienne établit de façon explicite, dans son article 215, la compétence de la *Cour suprême de justice* de déclarer la nullité, pour cause d'inconstitutionnalité, des lois et autres actes des Chambres législatives nationales, des Etats membres de la Fédération et des Municipalités (communes), ainsi que des règlements et des actes du gouvernement édictés par le pouvoir exécutif national. C'est-à-dire que la Constitution prévoit un contrôle judiciaire de la constitutionnalité de tous les actes de l'Etat à l'exclusion des actes judiciaires et des actes administratifs pour lesquels elle prévoit des moyens spécifiques de contrôle de la légalité et de la constitutionnalité (recours de cassation, d'appel et recours contentieux administratif). Il s'agit donc d'un contrôle concentré de la constitutionnalité des lois et autres actes des pouvoirs publics, attribué à la Cour suprême de justice.

Mais en outre, comme nous l'avons déjà signalé, l'article 20 du Code de procédure civile permet à tous les Tribunaux de la République compétents dans des cas concrets, de déclarer l'inapplicabilité des lois et des autres actes normatifs de l'Etat s'ils estiment que ceux-ci sont inconstitutionnels, en accordant une préférence aux normes constitutionnelles. Il s'agit là de la base légale du contrôle diffus de la constitutionnalité.

En outre, l'article 3 de la Loi organique d'*amparo* sur les droits et garanties constitutionnels stipule que «l'action d'*amparo* est pertinente quand la violation ou la menace de violation (des droits fondamentaux) dérive d'une norme en contradiction avec la Constitution», «auquel cas, 'l'autorité devra apprécier l'inapplicabilité de la norme contestée».

Par conséquent, nous pouvons dire que le système vénézuélien de contrôle de la constitutionnalité des lois et autres actes de l'Etat, est l'un des plus amples parmi les systèmes connus dans le monde actuel, car il combine les contrôles concentré et diffus de la constitutionnalité des lois[231].

---

[*] La Constitution de 1999 a créé une Chambre constitutionnelle dans le Tribunal Suprême, chargé de l'exercice du contrôle concentré de la constitutionnalité des lois.

[231] V. nos travaux en général: Allan R. BREWER-CARÍAS, *El control de la constitucionalidad de los actos estatales*, Caracas 1977; «Algunas consideraciones sobre el control jurisdiccional de la constitucionalidad de los actos estatales en el Derecho venezolano», *Revista de Administración Pública* n° 76, Madrid 1975, pp. 419 à 446; *Estado de derecho y control judicial*, Madrid 1987, pp. 17 à 207; *Judicial Review..., op. cit.*, pp. 279 et ss.

En ce qui concerne le contrôle concentré de la constitutionnalité des lois exercé par la Cour suprême de justice, il s'agit d'un contrôle *a posteriori* de la constitutionnalité, exercé toujours après que la loi remise en cause soit entrée en vigueur et ait produit des effets. Ce contrôle, au moyen d'une action populaire, est le plus largement utilisé. Cependant, dans le système vénézuélien nous pouvons distinguer également un contrôle concentré de la constitutionnalité des lois à caractère préalable (*a priori*), exercé par la Cour suprême de justice sur requête du Président de la République avant la promulgation des lois approuvées par les chambres législatives. Par conséquent, le système concentré de justice constitutionnelle au Vénézuéla peut être préventif ou *a posteriori*.

a. Le système préventif de justice constitutionnelle: En effet, à partir de la réforme constitutionnelle de 1945, la Constitution a établi expressément la possibilité d'un contrôle préventif de la constitutionnalité des lois nationales, qui inclut, bien sûr, les lois ratifiant les traités internationaux et les contrats d'intérêt public, et est exercé par la Cour suprême de justice à la demande du Président de la République, en application de son pouvoir de veto vis-à-vis des lois adoptées par les Chambres législatives[(232)].

Aujourd'hui, la Constitution de 1961, dans la procédure «de la formation des lois» prévoit la possibilité du veto présidentiel à l'encontre des lois sanctionnées, de la façon suivante:

Le Président de la République doit promulguer les lois sanctionnées par les Chambres législatives dans un délai de 10 jours suivant celui de sa réception des mains du Président du Congrès. Cependant, durant ce temps, le Président peut, en accord avec le Conseil de ministres, demander au Congrès la *reconsidération* de la loi, au moyen d'un exposé circonstancié, afin d'obtenir la modification de certaines dispositions ou suspendre l'approbation totale ou partielle de la loi.

Quand la décision des Chambres a été adoptée par les deux tiers des membres présents, le Président de la République doit procéder à la promulgation de la loi dans les cinq jours de sa réception, sans pouvoir formuler de nouvelles observations. Cependant, en cas de décision prise à la majorité simple, le Président de la République peut choisir entre promulguer la loi ou la renvoyer au Congrès, dans le même délai de cinq jours, pour un nouvel et dernier examen.

La décision des Chambres en séance plénière est définitive, même si elle est prise à la majorité simple, et la loi doit être promulguée dans les cinq jours de sa réception.

En tous cas, si l'objection du Président de la République était fondée sur l'*inconstitutionnalité*, le Président peut, dans le délai signalé pour la promulgation de la loi (lesdits cinq jours), demander à la Cour suprême de justice de résoudre l'inconstitutionnalité alléguée.

Dans ces cas, la Cour doit décider dans un délai de dix jours à compter du jour de réception de la communication du Président de la République. Si la Cour refuse l'inconstitutionnalité invoquée, ou si elle ne prend pas sa décision dans le délai prévu, le Président de la République doit promulguer la loi dans les cinq jours suivant la décision de la Cour ou à l'échéance du délai[(233)].

---

(232) Article 91, Constitution de 1945; *v.* aussi Allan R. BREWER-CARÍAS, *Las Constituciones de Venezuela*, Madrid 1985, p. 856; dans un sens similaire: Article 90, Constitution de 1953, *Idem*, p. 947.

(233) Article 173, Constitution.

Au contraire, si la Cour décide d'admettre l'inconstitutionnalité de la Loi, ceci empêche sa promulgation[234], et les Chambres devront modifier le texte sanctionné en application de la décision de la Cour, celle-ci ayant un caractère obligatoire.

b. Le contrôle de la constitutionnalité: l'action populaire: Le moyen le plus important pour l'exercice du contrôle concentré de la constitutionnalité des lois nationales, des Etats membres et des Municipalités ainsi que les actes subordonnés de façon immédiate à la Constitution, exercé au Vénézuéla par la Cour suprême de justice depuis 1858, est l'action populaire, qui peut être intentée par tout particulier.

***a'. L'actio popularis** et le caractère principal du procès:* En effet, la caractéristique principale de la compétence de la Cour suprême de justice dans l'exercice de ses pouvoirs de contrôle concentré de la constitutionnalité est qu'elle est exercée comme conséquence d'une action populaire qui peut être intentée par toute personne naturelle ou juridique jouissant de ses pleins droits[235]. Par conséquent, le système concentré de justice constitutionnelle au Vénézuéla est toujours conçu comme un procès de caractère principal qui se déroule devant la Cour suprême quand une action populaire est intentée devant celle-ci. Cette action populaire, telle que la Cour elle-même l'a signalé en 1971, est ouverte «à toute personne du peuple (d'où son nom), elle a pour but la défense d'un intérêt public qui est à la fois simple intérêt de celui qui intente une action, et qui, de ce fait, n'a pas besoin d'être investi d'un intérêt juridique différencié légitime». Par conséquent, l'action populaire au Vénézuéla est destinée «à contester la validité d'un acte du pouvoir public qui, dû à un caractère normatif et général agit *erga omnes*, et de ce fait, son entrée en vigueur concerne et intéresse donc également tout le monde»[236].

En ce qui concerne l'action populaire, il faut signaler que sa «popularité», traditionnellement très large, en principe, a été, d'une certaine manière, restreinte depuis 1976 par la loi organique de la Cour suprême de justice, qui a demandé l'existence d'un intérêt simple «particularisé» pour pouvoir l'intenter. En ce sens, l'article 112 de ladite loi exige que l'acte contesté doit léser, d'une certaine manière, «les droits et les intérêts du requérant». La très grande popularité de l'action d'inconstitutionnalité pouvait donc subir légalement une sorte de restriction sans avoir pour autant perdu son caractère «d'action populaire».

En effet, une restriction de telle sorte pouvait être considérée raisonnable car en réalité elle affectait uniquement la légitimation requise dans des cas extrêmes. Par exemple, si une loi de l'Assemblée législative d'un des Etats de la Fédération est contestée, il faut au moins que le plaidant réside dans cet Etat, qu'il ait des biens dans ce territoire ou que ses droits et ses intérêts puissent être, d'une certaine façon, lésés par cette Loi[237].

---

(234) L'article 175 de la Constitution est donc inapplicable.

(235) *V.* décision de la Cour fédérale du 22/2/60, *Gaceta Forense* n° 27, 1960, pp. 107 et 108; ainsi que la décision de la Cour suprême de justice en Chambre politico-administrative du 3/10/63, *Gaceta Forense* n° 42, 1963, pp. 19 et 20, celle du 6/2/64 *Gaceta Oficial* n° 27.373, 21/2/64, celle du 30/5/63, *Gaceta Forense* n° 52, 1968, p. 109, et celle du 25/9/73 *Gaceta Oficial* n° 1643 Spécial, 21/3/74, p. 15.

(236) *V.* la décision de la Cour suprême de justice en Chambre politico-administrative du 18/1/71, *Gaceta Oficial* n° 1472 Spécial, 11/6/71, p. 6; *v.* aussi la Sentence de la Cour suprême de justice en Chambre politico-administrative du 6/2/64, *Gaceta Oficial* n° 27.373, 21/2/64.

(237) Allan R. BREWER-CARÍAS, *El control de la constitucionalidad..., op. cit.*, p. 122.

En tout cas, les doutes au sujet de l'éventuelle restriction de la popularité de l'action[238] ont été levés par la Cour suprême de justice elle-même, qui a considéré que l'exigence de l'article 112 de la Loi organique dans le sens que la loi contestée doit porter atteinte aux droits et aux intérêts du plaidant, ne signifie pas que l'action populaire ait été éliminée, ni qu'ait été établie une exigence spéciale de légitimation active pour demander à la Cour suprême l'exercice du contrôle de la constitutionnalité. L'objet de l'action populaire, selon la Cour, est «la défense objective de la primauté et de la suprématie de la Constitution», et s'il est vrai que la Loi organique de la Cour suprême requiert que les droits et les intérêts du plaignant aient été touchés, cette expression doit être interprétée de façon «rigoureusement restrictive»[239]. Sur cette base, la Cour suprême est arrivée à la conclusion suivante:

> Quand une personne exerce le recours d'inconstitutionnalité en vertu des termes de l'article 112 de sa loi, *il faut présumer*, du moins de manière relative, que l'acte objet du recours porte atteinte, d'une certaine manière, aux droits ou aux intérêts du plaignant en sa condition de citoyen vénézuélien, sauf si le contexte du recours permet de déduire manifestement le contraire, ou que le recours soit déclaré irrecevable conformément à l'article 115 de la loi de la Cour[240].

b'. Les actes de l'Etat soumis au contrôle: D'après la Constitution de 1961, comme nous l'avons déjà mentionné, le contrôle de la constitutionnalité des actes de l'Etat par voie d'action populaire est réservé aux actes de caractère légal ou normatif, c'est à dire, les actes subordonnés de façon immédiate à la Constitution, et les règlements. Au niveau national, ces actes de l'Etat de caractère légal sont les lois, les actes du parlement sans forme de loi (*interna corporis*) et les actes du gouvernement; et au niveau des Etats membres et municipal, les lois des Assemblée législatives des Etats membres et les ordonnances municipales[241]. Au niveau national, donc, à la seule exception des règlements, peuvent faire l'objet d'une action d'inconstitutionnalité uniquement les actes promulgués par le Congrès ou ses Chambres législatives, et les actes promulgués par l'exécutif et subordonnés de manière immédiate à la Constitution[242].

---

[238] *V.* L.H. FARIAS MATA, ¿Eliminada la acción popular del derecho positivo venezolano?, *Revista de derecho público* n° 11, Caracas 1982, pp. 5/18.

[239] Sentence de la Cour en plénière du 30/6/82, à voir in *Revista de derecho público* n° 11, Caracas 1982, p. 138.

[240] C'est ainsi que la Cour a réservé ce recours d'inconstitutionnalité aux actes ayant des effets *erga omnes* et qui intéressent n'importe qui. *V.* à ce sujet la décision de la Cour suprême de justice en Chambre politico-administrative du 14/3/60, *Gaceta Oficial* n° 26.222, 1/4/60. pp. 154/225.

[241] Les ordonnances municipales ont caractère de lois locales. *V.* Allan R. BREWER-CARÍAS, *El régimen municipal en Venezuela*, Caracas 1984, p. 162.

[242] La Cour suprême de justice a clairement énoncé ce critère en ces termes: «L'examen d'une action d'inconstitutionnalité suppose la confrontation entre l'acte contesté et les normes de la Constitution supposées enfreintes par ledit acte. Si ces normes conditionnent l'acte - c'est à dire si elles déterminent, par exemple, sa finalité, l'autorité compétente pour l'effectuer, ou les conditions intrinsèques ou extrinsèques dont le non-respect peut en affecter la validité-, l'action ou recours destiné à annuler cet acte est une action ou un recours d'inconstitutionnalité, du fait qu'il contrevient à la Constitution», Sentence de la Cour suprême de justice en Chambre politico-administrative du 13/2/68, *Gaceta Forense* n° 59, 1968, p. 53.

Dans ce sens, conformément à la Constitution, pourraient faire l'objet d'un recours d'inconstitutionnalité les actes de l'Etat suivants: 1) les lois nationales; 2) les lois des Etats fédérés; 3) les ordonnances municipales; 4) les actes du Congrès ou des Chambres législatives nationales, des Assemblées législatives ou des Conseils municipaux promulgués en exercice de la fonction législative (c'est à dire qui ne seraient pas promulgués en exercice de la fonction administrative et qui constitueraient des actes administratifs[243]; 5) les actes de gouvernement promulgués par l'exécutif national, et 6) les règlements de l'exécutif national[244].

Mais, de tous les actes soumis au contrôle de la constitutionnalité, il est bien évident que les plus importants sont les lois, en vertu de leur portée générale. En ce sens, la Constitution formule expressément, la compétence de la Cour suprême de déclarer la nullité totale ou partielle des lois nationales, des lois des Etats et des ordonnances municipales contraires à la Constitution[245].

c'. Le caractère objectif de la procédure: La conséquence directe du caractère populaire de l'action d'inconstitutionnalité dans le système vénézuélien est le caractère objectif du processus qui se déroule par devant la Cour suprême comme conséquence de l'action même.

En effet, au Vénézuéla, l'action d'inconstitutionnalité n'est absolument pas intentée contre un organe de l'Etat, par exemple, le Congrès ou le Président de la République qui aurait adopté ou promulgué la loi contestée pour inconstitutionnalité, mais en réalité cette action n'est dirigée que contre un acte de l'Etat, comme par exemple une loi. Par conséquent, dans le procès d'inconstitutionnalité, il n'y a pas de parties proprement dites, ni plaignant ni demandeur au sens strict du terme. Le procès d'inconstitutionnalité, en réalité, est un procès contentieux contre un acte, qui peut être entamé par n'importe quel particulier ou entité publique.

D'autre part, comme il n'y a pas de demandeur dans le procès d'inconstitutionnalité, il n'est pas nécessaire de citer qui que ce soit[246], et une fois l'action admise, la Cour doit en réalité uniquement «notifier par écrit au Président de l'entité ou au fonctionnaire qui a édicté l'acte, et solliciter l'avis du Ministère public, s'il n'a pas entamé le procès, et il pourra rendre son rapport avant que la sentence ne soit prononcée»[247].

En tout cas, la Cour doit ordonner la convocation publique des intéressés, quand elle l'estime nécessaire[248]. Donc, de la même façon que n'importe quelle personne naturelle ou juridique lésée dans ses droits et ses intérêts peut exercer

---

(243) *V.* Allan R. Brewer-Carías, *El control de la constitucionalidad de los actos estatales*, Caracas 1977.

(244) Article 215, alinéas 3, 4 et 6 de la Constitution. *V.* aussi le vote sauvé du Magistrat J.G. Sarmiento Núñez dans la décision de la Cour suprême de justice du 29-4-65 publiée par l'Imprimerie nationale, Caracas 1965, p. 25; J.G. Sarmiento Núñez, «El control de la constitucionalidad de las leyes y de los tratados», *Libro Homenaje al Doctor Eloy Lares Martinez*, Caracas 1984, Vol. II, pp. 705-707.

(245) Article 215, alinéas 3 et 4, et Article 42, alinéas 1 et 3 de la loi organique de la Cour suprême de justice.

(246) *V.* la décision de la Cour Fédérale Constitutionnelle en Chambre politico-administrative du 20/11/40, *Memoria 1941*, pp. 265 et 266.

(247) Article 116 de la loi organique de la Cour suprême de justice.

(248) *Idem.*

l'action populaire d'inconstitutionnalité des lois, toute personne, avec le même intérêt particularisé, a le droit de présenter des textes et des allégations pendant le procès, en défense de la loi ou de l'acte contesté[(249)].

Pour terminer, il faut souligner que le recours d'inconstitutionnalité commence par un écrit de recours dans lequel le plaignant doit identifier clairement l'acte contesté[(250)] et indiquer avec précision les inconstitutionnalités dénoncées, c'est à dire aussi bien les raisons du recours que les normes constitutionnelles supposées violées[(251)]. Néanmoins, et s'agissant d'une action populaire qui met en jeu la validité d'une loi et la suprématie constitutionnelle, nous estimons que la Cour peut apprécier l'inconstitutionnalité de l'acte contesté, *ex-officio*, pour des vices non invoqués par le requérant[(252)], sans devoir se limiter a connaître uniquement les dénonciations présentées à l'origine[(253)]. Par conséquent, s'il est vrai que l'action populaire doit être présentée devant la Cour suprême par un requérant[(254)], la Cour, dans le jugement d'inconstitutionnalité n'est pas totalement assujettie à la volonté du requérant. Par exemple, en dépit du fait que le requérant peut se désister du recours une fois que celui-ci a été intenté, la Cour a le pouvoir de continuer à connaître ledit cas[(255)].

d'. Motifs de l'action: En ce qui concerne les motifs de l'action populaire d'inconstitutionnalité, il faut signaler que ce recours peut être uniquement introduit pour invoquer des violations de la Constitution ou des contradictions à son égard,

---

(249) Article 137 de la loi organique de la Cour suprême de justice. Il convient de signaler que la Cour suprême, en décidant le recours d'inconstitutionnalité de la séance d'installation des Chambres législatives du 5 mars 1968, face aux écrits présentés par deux particuliers contre les requêtes des requérants a décidé, contrairement aux dispositions du texte: «(la Cour) s'est limitée à ajouter lesdits écrits au dossier, les particuliers n'étant pas parties du présent jugement et n'étant pas intervenus dans les actes contestés par les requérants. En effet, l'exercice de l'action populaire ... est le droit de tout citoyen de se pourvoir requérant dans les cas permis par la loi, mais non pas de se constituer défendeur lorsque l'action n'a pas été intentée contre lui». *V.* la décision de la Cour suprême de justice en séance plénière du 12/6/68, publications du Sénat, pp. 190 et 191. Dans une autre décision, la Cour a indiqué que, pour qu'un avocat puisse assumer la défense de la constitutionnalité d'une loi, il devait avoir la représentation de l'Assemblée législative correspondante. C'est la raison pour laquelle elle a déclaré irrecevable la requête de cet avocat, celui-ci ne jouissant pas de ladite représentation. *V.* la décision de la Cour suprême de justice en Chambre politico-administrative du 27/5/70, *Gaceta Forense* n° 68, 1970, p. 111.

(250) Article 113 de la loi organique de la Cour suprême de justice. *V.* la décision de la Cour suprême de justice en Chambre politico-administrative du 23/1/69, *Gaceta Forense* n° 63, 1969, p. 95.

(251) Article 113 de la loi organique de la Cour suprême de justice. *V.* décision de la Cour Fédérale Constitutionnelle en séance plénière du 14/12/51, *Gaceta Forense* n° 6, 1950, pp. 46 et 47; et décision de la Cour suprême de justice en Chambre politico-administrative du 11/8/64, *Gaceta Forense* n° 45, 1964, pp. 185 et 186.

(252) Dans ce sens, le bureau du Procureur a signalé que la constitutionnalité des actes législatifs constitue une matière éminemment publique. C'est pourquoi, dans les procès où se traitent de tels problèmes, les facultés du juge ne sont ni ne peuvent être limitées par ce qui est allégué et prouvé dans des actes. *V. Doctrine PGR 1963*, Caracas 1964, pp. 23 et 24.

(253) Tout comme la Cour suprême l'a soutenu dans la décision de la Cour suprême de justice en séance plénière du 15/3/62, *Gaceta Forense* n° 760 Spécial, 22/3/62. Dans ce sens, J.G. ANDUEZA soutient que la décision de la Cour ne peut contenir *ultra petita*, *La jurisdicción constitucional en el Derecho venezolano*, Caracas 1955, p. 37.

(254) Article 82 de la loi organique de la Cour suprême de justice.

(255) Article 87 de la loi organique de la Cour suprême de justice. *V.* J.G. ANDUEZA , *op. cit.*, p. 37.

c'est à dire des motifs d'inconstitutionnalité[256]. D'où, la thèse soutenue par la Cour suprême de justice concernant la nécessité d'une violation directe de la Constitution pour que l'action populaire soit pertinente[257]. D'après la Cour, l'inconstitutionnalité ne peut pas «surgir de simples énoncés théoriques ou d'un éventuel conflit entre la norme contestée et une autre norme quelconque correspondant à la législation ordinaire»[258], mais elle doit être le résultat de la violation directe d'une norme constitutionnelle. La Cour suprême a exprimé lors du jugement qu'elle rendait en 1983 que cette doctrine:

> Possède maintenant un support légal. En effet, l'article 133 de la Loi organique de la Cour suprême de justice établit que la seule dénonciation de l'infraction à l'article 117 de la Constitution[259] ne peut pas être invoquée comme fondement de l'action et du recours auxquels se réfèrent les articles 112 et 121 *ejusdem*, mais que l'action requiert la dénonciation d'une autre disposition différente de celle qui «aurait été directement transgressée par l'acte dont la nullité est demandée». De ce fait, l'article 133 indique que la violation indirecte d'une norme constitutionnelle, ne pourra pas être considérée comme fondement du recours d'inconstitutionnalité... Affinant les concepts exposés... nous pourrions ajouter qu'il y a recours pour violation directe de la Charte fondamentale lorsqu'il est possible d'arriver à la solution positive ou négative du problème posé par l'application exclusive des normes constitutionnelles violées[260].

La Cour suprême a de même établie que toutes les normes constitutionnelles violées ne peuvent pas servir de fondement à l'action populaire, au contraire, la Cour exige qu'il s'agisse d'une norme directement opérationnelle, et refuse le recours quand les violations invoquées ont trait à des normes programme[261]. Cependant, cette doctrine ne veut pas dire que le contrôle de la constitutionnalité des lois ne peut pas être réalisé sur la base des principes constitutionnels. Par exemple, l'article 50 de la Constitution établit expressément que «l'énumération des droits et garanties de cette Constitution ne doivent pas être compris comme étant la négation d'autres qui, inhérents à la personne humaine, ne figureraient pas expressément dans celle-ci». Par conséquent, la Cour suprême pourrait exercer ses fonctions de contrôle de la constitutionnalité sur la base des violations des droits inhérents à la personne humaine, non énumérés expressément dans le texte constitutionnel.

Finalement, il faut signaler que la dénonciation d'inconstitutionnalité doit, nécessairement, poser un rapport logique comme conséquence d'une motivation

---

(256) Dès lors, aucun motif d'illégalité ne peut être allégué. *V.* la décision de la Cour suprême de justice en Chambre politico-administrative du 13/12/68, *Gaceta Forense* n° 59, 1969, pp. 85 et 86.

(257) Allan R. Brewer-Carías, *El control de la constitucionalidad...*, p. 131.

(258) *V.* la décision de la Cour en séance plénière du 26/2/85, *Revista de derecho público* n° 22, Caracas 1985, p. 164.

(259) Cet article 177 stipule ce qui suit: «La Constitution et les lois définissent les attributions du pouvoir public, dont l'exercice doit leur être soumis».

(260) *V.* la décision de la Cour suprême de justice en Chambre politico-administrative du 28/6/83, *Revista de derecho público* n° 15, Caracas 1983, pp. 155/156.

(261) *V.* les décisions de la Cour suprême de justice en séance plénière du 12/9/69, *Gaceta Forense* n° 65, 1969, p. 10, et en Chambre politico-administrative du 27/4/69, *Gaceta Forense* n° 64, 1969, p. 23, ainsi que celle de la Cour suprême de justice en Chambre politico-administrative du 13/2/68, *Gaceta Forense* n° 59, 1969, pp. 85-86.

sérieuse et nécessaire, entre l'acte contesté et la norme dite trangressée par celui-ci[262]. C'est pourquoi la Cour a considéré formellement insuffisantes les dénonciations des infractions aux normes constitutionnelles lorsque cette relation ne ressort pas des dénonciations. En tout cas, il est évident que la violation de la Constitution peut surgir lorsque l'acte objet du recours est en contradiction avec l'esprit et la lettre d'une norme constitutionnelle[263] et non seulement quand il y a contradiction littérale entre la norme et l'acte contesté.

e'. La possibilité de suspension temporaire en cas de violation de droits fondamentaux:Traditionnellement, la jurisprudence de la Cour suprême de justice a refusé systématiquement les demandes de suspension des effets des actes de l'Etat à effets généraux ayant été contestés pour inconstitutionnalité. Ainsi, dans un jugement du 28 juillet 1969, prononcé en raison de la contestation d'une loi d'un Etat membre, la Cour a signalé que le fait de décréter la suspension des effets de cette loi:

> Conduirait à une situation anormale selon laquelle il suffirait de contester devant la Cour, pour inconstitutionnalité un acte législatif dûment promulgué, concrètement une loi, pour obtenir par voie de sentence préalable, la suspension de sa validité, au grave préjudice des facultés qui correspondent à l'organe législatif[264].

Cependant, cette doctrine a été modifiée par la récente Loi organique d'*amparo* des droits et garanties constitutionnels, qui prévoie expressément que lorsqu'il s'agit des lois ou des normes qui violent les droits ou les garanties constitutionnelles, et une requête d'*amparo* est en même temps formulée avec l'action populaire d'inconstitutionnalité des lois et d'autres actes normatifs de l'Etat membre, la Cour suprême de justice, si elle l'estime pertinent pour la protection constitutionnelle «pourra décréter la suspension de l'application de la norme à la situation juridique concrète dont la violation est invoquée, pendant la durée de la procédure de nullité» (art. 3).

Il s'agit donc de la possibilité de suspension d'effets de la norme contestée par voie d'action populaire quand une requête est formulée conjointement, uniquement pendant la durée de la procédure de nullité, et avec des effets stricts à l'égard de la situation juridique concrète du requérant dont l'acte de violation est invoqué.

f'. Contenu du jugement: Dans son jugement définitif, la Cour, conformément à ce qui est prévu dans l'article 119 de la loi organique, «déclarera si la nullité de

---

(262) *V.* la décision de la Cour suprême de justice en Chambre politico-administrative du 21/12/67, *Gaceta Forense* n°58, 1968, p. 68.

(263) *V.* la décision de la Cour fédérale du 25-3-58, *Gaceta Forense* n° 19, 1958, p. 58. Au contraire, le bureau du Procureur général de la république a soutenu que l'infraction des mobiles de la Constitution ne peut constituer une cause d'annulation d'un texte légal. *V. Doctrina PGR 1964*, Caracas 1965, p. 158. Par ailleurs, le Procureur a néanmoins soutenu la thèse selon laquelle la Constitution est violée lorsque la loi prétend atteindre des buts différents que ceux fixés par la Constitution, et non seulement lorsqu'il existe une contradiction dans la lettre entre la norme constitutionnelle et la norme légale. *Doctrina PGR 1969*, Caracas 1970, p. 111. D'une manière générale, pour les différents types de motifs d'inconstitutionnalité des lois, *v. Doctrina PGR 1966*, Caracas 1967, pp. 170 à 174.

(264) *V.* les décisions de la Cour Suprême de Justice en Chambre politico-administrative des 28 et 29/7/69, *Gaceta Forense* n° 65, 1969, pp. 102-103 et 115-116. De même, *v.* les décisions de la Cour Suprême de Justice en Chambre politico-administrative du 25/2/70, *Gaceta Forense* n° 67, 1970; du 21/6/71, *Gaceta Oficial* n° 1478 Spécial, 16/7/71, p. 39; et du 31-1-74, *Gaceta Oficial* n° 30322, 5/2/74, p. 227.

l'acte ou des articles contestés est pertinente une fois examinés les motifs sur lesquels se fonde la demande».

De ce fait, la Cour est obligée d'examiner tous les motifs sur lesquels se fonde la demande, mais la loi ne limite pas son appréciation uniquement aux motifs invoqués par le requérant. Vu la question d'inconstitutionnalité à laquelle se réfèrent ces jugements, et en vertu du fait que conformément à l'article 2 de ladite loi organique de la Cour «la fonction primordiale» de la Cour est de contrôler «la constitutionnalité et la légalité des actes du pouvoir public», nous estimons que la Cour pourrait apprécier des motifs d'inconstitutionnalité non invoqués par le requérant comme conséquence du caractère inquisitoire de la procédure.

Mais en ce qui concerne le contenu de la décision, la Cour doit, en outre, se prononcer lors du jugement définitif sur «les exceptions ou défenses opposées au cours de ces jugements»[(265)].

Par conséquent, nous pouvons signaler que le jugement dans les procès d'inconstitutionnalité, en principe, doit se limiter à déclarer la pertinence de la nullité de la loi, de l'acte, ou des articles contestés, et en conséquence, à les déclarer nuls ou à déclarer le recours irrecevable. Comme la Cour suprême l'a signalé en 1966:

> Il appartient à la Cour, dans l'exercice de son pouvoir de contrôle de la constitutionnalité des actes des corps législatifs, de déclarer la nullité de l'acte contesté si celui-ci était en quelque sorte contraire aux préceptes de la Constitution, et comme résultat de cette déclaration, de proclamer l'extinction juridique de cet acte, ou au contraire, de le maintenir pleinement en vigueur par le rejet des allégations exprimées[(266)].

g'. Les effets de la décision judiciaire: Le contenu du jugement, dans le recours d'inconstitutionnalité , tel que nous l'avons déjà montré, doit se limiter à déclarer la nullité totale ou partielle de l'acte contesté ou la non pertinence du recours. Dans ce dernier cas, le caractère de la décision est purement déclaratif avec des effets *erga omnes*, et, de ce fait, n'aboutit pas à des voies d'exécution coercitives.

Lorsque la décision de la Cour est une déclaration de nullité de l'acte contesté tout entier ou des articles dudit acte qui ont pu être contestés, elle entraîne la cessation des effets de l'acte, et la Cour, en outre, peut se prononcer sur la nullité de tous les actes qui ont été accomplis sur la base de cet acte déclaré nul[(267)].

La résolution de la Cour a une valeur générale, c'est à dire *erga omnes* et cela a été confirmé par la jurisprudence de la même Cour depuis plusieurs décennies. En effet, dans une sentence datée du 17 novembre 1938, l'ancienne Cour fédérale et de cassation avait soutenu:

> La Cour fédérale et de cassation se trouve au sommet de la hiérarchie judiciaire; la chose jugée établie par elle, même si elle est erronée en doctrine, constitue

(265) Article 130.

(266) *V.* la décision de la Cour suprême de justice en Chambre politico-administrative du 20/1/66, *Gaceta Forense* n° 51, 1966, p. 13; les décisions de la Cour Fédérale Constitutionnelle en Chambre politico-administrative du 2/12/41, *Memoria*, 1942, pp. 335 à 338, et du 13/7/42, *Memoria*, 1943, pp. 174 à 175.

(267) *V.* décision de la Cour Suprême de Justice du 4/4/74, *Gaceta Oficial* n° 1657 Spécial, 7/6/74, pp. 2 et 3.

toujours le dernier mot du pouvoir judiciaire contre lequel aucun des deux autres pouvoirs ne peut rien. Le fait qu'elle soit une institution fédérale, dotée d'attributions exclusives pour annuler *erga omnes* les lois et les actes du pouvoir public qui violeraient la Constitution, la rend interprète souverain du texte constitutionnel et des lois ordinaires, et juge unique des actes des pouvoirs publics et des hauts fonctionnaires de l'Etat. Tout fonctionnaire, quelque soit son rang, ou tout autre pouvoir public qui prétendrait faire valoir sa propre interprétation de la loi, en ce qui concerne l'interprétation et l'application que cette même Cour a donnée au moment de résoudre ou de trancher une question de cette matière, excède ses attributions et viole la Constitution et les lois de la République[(268)].

L'ancienne Cour fédérale s'est prononcée dans le même sens, par jugement du 21 mars 1939, lorsqu'elle a qualifié ses décisions de «dispositions complémentaires de la Constitution et des lois de la République, avec des effets *erga omnes*»[(269)]. De même, par sentence du 16 décembre 1940, lorsqu'elle a signalé que ses décisions «peuvent constituer une législation spéciale résultant du pouvoir constituant secondaire exercé sur de telles questions par ce Haut tribunal»[(270)].

L'ancienne Cour fédérale a été cohérente avec ce critère et, par jugement du 19 juin 1953, elle a signalé que ses décisions «ont force de loi»[(271)] parce qu'elles ont des effets *erga omnes*. Plus récemment, la Cour suprême de justice, par le biais de la Chambre de cassation civile, commerciale et du travail, a expliqué sa position en la matière par la sentence du 12 décembre 1963, de la façon suivante:

> Le contrôle absolu de constitutionnalité est exercé en premier lieu par la Cour suprême de justice, en séance plénière, quand elle déclare la nullité totale ou partielle d'une loi nationale du fait de son inconstitutionnalité. Une telle décision laisse sans effet la loi ou la partie de celle-ci qui est annulée et a force de loi *erga omnes* en la matière traitée. Cette nullité est prononcée en vertu de ladite action populaire.
>
> Une attribution semblable, quoique limitée aux lois des Etats fédérés et aux ordonnances municipales, est exercée par action populaire par la Chambre politique-administrative de ce Tribunal suprême, et l'acte déclaratoire entraîne également une autorité *erga omnes* de chose jugée.
>
> Cela signifie que l'acte déclaratoire de constitutionnalité ou d'inconstitutionnalité d'une loi par action populaire est définitive et a des effets contre tous, puisque ladite loi perd sa qualité de loi à partir du moment

---

(268) *V*. décision de la Cour Fédérale et de Cassation en Chambre politico-administrative du 17/11/38, *Memoria*, 1939, pp. 330 à 334.

269) *V*. décision de la Cour Fédérale et de Cassation en Chambre politico-administrative du 21/3/398, *Memoria*, 1940, p. 176.

(270) *V*. décision de la Cour Fédérale et de Cassation en Chambre politico-administrative du 16/12340, *Memoria*, 1941, p. 311.

(271) *V*. décision de la Cour Fédérale du 19/3/53, *Gaceta Forense* n° 1, 1953, pp. 77-78. Par ailleurs, la Cour dans la décision de la Cour Suprême de Justice en Chambre politico-administrative du 19/11/68, *Gaceta Forense* n° 62, 1968, pp. 106 à113, a soutenu que 'les effets des décisions dictées par la Cour Suprême dans l'exercice de ses attributions, sont uniquement valables tant que subsiste l'application du précepte constitutionnel sur lequel elles se sont basées».

où elle est déclarée inconstitutionnelle. Il en va de même pour les cas de lois d'Etats fédérés et les ordonnances municipales dont l'inconstitutionnalité serait prononcée[(272)].

En définitive, selon la doctrine établie par la Cour, la sentence déclaratoire d'inconstitutionnalité d'une loi qui par conséquent annule cette dernière a des effets *erga omnes* et donne un caractère de chose jugée.

Toutefois, en ce qui concerne les effets des sentences déclaratoires de nullité pour cause d'inconstitutionnalité, la question fondamentale est sans aucun doute celle du moment où commencent ces effets. En d'autres termes, l'acte déclaré nul est il considéré comme ayant eu des effets jusqu'à sa déclaration de nullité? Ou, au contraire, est considéré comme n'ayant jamais eu d'effets? D'un autre point de vue, la décision de la Cour commence t'elle à avoir des effets à partir de sa publication ou ses effets sont ils rétroactifs?

La loi organique de la Cour suprême de 1976 ne résout pas le problème posé, mais se borne à signaler que la Cour doit déterminer «les effets de la décision dans le temps»[(273)]. Or, il existe au Vénézuéla un système mixte de contrôle de la constitutionnalité qui implique le fonctionnement en parallèle des deux systèmes de justice constitutionnelle: d'une part le système diffus, exercé par tous les juges, et de l'autre le système concentré exercé par la Cour suprême. Dès lors, il convient de ne pas confondre les effets des décisions en matière de contrôle de la constitutionnalité.

En effet, pour ce qui est des cas de contrôle diffus de la constitutionnalité, il est clair que la décision de ne pas appliquer une loi inconstitutionnelle, même si elle a seulement et exclusivement des effets *inter partes*, équivaut à une décision simplement déclarative aux effets rétroactifs *pro praeterito* ou *ex tunc*. Le juge n'annule pas la loi en exerçant le contrôle, mais il déclare ou constate uniquement une inconstitutionnalité préexistante; de la sorte, il ignore l'existence de la loi (c'est à dire qu'il la considère inexistante) et il ne l'applique pas au cas concret auquel correspond la connaissance juridictionnelle. Cependant, les effets du contrôle diffus de la constitutionnalité des lois sont complètement différents des effets produits par l'exercice du contrôle concentré de la constitutionnalité lorsque la Cour suprême déclare la nullité (annulation) d'une loi pour cause d'inconstitutionnalité . En effet, dans ces cas, lorsque, dans l'exercice de ses attributions prévues dans l'article 215, alinéas 3 et 4 de la Constitution, la Cour suprême «déclare la nullité» de la loi, c'est à dire qu'elle annule la loi, celle-ci reste valable et effective jusqu'à la publication de la sentence de la Cour et produit tous ses effets en dépit de son inconstitutionnalité, cela en vertu de la présomption de constitutionnalité des lois[(274)].

Puisque le contrôle de la constitutionnalité des lois attribué à la Cour suprême par la Constitution[(275)] est un contrôle semblable à celui dit concentré en droit comparé, il est clair que les effets de la déclaration de nullité d'une loi pour inconstitutionnalité, en l'absence d'une norme expresse constitutionnelle ou légale, ne peuvent être produits que *erga omnes* mais vers l'avenir, c'est à dire que les

(272) *V.* la décision de la Cour Suprême de Justice en SCCMT du 12/12/63, *Gaceta Forense* n° 42, 1963, pp. 667 à 672.

(273) Articles 119 et 131 de la loi organique de la Cour Suprême de Justice.

(274) J.G. ANDUEZA, *La jurisdicción constitucional en el derecho venezolano, cit.*, p. 90.

(275) Article 215, alinéas 3 et 4.

sentences sont, en principe, constitutives *pro futuro* et leurs effets (*ex nunc*) ne peuvent se référer au passé (ils ne peuvent pas être rétroactifs). On peut affirmer que c'est là le critère suivi non seulement par la doctrine vénézuélienne[(276)], mais aussi par la jurisprudence de la Cour suprême de justice, même si la Cour n'a pas toujours été cohérente[(277)].

Quoi qu'il en soit, à partir de 1976, l'article 131 de la loi organique de la Cour suprême de justice attribue à la Cour le pouvoir de déterminer «les effets de ses décisions dans le temps». Par conséquent, la Cour peut corriger les effets défavorables que la rigidité du principe pourrait engendrer, particulièrement dans le domaine des droits et des garanties constitutionnels, et elle peut attribuer à ses sentences des effets rétroactifs, *pro praeterito, ex tunc*.

(b) Le système concentré de contrôle de la constitutionnalité au Brésil

En plus du système diffus de contrôle de la constitutionnalité de la loi existant au Brésil depuis le XIXème siècle, la Constitution brésilienne a aussi instauré, en 1934, un système de contrôle concentré de la constitutionnalité des lois incombant à la Cour suprême fédérale, qui a été définitivement perfectionné dans la Constitution de 1988[(278)].

Le contrôle de la constitutionnalité est exercé par la Cour suprême fédérale, laquelle peut être saisie par le biais d'une action en constitutionnalité. Une telle action peut être de trois types: l'action d'intervention, l'action générique, ou l'action pour omission des pouvoirs publics.

a. L'action d'intervention directe: L'action d'intervention directe a été initialement établie dans la Constitution de 1934 comme une protection des principes constitutionnels fédéraux contre la législation des Etats. En effet, la Constitution prévoit la possibilité pour le gouvernement fédéral d'intervenir dans les Etats membres pour assumer l'observance des principes suivants: le gouvernement républicain, l'indépendance et l'harmonie des pouvoirs, le caractère temporaire des fonctions électorales, l'impossibilité d'un second mandat successif pour les gouverneurs, l'autonomie municipale, la soumission des comptes administratifs et les garanties du pouvoir judiciaire[(279)].

---

(276) Dans son livre *La jurisdicción constitucional en el Derecho venezolano* (*op. cit.*). José Guillermo Andueza a clairement et abondamment démontré que le jugement de nullité pour inconstitutionnalité possède un caractère constitutif. En effet, «la présomption de constitutionnalité dont bénéficient tous les actes des pouvoirs publics fait qu'ils produisent leurs effets tant que la Cour n'a pas prononcé leur nullité. Par conséquent, les décisions de la Cour devront nécessairement respecter les effets que l'acte de l'Etat a produits durant sa validité» (p. 93). De fait, cette décision «opère une modification dans les effets de l'acte de l'Etat. C'est à dire qu'elle rend inefficace un acte qui l'était auparavant» (p. 94). Aux dires d'Andueza, et selon la doctrine la plus orthodoxe, «ce qui caractérise les décisions constitutives, c'est l'absence d'effets rétroactifs. Elles sont toujours *pro futuro, ex nunc*. C'est-à-dire que la décision produit ses effets à partir du jour de sa publication» (p. 94). Nous ne partageons pas, dès lors, le point de Humberto J. La Roche, *El Control jurisdiccional en Venezuela y Estados Unidos*, Maracaibo 1972, p. 153.

(277) *V.* en général à ce sujet Allan R. Brewer-Carías, *Estado de derecho y control judicial, op. cit.*, pp. 185 et ss.

(278) Article 102, Constitution du 5 octobre 1988.

(279) Article 10, Constitution. O.A. Bandeira de Mello, *A teoria das constitucições rigidas*, Sao Paulo 1980, p. 221.

Ainsi, lorsqu'un de ces principes se trouve violé par un des Etats membres, le pouvoir fédéral peut intervenir.

Cependant, préalablement à cette intervention, le Procureur général de la République doit soumettre la question d'inconstitutionnalité des actes des Etats membres qui vont à l'encontre de ces principes, à un examen par la Cour suprême fédérale par le biais d'une action directe(280). Si la décision finale de la Cour suprême fédérale est celle de déclarer l'inconstitutionnalité de la loi ou de l'acte de l'Etat membre, elle devra être publiée et envoyée au Président de la République, afin qu'il suspende, par un décret, l'exécution de l'acte incriminé, ou le cas échéant, pour qu'il ordonne l'intervention fédérale des Etats membres(281). Dans ce cas, les effets des décisions de la Cour sont considérés comme étant déclaratifs et *erga omnes*(282).

Ce n'est que lorsque l'acte est déclaré inconstitutionnel par la Cour que l'intervention fédérale pourra avoir lieu(283).

La Constitution de 1988 a élargi cette action d'intervention en inconstitutionnalité, en ce sens qu'elle peut être *fédérale*, lorsqu'il s'agit d'une intervention fédérale dans un des Etats membres. Dans ce cas, l'action doit être exclusivement introduite par le Procureur général de la République. Lorsqu'il s'agit de l'intervention d'un Etat membre dans une municipalité, l'action doit être proposée par le Procureur général de l'Etat membre en question(284).

b. L'action générique directe: En plus de l'action d'intervention directe, la Constitution de 1946 a prévu une action dite «générique» directe d'inconstitutionnalité(285). Celle-ci se différencie de la précédente par le fait qu'elle suppose qu'il ne faille pas protéger certains principes constitutionnels relatifs aux lois et aux actes des Etats membres, mais toute disposition constitutionnelle. Cette action a donc pour objet de défendre le principe de la suprématie de la Constitution.

La Constitution de 1988 a élargi cette action générique directe, conformément à la structure fédérale de l'Etat au Brésil. Deux types d'action sont ainsi distingués: d'une part, celle qui s'intente devant la Cour suprême fédérale en vue du contrôle de la constitutionnalité des lois ou actes normatifs fédéraux(286); d'autre part, l'action qui s'intente devant la Cour suprême de chaque Etat, dans le but d'obtenir une déclaration d'inconstitutionnalité de lois, actes normatifs des Etats ou des municipalités, mais en rapport aux constitutions des Etats membres(287).

Pour obtenir de la Cour suprême fédérale un contrôle de la constitutionnalité des lois et autres actes normatifs, l'action fédérale d'inconstitutionnalité générique

(280) Article 11,1, Constitution. Article 1, loi n° 2271 du 22/7/54 et loi n° 4337 du 1/6/64. A. BUZAID, «La acción directa de constitucionalidad en el derecho brasileño», *Revista de la Facultad de Derecho*, UCAB n° 19-22, Caracas 1964, pp. 76-78.

(281) Article 11,2, Constitution. Article 9 et loi n° 4337 du 1/6/64. A. BUZAID, *loc. cit.*, p. 53.

(282) *V.* O.A. BANDEIRA DE MELLO, *loc. cit.*, p. 212; A. BUZAID, *loc. cit.*, pp. 95-96; J. Alfonso DA SILVA, *Sistema de defensa de la «Constituçao Brasileira»*, Congreso sobre la Defensa de la Constitución, (polycopié) UNAM, México 1982, p. 76.

(283) A. BUZAID, *loc. cit.*, pp. 95-96; O.A. BANDEIRA DE MELLO, *loc. cit.*, p. 212

(284) Articles 34, III; 102, a; 36, IV; 129, IV; 125, 2.

(285) J. Alfonso DA SILVA, *loc. cit.*, p. 31; A. BUZAID considère cette action comme étant la seule au Brésil dont la déclaration d'inconstitutionnalité d'une loi est le principal objectif, *loc. cit.*, p. 84.

(286) Articles 102, 5; 103, 3.

(287) Article 125, 2.

peut s'intenter non seulement par le Procureur général de la République, comme c'était la règle avant 1988, mais également par le Président de la République, la Présidence du Sénat, celle de la Chambre des Députés ou celle des Assemblées législatives des Etats membres. Par ailleurs, une telle action peut aussi être introduite par le Gouverneur d'un Etat membre, par le Conseil fédéral de l'Ordre des avocats, par les partis politiques représentés au parlement, par une confédération syndicale ou par une organisation nationale de classe(288).

L'action d'inconstitutionnalité générique des Etats, pour sa part, s'exerce devant les Cours suprêmes des Etats, pour juger de la constitutionnalité des lois ou actes normatifs des Etats ou municipalité, par rapport à la Constitution des Etats membres. Elle peut être introduite par le Gouverneur de l'Etat, par l'Assemblée législative de l'Etat, par le Procureur général de l'Etat, par le Conseil des avocats de l'Etat, par les entités syndicales ou de classe au niveau de l'Etat ou de la municipalité, pour autant qu'elle ait un quelconque intérêt juridique dans le cas, ou par les partis politiques représentés à l'Assemblée législative de l'Etat ou, s'il s'agit d'un acte normatif émis par une municipalité, par la Chambre correspondante(289).

Il convient de souligner que, dans la procédure de l'action d'inconstitutionnalité générique, l'amendement constitutionnel n° 7 à la Constitution de 1969 a introduit une innovation importante: la possibilité d'une mesure conservatoire de suspension de la loi ou de l'acte normatif incriminé.

Quoiqu'il en soit, il est à remarquer que, dans le cas d'une action d'inconstitutionnalité générique, si la Cour suprême fédérale déclare l'inconstitutionnalité de la loi fédérale ou de l'Etat, ou l'acte normatif, une copie de la décision doit être envoyée à l'organe législatif responsable de la production de la norme. La publication de cette décision dans le *Diario de Justiça da União* suspend les effets de la norme contestée, et dès lors, l'organe respectif a le devoir de révoquer ou de réformer l'acte(290).

c. L'action d'inconstitutionnalité pour omission: Le contrôle de la constitutionnalité peut également être exercé par la Cour suprême, par le biais de l'action d'inconstitutionnalité pour omission. Cette action a pour objet de vérifier les cas dans lesquels n'ont pas été émis les lois ou actes exécutifs requis pour rendre les normes constitutionnelles pleinement applicables.

Selon la Constitution, une fois déclarée l'inconstitutionnalité en raison de l'omission d'une mesure, pour que la norme constitutionnelle soit effective, la Cour suprême fédérale doit avertir l'organe compétent afin qu'il adopte les mesures nécessaires, et s'il s'agit d'un organe administratif, afin que celui-ci l'exécute dans les trente jours(291).

d. L'action populaire pour la protection des biens public: Déjà dans la Constitution brésilienne de 1934, une action populaire avait été prévue comme un moyen pour invalider des actes illégaux pouvant affecter les biens des entités publiques(292). Plus particulièrement, il s'agit d'une action ouverte a tout citoyen et

(288) Article 103.
(289) Article 103.
(290) Nagib SLAIBI FILHO, *Anotações a Constituçao de 1988*, Rio de Janeiro 1989, p. 112.
(291) *Idem*, p. 115.
(292) Article 5, LXXIII.

principalement destinée à contester un acte administratif. Elle ne peut donc être utilisée auprès des tribunaux pour contester, de manière directe, des lois ou des actes normatifs pour inconstitutionnalité. Néanmoins, cette action populaire peut constituer une voie de contrôle de la constitutionnalité de la législation si l'acte administratif incriminé causant un préjudice aux biens de toute entité publique, s'appuie sur une loi considérée inconstitutionnelle.

Cependant, cette action a été considérée comme une voie directe de contrôle de la constitutionnalité de la législation dans les cas où le dommage aux biens des entités publiques a été directement causé par une loi ou un décret[293].

2. Le contrôle judiciaire de la constitutionnalité des lois exercé par des Tribunaux constitutionnels

Le deuxième système de contrôle concentré de la constitutionnalité des lois, identifiable en droit comparé lorsque le contrôle est *exercé par le pouvoir judiciaire,* est le contrôle attribué à des Tribunaux constitutionnels, spécialement créés dans ce but par les constitutions et intégrés au pouvoir judiciaire.

Ce système a été adopté dans des pays européens comme l'Allemagne et le Portugal, ainsi que dans de nombreux pays d'Amérique latine sous l'influence européenne.

Cependant, le système de contrôle adopté par les divers pays varie de la même façon que dans les systèmes de contrôle concentré attribué aux Cours suprêmes analysé plus haut. Le Tribunal fédéral en Allemagne, par exemple, a le pouvoir exclusif d'exercer le contrôle de la constitutionnalité des lois; dans d'autres pays, le contrôle concentré de la constitutionnalité des lois est exercé par le Tribunal constitutionnel parallèlement au contrôle diffus de la constitutionnalité exercé par tous les juges et tous les tribunaux.

A. Le contrôle judiciaire de la constitutionnalité des lois exercé en exclusivité par un Tribunal constitutionnel: le cas du Tribunal constitutionnel fédéral en Allemagne

La Constitution de la République fédérale d'Allemagne du 23 mai 1949 instituait un Tribunal constitutionnel fédéral qui, bien que relevant du pouvoir judiciaire, au même titre que toutes les autres cours fédérales et des Lands (Etats) (art. 92), a qualité de «gardien suprême de la Constitution»[294] et a «1e dernier mot dans l'interprétation de la Constitution fédérale»[295]. C'est par conséquent l'organe de l'Etat au sein duquel se sont concentrées toutes les questions juridictionnelles d'ordre constitutionnel[296].

---

(293) J. Alfonso DA SILVA, *Açao popular constitucional, Doutrina e proceso,* Sao Paulo 1968, p. 129; J. Alfonso DA SILVA, *Sistema..., loc. cit.,* p. 49.

(294) F. SAINZ MORENO, «Tribunal Constitucional federal alemán», *Boletín de Jurisprudencia,* Cortes Generales 8, Madrid 1981, p. 606; G. MULLER, «El Tribunal Constitucional federal de la República Federal de Alemania», *Revista de la Comisión Internacional de Juristas,* Vol. VI, Genève 1965, p. 216.

(295) H.G. RUPP, «The Federal Constitutional Court and the Constitution in the Federal Republic of Germany», *Saint Louis University Law Journal,* Vol. XVI, 1971-1972, p. 359.

(296) *V.* Allan R. BREWER-CARÍAS, *Judicial Review...,* pp. 203 et ss.

Pour jouer ce rôle de juge constitutionnel, le Tribunal constitutionnel fédéral était conçu, dans la loi fédérale reprise dans la Constitution[297], comme un organe constitutionnel de la Fédération «autonome et indépendant de tous les autres organes constitutionnels»[298] et doté même de pouvoirs d'auto réglementation[299]. Tous les membres du Tribunal ont qualité de juges fédéraux, même si seule une partie d'entre eux seulement, doivent être choisis parmi des juges fédéraux en activité[300].

Le Tribunal constitutionnel fédéral exerce un système concentré de contrôle judiciaire, en particulier des lois fédérales et des *Lands*, instauré dans le but de «protéger le législateur contre le pouvoir judiciaire ordinaire»[301]. Cependant, sa création n'a pas éliminé totalement le système diffus de contrôle judiciaire en Allemagne fédérale, qui est exercé mesuré ment par toutes les cours en ce qui concerne la législation datant d'avant la Constitution et les réglementations administratives.

Il faut par ailleurs mettre l'accent aussi sur le fait qu'en raison du caractère fédéral du système, la Constitution fédérale n'a pas réservé le monopole absolu du système concentré de contrôle de la constitutionnalité au Tribunal constitutionnel fédéral et en général chaque *Land* possède sa propre cour constitutionnelle en mesure de contrôler les violations de sa Constitution et de régler les conflits d'ordre constitutionnel à ce niveau[302].

(a) Le Tribunal constitutionnel comme juridiction constitutionnelle

Au niveau fédéral, le Tribunal constitutionnel fédéral, en tant que gardien suprême de la Constitution, a le monopole de sa défense; monopole qui découle du large éventail de pouvoirs que lui accorde la Constitution, et la loi organique qui en règle le fonctionnement et l'organisation[303]. Ces pouvoirs, tous de nature juridictionnelle, peuvent être classés en six groupes d'attributions permettant au Tribunal de garantir le maintien de l'ordre politique-constitutionnel; le partage des pouvoirs de l'Etat; le caractère représentatif du système politique fondé sur l'élection; la protection des droits fondamentaux; l'interprétation de la Constitution ainsi que le contrôle de la constitutionnalité de tous les actes normatifs de l'Etat.

Sur ce dernier point, le caractère du Tribunal ne laisse aucun doute quant à la fonction d'organe constitutionnel chargé du contrôle juridictionnel de la législation que lui assigne la Constitution.

---

[297] Article 94, 2. La loi d'organisation et de procédure de la Cour Fédérale Constitutionnelle a été publiée le 12 mars 1951. Consulter le texte complet in F. RUBIO LLORENTE, «El Tribunal Constitucional Alemán», *Revista de la Facultad de Derecho*, nº 18 UCV, Caracas 1959, p. 125. La loi a subit des modifications à plusieurs reprises: en 1956, 1959, 1963 et 1970. Le texte actuel date de 1971, mais fut modifié en 1974 et 1976. *V.* à ce propos F. SAINZ MORENO, *loc. cit.*, p. 604.

[298] Article 1, 1 de la loi d'organisation et de procédure de la Cour Fédérale Constitutionnelle.

[299] Article 30, 2 de la loi d'organisation et de procédure de la Cour Fédérale Constitutionnelle. Le règlement interne de la Cour été publié en 1975 et modifié en 1978.

[300] La Cour est divisée en deux Chambres (Sénats), chacune se composant de huit juges dont trois sont élus parmi des juges fédéraux en activité. Articles 4 et 5 de la loi d'organisation et de procédure de la Cour Fédérale Constitutionnelle.

[301] J.C. BÉGUIN, *Le contrôle de la constitutionnalité des loi en République fédérale d'Allemagne*, Paris 1982, p. 93.

[302] J.C. BÉGUIN, pp. 27 et 43 à 46.

[303] Article 93, Constitution.

S'agissant de l'exercice de ces fonctions, les questions constitutionnelles afférentes aux actes normatifs de l'Etat peuvent être portées devant le Tribunal constitutionnel de trois manières: une requête ou un recours direct devant lui; une voie incidente portée devant le Tribunal par une cour inférieure; ou indirectement, lorsque le Tribunal doit statuer sur l'inconstitutionnalité d'un acte de l'Etat en vue de la décision de l'un des moyens juridictionnels de contrôle constitutionnel, différentes du contrôle abstrait ou concret des actes normatifs de l'Etat.

(b) Le contrôle de la constitutionnalité des actes normatifs par voie de recours direct

La première méthode que prévoit la Constitution fédérale aux fins du contrôle juridictionnel des actes normatifs de l'Etat consiste en l'exercice d'un recours direct devant le Tribunal constitutionnel fédéral dans le but d'en obtenir une décision portant exclusivement sur l'inconstitutionnalité d'une loi ou de tout autre acte normatif de l'Etat.

Il est possible d'emprunter cette voie directe de contrôle de la constitutionnalité des lois, conformément à la Constitution, grâce à deux recours particuliers: d'abord, le recours introduit par des organes de l'Etat, dénommé contrôle abstrait des normes; en second lieu, un recours constitutionnel exercé par toute personne alléguant que l'un de ses droits fondamentaux a été violé par une loi ou acte déterminé, ou par une commune au motif que son autonomie a été violée par une loi fédérale.

a. Le recours aux fins de contrôle abstrait des normes: Le recours aux fins de contrôle abstrait de normes (*Die abstrakte Normenkontrolle*), c'est à dire l'exercice de pouvoirs de contrôle juridictionnel par le Tribunal constitutionnel en dehors de toute instance ou procès particulier, est institué par l'article 93, section 1, n° 2 de la Constitution, aux termes duquel le Tribunal constitutionnel doit statuer:

> En cas de divergence d'opinion ou de doute, sur la conformité quant au fond et à la forme de la loi fédérale ou d'un Land (Etat) à cette loi fondamentale, ou sur la conformité de la loi d'un Land à d'autres lois fédérales, sur requête du gouvernement fédéral, du gouvernement d'un Land ou d'un tiers des membres du Bundestag[304].

Ce pouvoir dont dispose le Tribunal constitutionnel a conduit à la pratique de ce que l'on peut appeler une procédure de contrôle juridictionnel «objectif», le but en étant d'assurer le maintien d'un système hiérarchisé de normes de manière abstraite[305].

Comme nous l'avons dit, la Constitution n'accorde le droit de recours qu'au gouvernement fédéral, au gouvernement d'un Land ainsi qu'au tiers des membres du Bundestag[306], permettant, dans ce dernier cas, aux minorités parlementaires d'avoir accès au Tribunal et de contester les lois adoptées par la majorité. Il est également stipulé que les représentants des organes constitutionnels concernés qui ont participé à la confection de l'acte normatif attaqué doivent être entendus[307]. Il faut dire, toutefois, qu'ils ne sont pas à proprement parler parties en cause[308].

---

(304) *V.* également les articles 76 à 88 de la loi d'organisation et de procédure de la Cour Fédérale Constitutionnelle.

(305) *Cf.* J.C. BÉGUIN, p. 60; H.G. RUPP, «Judicial Review... », *loc. cit.*, p. 35; G. MULLER, *loc. cit.*, p. 231.

(306) Article 76 de la loi d'organisation et de procédure de la Cour Fédérale Constitutionnelle.

(307) Article 77 de la loi d'organisation et de procédure de la Cour Fédérale Constitutionnelle.

(308) *Cf.* J.C. BÉGUIN, *op. cit.*, p. 61; G. MULLER, *loc. cit.*, p. 231.

Le recours est en fait exercé contre un acte de l'Etat et non contre un organe de l'Etat, et le Tribunal constitutionnel est tenu de trancher la question constitutionnelle de manière abstraite, sans compter qu'il a la faculté de soulever *ex officio* toute autre questions constitutionnelle liée à la loi en cause ou à l'un quelconque de ses articles(309).

Le caractère objectif de la procédure et les pouvoirs du Tribunal constitutionnel comme gardien de la Constitution sont confirmés par le fait que, même en cas de retrait d'un recours par un organe de l'Etat, le Tribunal peut poursuivre l'instance si l'intérêt général le justifie(310).

Par ailleurs, il faut dire que cette procédure de contrôle abstrait des normes vise tous les actes normatifs de l'Etat. Ce n'est donc pas une procédure aux seules fins de contrôle juridictionnel d'actes législatifs au sens formel; celle-ci s'applique à n'importe quel acte normatif de l'Etat, y compris la législation datant d'avant la Constitution, les dispositifs réglementaires et les traités internationaux, voire les amendements à la Constitution(311). Toute les lois ratifiant des traités internationaux, notamment, peuvent être soumises à contrôle juridictionnel, et les actes de l'Etat en rapport avec la législation de la Communauté européenne, par exemple, n'y ont pas échappé(312). Mais même si le principe général du contrôle juridictionnel des lois présente la particularité, en Allemagne fédérale, de s'appliquer *a posteriori*, en ce qui concerne les traités, il est prévu une exception en vertu de laquelle la décision du Tribunal constitutionnel sur la constitutionnalité de leur ratification doit intervenir postérieurement à l'adoption de la loi les ratifiant et avant l'entrée en vigueur des traités(313).

b. Le recours constitutionnel contre les lois: Mais le contrôle abstrait de normes, en plus du recours que peuvent exercer les organes politiques de l'Etat, peut aussi être exercé par le Tribunal constitutionnel fédéral à la suite d'un recours constitutionnel que toute personne a la possibilité d'introduire devant lui au motif qu'un acte normatif de l'Etat lèse directement ses droits essentiels ou fondamentaux. Ce «recours constitutionnel», constitutionnalisé seulement en 1969, était initialement prévu dans la loi fédérale portant création du Tribunal constitutionnel(314) et conçu comme une voie judiciaire spéciale de protection des droits et libertés fondamentaux contre toute action préjudiciable des organes de l'Etat. Aussi n'est ce pas un moyen d'action particulier destiné à la seule obtention du contrôle juridictionnel des lois, mais un instrument utilisable à cette fin lorsqu'il est exercé contre une loi.

A la suite de l'amendement constitutionnel de 1969, le recours constitutionnel est visé expressément dans l'article 93, section 1, n° 4a de la Constitution lorsqu'il attribue au Tribunal constitutionnel fédéral le pouvoir de statuer:

> Sur les recours en inconstitutionnalité qui peuvent être introduits par toute personne alléguant que l'un de ses droits fondamentaux ou l'un de ses droits

(309) Article 77 de la loi d'organisation et de procédure de la Cour Fédérale Constitutionnelle; *Cf.* J.C. BÉGUIN, p. 61; F. SAINZ MORENO, *loc. cit.*, p. 613.

(310) *Cf.* J.C. BÉGUIN, *op. cit.*, p. 61; F. SAINZ MORENO, *loc. cit.*, p. 613.

(311) *Cf.* J.C. BÉGUIN, *op. cit.*, p. 63.

(312) L. CONTASTINESCO, «L'introduction et le contrôle de la constitutionnalité des traités et en particulier des traités européens en droit allemand», *Revue belge de droit international*, 2, 1969, pp. 425 à 429.

(313) *Cf.* F. SAINZ MORENO, *loc. cit.*, p. 613.

(314) Article 90 de la loi d'organisation et de procédure de la Cour Fédérale Constitutionnelle.

a été violé par l'autorité publique en vertu du paragraphe 4 de l'article 20, des articles 33, 38, 101, 103, ou 104[315].

Le recours constitutionnel peut donc être exercé devant le Tribunal contre tout acte public, qu'il soit d'ordre législatif, exécutif ou judiciaire, mais, dans tous le cas, il ne peut l'être que lorsque sont épuisées toutes les voies judiciaires ordinaires appelées à protéger les droits fondamentaux violés[316]. Par conséquent, le recours constitutionnel est une voie subsidiaire de protection judiciaire des droits fondamentaux[317], et dans le cas où il existerait d'autres recours ou actions en mesure de protéger des droits fondamentaux, le recours constitutionnel ne serait pas recevable, sauf si le Tribunal constitutionnel estime que la matière est d'intérêt général ou que le requérant s'expose à un préjudice grave et irrémédiable s'il recourt aux moyens de protection de droit commun[318].

Comme nous l'avons déjà signalé, le recours constitutionnel peut être exercé directement contre une loi ou un acte normatif quelconque de l'Etat, motif pris qu'il porte directement atteinte aux droits fondamentaux du requérant, auquel cas, il aboutit en droite ligne à l'exercice par le Tribunal constitutionnel de sa fonction de contrôleur juridictionnel des actes normatif de l'Etat. Consécutivement à ce recours constitutionnel, toute loi inconstitutionnelle doit être déclarée nulle[319].

Pour qu'un recours constitutionnel contre une loi soit recevable, la loi ou l'acte normatif de l'Etat doit, bien entendu -c'est une condition essentielle- toucher directement et personnellement le requérant dans ses droits fondamentaux, sans qu'il soit besoin d'en attendre une application administrative. Si, au contraire, une application administrative en est requise, le requérant doit alors attendre l'exécution administrative de la loi pour l'attaquer. Le préjudice direct causé par l'acte normatif aux droits du requérant, condition essentielle mise à la recevabilité du recours, justifie le délai d'un an courant à compter de la publication pour l'introduction de l'action devant le Tribunal[320. C'est ce qui explique que le Tribunal constitutionnel a la faculté de prendre des mesures conservatoires en relation à la loi contestée, *pendent litis,* à savoir qu'il peut même théoriquement en suspendre l'application[321].

Enfin, toujours à propos du recours constitutionnel, l'article 93, section 1, n° 4b de la Constitution autorise également le Tribunal constitutionnel à connaître:

> De recours en inconstitutionnalité intentés par des communes ou des syndicats de communes invoquant la violation de leur autonomie, en vertu de l'article 28, par une loi autre que celle d'un Land sujette à recours devant la cour constitutionnelle respective.

---

(315) *V.* aussi les articles 90 à 96 de la loi d'organisation et de procédure de la Cour Fédérale Constitutionnel.

(316) Article 90 de la loi d'organisation et de procédure de la Cour Fédérale Constitutionnel.

(317) L'article 19, 4 de la Constitution établit en général que «si les droits d'une personne sont violés par une autorité publique, le recours aux tribunaux lui sera toujours disponible. Si la juridiction n'est pas spécifiée, ce recours se portera devant les tribunaux ordinaires».

(318) Article 90, 2 de la loi d'organisation et de procédure de la Cour Fédérale Constitutionnel.

(319) Article 95, 3, B de la loi d'organisation et de procédure de la Cour Fédérale Constitutionnel.

(320) Article 93, 1, B de la loi d'organisation et de procédure de la Cour Fédérale Constitutionnel.

(321) Article 32 de la loi d'organisation et de procédure de la Cour Fédérale Constitutionnel; *Cf.* J.C. BÉGUIN, *op. cit.*, p. 158; F. SAINZ MORENO, *loc. cit.*, p. 626.

Aussi le recours constitutionnel direct contre des lois n'est il pas seulement ouvert aux individus pour protéger leur droits fondamentaux, mais aussi aux collectivités locales pour défendre leur autonomie et le droit de s'administrer que garantit la Constitution contre leur éventuelle violation par des lois fédérales. Là, il s'avère être aussi un instrument de contrôle juridictionnel direct des lois.

(c) *La méthode incidente et le contrôle de la constitutionnalité des lois*

La deuxième méthode que prévoit la Constitution fédérale aux fins de contrôle juridictionnel des lois est celle de type accessoire connue sous le nom de contrôle concret des normes (*Konkrete Normenkontrolle*) et qu'établit son article 100 en ces termes:

> Si une cour considère inconstitutionnelle une loi dont la validité touche à sa décision, il faut procéder à la suspension de l'instance dans l'attente d'une décision de la cour d'un Land compétente en matière de conflit constitutionnel, dans le cas où l'on estime qu'il y a violation de la Constitution d'un Land, et de celle du Tribunal constitutionnel fédérale en cas de violation de cette Loi fondamentale. Il en est de même dans le cas où l'on estime qu'il y a violation de ladite Loi fondamentale par la loi d'un Land ou qu'une loi d'un Land n'est pas conforme à une loi fédérale[(322)].

Cette disposition constitutionnelle corrobore évidemment le caractère concentré du système de contrôle judiciaire de la constitutionnalité des lois dans le régime constitutionnel ouest-allemand, en raison principalement de l'interdiction implicite pour les cours de contrôler la constitutionnalité des lois, même si, comme nous l'avons vu, celles-ci conservent un droit de regard sur la constitutionnalité de la législation datant d'avant la Constitution et sur les actes normatifs administratifs de l'Etat, contrôle qu'elles exercent de manière diffuse. Par conséquent, à la différence du contrôle abstrait des normes, dans lequel le recours porte sur tout acte normatif de l'Etat, le contrôle concret des normes ne s'étend qu'à l'aspect formel des lois[(323)].

Dans cette méthode incidente de contrôle judiciaire, la question constitutionnelle que peut soulever une loi est toujours portée devant le Tribunal constitutionnel par voie de rémission par une cour quelconque[(324)] lorsque, dans une instance en cours devant elle, celle-ci considère inconstitutionnelle une loi dont la validité sous-tend sa décision dans l'affaire. La question constitutionnelle soulevée dans cette affaire revêt donc toujours un caractère incident lié au règlement d'une affaire concrète par la cour; de sorte qu'elle doit être liée à l'affaire et être déterminante dans sa décision.

Dans ce cas, s'il est vrai que les cours n'ont ni le pouvoir de déclarer nulles des lois, ni celui de décider *ex officio* de leur non application, elles ont, en revanche, le pouvoir d'examiner l'inconstitutionnalité des lois[(325)] en déférant la question d'ordre constitutionnel au Tribunal constitutionnel.

---

(322) *V.* également les articles 80-82 de la Loi d'organisation et de procédure de la Cour Fédérale Constitutionnelle.

(323) *Cf.* G. MULLER, *loc. cit.*, p. 233; F. SAINZ MORENO, *loc. cit.*, p. 614.

(324) *Cf.* G. MULLER, *loc. cit.*, p. 232; F. SAINZ MORENO, *loc. cit.*, p. 614; H.G. RUPP, «Judicial Review... », *loc. cit.*, p. 32.

(325) *Cf.* J.C. BÉGUIN, *op. cit.*, p. 92.

En outre, le juge doit être convaincu de l'inconstitutionnalité de la loi, raison pour laquelle il est tenu de fonder sa révision devant le Tribunal en expliquant dans quelle mesure sa décision dépend de la validité de la loi et en précisant à quelle disposition constitutionnelle elle n'est pas conforme(326).

Par ailleurs, la révision consistant à porter devant le Tribunal constitutionnel fédéral des questions touchant à la constitutionnalité des lois est une attribution des cours que celles-ci peuvent exercer *ex officio* et dont l'exercice n'est pas subordonné à la volonté des parties. Par conséquent, l'attribution que les cours ont de déférer la question constitutionnelle devant le Tribunal constitutionnel, est indépendante des parties concernant l'inconstitutionnalité d'une disposition légale(327), de sorte que la méthode incidente de contrôle judiciaire n'est pas nécessairement motivée par une exception invoquée par une partie.

En tout cas, et en dépit de leur caractère incident, les pouvoirs du Tribunal constitutionnel ne s'étendent qu'à l'examen de la question constitutionnelle soulevée par le Tribunal respectif. Le Tribunal constitutionnel ne procède donc pas à la révision au fond de l'affaire, et se borne à déterminer si la loi que la cour inférieure estime inconstitutionnelle est ou non conforme à la Constitution(328). C'est la raison pour laquelle cette procédure de contrôle judiciaire concret des normes, comme dans celui de type abstrait, revêt également un caractère objectif(329). De sorte que, une fois que le Tribunal constitutionnel a tranché la question à lui déférée par une cour inférieure, cette dernière est tenue de reprendre l'instance et de rendre son jugement conformément à la décision du Tribunal constitutionnel, laquelle revêt force obligatoire générale(330).

(d) Le contrôle indirect

Comme nous l'avons vu, les voies essentielles propres au système concentré de contrôle judiciaire de la constitutionnalité en République fédérale d'Allemagne sont les requêtes visant le contrôle abstrait des normes et les recours constitutionnels contre des lois, peuvent être exercés devant le Tribunal constitutionnel de manière directe, d'une part; et d'autre part, les cas envoyés par toute cour au dit Tribunal à l'aide de la méthode incidente de contrôle des lois. En sus de ces moyens de contrôle, on peut distinguer dans le système constitutionnel ouest-allemand, une troisième méthode de contrôle juridictionnel des lois susceptible d'être considérée de type indirect, du fait que les pouvoirs de contrôle du Tribunal constitutionnel ne sont pas exercés sur requête directe ou recours constitutionnel contre une loi, ou sur rémission incidente d'une cour inférieure, mais à la suite d'une question susceptible d'être soulevée au cours d'une instance devant le Tribunal constitutionnel agissant, ici, dans un autre but direct ou immédiat et non aux fins uniquement de contrôle constitutionnel d'une loi.

Cette méthode indirecte de contrôle juridictionnel de l'inconstitutionnalité des lois est applicable notamment dans le cas ci-après:

(326) Article 80, 2 de la loi d'organisation et de procédure de la Cour Fédérale Constitutionnelle.
(327) Article 80, 3 de la loi d'organisation et de procédure de la Cour Fédérale Constitutionnelle.
(328) Article 81 de la loi d'organisation et de procédure de la Cour Fédérale Constitutionnelle.
(329) *Cf.* J.C. Béguin, *op. cit.*, p. 93.
(330) Article 31, 1 de la loi d'organisation et de procédure de la Cour Fédérale Constitutionnelle.

En premier lieu, à la suite d'un recours constitutionnel aux fins de protection d'un droit fondamental, lorsqu'il est exercé non pas directement contre une loi mais contre une décision judiciaire dont on estime qu'elle a violé les droits et libertés d'une personne au motif qu'elle a appliqué une loi prétendue inconstitutionnelle[331]. Dans ce cas, le Tribunal constitutionnel est tenu de se prononcer sur l'inconstitutionnalité de la loi indirectement contestée devant lui.

En second lieu, le Tribunal constitutionnel peut aussi exercer ses pouvoirs de contrôle juridictionnel des lois de manière indirecte lorsqu'il est appelé à régler des conflits entre des organes fédéraux[332], autrement dit, des différends portant sur l'ampleur des droits et fonctions des plus hautes instances fédérales que détermine la Constitution. Dans les cas de conflits opposant, par exemple, le Président et le *Bundestag*, l'instance revêt un caractère subjectif, de sorte qu'elle se déroule de manière contradictoire entre les parties et peut aboutir à un contrôle indirect de la constitutionnalité des lois en cause, uniquement dans le cas où l'acte portant atteinte aux droits et aux fonctions d'un organe de l'Etat se trouve être une loi. Dans ce cas, on estime, néanmoins, que le Tribunal ne dispose pas du pouvoir d'annulation eu égard à la loi en question, à moins que la méthode abstraite de contrôle des normes soit cumulative[333].

(e) Les effets des décisions du Tribunal constitutionnel fédéral et ses pouvoirs **ex officio**

A présent, en ce qui concerne les effets des décisions du Tribunal constitutionnel fédéral, dans l'exercice de ses attributions en matière de contrôle judiciaire de la constitutionnalité des actes normatifs de l'Etat, notamment des lois, la règle générale est que le Tribunal prononce la nullité de toute disposition inconstitutionnelle d'une loi ou d'un acte normatif. A ce propos, l'article 78 de la loi fédérale instituant le Tribunal constitutionnel stipulait:

> Si le Tribunal constitutionnel a la conviction que la loi fédérale n'est pas conforme à la Constitution ou que la loi d'un Land n'est pas conforme à la Constitution ou à toute autre norme de la loi fédérale, il en déclare la nullité dans sa décision[334].

Cette décision peut être conforme au contenu de la requête, du recours constitutionnel ou de la rémission de la cour, selon la méthode utilisée aux fins de contrôle. Mais en la rendant, le Tribunal constitutionnel n'est pas lié par le principe dispositif, dans le sens qu'il peut soulever *ex officio* toute autre question d'ordre constitutionnel et, partant, décider *ultra petita*. C'est pour cela que le même article 78 de la loi fédérale portant création du Tribunal constitutionnel fédéral stipulait:

> Si d'autres dispositions de la même loi ne sont pas conformes à la Constitution ou à toute autre norme de la loi fédérale, le Tribunal constitutionnel fédéral peut les déclarer nulles en même temps.

Les décisions du Tribunal constitutionnel ont toujours force obligatoire à l'égard de tous les organes constitutionnels de la Fédération et du *Lander*, tout

---

(331) Article 93, 1, 4 de la loi d'organisation et de procédure de la Cour Fédérale Constitutionnelle.
(332) Article 93, 1, 1 de la loi d'organisation et de procédure de la Cour Fédérale Constitutionnelle.
(333) *Cf.* J.C. BÉGUIN, *op. cit.*, p. 93; F. SAINZ MORENO, *loc. cit.*, p. 612.
(334) *V.* aussi article 95, 2 de la loi d'organisation et de procédure de la Cour Fédérale Constitutionnelle.

autant qu'à l'égard de toutes les autorités, des cours et, naturellement, de tous les individus. De sorte que les décisions des Tribunaux constitutionnels, y compris celles rendues à l'issue d'une instance de contrôle judiciaire, ont des effets *erga omnes*[335]. Et en particulier dans les cas de contrôle abstrait ou concret des normes exercé par voie de requête par un organe de l'Etat, ou de rémission par une cour inférieure où le Tribunal constitutionnel prononce la nullité d'une loi, la décision revêt la même force qu'une loi[336], à savoir qu'elle est de caractère obligatoire *erga omnes*, Tribunal constitutionnel y compris[337].

Mais, contrairement à ce que soutenait Hans Kelsen à propos des effets de la décision du juge constitutionnel dans un système concentré de contrôle de la constitutionnalité, lorsqu'il prononce la nullité d'une loi[338], et au modèle autrichien, selon la tradition constitutionnelle allemande[339], dans le cas des contrôles abstrait et concret des normes, et s'agissant d'une décision sur un recours constitutionnel contre une loi, d'une décision déclarant nulle une loi, il est entendu que la dite loi est déclarée nulle et non avenue *ab initio*, c'est à dire, que la décision du Tribunal a des effets rétroactifs[340]. Cette doctrine traditionnelle est corroborée par le fait que le Législateur, dans la loi fédérale portant création du tribunal constitutionnel en a limité expressément la portée en stipulant que lorsqu'une loi a été déclarée nulle pour inconstitutionnalité, seules peuvent être révisées les instances criminelles dans les cas où la décision judiciaire définitive se serait fondée sur la dite loi déclarée nulle[341]. Tous les autres jugements définitifs et non révisables, ainsi que les actes administratifs fondés sur la loi déclarée nulle, doivent demeurer inchangés, mais leur exécution, si ce n'est pas déjà fait, doit être considérée illégale[342].

Enfin, il faut insister sur le fait que dans le système de contrôle judiciaire ouest-allemand de la constitutionnalité des lois, la notion de présomption de constitutionnalité des lois[343] est aussi une question de principe, ce qui explique que le Tribunal a eu tendance à ne pas prononcer la nullité de lois pour inconstitutionnalité quand il était possible de les interpréter comme conformes à la Constitution.

A cet égard, dans bien des cas, le Tribunal constitutionnel s'en est tenu à la méthode de «l'interprétation à la lumière de la Constitution», évitant ainsi de prononcer la nullité d'une loi qui eût été inconstitutionnelle sous un autre angle, et en a néanmoins accepté la validité à la suite d'une autre interprétation de son cru, toujours «à la lumière de la Constitution»[344]. Dans d'autres cas, bien que le Tribunal constitutionnel ait considéré inconstitutionnelle une loi, dans le but d'éviter que la nullité d'un acte de l'Etat ne produise un vide dans l'ordre légal, il n'en a pas prononcé la nullité. Au lieu de cela, il a préféré parfois en déclarer seulement «la simple inconstitutionnalité»

---

(335) Article 31, 1 de la loi d'organisation et de procédure de la Cour Fédérale Constitutionnelle.

(336) *V.* Article 31, 2 de la loi d'organisation et de procédure de la Cour Fédérale Constitutionnelle.

(337) R. BOCANEGRA SIERRA, «Cosa Juzgada, vinculación, fuerza de ley en las decisiones del Tribunal Constitucional alemán», *Revista española de derecho constitucional* n° 1, 1981, p. 269.

(338) H. KELSEN, «La garantie juridictionnelle de la Constitution (La justice constitutionnelle)», *Revue de droit public et de la science politique en France et à l'étranger*, Paris 1928, p. 243.

(339) *Cf.* J.C. BÉGUIN, *op. cit.*, pp. 209-228.

(340) *Cf.* F. SAINZ MORENO, *loc. cit.*, p. 624; H.G. RUPP, «Judicial Review... », *loc. cit.*, p. 37; R. BOCANEGRA SIERRA, *loc. cit.*, p. 268.

(341) Article 79, 1 de la loi d'organisation et de procédure de la Cour Fédérale Constitutionnelle.

(342) Article 79, 2 de la loi d'organisation et de procédure de la Cour Fédérale Constitutionnelle.

(343) *Cf.* H.G. RUPP, «Judicial Review», *loc. cit.*, p. 38; J.C. BÉGUIN, *op. cit.*, p. 185.

(344) *Cf.* J.C. BÉGUIN, *op. cit.*, pp. 184-207; F. SAINZ MORENO, *loc. cit.*, p. 625.

et, dans certains cas, il a renvoyé la matière au Législateur aux fins de rétablissement de la constitutionnalité de la disposition incriminée[345]. Enfin, dans d'autres cas, le Tribunal constitutionnel, bien que considérant une loi conforme à la Constitution, l'a cependant renvoyée au Législateur en lui enjoignant de la remanier de manière à la revêtir de la «constitutionnalité absolue», écartant du même coup toute possibilité d'avoir à la déclarer inconstitutionnelle dans l'avenir[346].

B. Le contrôle de la constitutionnalité des lois par un tribunal constitutionnel dans les systèmes mixtes de contrôle juridictionnel de la constitutionnalité

Dans d'autres cas, bien que le tribunal constitutionnel ait le pouvoir exclusif d'annuler les lois inconstitutionnelles, ce contrôle de la constitutionnalité des lois opère dans un système où fonctionne en parallèle la méthode diffuse de contrôle de la constitutionnalité des lois. En Europe, c'est le cas du Portugal, en Amérique, celui de la Colombie, du Guatemala et du Pérou.

(a) Le contrôle de la constitutionnalité des lois par le Tribunal constitutionnel au Portugal

Au Portugal, le Tribunal constitutionnel, institué par la Constitution au sein du pouvoir judiciaire[347], est l'organe «compétent pour juger si les actes sont inconstitutionnels et illégaux» en conformité avec les dispositions de la Constitution[348], cette compétence étant étendue aux actes du Président de la République, dans l'exercice de ses fonctions, ainsi qu'aux questions électorales[349]. Le Tribunal constitutionnel est composé de treize juges, dont dix sont nommés par l'Assemblée de la République et trois cooptés[350].

Dans le système constitutionnel portugais, parallèlement au système diffus de contrôle judiciaire, la Constitution a également instauré un système concentré de contrôle de la constitutionnalité des lois assigné au Tribunal constitutionnel, qui l'exerce non seulement sur les actes de l'Etat après promulgation et, partant, *a posteriori* sur leur application, mais aussi à titre préventif, à l'instar du modèle français.

a. Le système de contrôle préventif: En effet, il est prévu un contrôle de la constitutionnalité concernant les traités et accords internationaux, les lois et décrets-lois officiels en cas de saisie du Tribunal constitutionnel par le Président de la République et par les Ministres de la République pour ce qui est des actes du législatif, ou des actes normatifs de l'exécutif, au niveau régional.

Dans le premier cas, l'article 278 de la Constitution stipule:

> Le Président de la République peut saisir le Tribunal constitutionnel aux fins de déterminer à titre préventif la constitutionnalité de toute disposition d'un traité qui lui a été soumis pour ratification et de lois à lui déférées aux fins de promulgation, ainsi que tout instrument, décret-loi, ou accord international remis à sa signature[351].

---

(345) Articles 32, 2 et 79 de la loi d'organisation et de procédure de la Cour Fédérale Constitutionnelle; *Cf.* J.C. BÉGUIN, *op. cit.*, p. 232-266; F. SAINZ MORENO, *loc. cit.*, p. 624.
(346) *Cf.* J.C. BÉGUIN, *op. cit.*, pp. 266-293; F. SAINZ MORENO, *loc. cit.*, p. 625-625.
(347) Article 212.
(348) Article 213, 1.
(349) Article 213, 2.
(350) Article 284.
(351) Article 278, 1.

Mais, comme nous l'avons dit, les lois du législatif régional et les autres actes normatifs pris par l'exécutif peuvent aussi être soumis au Tribunal constitutionnel, à titre de contrôle constitutionnel préventif, par les Ministres de la République, et se rapportant à «toute disposition d'une loi émanée du législatif régional ou d'un décret d'application d'une loi générale de la République qui leur a été soumis pour signature»[(352)].

Dans ces cas de contrôle judiciaire préventif, si le Tribunal constitutionnel juge qu'une disposition d'un acte ou d'un accord international est inconstitutionnel, celui-ci doit se voir opposer le veto du Président de la République ou du ministre concerné, et être renvoyé à l'organe qui l'a approuvé[(353)]. En principe, l'acte ne doit être ni promulgué ni signé jusqu'à ce que l'organe qui l'a approuvé en ait expurgé la disposition jugée inconstitutionnelle[(354)], la possibilité de recourir à un autre contrôle préventif de la constitutionnalité de la loi remaniée restant expressément ouverte[(355)].

S'agissant de traités ou de lois, on peut dire que les décisions du Tribunal ne sont pas absolument impératives et qu'elles peuvent être rendues en dépit de leur vice d'inconstitutionnalité si l'Assemblée de la République décide de maintenir la disposition jugée inconstitutionnelle. En effet, dans les cas où l'Assemblée n'expurge pas la disposition inconstitutionnelle d'un traité international considéré inconstitutionnel par le Tribunal, ce dernier peut être ratifié si l'Assemblée l'approuve à la majorité des deux tiers des membres présents[(356)]; de même, dans les cas de lois, en dépit du fait qu'elles aient été déclarées inconstitutionnelles par le Tribunal agissant à titre de contrôle préventif, l'Assemblée peut les entériner à la majorité des deux tiers des membres présents[(357)]. Dans de tels cas, en dépit de leur caractère constitutionnellement contestable, les lois sont susceptibles d'application, la majorité requise pour les entériner ou les ratifier n'étant pas la même que celle imposée en matière de révision constitutionnelle[(358)].

b. Le contrôle abstrait de la constitutionnalité: La constitutionnalité des lois peut aussi être l'objet d'un «examen abstrait minutieux» de la part du Tribunal constitutionnel, sur recours ou voie d'action directs.

En effet, l'inconstitutionnalité d'une disposition légale peut faire l'objet d'une requête susceptible d'être introduite devant le Tribunal constitutionnel par le Président de la République, le Président de l'Assemblée de la République, le Premier Ministre, les Ombudsman, les Procureurs généraux, ou une dizaine de membres de l'Assemblée de la République[(359)]. En outre, les assemblées régionales ou les présidents des gouvernements régionaux ont également la possibilité d'exercer le recours direct d'inconstitutionnalité contre des lois susceptibles d'avoir porté atteinte aux droits dont jouissent les régions autonomes[(360)]. La Constitution prévoit ce recours ou

(352) Article 278, 2.
(353) Article 279, 9.
(354) Article 279, 2.
(355) Article 279, 3.
(356) Article 279, 4.
(357) Article 279, 2.
(358) Article 288, 1.
(359) Article 281, 1, a.
(360) Article 281, 1, a. L'Archipel des Açores et Madeira ont été organisés au sein de l'Etat en tant que Régions autonomes. Article 227.

action en illégalité contre des lois régionales motif pris que la loi de la région ou la loi générale de la République a été violée, auquel cas, en sus des organes publics précités, le Ministre de la République attaché à la région autonome est habilité à l'exercer[361].

Les effets des décisions du Tribunal constitutionnel, dans ces cas de contrôle abstrait des normes, sont aussi expressément déterminés dans la Constitution. En effet, il est stipulé que ses décisions, dans les cas de recours direct d'inconstitutionnalité, ont force obligatoire et s'appliquent donc *erga omnes*, «à partir de l'entrée en vigueur de la disposition déclarée inconstitutionnelle ou illégale, et doivent déterminer le rétablissement avec des effets rétroactifs, des dispositions qu'il peut avoir annulés»[362]. Pour ce qui est de la législation antérieure à la Constitution, autrement dit si l'inconstitutionnalité d'une norme est imputable à la transgression d'une disposition constitutionnelle ultérieure, la décision du Tribunal doit emporter des effets seulement à partir de l'entrée en vigueur de la nouvelle disposition constitutionnelle[363].

Ces deux dispositions expresses de la Constitution donnent à penser que la règle générale en vigueur dans le système portugais de contrôle de la constitutionnalité des lois est que les décisions déclarant l'inconstitutionnalité d'un acte de l'Etat ont des effets *ex tunc, pro praeterito,* sauf dans les «affaires déjà jugées», qui, en principe, «doivent être garanties, à moins que la Cour constitutionnelle en décide autrement, comme dans le cas où la décision concerne des affaires pénales ou disciplinaires ou des actes illégaux en contravention à de simples convenances, et dans le cas où elle défavorise le prévenu ou l'accusé»[364].

En tout cas, les pouvoirs du Tribunal sont à cet égard très larges, et la Constitution stipule de manière expresse que «lorsque la sécurité juridique, des raisons d'équité ou un intérêt public d'une importance exceptionnelle, dûment justifiés, l'exigent, le Tribunal constitutionnel peut déterminer les effets d'inconstitutionnalité ou d'illégalité de manière plus restrictive»[365], permettant ainsi de corriger les effets contraignants que pourrait entraîner la rigidité des effets rétroactifs généraux des décisions.

c. L'inconstitutionnalité par omission: Enfin, dans le système constitutionnel portugais, outre les moyens préventifs et *a posteriori* de contrôle juridictionnel, la Constitution attribue au Tribunal constitutionnel le pouvoir d'utiliser d'autres moyens de contrôle de la constitutionnalité des actes de l'Etat au nombre desquels figure ce qu'il est convenu d'appeler 1'«inconstitutionnalité par omission», qui n'existe dans aucun autre pays de l'Europe occidentale et a été prévue au Brésil.

La Constitution stipule, en effet, que:

> Sur la requête du Président de la République, de l'Ombudsman ou du Président des Assemblées régionales, dans le cas où les droits des régions autonomes ont été violés, le Tribunal constitutionnel doit examiner toute inobservation par omission de la Constitution produit par l'absence des lois du parlement que requiert l'application des mandats constitutionnels.

---

(361) Article 281, 1, b. *V.* aussi article 281, 1, c.
(362) Article 282, 1.
(363) Article 282, 2.
(364) Article 282, 3.
(365) Article 282, 4.

Lorsque le Tribunal constitutionnel constate qu'il y a inconstitutionnalité par omission, il est tenu de le notifier à l'organe législatif compétent.

Ce pouvoir exceptionnel attribué au Tribunal constitutionnel figurait initialement dans la Constitution de 1976, à la suite des négociations menées par le Conseil de la Révolution, en 1975, au nom du Mouvement des Forces armées, et les partis politiques, dans le dessein de poser un certain nombre de principes que les groupes parlementaires respectifs à l'Assemblée constituante devaient observer et maintenir strictement(366).

(b) La Cour constitutionnelle en Colombie et le contrôle concentré

Dès 1910, la Colombie s'est doté d'un système diffus de contrôle judiciaire de la constitutionnalité des lois, dans lequel le pouvoir attribué aux juges pour déclarer l'inapplicabilité des lois qu'elles jugent contraires à la Constitution, s'exerce également parallèlement au système concentré de contrôle constitutionnel attribué à la Cour suprême jusqu'en 1991, et à partir de cette date, à une Cour constitutionnelle. A partir de la Constitution de 1910, le système diffus de contrôle de la constitutionnalité a acquis le rang constitutionnel; et aujourd'hui, il est établi dans l'article 4 de la Constitution de 1991. Possède également le rang constitutionnel le système de contrôle concentré que la Constitution de 1991 attribua à la Cour constitutionnelle créée à cette fin en tant que «gardienne de l'intégrité et de la suprématie de la Constitution»(367).

Selon l'article 241 de la Constitution, deux systèmes de contrôle concentré de la constitutionnalité des lois sont à distinguer: le contrôle *a posteriori*, par le biais d'une action populaire, et le contrôle *a priori*, sur requête du gouvernement.

a. L'action populaire d'inconstitutionnalité: En Colombie, tous les citoyens peuvent saisir la Cour constitutionnelle d'une action publique pour requérir l'annulation pour inconstitutionnalité des actes suivants: actes de réformes de la Constitution, pour vices de procédure; actes de convocation de référendums ou d'assemblées constituantes concernant une réforme de la Constitution, pour vices de procédure; des référendums concernant des lois, les consultations populaires et plébiscites nationaux (uniquement pour vices de procédure dans leur convocation et réalisation); lois, tant pour leur contenu matériel que pour vices de procédure dans leur formation; décrets ayant force de loi dictés par le gouvernement, pour leur contenu matériel ou pour vices de procédure dans leur formation; décrets législatifs gouvernementaux, traités internationaux et lois de ratification de traités(368).

a'. Le caractère objectif du procédé: Le caractère populaire de l'action d'inconstitutionnalité vient du fait qu'elle peut être exercée par tous les citoyens, même sans intérêt particulier; pour cela, la procédure dont est saisie la Cour constitutionnelle peut par conséquent être considérée comme objective. En effet, elle n'est pas le résultat d'une action portée contre l'Etat ou l'un de ses organes, mais bien contre la loi ou un acte de l'Etat ayant force de loi. C'est la raison pour laquelle, en principe, un citoyen quelconque peut intervenir dans la procédure, soit en adhérent à la pétition du requérant, soit en tant que partie défenderesse de la loi

(366) J. CAMPINOS, *loc. cit.*, p. 35.
(367) Article 241.
(368) Article 241.

incriminée[369]. En raison également de ce caractère populaire, en accord avec l'article 242.2 de la Constitution, le Procureur de la République doit intervenir dans chaque cas d'action d'inconstitutionnalité.

Le caractère objectif de la procédure résulte aussi du fait que la Cour constitutionnelle, en tant que gardienne de la Constitution, peut considérer des défauts de nature constitutionnelle autres que ceux dénoncés par le requérant ou par les citoyens ayant participé à la procédure et dès lors déclarer l'inconstitutionnalité de la loi examinée[370].

C'est ainsi que les défauts d'inconstitutionnalité contenus dans l'action ne limitent point les pouvoirs de la Cour qui, en tant que gardienne de l'intégrité de la Constitution, est autorisée à examiner *ex officio* l'acte contesté et à le soumettre à toutes les conditions constitutionnelles[371]. Par ailleurs, le retrait de l'action de la part du requérant reste sans effet, étant donné le rôle attribué à la Cour, et celle-ci peut donc continuer son examen constitutionnel[372].

Finalement, et comme conséquence du caractère populaire de l'action, aucun délai, en principe, ne vient en limiter l'exercice; comme elle est inextinguible, elle peut être considérée comme un droit politique des citoyens[373]. Pourtant, la réforme constitutionnelle de 1991 a établi que lorsque l'action se base sur des vices formels ou de procédure de la loi contestée, l'action se voit accorder un délai d'un an, à compter de la date de sa publication, pour être portée devant la Cour[374].

b'. Le contrôle obligatoire de la constitutionnalité des décrets d'urgence: Dans les actes d'Etat soumis au contrôle de constitutionnalité par le biais de l'action populaire, il importe de mentionner également les décrets émanant du Président de la République comme conséquence d'un état de siège déclaré pour cause de guerre, de crise interne, ou lorsque l'ordre économique et social du pays est gravement altéré[375]. Dans ces cas, la Constitution colombienne établit une procédure obligatoire de contrôle de la constitutionnalité selon lequel, le jour qui suit leur promulgation, le Président de la République doit remettre ces décrets à la Cour constitutionnelle. Celle-ci devra alors décider «définitivement sur leur constitutionnalité»[376].

c'. Les effets des décisions de la Cour constitutionnelle: Comme dans le cas des systèmes de contrôle concentré de la constitutionnalité des lois, lorsque la Cour constitutionnelle déclare l'inconstitutionnalité d'un acte législatif, cette décision a des effets *erga omnes*. En outre, elle a également une valeur de *res judicata* constitutionnelle, son contenu étant obligatoire pour tous, de sorte qu'aucune action d'inconstitutionnalité ultérieure ne pourra être présentée contre ces actes[377]. Plus particulièrement, cette valeur de *res judicata* est valable par rapport aux décisions de

---

(369) Article 242, 2.
(370) Article 29. Décret 432 de 1969.
(371) L.C. SACHICA, *El control de la constitucionalidad y sus mecanismos*, Bogotá 1982, p. 106.
(372) A. COPETE LIZARRALDE, *Lecciones de derecho constitucional*, Bogotá, p. 246.
(373) A. COPETE LIZARRALDE, *La Constitución y su defensa*, Congreso Internacional sobre la Constitución y su Defensa, UNAM, México 1982, (polycopié), p. 45.
(374) Article 242, 3.
(375) Articles 213 et 214.
(376) Article 121.
(377) Comme l'établissait la réforme constitutionnelle sanctionnée par l'acte législatif n° 1, annulé ensuite. *V.* L.C. SACHICA, El control..., *op. cit.*, pp. 148-149.

la Cour constitutionnelle, autant si la Cour a rejeté l'action d'inconstitutionnalité, que si elle a prononcé l'inconstitutionnalité de l'acte contesté. Ainsi, étant donné leurs pouvoirs diffus de contrôle d'inconstitutionnalité, les juges ne peuvent déclarer la non application de la loi en raison de l'inconstitutionnalité rejetée par la Cour constitutionnelle[(378)].

D'autre part, le débat traditionnel des effets *ex tunc* ou *ex nunc* des décisions de contrôle de la constitutionnalité par la Cour, est également apparu en Colombie, même si la majorité des auteurs tendent à n'attribuer aux décisions que des effets *ex nunc, pro futuro*[(379)].

Ainsi, en raison de la présomption de constitutionnalité, les lois restent effectives jusqu'à ce que leur nullité soit prononcée par la Cour. Néanmoins, les situations juridiques créées par la loi précédemment à sa déclaration de nullité ne peuvent être soumises à révision que par les procédures judiciaires ordinaires.

b. Le contrôle préventif de la constitutionnalité des lois: Finalement, il convient de mentionner qu'en plus du système concentré de contrôle de la constitutionnalité *a posteriori*, la Constitution colombienne a prévu, dès 1886, une méthode de contrôle préventif de la constitutionnalité conséquemment au droit de veto à la législation accordé au Président de la République[(380)].

Lorsqu'une loi fait l'objet d'un veto pour des raisons d'inconstitutionnalité, le Président de la République doit envoyer le projet de loi à la Cour constitutionnelle si les Chambres législatives insistent sur leur promulgation. Ce sera donc la Cour constitutionnelle qui statuera dans un délai de six jours. Si la Cour déclare le projet de loi inconstitutionnel, celui-ci sera archivé. En revanche, si la Cour rejette les objections constitutionnelles soulevées par le Président de la République, celui-ci sera obligé de promulguer la loi[(381)].

c. La révision par la Cour constitutionnelle des décisions judiciaires en matière de tutelle des droits constitutionnels: La Constitution colombienne de 1991 établit que l'action de tutelle des droits constitutionnels peut être exercée devant les tribunaux ordinaires, selon les mêmes principes généraux des actions d'*amparo* latino-américaines.

En tout cas, la Cour constitutionnelle possède dans ses attributions le pouvoir de réviser les décisions judiciaires édictées pour résoudre les actions de tutelle des droits constitutionnels[(382)].

En vertu du décret-loi de 1992 qui réglemente l'action de tutelle, toutes les décisions judiciaires adoptées en matière de tutelle en première instance, si elles ne sont pas contestées en appel, et en deuxième instance, doivent être envoyées à la Cour constitutionnelle pour révision. Celle-ci possède le pouvoir discrétionnaire de décider quelles sont celles parmi ces décisions judiciaires qui feront l'objet d'une révision[(383)].

---

(378) *Cf.* A. COPETE LIZARRALDE, *op. cit.*, p. 246; L.C. SACHICA, El control..., *op. cit.*, p. 172.
(379) *Cf.* L.C. SACHICA, *El control...*, *op. cit.*, p. 68; E. SARRÍA, *Guarda de la Constitución*, Bogotá, p. 83.
(380) Articles 167 et 241, 8.
(381) Article 167.
(382) Article 241, 9.
(383) Articles 32 et 33.

Quoiqu'il en soit, les décisions que la Cour constitutionnelle adopte en révisant des décisions judiciaires de tutelle, n'ont des effets que par rapport au cas concret[(384)].

(c) La Cour constitutionnelle au Guatemala

Tout comme le modèle nord-américain, basé sur le principe de la suprématie de la Constitution[(385)], la Constitution guatémaltèque de 1921 définit les pouvoir des juges pour déclarer l'inapplication de toute loi ou disposition des autres pouvoirs de l'Etat, lorsqu'elles contrarient les normes ou principes établis dans la Constitution de la République[(386)]. Le pouvoir des cours, qui est un contrôle diffus de la constitutionnalité, est présent dans tous les textes jusqu'à la Constitution de 1965 qui a instauré en parallèle un système concentré de contrôle judiciaire de la constitutionnalité des lois, attribué à une Cour constitutionnelle créée à cette fin. Dès lors, le système guatémaltèque de contrôle de la constitutionnalité peut être considéré comme mixte.

En effet, la Constitution de 1965, qui a formellement suivi le modèle européen, a établi un système concentré en attribuant à une Cour constitutionnelle le pouvoir exclusif de déclarer l'inconstitutionnalité des lois et ainsi les annuler avec des effets *erga omnes*[(387)].

Cette Cour constitutionnelle créée par la Constitution n'a pas été initialement conçue comme un organe permanent, mais temporel, qui ne siégeait que lorsqu'il était nécessaire d'exécuter le contrôle de la constitutionnalité[(388)]. Elle était composée de douze membres nommés par la Cour suprême de justice, dont huit parmi les membres de la Cour d'appel et du Tribunal de justice administrative. Le Président de la Cour constitutionnelle était le Président de la Cour suprême de justice[(389)].

Les pouvoirs de contrôle de la constitutionnalité sont exercés par le biais d'un recours d'inconstitutionnalité, qui est conçu comme une action directe[(390)] pouvant être exercée contre «les lois et les dispositions gouvernementales à effets généraux lorsqu'elles sont considérées comme inconstitutionnelles, fût ce de manière totale ou partielle»[(391)].

Il existe une condition spécifique pour porter une action devant la Cour constitutionnelle, différente de celle de l'action populaire du Vénézuéla et de la Colombie. Ce «recours d'inconstitutionnalité» ne peut être porté devant la Cour que par les organes suivants: le Conseil d'Etat, conçu au Guatemala comme une institution consultative; le Procureur général, lorsqu'il en reçoit la demande du Président par une décision adoptée en Conseil des ministres; et enfin, toute entité individuelle ou directement affectée par l'inconstitutionnalité de la loi ou de l'acte gouvernemental, pour autant qu'il soit assisté de dix juristes[(392)].

---

(384) Article 129.

(385) *V.* les commentaires concernant le processus constitutionnel au Guatemala au le XIXème siècle, J.M. GARCÍA LA GUARDIA, *La defensa de la Constitución*, México 1983, pp. 52-53; *v.* Allan R. BREWER-CARÍAS, *Judicial Review...*, pp. 203 et ss.

(386) Article 93, c, Constitution.

(387) *V.* H. FIX-ZAMUDIO, *Los tribunales constitucionales y los derechos humanos*, México 1980, p. 136.

(388) Article 262, Constitution. La Cour et le recours d'inconstitutionnalité sont réglementés par la loi d'*amparo*, d'*habeas corpus* et d'inconstitutionnalité, du 3/5/66. *V.* les références in H. FIX-ZAMUDIO, *op. cit.*, p. 138.

(389) Article 266, Constitution. Article 105 de la loi.

(390) H. FIX-ZAMUDIO, *op. cit.*, p. 138.

(391) Article 263, Constitution. Article 106 de la loi.

(392) Article 264, Constitution. Article 107 de la loi.

En vertu de la procédure de recours d'inconstitutionnalité, si le Procureur général ne saisit pas la Cour, il doit être notifié, et en principe, il doit défendre de l'acte contesté, même s'il peut exprimer sa conformité avec l'inconstitutionnalité alléguée[393].

En outre, il importe de signaler un élément important de la procédure à suivre devant la Cour constitutionnelle au Guatemala, à savoir le fait que les effets de la loi ou de l'acte exécutif contesté peuvent être provisoirement suspendus par la Cour le temps de la procédure, lorsque l'inconstitutionnalité est notoire et pourrait provoquer un dommage irréparable. Cette décision de suspendre les effets de la loi ou de l'acte exécutif a des conséquences générales de caractère *erga omnes* et doit être publiée dans le *Journal officiel*[394].

La décision finale de la Cour, lorsqu'il s'agit de déclarer l'inconstitutionnalité de la loi, a des effets *erga omnes*, mais aussi, comme dans tous les systèmes concentrés de contrôle de la constitutionnalité, des effets *ex nunc*. Ainsi, la décision a un caractère constitutif avec des conséquences *pro futuro*, sans aucun effet rétroactif[395]. Ce n'est que lorsqu'une suspension temporaire des effets d'une loi a été décidée par la Cour durant la procédure que la décision finale aura des effets *ex tunc*, mais de manière rétroactive, jusque la date de la décision suspensive des effets de la loi contestée[396].

(d) Le Tribunal des garanties constitutionnelles au Pérou

Enfin, il convient de mentionner le système mixte de contrôle de la constitutionnalité au Pérou, où la Constitution de 1979 a établi non seulement les bases d'un système diffus de contrôle de la constitutionnalité mais et a créé, de plus, le Tribunal des garanties constitutionnelles, possédant des pouvoirs concentrés de contrôle de la constitutionnalité suivant le modèle espagnol[397].

En effet, la Constitution péruvienne du 12 juillet 1979, en vigueur dès le 28 juillet 1980[398] (195), prévoit dans son article 236 le système diffus de contrôle de la constitutionnalité de la façon suivante:

> Article 236: En cas d'incompatibilité entre une norme constitutionnelle et une norme légale ordinaire, le juge devra donner préférence à la première. De même, il devra préférer la norme légale à toute autre norme inférieure.

Selon cette disposition constitutionnelle, tous les juges peuvent exercer leur pouvoir de contrôle de la constitutionnalité de la législation en décidant la non application d'une loi qu'ils considèrent inconstitutionnelle.

Mais en plus du système diffus de contrôle de la constitutionnalité, un système concentré a aussi été établi au Pérou dès 1980, par l'établissement d'un organe spécialement créé pour le contrôle de la constitutionnalité de la législation. Il s'agit

---

(393) J.M. GARCÍA LA GUARDIA, *op. cit.*, p. 63.

(394) Article 263, Constitution. Article 106 de la loi.

(395) Article 108 de la loi.

(396) J.M. GARCÍA LA GUARDIA, *op. cit.*, p. 67; H. FIX-ZAMUDIO, *op. cit.*, p. 140.

(397) D. GARCÍA BELAUNDE, «La influencia española en la Constitution peruana (a propósito del Tribunal de Garantías Constitucionales», *Revista de derecho político*, n° 16, Madrid 1982-83, p. 201; *v.* Allan R. BREWER-CARÍAS, *Judicial Review..., op. cit.*, pp. 324 à 327.

(398) D. GARCÍA BELAUNDE, «La nueva Constitución peruana», *Boletín mexicano de derecho comparado*, n° 40, 1981.

du Tribunal des garanties constitutionnelles, créé par la Constitution péruvienne de 1979 comme une «organe de contrôle de la Constitution» composé de neuf membres élus de manière paritaire (trois chacun) par le parlement, le pouvoir exécutif et la Cour suprême de justice[399]. Son fonctionnement est réglementé par la loi organique du Tribunal des garanties constitutionnelles[400].

Ce Tribunal des garanties constitutionnelles, qui a juridiction sur tout le territoire de la République, est compétent pour deux aspects relatifs à la suprématie constitutionnelle: premièrement, il a un pouvoir juridictionnel pour contrôler la constitutionnalité de la législation, et deuxièmement, il est compétent pour décider, en dernier recours, comme une cour de cassation, les recours relatifs aux décisions des cours inférieures quant aux *habeas corpus* ou aux recours d'*amparo*[401].

En matière de control de la législation le Tribunal des garanties constitutionnelles est compétent pour déclarer, sur requête d'une partie, l'inconstitutionnalité totale ou partielle des lois, des décrets législatifs, des normes régionales de caractère général et des ordonnances municipales qui contreviennent à la Constitution dans la forme ou en substance[402].

Les parties autorisées à entreprendre une action d'inconstitutionnalité sont les suivantes: le Président de la République, la Cour suprême de justice, le Procureur général, soixante membres du parlement, vingt sénateurs, ou cinquante mille citoyens dans une pétition, dont les signatures seront certifiées par le Conseil suprême électoral.

Le pouvoir du Tribunal en matière de contrôle de la constitutionnalité n'est pas lié par la volonté des parties sollicitant l'action, si bien la déclaration d'inconstitutionnalité, ne peut comprendre des dispositions autres que celles contestées, le Tribunal peut déclarer l'inconstitutionnalité de la loi ou de la norme, en se basant sur la violation de toute autre disposition constitutionnelle, même si elle n'est pas invoquée dans la procédure[403].

Dans les cas des lois, les effets de la décision sur leur inconstitutionnalité ne sont pas immédiats en relation avec leur validité. En effet, une fois adoptée la décision du Tribunal, elle doit être communiquée au Président du parlement, afin que cet organe passe une loi dérogatoire de la disposition contraire à la Constitution. Lorsque 45 jours se sont écoulés sans qu'une règle dérogatoire riait été promulguée, la disposition inconstitutionnelle est tenue pour annulée, et le Tribunal doit publier la décision dans le Journal officiel[404].

Par ailleurs, lorsque la décision d'inconstitutionnalité est relative à des actes normatifs de l'Etat autres que la loi formelle, le Tribunal doit ordonner la publication de la décision dans le Journal officiel; la dite décision devient alors officielle le jour suivant sa publication[405].

---

(399) Article 296 de la Constitution du 28 juin 1980.
(400) *V.* commentaires in H. FIX-ZAMUDIO, «Dos leyes orgánicas de tribunales constitucionales iberoamericanos: Chile y Perú», *Boletín mexicano de derecho comparado*, n° 31, 1984.
(401) Article 298, Constitution.
(402) Article 298, 1, Constitution.
(403) Article 40 de la loi organique.
(404) Article 302, Constitution.
(405) Article 202, Constitution.

Dans les deux cas, une fois publiée, la décision du Tribunal déclarant l'inconstitutionnalité d'une loi ou autre acte normatif de l'Etat, a des effets *erga omnes* et, en accord avec une disposition expresse de la Constitution, «ils n'ont pas d'effets rétroactifs»[406]. Ils sont donc uniquement *ex nunc, pro praeterito*. Par conséquent, la loi organique du Tribunal établit que la décision déclarant l'inconstitutionnalité d'un acte normatif de l'Etat ne peut servir de base pour réviser une procédure judiciaire déjà conclue, dans laquelle les normes constitutionnelles ont été appliquées. Cependant, conformément au principe général d'exception de la possibilité d'application rétroactive des lois en matière pénale, fiscale et du travail[407], la loi organique permet l'application rétroactive de la décision du Tribunal dans des procédures dont les effets pourraient être favorables à la personne condamnée, le travailleur ou le contribuable[408].

Néanmoins, en plus des voies diffuses et concentrées du contrôle de la constitutionnalité pouvant être exercées par les cours ou devant le Tribunal des garanties constitutionnelles, la Constitution de 1980 prévoit également l'action d'*habeas corpus* ou d'*amparo* comme des moyens spéciaux visant à protéger les droits fondamentaux. La première vise la protection de la liberté personnelle et la seconde est un moyen de protéger tous les autres droits fondamentaux reconnus dans la Constitution[409].

Les décisions des juges ordinaires en matière de protection constitutionnelle (l'*habeas corpus* et l'*amparo*) sont soumises aux appels ordinaires devant les cours supérieures et contre ses décisions, des recours basés sur des raisons de nullité pouvant être exercés devant le Tribunal des garanties constitutionnelles afin d'examiner si la Cour suprême a violé un loi ou l'a appliquée par erreur[410].

3. Le système parallèle concentré de contrôle de la constitutionnalité des lois conféré à la Cour suprême et à la Cour constitutionnelle

Parmi les pays d'Amérique latine, il convient de citer les cas du Chili et de l'Equateur, dont les systèmes concentrés de contrôle de la constitutionnalité est conféré à deux organes judiciaires séparés: la Cour suprême de justice, à travers une voie incidente, et la Cour constitutionnelle, par le biais d'une action directe.

A. L'expérience chilienne et la Cour constitutionnelle

(a) La Cour suprême de justice et la méthode incidente de contrôle de la constitutionnalité

En effet, dès la réforme constitutionnelle chilienne de 1925, la Constitution autorise la Cour suprême de justice à déclarer l'inapplication d'une loi en vigueur pour cause d'inconstitutionnalité. Cette réforme modifiait substantiellement la situation existant auparavant, où l'opinion unanime était que les cours ne pouvaient pas déclarer l'inapplication des lois inconstitutionnelles car aucune disposition

(406) Article 300, Constitution.
(407) Article 187, Constitution.
(408) Article 41 de la loi organique.
(409) Articles 295; 298, 2; 305. Constitution de 1980.
(410) H. FIX-ZAMUDIO, «La Ley de habeas corpus y amparo», *Boletín mexicano de derecho comparado*, n° 50, 1984, p. 579.

constitutionnelle ne leur conférait ce pouvoir. En conséquence, la réforme de 1925 a représenté un pas important vers le contrôle de la constitutionnalité des lois[411].

Cette norme constitutionnelle, encore en vigueur aujourd'hui, (art, 80), affirmait que:

La Cour suprême, dans les cas concrets ou dans des cas dont elle est saisie par le biais de recours provenant de procédures entamées devant d'autres cours, peut déclarer inapplicable au cas en question toute disposition légale contraire à la Constitution

Par conséquent, la Constitution instaure un système concentré de contrôle de la constitutionnalité de caractère incident pour la Cour suprême de justice, au moyen d'une institution appelée «recours d'inapplication des statuts»[412].

Pourtant, ce système de contrôle de la constitutionnalité n'apportait pas de solution aux conflits constitutionnels entre les organes de l'Etat, provenant souvent de questions d'inconstitutionnalité des lois et d'autres normes de force équivalente. Ces conflits soulevés entre ces organes, propres à la vie politique chilienne, constituent un des facteurs principaux ayant contribué à l'établissement d'une Cour constitutionnelle autre que la Cour suprême, pour y apporter une solution[413]. Ainsi, la réforme constitutionnelle du 21 janvier 1970 créa une Cour constitutionnelle possédant une série de fonctions quant au contrôle de la constitutionnalité et à la solution de conflits d'attribution entre les organes de l'Etat. Cette Cour a été dissolue en 1973, à la suite du Coup d'Etat, lequel a également dissolu le parlement. Etant donné que la fonction principale de la Cour constitutionnelle était de trancher dans les conflits entre l'exécutif et le législatif, et vu que celui-ci ne pouvait comparaître devant la Cour, le parlement ayant été dissolu, l'existence de cette Cour ne se justifiait plus. C'est ainsi que la Cour cessa de fonctionner[414].

Plus tard, la Cour constitutionnelle fut rétablie par les articles 81 et 83 de la Constitution politique approuvée par référendum le 11 septembre 1980, et prolongée par la Junte militaire en exercice de ses pouvoirs constituants. Quelques attributions similaires à celles établies par la Charte fondamentale de 1970 on été conférées à la Cour, et son fonctionnement est réglementé par la loi constitutionnelle organique du 12 mai 1981 passée par la Junte du gouvernement[415].

(b) La Cour constitutionnelle et ses pouvoirs

Selon les nouvelles réglementations, les attributions de la Cour constitutionnelle sont les suivantes[416]:

Premièrement, la Cour est compétente pour juger de la constitutionnalité des lois organiques ou de celles qui interprètent des préceptes particuliers à la Constitution, préalablement à leur promulgation. Il lui est également autorisé, sur requête, d'exercer le contrôle préventif sur toute question soulevée durant la

---

(411) *Cf.* O. TOVAR TAMAYO, *La jurisdicción constitucional*, Caracas 1983, p. 103.

(412) *V.* le texte de H. FIX-ZAMUDIO, *Los tribunales constitucionales y los derechos humanos*, México 1980, p. 143, note 251; *v.* Allan R. BREWER-CARÍAS, *Judicial Review...*, *op. cit.*, pp. 244 à 248.

(413) E. SILVA CIMMA, *El tribunal Constitucional de Chile (1917-1973)*, Caracas 1977, pp. 12-20.

(414) E. SILVA CIMMA, *op. cit.*, p. 219; H. FIX-ZAMUDIO, p. 150.

(415) H. FIX-ZAMUDIO, «Dos leyes orgánicas de tribunales constitucionales iberoamericanos: Chile y Perú», *Boletín mexicano de derecho comparado* n° 251, 1984, p. 943.

(416) Article 82, Constitution de 1980.

discussion des projets de loi ordinaire, de réforme de la Constitution et pour les Traités internationaux soumis à l'approbation du parlement.

La Cour est aussi compétente pour résoudre les questions de constitutionnalité des décrets de l'exécutif ayant force de-loi; pour les réclamations formulées contre le Président de la République lorsqu'il ne promulgue pas une loi qu'il aurait dû promulguer, lorsqu'il promulgue un texte différent ou qu'il publie des décrets constitutionnels. La réglementation est donc celle de sujets réservés à la loi formelle.

La Cour statue aussi sur les conflits portant sur des décrets ou des résolutions émises par le Président de la République, lorsque leur enregistrement a été nié par le Contrôleur général pour inconstitutionnalité.

Deuxièmement, la Cour est compétente pour trancher sur des questions autres que de contrôle de la constitutionnalité, notamment quant à la constitutionnalité des plébiscites, et sur des questions relatives à l'éligibilité individuelle constitutionnelle ou légale des individus nommés Ministres d'Etat.

Ces pouvoirs de la Cour constitutionnelle ont été établis originellement en 1970. De plus, la Constitution de 1980 conférait à la Cour constitutionnelle des attributions dont elle ne disposait pas auparavant, et particulièrement la compétence pour juger de l'inconstitutionnalité des organisations, des mouvements ou partis politiques, ainsi que pour déterminer les personnes transgressant ou ayant transgressé l'ordre constitutionnel de la République[(417)]. Ces pouvoirs étaient en consonance avec le régime militaire.

En tout cas, sur le terrain du contrôle de la constitutionnalité, la Cour constitutionnelle chilienne a été autorisée à contrôler la constitutionnalité de la législation par le biais de deux voies spécifiques: le contrôle préventif et le contrôle limité *a posteriori*.

a. Le contrôle préventif de la constitutionnalité de la législation: Premièrement, la Constitution établit le pouvoir de la Cour pour résoudre des questions constitutionnelles pouvant être soulevées au cours des débats sur les lois organiques constitutionnelles, sur des statuts qui interprètent une disposition constitutionnelle, sur tout projet d'amendement constitutionnel et sur les traités internationaux soumis à l'approbation du parlement[(418)].

Dans tous ces cas, suivant le modèle français, le contrôle exercé par la Cour constitutionnelle est préventif, mais il peut être obligatoire ou exercé sur requête. Dans les cas des lois organiques constitutionnelles et des statuts interprétant une disposition constitutionnelle, le contrôle préventif de la Cour est obligatoire, en ce sens que les textes doivent lui être envoyés par le Président de la Chambre dans les cinq jours suivant leur entrée en vigueur. Ce contrôle préventif n'est pas seulement obligatoire. Ainsi, la Cour peut l'exercer *ex officio*; c'est la raison pour laquelle la procédure n'est pas contentieuse. Si dans sa décision, la Cour considère inconstitutionnelle une ou plusieurs dispositions du texte, il doit renvoyer le texte à la Chambre correspondante dont le Président, à son tour, l'enverra au Président de la République aux effets de sa promulgation, exception faite des dispositions considérées inconstitutionnelles.

(417) H. FIX-ZAMUDIO, «Dos leyes orgánicas ... », *loc. cit.*, p. 947.

(418) Article 82, Constitution de 1980; articles 26-37 de la loi organique de 1981; *v.* commentaires in H. FIX-ZAMUDIO, «Dos leyes orgánicas ... », *loc. cit.*, p. 948.

Dans le cas de projets d'amendement constitutionnel ou des traités internationaux, l'exercice du contrôle préventif par la Cour constitutionnelle n'est possible que si une requête est formulée avant la promulgation d'un texte et pendant la discussion du projet, par le Président de la République ou par l'une des Chambres du parlement ou par un quart de ses membres. C'est pourquoi la requête n'a pas d'effets suspensifs sur la procédure législative et que l'action portée à la Cour est contentieuse. La Cour doit donc notifier les organes constitutionnels intéressés et entendra leurs arguments. La décision de la Cour considérant inconstitutionnelles les dispositions d'un projet de statut ou d'un traité prévient leur promulgation(419).

b. L'exercice par voie directe des pouvoirs de contrôle: En plus du contrôle préventif de la législation, la Cour constitutionnelle possède également un pouvoir de contrôle de la constitutionnalité ayant un caractère *a posteriori,* mais uniquement pour les décrets ayant force de loi, c'est à dire, les décrets émis par le Président de la République en raison des pouvoirs délégués par le parlement, ainsi que pour les pouvoirs présidentiels au moment de promulguer les statuts. Ainsi, le contrôle constitutionnel substantif de la législation exercé par la Cour constitutionnelle ne procède pas contre les lois une fois celles-ci en vigueur, mais contre les décrets de l'exécutif ayant force de loi.

Dans le premier cas, par rapport à l'inconstitutionnalité des décrets lois, les pouvoirs de la Cour en matière d'inconstitutionnalité sont exercés sur requête après qu'une décision ait été adoptée par le Bureau du Contrôleur général à propos de l'enregistrement ou non du décret en question. En effet, au Chili, l'une des fonctions traditionnelles du Bureau du Contrôleur général est de contrôler les décrets de l'exécutif, qui résulte de leur enregistrement ou de leur rejet. Par conséquent, des controverses apparaissent généralement quant à la légalité ou à la constitutionnalité des décrets de l'exécutif lorsque le Bureau du Contrôleur général soulève des objections concernant leur incompatibilité avec la Constitution.

Avant l'existence de la Cour, ces controverses étaient tranchées par l'une des parties, c'est à dire par l'exécutif, qui pouvait insister sur l'enregistrement du décret considéré comme inconstitutionnel par le Contrôleur, avec le renforcement des signatures de tous les ministres(420).

Cette situation a changé avec la réforme constitutionnelle de 1970, laquelle prévoyait que, si un décret loi était rejeté par le Bureau du Contrôleur général, le Président ne pouvait plus continuer d'insister sur l'enregistrement dudit décret. Cependant, dans un délai de trente jours après le jugement, le Président peut soulever la question devant la Cour constitutionnelle, laquelle aura le dernier mot en matière d'inconstitutionnalité. Ainsi, si au contraire, le Contrôleur général enregistre le décret loi, l'une ou l'autre chambre du parlement, ou plus d'un tiers des membres actifs de celui-ci, pourra soulever la question d'inconstitutionnalité, dans un délai de trente jours également après la date de la publication dudit décret loi.

Dans ces cas, la procédure est de caractère contentieux, et la Cour peut déclarer l'inconstitutionnalité du décret loi avec des effets obligatoires; dans ce cas, il ne peut être exécuté. En revanche, si la Cour déclare que la disposition du décret loi est constitutionnelle, la décision aura aussi des effets obligatoires, et particulièrement

(419) *Idem,* p. 949.
(420) H. FIX-ZAMUDIO, *op. cit.*, pp. 148-149; TOVAR TAMAYO, *op. cit.*, pp. 132-133.

la Cour suprême de justice ne pourra pas la déclarer inapplicable en exerçant ses pouvoirs de contrôle de la constitutionnalité[421].

Deuxièmement, le contrôle de la constitutionnalité a posteriori peut être exercé sur des lois, mais uniquement pour les formalités de leur promulgation par le Président de la République. En effet, la Constitution attribue la compétence à la Cour pour résoudre des requêtes ne pouvant être exercées que par les Chambres du parlement, dans des cas où le Président de la République ne promulgue pas une loi alors qu'il en est obligé, ou lorsqu'il promulgue un texte autre que celui procédé constitutionnellement[422].

Dans pareil cas, le contrôle de la constitutionnalité ne fait pas référence aux aspects substantifs des lois, mais uniquement à la façon dont le Président de la République exerce son pouvoir au moment de promulguer les lois, la décision de la Cour visant la correction de la promulgation.

B. L'expérience de l'Equateur et le Tribunal des garanties constitutionnelles

Le cas de l'Equateur est à citer parmi les pays d'Amérique latine qui ont adopté un double système concentré de contrôle de la constitutionnalité attribué à deux organes constitutionnels judiciaires différents. La Cour suprême de justice possède un pouvoir exclusif pour juger de la constitutionnalité de la législation par le biais des incidents d'inconstitutionnalité soulevés par des cours inférieures; et le Tribunal des garanties constitutionnelles a le pouvoir d'exercer le contrôle de la constitutionnalité de la législation de manière concentrée. Les deux systèmes de contrôle de la constitutionnalité se basent sur le principe de la suprématie de la Constitution établi expressément de la façon suivante:

> La Constitution est la loi suprême de l'Etat. Les normes secondaires et toute autre norme de hiérarchie inférieure doivent soutenir leur concordance avec les dispositions constitutionnelles. Les lois, les décrets, les ordonnances, les dispositions, les traités internationaux ou les accords qui, d'une certaine manière, entreraient en contradiction avec la Constitution ou qui altéreraient ses dispositions, n'ont aucune valeur[423].

Conformément à cette suprématie constitutionnelle proclamée, la Constitution de 1979, réformée en 1983, confère le pouvoir du contrôle de la constitutionnalité de manière semi diffuse aux Chambres de la Cour suprême de justice, au Tribunal des impôts et au Tribunal de la justice administrative, en leur attribuant des compétences pour déclarer, dans des cas concrets repris des cours inférieures, l'inapplication de toute norme légale contraire à la Constitution[424].

Cette décision, conformément à la disposition expresse de la Constitution, «n'a force obligatoire que dans les cas concrets où elle est prononcée»; ses effets sont donc *inter partes*.

Pourtant, la même Constitution de 1978 a instauré une institution appelée Tribunal des garanties constitutionnelles, avec une large composition de membres chargés de veiller sur l'exécution de la Constitution, à la requête des autorités et

(421) H. FIX-ZAMUDIO, «Dos leyesoOrgánicas», *loc. cit.*, p. 949; O. TOVAR TAMAYO, *op. cit.*, p. 137.
(422) Article 82; *v.* H. FIX-ZAMUDIO, «Dos leyes orgánicas», *loc. cit.*, p. 949.
(423) Article 137, Constitution du 15 janvier 1978.
(424) Article 138, Constitution.

des fonctionnaires publics[(425)]. Au départ, le Tribunal était autorisé à formuler des observations concernant des décrets, des accords, des règlements ou des résolutions dictés en violation de la Constitution ou des lois, une fois écoutées les autorités qui les ont émis. Si ces observations n'étaient pas suivies, le Tribunal était autorisé à les publier dans les journaux et à notifier la Chambre nationale des Représentants afin qu'elle prenne une résolution[(426)].

Le Tribunal des garanties constitutionnelles a aussi été autorisé à connaître des plaintes déposées devant lui par tout citoyen en cas de violation de la Constitution. Le Tribunal peut donc préparer l'accusation contre le fonctionnaire impliqué et l'envoyer à la Chambre nationale des Représentants pour sa mise en jugement[(427)].

Cependant, suite à la réforme constitutionnelle approuvée en 1983 et en vigueur dès 1984[(428)], le Tribunal des garanties constitutionnelles s'est vu conférer le pouvoir exclusif de suspendre les effets des actes législatifs inconstitutionnels, dans le cadre de ce qui peut être considéré comme une système concentré de contrôle constitutionnel. Ce pouvoir, avant la réforme de 1983, avait été attribué à la Cour Suprême.

En effet, dès 1984, le Tribunal des garanties constitutionnelles a le pouvoir exclusif de suspendre, de manière totale ou partielle, en tout moment, *ex officio* ou sur requête des parties, les effets de lois, ordonnances ou décrets jugés inconstitutionnels soit en substance, soit dans la forme[(429)]. Cette suspension de la législation est indubitablement un moyen important de contrôle de la constitutionnalité, même si le Tribunal doit soumettre sa décision afin d'obtenir la résolution de la Chambre nationale des Représentants. Selon la Constitution, ni la décision du Tribunal, ni la résolution de la Chambre nationale des Représentants, n'a d'effets rétroactifs[(430)], même s'ils ont des effets *erga omnes*. Ceci peut se déduire, et particulièrement en ce qui concerne la décision «suspensive» du Tribunal, de ce que la Constitution établit à propos de l'inapplication de la législation par les Chambres de la Cour suprême de justice, le Tribunal des impôts et le Tribunal de la justice administrative, avec des effets *inter partes* dans les procédures suivies devant ces instances.

Dans ces derniers cas, il est à remarquer que ces instances doivent notifier de leur décision la Cour suprême en session plénière. Si leur critère est accepté, le Tribunal des garanties constitutionnelles doit en être informé, ce qui lui permettra d'exercer ses compétences et de suspendre les effets de l'acte contesté[(431)].

---

(425) Article 141, 1, Constitution. La Cour se compose de trois membres élus par la Chambre nationale des Représentants; le Président de la Cour suprême de justice; le Procureur général; le Président de la Cour suprême électorale; un représentant du Président de la République; un représentant des travail-leurs; un représentant de l'association des employeurs; et deux représentants du peuple, élus par les corps électoraux des maires des Cantons et par les autorités provinciales. Article 140 de la Constitution.

(426) Article 141, 2, Constitution.

(427) Article 141, 3, Constitution.

(428) G. ZAMBRANO PALACIOS, «Control de la constitucionalidad de los actos del poder público», *Memoria de la Reunión de Presidentes de Cortes Supremas de Justicia en Iberoamérica. El Caribe, España y Portugal*, Caracas 1983, pp. 677, 678.

(429) Article 138, Constitution.

(430) Article 138, Constitution.

(431) Article 138, Constitution.

CHAPITRE II

LE POUVOIR JUDICIAIRE COMME JUGE CONSTITUTIONNEL DES DROITS ET GARANTIES CONSTITUTIONNELLES

Le principe selon lequel le pouvoir Juridique, c'est à dire l'ensemble des juges ou des autorités judiciaires, est celui qui est chargé de protéger les droits et garanties constitutionnelles, est fondamental dans le constitutionnalisme moderne et trouve son fondement dans le même principe de la suprématie de la Constitution.

En effet, du principe de la suprématie de la Constitution dérivent non seulement le principe du pouvoir des juges de considérer nulles et non avenues des lois contraires à la Constitution, mais également le principe selon lequel le principal droit constitutionnel que les citoyens peuvent exercer est le droit à cette suprématie, c'est à dire au respect de leur propre volonté exprimée dans la Constitution. Rien ne servirait de signaler que la Constitution, en tant que manifestation de la volonté du peuple, doit prévaloir sur celle des organes de l'Etat et sur les actions des individus, si le droit d'exiger le respect de cette Constitution n'existait pas pour les membres du peuple. Comme le précisait l'article 16 de la Déclaration des Droits de l'homme et des citoyens de 1789: «Toute société dans laquelle la garantie des droits n'est pas assurée ... n'a point de constitution».

Dès lors, on peut dire que le constitutionnalisme moderne est construit non seulement sur le principe de la suprématie de la Constitution, mais aussi sur l'idée, comme effet du principe antérieur, de l'existence *d'un droit du citoyen à cette suprématie*, qui se concrétise, conformément au principe de la séparation des pouvoirs, en un droit fondamental à la *tutelle judiciaire* de la suprématie constitutionnelle, concernant les droits et libertés constitutionnels.

Par conséquent, le principe général dans le constitutionnalisme moderne est qu'il incombe au pouvoir judiciaire d'être le gardien des droits et libertés constitutionnels; et que tous les citoyens ont le droit d'obtenir la protection de leurs droits et libertés de la part du pouvoir judiciaire, ce qui est également un droit constitutionnel.

La conséquence de ce droit fondamental implique sans aucun doute l'existence du pouvoir devoir attribué aux juges d'assurer la suprématie constitutionnelle, en rétablissant les droits et libertés constitutionnels violés par des actions illégitimes provenant d'organes de l'Etat autant que de particuliers.

Le droit d'assurer la suprématie constitutionnelle au moyen de la tutelle judiciaire de celle-ci étant un droit fondamental des personnes, il est évident que seule la Constitution peut le limiter. Dès lors, toute limitation légale à la suprématie serait incompatible avec l'idée du droit fondamental que nous postulons, si elle se manifeste en des droits constitutionnels dont la violation n'est pas défendable de façon immédiate. La suprématie constitutionnelle est une notion absolue qui n'admet pas d'exception; en conséquence de quoi le droit constitutionnel qui en assure la sauvegarde ne peut pas non plus admettre d'exception, sauf, bien entendu, celles que pourrait établir la Constitution elle-même.

Dès lors, le pouvoir judiciaire est considéré, dans le constitutionnalisme contemporain, comme le défenseur par excellence des droits et libertés constitutionnelles des individus. Ce principe a été formulé traditionnellement en France à propos des autorités judiciaires, considérées comme les «gardiennes des droits individuels fondamentaux», et bien sûr, en raison de la trilogie des juridictions qui y existe, peut être étendu à la juridiction constitutionnelle. Cependant, dans la majorité des pays du monde où l'autorité judiciaire continue d'être un «troisième pouvoir», le pouvoir judiciaire est le défenseur par excellence des droits et garanties constitutionnelles.

Mais dans cette étude comparée des pouvoirs des juges pour la protection des droits constitutionnelles, il nous paraît intéressant de faire une référence particulière, non pas à l'activité judiciaire ordinaire des juges en tant que gardiens des droits constitutionnelles, mais plutôt aux moyens et aux pouvoirs judiciaires permettant aux juges de protéger *immédiatement* les droits constitutionnelles. Dans cette perspective, on peut distinguer des moyens judiciaires ordinaires (I) et des moyens judiciaires spécifiquement mis en place (II) pour la protection immédiate des droits et libertés constitutionnelles.

I. LA PROTECTION JUDICIAIRE IMMÉDIATE DES DROITS CONSTITUTIONNELLES PAR DES MOYENS ORDINAIRES

Dans tous les systèmes constitutionnelles contemporains, un des droits constitutionnelles les plus classiques est le droit d'accès à la justice, c'est à dire le droit d'obtenir la tutelle judiciaire des droits et intérêts des personnes. C'est dans ce but que s'organisent fondamentalement les systèmes judiciaires et les tribunaux.

On rencontre même la formulation de ce droit de manière expresse, comme c'est le cas dans la Constitution du Vénézuéla de 1961, qui stipule:

> Art. 68.- Quiconque peut utiliser les organes de l'administration de la justice pour la défense de ses droits et intérêts, dans les termes et conditions établis par la loi, laquelle comprendra des normes en vue d'assurer l'exercice de ce droit à ceux qui ne disposent pas de moyens suffisants.

De manière encore plus précise, la Constitution espagnole de 1978 déclare:

> Art. 24.1.- Toute personne a droit à la tutelle effective des juges et des tribunaux dans l'exercice de ses droits et intérêts légitimes sans qu'il puisse y avoir privation de défense pour quelque motif que ce soit.

Or, même sans être expressément consacré dans les textes constitutionnelles, ce droit d'accès à la justice pour la protection des droits et intérêts des personnes -y compris ceux de rang constitutionnel-, est essentiel à tous les systèmes constitutionnelles contemporains(1), et c'est celui qui garantit le droit de sauvegarde immédiate des droits et libertés constitutionnelles tant dans la juridiction judiciaire ordinaire que dans la juridiction administrative.

1. La protection immédiate des droits constitutionnelles dans les juridictions judiciaires ordinaires

Dans les juridictions judiciaires ordinaires des pays qui ont ou qui n'ont pas mis en place des moyens spéciaux de protection immédiate des droits constitutionnelles (comme par exemple, le recours d'*amparo*), il existe toujours des moyens judiciaires ordinaires permettant aux individus d'obtenir la protection judiciaire *immédiate* des droits constitutionnelles violés. C'est le cas par exemple, des *writs* anglo-américains, des référés en droit français, et des mesures conservatrices dans presque tous les systèmes de la procédure civile.

A. Les *writs* anglo-américains

En anglais, si le mot *writ* vient de *written* (écrit), et si, dans la procédure le *writ* est l'acte d'introduction de l'instance(2), dans la pratique, il signifie l'ordre ou le mandement émis par une autorité judiciaire en exercice de ses fonctions publiques, adressé à qui est obligé d'accomplir la loi, soit à une autorité, soit à une personne naturelle ou juridique. Ainsi, dans le droit anglais, depuis la *Carta Magna*, les *writs* jouent un rôle essentiel dans la protection des droits fondamentaux des personnes, en tant que mécanismes judiciaires ordinaires utilisés à cette fin.

Parmi les plus importants en usage dans le droit anglo-américain figurent, bien entendu, le *writ* d'*habeas corpus*, pour la protection de la liberté et sécurité personnelles; le *mandamus*, *writ* du *Common Law*, constitué par le mandement ou ordre adressé à une autorité afin qu'elle réalise un certain acte auquel la loi l'oblige; le *writ of prohibition*, utilisé comme instrument de rectification d'actes judiciaires pour éviter que des organes judiciaires inférieurs agissent hors de leur compétence et aussi en matière d'incompétence des autorités administratives; le *writ quo warrante*, sorte d'action populaire introduite au nom de l'intérêt collectif pour la protection publique contre les abus ou illégalités commis pendant l'exercice de fonctions publiques; le *writ of error*, du droit nord-américain, cherchant la révision de tout acte de l'autorité judiciaire pour motifs d'inconstitutionnalité; et le *writ of injunction*, dont le but est d'empêcher ou d'assurer qu'un certain acte soit accompli ou exécuté au profit d'un titulaire de droit subjectif, de manière à éviter qu'un tort irréparable ne soit causé(3).

C'est au moyen de tous ces mécanismes judiciaires ordinaires que le droit anglo-américain garantit et protège effectivement les droits et libertés constitutionnelles, sans qu'il ait été nécessaire pour cela d'établir des mécanismes spécifiques de procédure, ou des tribunaux spécialisés en vue de la protection de tels droits, et bien sûr, sans qu'il ait été nécessaire de «déclarer» ces droits dans une Constitution.

---

(1) T. RENOUX, *Le Conseil constitutionnel et l'autorité judiciaire. L'élaboration d'un droit constitutionnel juridictionnel*, Paris 1984, pp. 483 et ss.

2) J.A. JOLOWICZ et d'autres, *Droit anglais*, Paris 1986, p. 145.

(3) Diomar ACKEL FILHO, *Writs constitucionais*, Sao Paulo, 1988, pp. 8-10.

B. Les «référés» français

Dans le droit français, où il n'existe pas de mécanismes judiciaires particuliers pour la protection des droits et garanties constitutionnelles, ce sont les juridictions ordinaires judiciaires et administratives qui sont chargées de protéger et de sauvegarder ces droits à l'aide des moyens ordinaires.

Parmi ces moyens ordinaires de protection judiciaires des droits et libertés constitutionnelles, outre des droits de toute autre nature, figure l'institution appelée «référé», consacrée dans le Code de procédure civile, qui permet au Président des Tribunaux de grande instance de prendre des décisions (ordres ou prohibitions) en cas d'urgence, en vue de la protection de ces droits.

Conformément à la classification adoptée par Estoup[(4)], on peut distinguer les référés suivants: le *référé général d'urgence* établi dans l'article 808 du Code et autorisant le juge à prendre des mesures nécessaires s'il n'y a pas de contestation sérieuse; le *référé de remise en état* prévu dans l'article 809.1 du Code et autorisant le juge, même en présence d'une contestation sérieuse, à prescrire en *référé* les mesures conservatoires et de remise en état requises soit pour prévenir un dommage imminent, soit pour faire cesser un trouble manifestement illicite; le *référé préventif*, appelé également *référé expertise* ou *probatoire*, ou encore *référé aux fins de mesures d'instructions à futur*, stipulé dans l'article 145 du Code et permettant au juge d'ordonner les mesures d'instruction admises par la loi, quand il existe un motif légitime pour, avant le procès, conserver ou établir la preuve des faits, dont peut dépendre la solution d'un litige; le *référé provision*, prévu dans l'article 802.2 du Code et permettant au juge, dans les cas d'existence d'une obligation pas contestable sérieusement, d'accorder une provision au créancier; et le *référé injonction*, visé à l'article 809.2 du Code, avec une nouvelle rédaction fournie dans le décret 85-1330 du 17 décembre 1985, qui autorise le juge à ordonner l'exécution d'une obligation, même s'il s'agit d'une obligation de faire .

Ainsi en possession de la faculté d'adopter des référés, le juge judiciaire détient non seulement les pouvoirs de prévision, mais également les possibilités de résoudre un litige en cas d'urgence, avec des pouvoirs de remise en état pour prévenir un dommage imminent (mesures conservatoires) ou en cas de trouble manifestement illicite. Fondée sur cette faculté judiciaire, une très vastes jurisprudence a mis en évidence l'utilisation de ce moyen de procédure pour la protection des droits et libertés constitutionnelles en des matières telles que la protection de l'honneur et de sa propre image[(5)]. Ce qui caractérise la décision judiciaire, dans tous les cas, c'est son caractère provisoire, en ce qu'elle n'a pas, pour le principal, autorité de chose jugée, qu'elle n'affecte donc pas la faculté des juges de la mise en état de décider avec autorité de chose jugée sur la question.

De plus, il convient d'ajouter que, même à propos des activités des autorités administratives, s'il s'agit d'une voie de fait, l'autorité judiciaire est compétente pour protéger les droits constitutionnelles violés par celle-ci[(6)]. Dans ces cas, le juge

(4) P. ESTOUP, *La pratique des procédures rapides. Référé, ordonnances sur requête, procédures d'injonction*, Paris 1990, pp 52 et ss.

(5) R. LINDON, «Le juge des référés et la presse», *Dalloz 1985*, Chroniques, 61. *V.* également les commentaires de Enrique Paillas, *El recurso de protección ante el derecho comparado*, Santiago de Chile, 1990, pp 19-26.

(6) J.M. AUBY et R. DRAGO. *Traité de contentieux administratif*, Paris 1984, Vol. 1, pp. 672 et ss.

est compétent pour déclarer nul et non avenu l'acte irrégulier, et s'il s'agit d'une menace précise d'exécution d'une opération, le juge judiciaire, en tant que juge de référé, peut suivre la procédure dite de référé de défense. S'il s'agit d'une demande tendant à mettre fin à la voie de fait, le juge dispose à cet égard des pouvoirs exceptionnels vis-à-vis de l'administration, pouvant lui adresser des injonctions en vue de faire casser la situation irrégulière[7]. Le juge peut donc dans ces cas, ordonner à l'administration d'exécuter un acte ou de s'en abstenir.

C. La procédure spéciale d'urgence du système italien

Dans le système italien, où malgré l'existence de la Cour constitutionnelle, aucun recours d'*amparo* comparable à celui des systèmes allemand ou espagnol n'est établi, on peut cependant identifier, dans le Code de procédure civile, une procédure ordinaire d'urgence qui, à l'instar des *writs* des systèmes anglo-américains et du *référé* français, pourrait servir de moyen effectif de protection des droits et libertés constitutionnelles. Il s'agit de la procédure que stipule l'article 700 du Code de procédure civile italien, de la manière suivante:

> Hors des cas réglementés dans les sections précédentes de ce chapitre, quiconque a un motif fondé de craindre que, pendant le temps nécessaire pour faire valoir son droit par la voie ordinaire, celui-ci se trouve menacé d'un dommage imminent et irréparable, peut demander par écrit au juge d'ordonner les mesures d'urgence qui, selon les circonstances, semblent les plus adéquates pour assurer provisoirement les effets de la décision sur le principal.

Bien que d'usage peu fréquent et sporadique, cette procédure en matière de droits constitutionnelles, a été utilisée, entre autre pour la protection du droit au nom et à l'image[8].

D. Les mesures conservatoires dans la procédure civile

Quelle que soit la procédure, les juges ont très souvent un pouvoir général de caractère conservatoire leur permettant d'adopter des mesures pour la protection immédiate des droits constitutionnelles.

Un exemple d'expression de ce pouvoir des juges est ce qui a été établi dans la réforme du Code de procédure civile au Vénézuéla, en ajoutant aux mesures conservatoires traditionnelles ce que l'on a appelé des mesures conservatoires *(cautelares)* innominés. Ces mesures peuvent être adoptées lorsqu'une crainte fondée existe de ce que l'une des parties peut causer un dommage grave ou irréparable à l'autre. Pour éviter un dommage, le juge peut autoriser ou interdire l'exécution des actes ou adopter des mesures visant à faire cesser la continuité de la lésion[9].

2. La protection immédiate des droits constitutionnelles dans les juridictions administratives

Dans la juridiction administrative, on peut dire que le sursis à exécution est la mesure juridictionnelle traditionnellement utilisée pour la protection immédiate des droits et intérêts (y compris des droits constitutionnelles) lésés par l'activité administrative.

---

[7] *Idem*, pp. 691 et 692.

[8] SATTA, *Diritto processale civile*, Padova 1957, p. 584.

[9] Art. 588, paragraphe premier.

En effet, si le principe en matière de contentieux administratif est celui des caractères non suspensifs des recours devant les juridictions administratives, des pouvoirs ont été attribués aux juges pour adopter le sursis à exécution, et par cette voie, empêcher l'exécution de l'acte remis en cause et protéger les droits lésés.

De plus, en France, la réforme du contentieux administratif adoptée par le décret n° 88-907 du 2 septembre 1998[10], a introduit dans la procédure du contentieux administratif trois mesures conservatoires d'urgence possible, permettant au juge administratif de protéger immédiatement et de manière plus effective, les droits du requérant. Ces mesures sont: *le référé expertise* (permettant au juge de prendre des mesures utiles pour l'estimation des faits), *le référé provision* en faveur du créancier (dans le cas d'obligations qui ne peuvent pas être discutées sérieusement), et *le référé innominé* qui permet au juge, en cas d'urgence, d'ordonner toute mesure pouvant se révéler utile sans porter préjudice à la question principale et sans gêner l'exécution des décisions administratives. Toutes ces mesures d'urgence peuvent indubitablement constituer des moyens effectifs pour la protection immédiate des droits constitutionnelles qui peuvent être lésés par l'administration.

Il convient de signaler également l'importante innovation qui s'est introduite en Espagne en matière de contentieux administratif, par la loi de protection juridictionnelle des droits fondamentaux de la personne, n°-62/1978 du 26 décembre 1978, selon laquelle le principe du caractère non suspensif du recours contentieux administratif a été inversé lorsqu'un droit constitutionnel est invoqué sérieusement comme ayant été violé par l'autorité administrative. Dans un tel cas, la règle est le caractère suspensif du recours, vu le caractère fondamental des droits constitutionnelles[11].

II. LA PROTECTION JUDICIAIRE IMMÉDIATE DES DROITS CONSTITUTIONNELLES PAR DES MOYENS JUDICIAIRES SPÉCIAUX: L'ACTION D'*AMPARO*

En plus des moyens judiciaires ordinaires, des moyens spécifiques à caractère ordinaire ont été mis en place, particulièrement dans les pays latino-américains et dans quelques pays européens, pour la protection immédiate des droits constitutionnelles, soit contre leurs violations, soit contre des tentatives de violations de ceux-ci.

En étudiant ces moyens judiciaires spécifiques de protection des droits constitutionnelles en droit comparé, il convient de distinguer quatre aspects: premièrement la nature de l'action de protection ou action d'*amparo*; deuxièmement, la portée de la protection judiciaire; troisièmement, les personnes protégées; et quatrièmement, les motifs de la protection constitutionnelle.

1. La nature de l'action de protection ou action d'*amparo*

Tout d'abord, il convient de signaler que la grande classification des systèmes de protection des droits et garanties constitutionnelles que montre le droit comparé, conduit à la distinction entre les systèmes judiciaires d'*amparo*, selon que la

---

(10) Y. GAUDEMET, «Les procédures d'urgence dans les contentieux administratifs», *Revue française du droit administratif*, n° 3, 1988, pp. 420 et ss.

(11) Antonio CANO MATA, *Comentarios a la ley 62/1978 de 26 de diciembre sobre protección jurisdiccional de los derechos fundamentales de la persona (Doctrinas del Tribunal Constitucional)*, Madrid 1985.

protection des droits et des garanties constitutionnelles est conçue *comme un droit constitutionnel en soi*, garanti à son tour sous de multiples formes, ou *comme une garantie constitutionnelle spécifique*, qui se concrétise en une ou plusieurs actions ou recours d'*amparo* particularisés.

A. L'*amparo* en tant que droit constitutionnel

En premier lieu, la sauvegarde des droits et libertés constitutionnelles peut être conçue dans les systèmes constitutionnelles comme un droit constitutionnel des citoyens dérivé du droit à la suprématie de la Constitution pour obtenir la protection judiciaire immédiate desdits droits et libertés par tous les tribunaux. Cette protection judiciaire peut s'effectuer par de multiples moyens judiciaires spécifiques de protection ou par des recours d'*amparo* en tant que garantie juridictionnelle particulière des droits constitutionnelles.

(a) **L'amparo** *en tant que prétention constitutionnelle à travers de multiples moyens judiciaires ordinaires et spécifiques de protection des droits et libertés*

Dans nombre de systèmes juridiques d'Amérique latine, l'*amparo* a été instauré comme un droit constitutionnel, donnant lieu non seulement à une garantie (action ou recours) d'*amparo*, mais également à de multiples voies judiciaires ordinaires et spécifiques de protection des droits et libertés constitutionnelles, qui dépassent la protection pouvant être obtenue par les voies ordinaires. C'est le cas du Mexique et du Vénézuéla; c'est aussi, à notre avis, le système adopté par la Constitution colombienne de 1991.

a. Le procès d'*amparo* mexicain: Comme nous l'avons déjà mentionné, l'Acte de Réformes constitutionnelles mexicain de 1847 introduit dans son article 25 *le droit de tous les habitants de la République à être protégés par les tribunaux* de la Fédération, dans les droits que leur accorde la Constitution pour se défendre de toute attaque provenant du pouvoir exécutif ou législatif, auquel cas il a été établi que les tribunaux fédéraux donneraient protection seulement dans le cas concret, sans émettre de déclaration générale sur la matière en question.

C'est ainsi qu'est inaugurée la figure de l'*amparo* constitutionnel en tant que droit constitutionnel de tous à la protection des droits et libertés constitutionnelles, dont le développement postérieur a modelé le dit *juicio de amparo*[12]. Entre les cinq moyens de protection judiciaire des droits constitutionnelles que comporte l'institution mexicaine, il faut se référer à celui qui agit directement comme un moyen de protection des libertés: il s'agit de l'*amparo* à la liberté, dans lequel le procès d'*amparo* se présente comme un moyen judiciaire de protection des droits constitutionnelles. Vu sous cet angle, le procès d'*amparo* est comparable au mandement d'*habeas corpus* lorsqu'il vise la protection de la liberté personnelle. Néanmoins, il peut également servir de moyen de protection pour d'autres droits constitutionnelles visés dans les articles 1 à 29 de la Constitution, lorsque ceux-ci sont violés par l'effet d'un acte des autorités.

En tout cas, si l'on considère les cinq moyens d'*amparo* au Mexique, on peut dire que ce moyen judiciaire de protection ne se limite pas à une seule garantie

[12] *Cf.* en général H. Fix-Zamudio, *El juicio de amparo*, México 1964.

judiciaire (action ou recours) pour la protection des droits constitutionnelles, mais qu'elle offre une gamme diversifiée de processus judiciaires qui font de lui un droit fondamental plutôt qu'une garantie spécifique.

b. Le droit d'*amparo* au Vénézuéla: Ainsi que le signalait Héctor Fix Zamudio en 1970, la Constitution vénézuélienne de 1961, en incorporant l'article 49 qui institue le «droit de l'*amparo*», a consacré définitivement le dit droit en tant qu'instrument de procédure visant à protéger tous les droits et libertés consacrés constitutionnellement en ce qu'il qualifiait comme «une des réussites d'avant-garde les plus remarquables de la Charte fondamentale de 1961»[13].

En effet, la contribution la plus importante du texte constitutionnel vénézuélien en matière de protection des droits fondamentaux est d'avoir consacré l'*amparo* comme *un droit fondamental de plus*, et pas uniquement comme une garantie du reste des droits constitutionnelles. C'est à dire que la Constitution du Vénézuéla ne s'est pas contentée de consacrer une «action de l'*amparo*» afin de protéger les droits constitutionnelles, ce qu'elle a prévu, mais elle a également consacré «un droit constitutionnel à l'*amparo*» avec l'obligation conséquente pour tous les tribunaux de sauvegarder, à l'intention de tous les habitants de la République, la jouissance et l'exercice des droits et garanties consacrés dans la Constitution ou, sans être énumérés dans le texte, ceux qui sont inhérents à la personne humaine[14].

La loi organique de l'*amparo* sur les droits et garanties constitutionnelles, en vigueur à partir du 2 janvier 1988[15], du fait qu'elle régit et consacre l'action d'*amparo* de tous les droits et libertés constitutionnelles, y compris la protection de la liberté et sécurité personnelles (art. 38), a reconnu expressément que l'exercice du droit d'*amparo* ne s'épuise ni ne se réduit à ce seul moyen de procédure; il peut s'exercer également à travers d'autres actions ou un recours figurant dans le système judiciaire. C'est ainsi que l'article 3 prévoit la possibilité de formuler la pétition d'*amparo* contre des lois en même temps que l'action populaire d'inconstitutionnalité des lois auprès de la Cour suprême du justice; l'article 5 prévoit expressément que la pétition d'*amparo* contre des actes administratifs ou contre les omissions de la part de l'administration, peut être formulée conjointement avec les recours contentieux administratif; et l'article 6, a1.5, en fixant les causes de non recevabilité de l'action d'*amparo*, reconnaît implicitement que l'on peut formuler la demande d'*amparo* par d'autres «voies juridiques ordinaires» ou «moyens judiciaires préexistants», dans laquelle peut être «alléguée la violation ou la menace de violation d'un droit ou d'une garantie constitutionnelle».

Il est évident que, pour que ces voies judiciaires servent de moyen d'*amparo* constitutionnel, le législateur a perfectionné ses mécanismes de protection. Par exemple, dans l'action populaire d'inconstitutionnalité des lois, quand celle-ci est fondée sur la violation d'un droit ou garantie constitutionnelles, en vertu de la nullité absolue que cela implique, la loi organique a conféré à la Cour suprême de justice

---

[13] Héctor FIX-ZAMUDIO, «Algunos aspectos comparativos del derecho de amparo en México y Venezuela», *Libro homenaje a la Memoria de Lorenzo Herrera*, UCV, Caracas 1970, Vol. II, pp. 333-390.

[14] *V.* Allan R. BREWER-CARÍAS. «El Derecho de amparo y la acción de amparo», *Revista de derecho público* n° 22, Caracas 1985, pp.51 et ss.

[15] *V. Gaceta Oficial* n° 33.891 du 22 janvier 1988. *Cf.* Allan R. BREWER-CARÍAS et Carlos AYALA CORAO, *Ley orgánica de amparo sobre derechos y garantías constitucionales*, Caracas 1988.

le pouvoir de suspendre les effets de la loi contestée pour la situation concrète jusqu'à ce que la décision sur le recours soit prise (art.3). Dans le recours en cassation, lorsque la dénonciation contre le jugement allègue la violation par ce dernier d'un droit ou garantie constitutionnelles, la Chambre de cassation de la Cour suprême doit s'en tenir à la procédure et aux délais prévus dans la loi organique de l'*amparo* (art. 6, al 5), le recours ayant, dans tous les cas, des effets suspensifs en ce qui concerne le jugement. Dans le recours contentieux administratif, quand le motif d'ouverture du recours est la violation d'un droit constitutionnel par l'acte contesté, l'exigence d'extinction de la voie administrative et du délai de caducité a été éliminée, en vue de la nullité absolue invoquée, et l'on a permis au juge de se servir de manière plus expéditive des procédures d'urgence et d'abréviation des délais, ainsi que de la suspension des effets (sursis d'exécution) de l'acte contesté (art. 5 et 6, al 5).

Le droit d'*amparo*, en tant que protection judiciaire apparaissant dans la Constitution de 1961, offre donc quelques particularités qui le rendent différent de la plupart des institutions semblables de protection des droits et garanties constitutionnelles en vigueur dans le monde contemporain, en Europe aussi bien qu'en Amérique latine. Ainsi, l'article 49 de la Constitution statue comme suit:

> *Article 49*: Les tribunaux protégeront tout habitant de la République, dans la jouissance et l'exercice des droits et garanties constitutionnelles que la Constitution établit, en conformité avec la loi.
>
> La procédure sera brève et sommaire, et le juge compétent aura le pouvoir de rétablir immédiatement la situation juridique enfreinte.

En accord avec cette norme constitutionnelle, on est donc en mesure d'affirmer qu'au Vénézuéla, l'*amparo* est considéré comme un droit pour les habitants du pays d'exiger de tous les tribunaux, conformément à leur compétence et à ce qui est prévu dans la loi, la protection et la sauvegarde de la jouissance et de l'exercice de tous les droits inhérents à la personne humaine, face à un trouble quelconque provenant de personnes publiques ou privées, au moyen d'une procédure devant être brève et sommaire et permettant au juge de rétablir immédiatement la situation juridique enfreinte.

En conséquence, la Constitution n'établit pas seulement une «action ou recours d'*amparo*» comme un moyen particulier de protection judiciaire, mais un «droit d'*amparo*» ou «droit à être protégé» comme un droit fondamental, à travers diverses actions et recours judiciaires, et même à travers une «action autonome d'*amparo*» qui, en principe, peut s'exercer devant n'importe quel tribunal de première instance dont la compétence est analogue à celle du droit constitutionnel violé mais qui, au cas où un tel tribunal n'existerait pas dans la localité respective, peut s'exercer devant tout autre tribunal, quelle que soit son niveau hiérarchique[16].

Pour cette raison, l'article 1 de la loi organique d'*amparo* sur les droits et garanties constitutionnelles, établit ce qui suit:

> Tout personne naturelle habitant sur le territoire de la République, ou personne juridique qui y es domiciliée, pourra demander auprès des tribunaux compétents l'*amparo* prévu dans l'article 49 de la Constitution, pour la jouissance et l'exercice des droits et garanties constitutionnelles, y compris ceux des droits

(16) Article 7 de la Loi organique d'*amparo*.

fondamentaux qui ne figurent pas expressément dans la Constitution, afin que la situation juridique enfreinte soit remise en état ou rétablie dans la mesure du possible.

La garantie de la liberté personnelle qu'établit l'*habeas corpus* constitutionnel sera régie par la présente loi.

De notre point de vue, en consacrant de cette manière le droit du citoyen à être protégé, le système vénézuélien recueille le sens prévu dans l'article 25 de la Convention américaine sur les droits de l'homme qui stipule qu'en matière de protection judiciaire:

Toute personne a droit à un recours simple et rapide ou à un autre recours effectif devant les tribunaux compétents, qui la protège contre des actes qui violent ses droits fondamentaux reconnus par la Constitution, la loi ou la présente Convention, même lorsqu'une telle violation est commise par des personnes agissant dans l'exercice de leurs fonctions.

c. Le droit de tutelle en Colombie: De notre point de vue, on peut dire que la Constitution de Colombie de 1991 suit l'orientation des systèmes mexicain et vénézuélien d'*amparo* quand non seulement elle établit une «action de tutelle» spécifique pour la protection des droits constitutionnelles fondamentaux, mais quand en outre, elle prévoit un droit à la tutelle judiciaire de ces droits, qui s'exerce ou peut s'exercer par d'autres moyens de procédure de protection des droits et des libertés.

En effet, le chapitre 4 du titre II de la Constitution («Des Droits, des Garanties et des Devoirs») se rapporte à la «protection et application des droits», et «l'action de tutelle» y est consacrée (article 86).

Néanmoins, cette action de tutelle n'est pas conçue dans la Constitution comme l'unique voie judiciaire possible pour la protection des droits constitutionnelles car, premièrement, celle-ci n'est recevable que «lorsque l'affecté ne dispose pas d'autre moyen judiciaire» (article 86), c'est à dire «par une procédure privilégiée et sommaire», ce qui implique que le législateur peut instituer plusieurs voies de tutelle judiciaire des droits constitutionnelles.

Cependant, deuxièmement, la Constitution signale expressément:

Art.86.- Outre ceux qui sont consacrés dans les articles antérieurs, la loi établira les autres recours, les actions et les procédures nécessaires qui pourront défendre l'intégrité de l'ordre juridique et assurer la protection judiciaire de ses droits individuels, de groupe ou collectifs, face à l'action ou l'omission des autorités publiques.

Troisièmement, spécifiquement pour ce qui est des droits et intérêts collectifs, l'article 88 de la Constitution dispose:

Art.88.- La loi réglementera les actions populaires destinées à la protection des droits et intérêts collectifs, liés au patrimoine, à l'espace, à la sécurité et à la salubrité publiques, à la morale administrative, à l'environnement, à la libre concurrence économique et aux autres droits de semblable nature qui y sont définis.

En conséquence, selon nous, la Constitution colombienne de 1991 établit l'*amparo* des droits constitutionnelles en tant que *droit à la tutelle judiciaire* de ces droits, qui s'exerce au moyen de l'introduction de plusieurs actions ou recours que le législateur peut établir.

(b) L'amparo *en tant que garantie juridictionnelle spécifique (action ou recours) pour la protection des droits et libertés constitutionnelles*

Dans la plupart des systèmes occidentaux, l'*amparo* a été institué constitutionnellement, en particulier, en tant que garantie juridictionnelle spécifique pour la protection des droits et libertés constitutionnelles, en établissant une action ou recours destiné à une telle fin. Dans certaines circonstances, il s'agit d'un moyen spécifique de protection judiciaire qui s'exerce devant un seul tribunal. Dans d'autres cas, il s'agit d'une ou plusieurs actions ou recours que l'on intente devant la juridiction ordinaire.

En tout cas, il est évident que, même de la sorte, il ne s'agit pas de l'unique voie de protection des droits constitutionnelles, étant donné que les juges ordinaires ont souvent et essentiellement pareille fonction par les voies ordinaires d'action ou de recours.

a. L'*amparo* comme action ou recours s'exerçant auprès d'un seul tribunal: Sans doute la figure la plus généralisée de lampa or en tant que moyen spécifique de protection juridictionnelle des droits et garanties constitutionnelles consiste t elle en l'établissement dans l'ordre constitutionnel d'une seule action ou recours nue l'on intente devant un seul tribunal -soit un tribunal spécialisé en matière de justice constitutionnelle, soit devant la Cour suprême de justice respective.

a'. *L'amparo devant un tribunal constitutionnel:* le recours constitutionnel (*verfassungsbeschwerde*) allemand: Tout d'abord, il faut distinguer le système allemand de protection des droits et libertés constitutionnelles sous forme de garantie juridictionnelle spécifique que l'on intente devant le Tribunal constitutionnel intégré au système judiciaire. En effet, dans la Loi fondamentale de Bonn, à l'occasion de la réforme constitutionnelle de 1969, le recours d'*amparo* a été définitivement constitutionnalisé en tant qu'instrument de tutelle des droits et libertés constitutionnelles que la loi du tribunal constitutionnel de 1951 avait perdu légalement(17).

Il s'agit d'un recours constitutionnel pour la protection de certains droits et libertés constitutionnelles (les nommés *droits fondamentaux*), en cas de lésions causées par les organes du pouvoir public, que l'on introduit directement devant le Tribunal constitutionnel fédéral, une fois épuisés les recours ordinaires adéquats. Il s'agit par conséquent d'un recours à caractère subsidiaire car si la lésion du droit fondamental peut être réparée au moyen de quelque procédure judiciaire ordinaire, le recours constitutionnel n'est recevable qu'après avoir épuisé tout autre voie. C'est uniquement en cas d'intérêt général et quand un dommage grave et irréparable a été causé à l'intéressé que le recours perd son caractère subsidiaire et que le Tribunal constitutionnel fédéral peut passer à connaître de celui-ci directement.

---

(17) I.V. MUNDS, «El recurso de amparo constitucional como instrumento jurídico y político en la República Federal de Alemania», *Revista de estudios políticos*, n° 7, Madrid 1979, pp. 269-289; K. SCLAICH, «Procédures et techniques de protection des droits fondamentaux», in L. FAVOREU *et al., Cours constitutionnelles européennes et droits fondamentaux,* Paris 1982, pp. 105 et ss.

*b'. L'***amparo** *devant l'organe suprême de la voie judiciaire*: Dans d'autres systèmes constitutionnelles, l'*amparo* s'établit en tant que recours ou action à exercer devant un seul tribunal, l'organe judiciaire suprême. C'est le cas de la Suisse et du Costa Rica.

a''. Le recours de droit public suisse (staatrechtliche Beschwerde): La Constitution suisse de 1874 a consacré expressément le recours de droit public que l'on introduit directement devant le Tribunal fédéral pour la protection des droits et libertés constitutionnelles contre des actes administratifs, législatifs et judiciaires émanant des autorités cantonales uniquement, lorsque ceux-ci violent ou portent atteinte à certains de ces droits. Ce recours s'avère donc inadmissible contre les actes des autorités fédérales(18).

Dans ce cas également, pour l'introduction du recours de droit public devant le Tribunal fédéral, il est nécessaire auparavant d'épuiser les moyens ordinaires permettant d'attaquer les actes préjudiciables, ce qui lui donne un caractère subsidiaire.

*b''. Le recours d'***amparo** *au Costa Rica:* La réforme constitutionnelle de 1989 au Costa Rica a établi expressément le droit de toute personne tant au recours d'*habeas corpus* pour garantir sa liberté et son intégrité personnelles, qu'au recours d'*amparo* pour maintenir ou rétablir la jouissance des autres droits consacrés dans le Texte fondamental, ainsi que ceux à caractère fondamental, établis dans les Conventions internationales sur les droits de l'homme, applicables à la République.

Il s'agit d'un recours exercé devant la Chambre constitutionnelle de la Cour suprême de justice et qui est régie par la Loi de la juridiction constitutionnelle de 1989.

Le recours d'*amparo*, en particulier, peut s'exercer contre toute disposition, accord ou résolution et, en général, contre toute omission ou simple procédure matérielle non fondée, sur un acte administratif efficace provenant de fonctionnaires et organes publics, qui auraient violé, violent ou risquent de violer n'importe lequel de ces droits constitutionnelles(19). La loi exclut l'*amparo*, néanmoins, contre les lois ou autres dispositions normatives, sauf si elles sont contestées conjointement avec des actes d'application individuelle de celles-ci; ou lorsqu'il s'agit de normes d'application automatique dont les préceptes sont dès lors obligatoires immédiatement par le seul fait de leur promulgation; contre les actes réalisés par les autorités administratives quand elles exécutent des décisions judiciaires; et contre des actes ou dispositions du haut tribunal des élections, en matière électorale(20).

En outre, la loi de Costa Rica établit l'action d'*amparo* contre les actions ou omissions de sujets de droit privé, mais uniquement lorsque ceux-ci agissent ou doivent agir en exercice de fonctions ou pouvoirs publics, ou se trouvent, de droit ou de fait, dans une position de pouvoir devant laquelle les remèdes juridictionnels connus s'avèrent nettement insuffisants et tardifs pour garantir les droits ou libertés fondamentaux consacrés dans la Constitution, et les droits de l'homme reconnus par le droit international en vigueur au Costa Rica(21). De plus, la même Loi de la juridiction constitutionnelle établit spécifiquement le recours d'*amparo* pour garan-

(18) E. ZELLWEGER, «El Tribunal Federal suizo en calidad de Tribunal Constitucional», *Revista de la Comisión Internacional de Juristas*, n° 7, 1966, pp. 114 et ss.
(19) Article 29 de la Loi de la juridiction constitutionnelle, 1990.
(20) Article 30.
(21) Article 59.

tir le droit de rectification ou de réponse à toute personne affectée par des informations inexactes ou offensantes émises à son préjudice, par des moyens de diffusion qui s'adressent au public en général, pour que, conséquemment, la rectification ou réponse s'effectue à travers le même organe de diffusion. La loi prévoit, à cet effet, une procédure spécifique[22].

Le recours d'*amparo* au Costa Rica se présente donc sous la forme d'un moyen judiciaire de protection constitutionnelle contre les actions de l'administration publique, contre les actions des particuliers, si tant est qu'ils agissent dans l'exercice du pouvoir public, et contre les lois ou actes normatifs d'auto application, et s'exerce directement auprès de la Chambre constitutionnelle de la Cour suprême du justice, contre le fonctionnaire ou le titulaire de l'organe ou représentant de l'entité, qui apparaisse comme l'auteur présumé de l'offense, sans qu'il soit nécessaire d'introduire auparavant un recours administratif pour pouvoir l'intenter.

b. L'*amparo* comme action ou recours exercé devant la totalité des tribunaux: Dans la plupart des systèmes latino-américains dont les constitutions consacrent l'*amparo* comme une garantie judiciaire spécifique pour la protection des droits et libertés constitutionnelles, ce n'est pas à un seul tribunal qu'il incombe de connaître de ces actions, mais bien à l'ensemble des tribunaux qu'en sont attribuées la connaissance et la décision. C'est le cas de l'Argentine, du Pérou, de l'Uruguay, du Chili et du Brésil. Il en va de même pour «l'action d'*amparo* autonome» au Vénézuéla ou l'action de tutelle en Colombie.

a'. Le recours d'*amparo *en Argentine: Le recours d'*habeas corpus* ne figurait pas dans la Constitution en Argentine; il n'a été intégré dans le Texte fondamental qu'à l'occasion de la réforme de 1949, bien que celle-ci soit restée sans effet en 1955. Cependant, par la loi 48, le parlement, au moment d'interpréter l'article 18 de la Constitution qui établit la garantie de ne pouvoir être arrêté si ce n'est sur ordre écrit de l'autorité compétente, a mis en vigueur l'habeas corpus en ce qui concerne la protection de la liberté physique ou corporelle face aux détentions illégales ou arbitraires.

Quant aux autres droits constitutionnelles, en l'absence de prévision légale, la jurisprudence de la Cour suprême de la Nation avait refusé l'application de l'*habeas corpus* pour en obtenir la protection. Cependant, à partir de la solution des affaire *Angel Siri* et *Samuel Kot* en 1957 et 1958, la jurisprudence de la Cour suprême de la Nation a donné vie juridique à l'*amparo* des droits constitutionnelles et en a établi les critères de base selon lesquels l'*amparo* avait pour objet la tutelle des droits constitutionnelles, exceptée la liberté physique que protégeait l'*habeas corpus*. Le manque de réglementation de procédure ne pouvait faire obstacle à son application en se servant, dans la mesure du possible, du processus de l'*habeas corpus* pour y suppléer. L'*amparo* protégeait non seulement contre les actes des organes du pouvoir public, mais aussi contre ceux des particuliers, et il était recevable malgré l'existence d'une voie ordinaire de procédure, si le processus de cette dernière pouvait provoquer un dommage grave et irréparable[23].

L'œuvre jurisprudentielle a été achevée avec la promulgation de la loi 16986 sur l'action d'*amparo* de 1966 qui établit l'action d'*amparo* uniquement contre les

(22) Articles 66 et ss.
(23) José Luis LAZZARINI, *El juicio de amparo*, Buenos Aires 1987.

actes de l'Etat, les particuliers entre eux n'ayant accès à l'*amparo* que par le biais du Code civil et commercial de la Nation[24].

De cette manière, et en accord avec l'article 1 de la loi 16986:

> L'action d'*amparo* sera admissible contre tout acte ou omission de l'autorité publique qui, en forme actuelle ou imminente, lèse, restreint, altère ou menace, de façon manifestement arbitraire ou illégale, les droits ou garanties, explicitement ou implicitement reconnus par la Constitution nationales, à l'exception de la liberté individuelle protégée par l'*habeas corpus*.

Il s'agit par conséquent d'une action qui peut être présentée devant tout juge de première instance ayant juridiction dans le lieu où l'acte s'est produit et a eu, ou pourrait avoir, des effets pour la protection de tous les droits et libertés constitutionnelles (y compris ceux que la Constitution reconnaît implicitement), contre les actes ou omissions des autorités publiques, exceptées les décisions ou actes émanant du pouvoir judiciaire, et les lois.

Pour intenter l'action d'*amparo*, il est nécessaire d'avoir épuisé tous les recours ou remèdes judiciaires ou administratifs permettant d'obtenir la protection du droit ou garantie constitutionnelle dont il est question, car si ceux-ci existent, l'*amparo* est inadmissible, sauf au cas où ils ne seraient pas aptes à réparer le dommage et où le processus qu'ils requièrent pourrait causer un préjudice grave et irréparable. Il en résulte que l'*amparo* est considéré comme une voie exceptionnelle.

b'. Le recours d'*amparo *au Pérou: La Constitution péruvienne de 1979 a établi, dans son article 295, les «garanties constitutionnelles» suivantes:

> Article 295.- L'action ou omission provenant d'une autorité, un fonctionnaire ou une personne quelconque, qui porte atteinte à la liberté individuelle ou la menace, donne lieu à l'action d'*habeas corpus*.
>
> L'action d'*amparo* sauvegarde les autres droits reconnus par la Constitution, qui seraient atteints ou menacés par une autorité, un fonctionnaire ou une personne quelconque.

On a consacré ainsi l'action d'*amparo* comme une garantie constitutionnelle destinée à la protection de tous les droits et libertés reconnus par la Constitution, excepté la liberté individuelle (dont le moyen judiciaire de protection est l'action d'*habeas corpus*), quand ils sont lésés par des actes émanant d'autorités publiques ou de particuliers[25].

En accord avec la loi n°-23506 d'*habeas corpus* et d'*amparo* de 1982, l'action d'*amparo* s'intente devant les juges de première instance en matière civile, de la localité où le droit a été enfreint ou du lieu où l'affecté, ou l'auteur de l'infraction, a son domicile (art. 29), elle n'est exclue que contre les décisions judiciaires «provenant d'une procédure régulière»[26].

Conformément à cette loi, l'*amparo* n'est recevable que si les voies préexistantes ont été épuisées[27], de sorte que, lorsqu'il s'agit d'une activité administrative lésant

---

(24) Article 32,1, incise 2 et 498; *Idem*, p. 289.
(25) Alberto BOREA ODRIA, *El amparo y el habeas corpus en el Perú de Hoy*, Lima 1985.
(26) Article 6,2.
(27) Article 27.

le droit constitutionnel, il faut tout d'abord épuiser les procédures administratives correspondantes. Cependant, si le fait d'épuiser la voie préexistante risque de rendre l'agression irréparable, ou si elle ne se résout pas dans les délais fixés légalement, cette condition d'épuisement des voies préexistantes n'est pas exigible[28].

*c'. L'action d'***amparo** *en Uruguay:* L'action d'*amparo* en Uruguay, malgré les déclarations générales contenues dans les articles 7, 72 et 332 de la Constitution de 1966, s'est établie de façon expresse dans la loi n°-16011 de 1988, laquelle stipule:

> Article 1.- Toute personne physique ou juridique, publique ou privée, pourra alléguer l'action d'*amparo* pour se défendre de tout acte, omission ou fait des autorités de l'Etat ou collatérales à celui-ci, ainsi que de particuliers, qui, en forme actuelle et imminente, à son critère, lèse, restreint, altère ou menace, avec illégitimité manifeste, l'un quelconque de ses droits et libertés reconnus explicitement ou implicitement par la Constitution (art.72), à l'exception des cas où est admise l'interjection du «recours d'*habeas corpus*.

On a donc ainsi établi l'action d'*amparo* pour la protection de tous les droits et libertés constitutionnelles, que l'on peut exercer devant tous les juges de première instance en la matière correspondant à l'acte, fait ou omission contestés, et du lieu où se sont produits ses effets, non seulement contre des actes préjudiciables des organes du pouvoir public, mais aussi contre les actes des particuliers[29].

La loi n°-16001 a néanmoins exclu de l'action d'*amparo* les actes juridictionnels, quels que soient la nature et l'organe dont ils émanent; les actes de toute nature du tribunal électoral; et les lois et les décrets des gouvernements départementaux qui ont force de loi dans leur juridiction[30].

Cette action d'*amparo* du système uruguayen est admissible uniquement lorsqu'il n'existe pas d'autre moyen judiciaire ou administratif permettant d'atteindre le même résultat de protection ou d'*amparo*, ou lorsque, s'il en existe, il s'avère nettement inefficace dans les circonstances données pour la protection du droit enfreint.

d'. Le recours de protection au Chili: La Constitution chilienne de 1980, avec ses antécédents dans l'Acte constitutionnel n°-3 (décret-loi n°-1552) de 1976, a établi le recours de protection de certains droits et libertés constitutionnelles qui peut s'intenter devant les cours d'appel, lesquelles sont légalement autorisées pour adopter immédiatement les mesures qu'elles jugent nécessaires pour rétablir le droit et assurer la protection due à l'affecté, sans préjudice des autres lois que celui-ci puisse faire valoir devant l'autorité ou les tribunaux correspondants (art.20)[31].

Ce recours de protection est recevable contre les actes ou omissions arbitraires ou illégales qui suppriment, perturbent ou menacent l'exercice légitime de quelques uns des droits et libertés établis dans la Constitution, en réservant néanmoins l'action d'*amparo* pour les cas où l'individu se trouve arrêté, détenu ou emprisonné sans tenir compte de la disposition correspondante dans la Constitution ou dans les lois[32].

---

(28) Article 28.
(29) Article 3; Miguel Angel SEMINO, «Comentarios sobre la acción de amparo en el derecho uruguayo», *Boletín de la Comisión Andina de Justicia*, n° 27, Lima 1986, pp. 16-24.
(30) Article 1.
(31) Article 20; Enrique PAILLAS, *El recurso de protección ante el derecho comparado*, Santiago du Chili 1990.
(32) Article 21.

e'. Les actions de protection constitutionnelle au Brésil: Dans la Constitution du Brésil, depuis 1934, le *mandado de segurança* a été expressément établi comme une action spécifique de protection des droits et libertés constitutionnelles à l'exception de la liberté personnelle, qui est protégée par le recours d'*habeas corpus*.

Dans la nouvelle Constitution brésilienne de 1988, l'éventail des garanties constitutionnelles s'est élargi de manière considérable car, outre le *mandado de segurança*, et le recours d'*habeas corpus*, de nouvelles actions de protection des droits et libertés constitutionnelles ont été établies: le *mandado de injunçao* et celui d'*habeas data*[33].

En effet, en premier lieu, l'*habeas corpus* s'établit dans l'article 5, LXVIII de la Constitution, en stipulant que celui-ci est recevable chaque fois que quelqu'un est ou se sent menacé d'être victime de violence ou de coercition dans sa liberté de mouvement, par illégalité ou abus de pouvoir.

La liberté de mouvement déclarée dans l'article 5, XV de la Constitution, est le droit de toute personne d'entrer, de séjourner et de sortir avec ses biens du territoire national. En définitive, il s'agit du *ius ambulandi*, essence de la liberté personnelle, raison pour laquelle l'*habeas corpus* est recevable contre les détentions arbitraires ou illégales. L'action s'introduit, en principe, devant les tribunaux de première instance en matière criminelle, mais cette action peut aussi être connue par des cours d'appel, et même par le tribunal suprême fédéral lorsqu'elle est intentée contre une décision du tribunal de première instance ou de la cour d'appel respectivement.

La deuxième action de protection prévue dans la Constitution du Brésil est le *mandado de segurança*, individuel ou collectif. Le *mandado de segurança* est concédé selon l'article 5, LXIX pour protéger des droits constitutionnelles non visés par l'*habeas data*, lorsque le responsable de l'illégalité ou de l'abus de pouvoir se trouve être une autorité publique ou l'agent d'une personne juridique dans l'exercice d'attributions du pouvoir public. Ce recours, qui peut être intenté devant tous les tribunaux selon leur compétence, n'est cependant pas admissible conformément à la loi, lorsqu'il existe des recours administratifs pouvant être exercés contre l'acte en question, ou s'il s'agit de décisions judiciaires, lorsqu'il existe des recours prévus dans les lois de procédure, au moyen desquelles l'acte peut être corrigé. Le *mandado de segurança* n'est pas admis non plus contre les lois, même celles à caractère auto-applicatif.

La Constitution de 1998 introduisit une nouveauté en *établissant* le *mandado de segurança collectif*, qui peut être exercé par les partis politiques ayant une représentation au parlement national, ou par les organisations syndicales, entités de classe ou associations légalement constituées et fonctionnant depuis au moins un an, en défense des intérêts de leurs membres ou associés (art. 5, LXX). Il s'agit d'un instrument de procédure de protection des intérêts collectifs (non diffus), exercé par leurs entités représentatives devant tous les tribunaux selon leur compétence, dans un sens similaire à celui du *mandado de segurança* individuel.

En troisième lieu, la Constitution du Brésil de 1988 a établi un nouveau moyen de procédure de protection des droits et libertés constitutionnelles, appelé *mandado de injunçao*, qui est octroyé conformément à l'art. 5, LXXI, à condition que par absence

[33] Drimar ACKEL FILHO, *Writs constitutionais*, Sao Paulo 1988; Nagib SLAIBI FILHO, *Anotaçoes a constituçao de 1988*, Rio de Janeiro 1989.

de norme réglementaire, se soit avéré non viable l'exercice des droits et libertés constitutionnelles et des prérogatives inhérentes à la nationalité, à la souveraineté du pays et à la citoyenneté. Cette action a pour objet d'obtenir, à la suite d'une omission législative ou réglementaire, l'ordre du juge par lequel celui-ci impose une obligation de faire ou d'accomplir un certain acte, dont la transgression constitue une atteinte à un droit.

Si l'omission normative est attribuable aux plus hautes autorités de la République, le tribunal compétent est le haut Tribunal fédéral. Dans d'autres cas, ce sont les tribunaux supérieurs de justice qui sont compétents. Quoiqu'il en soit, au moyen du *mandado de injunçao,* le juge respectif ne légifère pas mais ordonne et commande seulement que l'on concède le droit établi dans la Constitution, dont l'exercice est devenu non viable par faute de réglementation.

Finalement, et en quatrième lieu, la Constitution de 1988 établit une autre nouvelle action de protection des droits constitutionnelles, nommée *habeas data,* que l'article 5, LXXI concède, tout d'abord pour assurer la connaissance d'informations concernant la personne qui recourt, desquelles donnent foi les registres ou banques d'information d'entités gouvernementales, et ensuite, pour rectification des informations quand celles-ci ne peuvent être obtenues par des processus judiciaires ou administratifs. L'*habeas data* apparaît donc comme une action constitutionnelle destinée à garantir trois aspects: le droit d'accès aux registres officiels; le droit de rectification de ceux-ci; le droit de correction des dits registres, informatisés ou non, qui s'introduit auprès de tous les tribunaux, suivant leur compétence, y compris auprès du haut Tribunal fédéral.

***f'. L'action d'*amparo *au Vénézuéla en tant au voie judiciaire autonome*:** Nous avons indiqué qu'au Vénézuéla, le droit d'*amparo* prévoit dans la Constitution, en accord avec la loi organique de 1988, permet d'obtenir la protection adéquate des droits et garanties constitutionnelles, outre le moyen d'autres voies judiciaires, à travers une «action d'*amparo*» autonome qui, bien entendu, apparaît dans le texte légal comme bien différenciée de l'action populaire d'inconstitutionnalité des lois, du recours en cassation ou des actions contentieux administratifs. Ici, l'action d'*amparo* se présente comme une action beaucoup plus large, dont la protection recouvre absolument tous les droits et garanties constitutionnelles, y compris, tel que nous l'avons signalé, la jouissance et l'exercice de la liberté personnelle, que l'Exposé des motifs de la Constitution qualifie de «droit d'*habeas corpus*», établi provisoirement dans la cinquième Disposition transitoire de la Constitution, et maintenant prévu en détail dans la loi organique[34].

Cependant, une des caractéristiques de cette action judiciaire autonome est qu'*elle ne présuppose pas que toutes les voies judiciaires préexistantes aient été épuisées pour pouvoir l'intenter,* ce qui fait que l'action d'*amparo* du Vénézuéla se différencie du recours d'*amparo* qui s'est développé en Europe, et en particulier en Allemagne et en Espagne. Dans ces pays, en vérité, le recours d'*amparo* est en fait un «recours» authentique, qui normalement s'intente contre des décisions judiciaires. En Allemagne, le recours d'*amparo* constitutionnel, qui s'intente devant le Tribunal constitutionnel fédéral, exige l'épuisement préalable de la voie judiciaire normale. C'est pourquoi en définitive, il se présente comme un recours contre des décisions

(34) Allan R. BREWER-CARÍAS et Carlos AYALA CORAO, *Ley orgánica de amparo sobre derechos y garantías constitucionales,* Caracas 1988.

judiciaires, même si, exceptionnellement, un recours constitutionnel direct est admis dans certains cas spécifiques et au sujet d'un nombre très limité de droits constitutionnelles. En Espagne, le recours d'*amparo*, qui s'intente devant le Tribunal constitutionnel, exige lui aussi l'épuisement préalable des voies judiciaires et, en particulier, s'il s'agit d'un concernant les autorités administratives, celui-ci demande toujours d'avoir auparavant épuisé la voie judiciaire du contentieux administratif. Pour cette raison, en Espagne, le recours d'*amparo* se présente comme un pourvoi en révision des jugements des tribunaux contentieux administratifs.

Dans le cas vénézuélien, en revanche, l'action autonome d'*amparo n'exige pas d'avoir auparavant épuisé les voies judiciaires*. Elle ne se présente donc pas non plus comme un recours extraordinaire contre les décisions judiciaires. Il s'agit d'une action judiciaire autonome qui est recevable uniquement lorsqu'on n'opte pas pour d'autres actions judiciaires qui permettent, au moyen de procédures brèves et sommaires, d'obtenir la sauvegarde et la protection des droits et le rétablissement immédiat de ceux-ci (art.6, a1.5), ou en matière de protection contre des actes administratifs ou conduites d'omission de l'administration, quand la voie du contentieux administratif ne s'avère pas être un moyen effectif de protection constitutionnelle. En ces cas, ce n'est pas que l'action d'*amparo* requière l'épuisement préalable du recours contentieux administratif d'annulation lorsque la violation du droit constitutionnelle est attribuable à un acte administratif, mais plutôt que le recours contentieux administratif peut être en soi le moyen de protection. C'est pourquoi dans le cas d'actes administratifs, quand le recours contentieux administratif ne sert pas effectivement comme moyen de protection, en raison des circonstances particulières du cas concret, l'action d'*amparo* est alors recevable (art.5).

D'autre part, il faut signaler que le droit d'*amparo*, en accord avec la Constitution et la loi organique, peut s'exercer devant les «tribunaux» conformément à la loi, donc en accord avec la loi organique de l'*amparo*. La compétence pour connaître l'action autonome d'*amparo* est attribuée aux tribunaux de première instance.

En effet, conformément à l'article 7 de la loi organique:

> Sont compétents pour connaître de l'action d'*amparo* les tribunaux de première instance dans la matière qui soit en affinité avec la nature du droit ou des garanties constitutionnelles violées ou menacées de violation, dans la juridiction du lieu du fait, acte ou omission à l'origine de la demande d'*amparo* ...
>
> De la protection de la liberté et de la sécurité personnelles connaîtront les tribunaux de première instance correctionnelle conformément à la procédure établie dans cette loi.

Dans son article 9, la loi ajoute:

> Lorsque les faits, actes ou omissions constituent la violation ou menace de violation du droit ou de la garantie constitutionnelle se produisent dans une localité où ne fonctionne pas de tribunal de première instance, on interjettera l'action d' *amparo* devant un juge quelconque qui décidera en conformité avec les dispositions de cette loi. Dans les 24 heures qui suivent la décision du jugement, le juge l'enverra en consultation devant le tribunal de première instance compétent.

Dans certains cas, néanmoins, l'action autonome d'*amparo* ne peut être intentée que devant la Cour suprême de justice qui connaît en instance unique dans les cas où la violation ou la menace de violation du droit constitutionnel surgit d'un fait, acte ou omission émanant du Président de la République, des ministres, du directeur du ministère public, du Procureur général de la République, ou du *Contralor* général de la République (art.8).

g'. «L'action de tutelle» en Colombie en tant que voie judiciaire autonome: Nous avons signalé auparavant que, de notre point de vue, le système adopté par la Constitution de Colombie en 1991 pour la protection constitutionnelle des droits fondamentaux, était la consécration d'un droit constitutionnel à tutelle judiciaire de ces droits, par le biais de voies judiciaires multiples, et également au moyen de l'exercice d'une «action de tutelle» spécifique que prévoit l'article 86 de la Constitution en ces termes:

> Art.86.- Toute personne disposera de l'action de tutelle afin de réclamer devant le juge, à tout moment et en tout lieu, au moyen d'une procédure privilégiée et sommaire, par elle-même ou par qui intervient en son nom, la protection immédiate de ses droits constitutionnelles et fondamentaux, dans toute circonstance où ceux-ci seraient lésés ou menacés par l'action ou par l'omission d'une autorité publique quelconque...

Il importe de souligner d'abord que cette action de tutelle autonome peut être exercée devant l'ensemble des tribunaux et non devant un tribunal unique.

Ainsi, des termes de l'article 86 de la Constitution, il ressort que, par le fait d'avoir consacré le droit de toute personne à exercer l'action de tutelle pour la protection des droits constitutionnelles fondamentaux «devant les juges», la possibilité est suggérée que sur le plan législatif, s'établisse la possibilité d'exercice de l'action de tutelle devant tous les juges. L'article 6 vient même corroborer cette idée en exigeant que la décision émise à l'occasion de l'exercice de l'action de tutelle «puisse être contestée devant le juge compétent et, de toute manière, celui-ci la remettra à la Cour constitutionnelle pour son éventuelle révision».

Voici donc consacré le principe de la «bi instance» du procès judiciaire de l'action de tutelle, avec la possibilité d'une révision «éventuelle» de la part de la Cour constitutionnelle, dans les cas et selon les exigences qu'établit la loi régissant l'action.

Par ailleurs, remarquons que, dans le cas de l'action de tutelle des droits constitutionnelles fondamentaux en Colombie, la Constitution n'exige pas d'avoir épuisé préalablement les actions ou les recours judiciaires, même si elle prévoit expressément qu'elle n'est recevable que «lorsque la victime ne dispose pas d'un autre moyen de défense judiciaire»; et même dans ce cas, l'action de tutelle est admissible «comme un mécanisme transitoire pour éviter un préjudice irréparable» (art.86).

2. Etendue de la protection: droits et libertés protégés

La protection constitutionnelle des droits et libertés publics au moyen d'action et de recours d'*amparo* se réfère, dans certains cas, à tous les droits et libertés constitutionnelles, et dans d'autres cas, seulement concerne que quelques uns. Ainsi, le droit comparé présente une gamme de systèmes de protection ou *amparo* constitutionnel qui vont d'un extrême, où tous les droits et libertés constitutionnelles sont protégés, à un autre, où seulement quelques uns des dits droits, appelés «droits fondamentaux», sont protégés.

A. L'*amparo* de tous les droits et garanties constitutionnelles

On distingue tout d'abord les systèmes de protection judiciaires de tous les droits et garanties constitutionnelles, au moyen de l'*amparo*, ou ceux où l'on distingue l'*amparo* de l'*habeas corpus*.

(a) L'amparo *de tous les droits et garanties constitutionnelles, y compris la liberté et la sécurité personnelles: le cas du Vénézuéla*

Quelques systèmes constitutionnelles ont conçu l'*amparo* comme un mécanisme de protection de tous les droits et garantie constitutionnelles, y compris la sécurité et la liberté personnelles.

Tel est le cas du Vénézuéla, où l'*amparo* se présente comme un moyen de protection de la jouissance et de l'exercice d'absolument tous les droits et garanties que la Constitution consacre. Pour corroborer cette affirmation, il suffit de rappeler que l'article 49, qui institue le droit d'*amparo*, est placé dans le chapitre I contenant les «Dispositions générales» du Titre III, lequel se réfère aux «Devoirs, Droits et Garanties constitutionnelles», en considérant que, postérieurement, dans les cinq chapitres restants, on ordonne séparément les devoirs, les droits individuels, les droits sociaux, les droits économiques et les droits politiques.

En vue de la situation de la norme dans les Dispositions générales mentionnées, la loi organique a signalé explicitement que le droit d'*amparo* est efficace lorsqu'il concerne:

> La jouissance et l'exercice des droits et garanties constitutionnelles, et même les droits fondamentaux de la personne humaine qui ne figurent pas dans la Constitution (art. 1).

C'est pourquoi il n'est pas possible de soutenir qu'au Vénézuéla, le droit d'*amparo* peut être considéré comme un moyen de protection de quelques droits seulement. Au contraire, il concerne tous les droits et garanties repris dans la Constitution, y compris la sécurité et la liberté personnelles. L'action d'*habeas corpus* au Vénézuéla est donc une action d'*amparo* protégeant la sécurité et la liberté personnelles fixée par la loi organique d'*amparo* elle-même. Le Législateur a ainsi été amené à considérer qu'au moyen du droit d'*amparo*, on ne protégeait pas seulement tous les droits et garanties énumérés dans la Constitution dans les articles 43 à 116, mais aussi, bien entendu, ceux qui s'établissent indirectement dans d'autres normes constitutionnelles. Par exemple, le droit à ce que les entités publiques n'exigent pas des personnes naturelles et juridiques le paiement d'impôts et de contributions qui ne soient pas fixés dans une loi formelle, conformément à l'article 224 de la Constitution, et le droit à ce que l'Etat n'établisse ni n'exige le paiement d'impôts sous forme de service personnel, consacré dans l'article 225 de la Constitution.

En outre, le droit d'*amparo* prévu dans l'article 49 de la Constitution se rapporte aussi à ces droits fondamentaux qui ne sont pas expressément énoncés en normes constitutionnelles, mais qui sont des droits inhérents à la personne humaine. En ce sens, le texte de l'article 50 de la Constitution acquiert toute sa valeur:

> *Article 50*.- L'énonciation des droits et garanties contenus dans la Constitution ne doit pas se considérer comme une négation d'autres droits qui, pour être inhérents à la personne humaine, n'y figurent pas expressément. L'absence de loi régissant ces droits n'en altère pas l'exercice.

L'action d'*amparo* protège donc aussi tous ces droits inhérents à la personne humaine qui ne figurent pas expressément dans le texte, étant bien entendu qu'il n'est pas nécessaire qu'une loi réglemente ces droits pour que leur exercice en soit garanti. Evidemment, en raison de l'énoncé de cet article 50, acquièrent une grande importance l'ensemble des droits apparaissant dans la Déclaration universelle des droits de l'homme et dans les Conventions internationales qui réglementent ces droits, telles que la Convention américaine des droits de l'homme, ou les Pactes internationaux des droits civils et politiques, économiques et sociaux, qui, en outre, ont force de loi dans la République, étant donné leur approbation par des lois spéciales du parlement.

(b) ***L'*****amparo** ***de tous les droits et garanties constitutionnelles, au moyen d'*****amparo** ***et d'*****habeas corpus*****: le cas du Costa Rica, de l'Argentine, de l'Uruguay. du Pérou, du Guatemala***

Dans d'autres systèmes constitutionnelles, bien qu'on garantisse la protection de tous les droits et garanties constitutionnelles, sans exception, celle-ci s'obtient par le biais de deux procédures différentes: l'action ou le recours d'*amparo* et recours d'*habeas corpus*. C'est le cas de l'Argentine, du Costa Rica, de l'Uruguay et du Pérou.

Au *Costa Rica*, l'article 48 de la Constitution est absolument clair dans sa disposition:

> Article 48.- Toute personne a droit au recours d'*habeas corpus* pour garantir sa liberté ou intégrité personnelle, et au recours d'*amparo* pour maintenir ou rétablir la jouissance des autres droits consacrés dans cette Constitution, ainsi que ceux de caractère fondamental établis dans les instruments internationaux sur les droits de l'homme, applicables à la République...

Cette norme s'est développée dans la loi de juridiction constitutionnelle de 1989, où il lui correspond de «garantir, au moyen des recours d'*habeas corpus* et d'*amparo*, les droits et garanties consacrés par la Constitution politique et les droits de l'homme reconnus par le droit international en vigueur au Costa Rica» (art.2,a).

En Argentine, la protection des droits et libertés constitutionnelles est garantie grâce à la procédure d'*habeas corpus* et l'action d'*amparo*, régis par la loi. Quant à la procédure d'*amparo*, la loi 23098 de 1984 stipule qu'elle est recevable lorsqu'on dénonce un acte ou une omission d'une autorité publique qui entraîne:

1. La limitation ou menace réelle de la liberté de mouvement sans ordre écrit de l'autorité compétente;

2. L'aggravation illégitime de la manière et des conditions dans lesquelles s'accomplit la privation de la liberté sans préjudice des facultés propres au juge du procès s'il y a lieu (art.3).

Quant à l'action d'*amparo*, en accord avec l'article 1 de la loi n° 16986 de 1966, elle

> Sera admissible contre tout acte ou omission de l'autorité publique qui, en forme réelle ou imminente lèse, restreint, altère ou menace, avec un caractère arbitraire ou manifestement illégal, les droits ou garanties explicitement ou implicitement reconnus par la Constitution national, à l'exception de la liberté individuelle protégée par l'*habeas corpus*.

Pareillement, la loi 16011 de 1988 de l'*Uruguay* établit:

Article 1.- Toute personne physique ou juridique, publique ou privée, pourra introduire l'action d'*amparo* contre tout acte, omission ou fait des autorités de l'Etat ou collatérales, ainsi que de particuliers qui, en forme actuelle ou imminente, à son avis, lèse, restreint ou menace avec illégitimité manifeste, l'un quelconque de ses droits reconnus de manière expresse ou implicite par la Constitution (art. 72), à l'exception des cas où l'interposition du recours d'*habeas corpus*.

Le système constitutionnel du Pérou offre une situation comparable de protection de tous les droits et libertés constitutionnelles au moyen de deux instruments de procédure: l'action d'*habeas corpus* et l'action d' *amparo*.

En effet, la loi n° 23506 établit dans son article 12:

Article 12.- On considère que la liberté individuelle est violée ou menacée et, en conséquence, il y a lieu d'admettre l'action d'*amparo* pour les droits énoncés ci-après:

1. De se réserver ses convictions politiques, religieuses, philosophiques ou de tout autre ordre.
2. De la liberté de conscience et de croyance.
3. De ne pas être contraint par la force à donner des déclarations.
4. De ne pas être obligé de prêter serment, ni d'être contraint de déclarer contre soi-même ou de reconnaître sa culpabilité en cause pénale, ni contre son conjoint, ses parents au quatrième degré de consanguinité ou au deuxième d'affinité.
5. De ne pas être condamné à l'exil ou banni ou confiné si ce n'est par un jugement définitif.
6. De ne pas être expatrié ni éloigné du lieu de résidence, si ce n'est par mandement judiciaire ou par application de la loi sur les étrangers.
7. De ne pas être séquestré.
8. De l'étranger qui a bénéficié d'asile politique de ne pas être refoulé vers le pays dont le gouvernement le poursuit, ou en aucun cas si sa liberté ou sa sécurité était en danger du fait de l'expulsion.
9. Des nationaux ou étrangers résidents d'entrer, de se déplacer ou de sortir du territoire national, sauf en cas de mandement judiciaire ou d'application de la loi sur les étrangers ou de la santé.
10. De ne pas être détenu si ce n'est par mandat écrit du juge ou par les autorités judiciaires en cas de flagrant délit; ou pour le détenu de ne pas être mis dans les 24 heures ou dans le terme de la distance, à la disposition du tribunal qui correspond, en vertu du paragraphe g. de l'alinéa 20) de l'article 2 de la Constitution, ainsi que des exceptions qui s'y trouvent consignées.
11. De ne pas être emprisonné pour dettes, sauf en cas de pension alimentaire.

12. De ne pas être privé de passeport, à l'intérieur ou en dehors de la République.
13. De ne pas être coupé de toute communication, si ce n'est en cas indispensable pour l'éclaircissement d'un délit et selon la forme et le délai prévus par la loi, conformément au paragraphe i. de l'alinéa 20) de l'article 2 de la Constitution.
14. D'être assisté d'un avocat défenseur de son choix depuis le moment de l'assignation ou de la détention par l'autorité.
15. De faire retirer les gardes postés au domicile ou cesser la poursuite policière lorsque il y a atteinte à la liberté individuelle.
16. De mise en liberté, dans le cas d'un détenu ou accusé qui aurait été amnistié, gracié, déclaré sursitaire, acquitté ou dont l'action pénale ou l'exécution de la peine ait été déclarée prescrite.
17. De donner une éducation dans les principes constitutionnelles.
18. A des exonérations tributaires en faveur des universités, centres éducatifs et culturels.
19. De la liberté de chaire.
20. D'accès aux médias selon les termes de l'article 70 de la Constitution.
21. Aux autres droits fondamentaux qu'établit la Constitution.

La Constitution du *Guatemala* de 1985 prévoit également le double système de protection des droits constitutionnelles au moyen d'une action d'*habeas corpus* et d'une action d'*amparo*.

En effet, l'article 79 de la Constitution établit ce qui suit au sujet de l'*habeas corpus*:

> Quiconque est, de manière illégale, emprisonné, détenu ou réprimé de quelque façon que ce soit, dans la jouissance de sa liberté individuelle, menacé de la perdre, ou s'il subit des vexations, même dans le cas où son emprisonnement ou détention aurait un fondement légal, a le droit de demander son immédiate présentation devant les tribunaux de justice, soit dans le but de recouvrer la liberté, de mettre fin aux vexations ou de faire cesser la contrainte à laquelle il est soumis. Si le tribunal décrétait la liberté de la personne illégalement recluse, celle-ci serait mise en liberté sans délai. Quand il en est ainsi demandé et que le juge ou le tribunal l'estime pertinent, la présentation réclamée se pratiquera dans le lieu et place du détenu, sans avis préalable ni signification aux parties. La présentation personnelle du détenu en faveur duquel sera introduit le recours d'*habeas cornus* est indispensable. Les autorités qui ordonnent l'occultation du détenu ou refusent de le présenter au tribunal respectif, ou qui enfreignent cette garantie de quelque autre manière, de même que les agents exécutants, commettront le délit de séquestration et seront punis, conformément à la loi.

En outre, dans la Loi d'*amparo,* d'*habeas corpus* et de constitutionnalité, *l'habeas corpus* a été établi de manière à protéger la sécurité et la liberté des personnes, la compétence en étant assignée à des tribunaux de juridiction privative (soumis à des normes spéciales avec des attributions spécifiques).

Quant au recours d'*amparo*, il est établi de la même manière dans la Constitution, et développé dans la Loi d'*amparo*, d'*habeas corpus* et de constitutionnalité.

Dans la Constitution, la finalité de l'*amparo* consiste à octroyer protection aux particuliers contre la violation des droits qui y sont consacrés, suscitée par des actes provenant d'organismes de l'Etat et, dans certains cas, de particuliers, et en conformité avec ces textes. Selon le commentaire de Jorge Mario García La Guardia sur les dispositions de la Constitution de 1966, l'*amparo* est admissible dans les cas suivants:

a) Pour que l'offensé soit maintenu ou rétabli dans la jouissance des droits et garanties qu'établit la Constitution (principe général recueilli dans l'article 80, alinéa 1).

b) Pour qu'il soit déclaré dans des cas concrets qu'une loi, un règlement ou une résolution ou acte d'autorité ne contraint pas le requérant, l'un quelconque des droits garantis par la Constitution ayant été transgressé ou restreint (article 80, alinéa 2).

c) Pour qu'il soit déclaré dans des cas concrets qu'une disposition ou résolution de nature non purement législative émanant du parlement de la République n'est pas applicable au requérant, un droit constitutionnel ayant été violé (article 80, alinéa 3).

d) Les cas restants établis expressément par la Constitution font l'objet du même article 80, dans son alinéa 4. Ces cas réunis, et d'autres, sont les suivants:

1. Contre les résolutions du Registre et Conseil électoral, devra être interjeté, après avoir présenté celui de révision, devant les chambres de la Cour d'appel ayant siège dans la capitale (article 40);

2. Les pétitions en matière politique adressées aux autorités administratives doivent être résolues par celles-ci dans un délai n'excédant pas les trente jours, une fois achevé le procès administratif correspondant. S'il rien advient pas ainsi, le pétitionnaire pourra faire usage du recours d'*amparo* afin que soit fixé à l'autorité un délai défini pour rendre sa décision (article 62, alinéa 30.).

3. Contre l'infraction à la procédure commise par la haute Cour de justice, au sujet des questions soumises à sa connaissance (article 80, alinéa 10., deuxième partie).

e) En matière administrative, lorsque illégalement, ou avec abus de pouvoir, l'autorité dicte un règlement, accord, résolution ou mesure, qui cause un dommage ou donne lieu à la juste crainte d'en être victime ou qu'on requière du pétitionnaire des conditions non raisonnables, pourvu qu'il n'existe pas de recours administratif à effet suspensif contre le règlement ou acte contesté ou que le préjudice ne soit réparable par un autre moyen légal de défense (article 80, paragraphe final, non identifié comme alinéa)[35].

(c) **L'amparo** *de tous les droits et garanties constitutionnelles. au moyen de plusieurs actions de protection constitutionnelle: le cas du Brésil*

Comme nous l'avons déjà signalé, au Brésil, tous les droits et libertés constitutionnelles garantis par la Constitution peuvent faire l'objet de protection ou

[35] Jorge Mario GARCÍA LA GUARDIA, «La Constitución y su defensa en Guatemala», in UNAM, *La Constitución y su defensa*, México 1984, pp. 717-719.

d'*amparo*, par le biais de quatre actions spécifiques: l'*habeas corpus*, le *mandado de segurança*, l'*habeas data*, et le *mandado de injunçao*.

Ces quatre moyens judiciaires de protection figurent de manière expresse dans la nouvelle Constitution de 1988 sous la forme suivante:

Concernant l'*habeas corpus*, l'article 5, LXVIII dispose que:

L'*habeas cornus* est concédé chaque fois que quelqu'un subit ou est menacé de subir une violence ou contrainte dans sa liberté de déplacement, du fait d'une illégitimité ou abus de pouvoir.

L'article 5, LXIX, prévoit le *mandado de segurança individuel* dans ces termes:

Le *mandado de segurança* est concédé pour sauvegarder un droit liquide et certain, non protégé par l'*habeas corpus* ou l'*habeas data*, lorsque le responsable de l'illégalité ou abus de pouvoir est une autorité publique ou un agent de personne juridique dans l'exercice de fonctions du pouvoir public.

Quant au *mandado de segurança* collectif, l'article 5, LXX de la Constitution établit:

Le *mandado de segurança* collectif peut être intenté par:

a. Un parti politique ayant représentation au parlement national,

b. Une organisation syndicale, entité de classe ou association légalement constituée, fonctionnant depuis au moins un an, en défense de l'intérêt de ses membres ou associés.

En ce qui concerne le *mandado de injunçao*, l'article 5, LXXI de la Constitution dispose ce qui suit:

Le *mandado de injunçao* est concédé chaque fois que, par manque de norme réglementaire, l'exercice des droits et libertés constitutionnelles et des prérogatives inhérentes à la nationalité, à la souveraineté et à la citoyenneté, s'avère non viable.

Finalement, l'article 5, LXXII de la Constitution prévoit l'*habeas data* de la manière suivante:

L'*habeas data* est concédé:

a. Pour assurer la connaissance d'informations concernant la personne requérante, consignées dans des registres ou banques d'information d'entités gouvernementales ou de caractère public;

b. Pour rectifier des informations, lorsque l'on juge préférable de ne pas le faire par le biais de processus brefs, judiciaires ou administratifs.

B. L'*amparo* de certains droits et libertés constitutionnelles

Dans d'autres systèmes juridiques, les moyens de protection constitutionnelle des droits et libertés ne sont établis que sur le plan constitutionnel et concernent certains droits et garanties, considérés comme «fondamentaux». Telle est, en général, la situation du recours d'*amparo* en Allemagne, et dans un des systèmes latino-américaines, comme celui du Chili et de la Colombie.

*(a) Le recours d'*amparo *limité aux «droits fondamentaux» en Allemagne*

Le recours d'*amparo* prévu dans la Constitution de Bonn, qui s'intente devant le Tribunal constitutionnel fédéral, n'est destiné qu'à protéger certains droits et libertés constitutionnelles appelés «droits fondamentaux» (*Grundrechte*), énumérés dans le chapitre premier, articles 1 à 19 de la Loi fondamentale, et une série de droits assimilés à eux dont traitent les articles 204, 33, 38, 101, 103 et 104 de la dite Loi. Quant à ceux qui sont énumérés dans le chapitre premier, les droits suivants sont reconnus et font l'objet d'*amparo*: dignité de l'homme (art. l); libre développement de la personnalité (art. 2-1); droit à la vie et à l'intégrité physique (art. 2-2); égalité (art. 3); liberté idéologique et religieuse (art. 4-1); liberté de cultes (art. 4-2); droit d'objection de conscience (art. 4-3 et 12.a.2); liberté d'expression et d'information (art. 51); liberté d'enseignement et de recherche (art. 5-2); droit au mariage, protection de la famille et non-discrimination pour raison de naissance hors du mariage (art. 6); droit à l'éducation (art. 7); liberté de réunion (art. 8); liberté d'association (art. 9); inviolabilité du secret des communications (art. 10); liberté de domicile et de mouvement (art. 11); droit de choisir librement la profession et le lieu de travail (art. 12); inviolabilité du domicile (art. 13); droit à la propriété privée et à l'héritage (art. 14); droit à la nationalité allemande (art.16-1); droit à l'asile politique des étrangers (art. 16-2); droit de pétition (art. 17).

A ces droits fondamentaux, il importe d'ajouter, comme nous l'avons indiqué, les droits qui y sont assimilés: le droit de résister contre quiconque agirait contre l'ordre constitutionnel (art. 204); l'obligation de droits et obligations des allemands dans tous les Etats de la Fédération (art.331); droit d'égal accès aux places et emplois publics (art. 33-2); droit électoral actif et passif (art. 103-1); droit à être entendu en justice (103-1); *non bis in idem* (art. 103-3); garanties juridiques pour les cas de privation de liberté (art. 104).

(b) *Le recours de protection au Chili restreint à certains droits et libertés constitutionnelles*

Dans la Constitution du Chili, le système de protection des droits et libertés constitutionnelles est composé de deux actions: tout d'abord, l'action d'*habeas corpus* destinée à protéger tout individu qui seraient arrêté, détenu ou emprisonné avec infraction à la Constitution; et en second lieu, le *recours de protection* destiné à protéger uniquement certains droits constitutionnelles.

Quant à l'action d'*habeas corpus,* l'article 21 de la Constitution dispose en ces termes:

> Art.21.- Tout individu qui serait en état d'arrestation, détention ou emprisonnement avec infraction d'une disposition de la Constitution ou des lois, pourra concourir personnellement ou par ses représentants, à la magistrature signalée par la loi, afin que celle-ci ordonne de respecter les formalités légales et adopter immédiatement les mesures jugées nécessaires pour le rétablissement de l'empire du droit et assurer la due protection de l'affecté.
>
> Cette magistrature pourra ordonner que l'individu soit amené en sa présence et son décret sera rigoureusement suivi par tous les responsables des prisons et des lieux de détention. Une fois instruite des antécédents, elle décrètera la liberté ou fera en sorte que soient réparés les défauts légaux ou mettra l'individu à la disposition du juge compétent, procédant en tout de manière brève et sommaire, et corrigeant, de par elle-même, les dits défauts ou, se référant à qui il incombe, pour leur correction.

Le même recours, et de la même manière, pourra être présenté en faveur de toute personne qui, illégalement, aura subi quelque autre privation, perturbation ou menace dans son droit à la sécurité et la liberté personnelles. La magistrature respective dictera dans ce cas les mesures indiquées dans les alinéas précédentes qu'elle estime adéquates pour le rétablissement de l'empire du droit et pour assurer la légitime protection de l'affecté.

Quant au recours de protection, celui-ci est consacré dans l'article 20 de la Constitution, lequel stipule ce qui suit:

> Art.20.- Celui qui, en raison d'actes ou omissions arbitraires ou illégaux, subit privation, perturbation ou menace dans le légitime exercice des droits et garanties établis dans l'article 19, numéros 1, 2, 3, alinéa quatre, 4, 5, 6, 9, alinéa finale, 11, 12, 13, 15, 16 concernant la liberté du travail et le droit à son libre choix et libre engagement, et à la disposition contenue dans l'alinéa quatre, 19, 21, 22, 23, 24, et 25, pourra concourir personnellement ou par ses représentants, à la Cour d'appel respective, laquelle adoptera immédiatement les dispositions qu'elle jugera nécessaires pour rétablir l'empire du droit et assurer la légitime protection de l'affecté, sans préjudice pour tout autre droit qu'il pourrait faire valoir devant l'autorité ou les tribunaux correspondants.
>
> Le recours de protection sera recevable également dans le cas du n°-8 de l'article 19, quand le droit de vivre dans un milieu libre de pollution est affecté par un acte arbitraire et illégal, imputable à une autorité ou personne déterminée.

Conformément à cette énumération, seuls les droits et libertés constitutionnelles suivants sont protégés: moyennant le recours de protection: le droit à la vie et à l'intégrité physique et psychique (19.1); l'égalité devant la loi (19.2); le droit à être jugé par des juges naturels (19.3); le droit au respect de la vie privée et publique et à l'honneur de sa personne et de sa famille (19.4); l'inviolabilité du foyer et de toute forme de communication privée (19.5); la liberté de conscience et de cultes (19.6); le droit de choisir le système de santé (art. 19.9, in fine); la liberté d'enseignement (19.11); la liberté d'émettre des opinions et d'informer (19.12); le droit de réunion (19.13); le droit d'association (19.15); la liberté de travail et le droit aux libres choix et engagement (19.16); le droit de se syndiquer (19.19); la liberté économique (19.21); le droit à la non-discrimination (19.22); la liberté d'acquisition de la propriété (19.23); le droit de propriété (19.24); le droit d'auteur (19.25); le droit de vivre dans un milieu libre de pollution (20).

En dehors de ces droits et libertés constitutionnelles, les autres droits consacrés dans la Constitution n'ont pas de moyens spécifiques de protection, mais leur sauvegarde incombe aux tribunaux ordinaires par les voies judiciaires ordinaires.

(c) Le système colombien: la tutelle de certains droits constitutionnelles au moyen de l'habeas corpus et de l'action de tutelle

Le système de la Constitution de la Colombie établit tout d'abord deux moyens de protection générale des droits constitutionnelles fondamentaux: l'*habeas corpus* et l'action de tutelle.

En ce qui concerne l'*habeas corpus* en tant que moyen de protection constitutionnelle de la liberté, l'article 30 du Texte fondamental prévoit ce qui suit:

Art.30.- Quiconque se trouverait privé de sa liberté, ou croirait l'être illégalement, a le droit de saisir une autorité judiciaire quelconque, à tout moment, personnellement ou par personne interposée, de l'*habeas corpus*, qui doit se résoudre au terme des trente six heures.

De son côté, l'action de tutelle, conçue dans l'article 86 de la Constitution, vise la protection immédiate des «droits constitutionnelles fondamentaux», raison pour laquelle dans le contexte du chapitre II de la Constitution, il est nécessaire de déterminer si tous les droits y établis sont des «droits fondamentaux» susceptibles d'être protégés au moyen de l'action d'*amparo*. La réponse, en principe, est négative. En effet, le titre II de la Constitution, en faisant référence aux «droits», «garanties» et «devoirs», les prévoit dans différents chapitres de la manière suivante: «Chapitre 1.- Des Droits fondamentaux; Chapitre 2.- Des Droits sociaux, économiques et culturels; Chapitre 3.- Des Droits collectifs et de l'environnement.» De cette énumération, il ressortirait qu'en principe, seuls les droits prévus dans le Chapitre I (art.11 à 41), seraient des «droits fondamentaux». Donc, théoriquement, seuls ces droits constitutionnelles fondamentaux seraient valables pour l'action de tutelle, laissant hors de ce moyen de protection les autres droits constitutionnelles.

D'autre part, l'article 85 de la Constitution établit avec précision ceux parmi les «droits fondamentaux» qui sont «d'application immédiate». En principe, ceci impliquerait que ce n'est que par rapport aux dits droits que l'exercice de l'action de tutelle serait recevable. Ces droits «d'application immédiate», et donc susceptibles de protection constitutionnelle par le biais de l'action de tutelle, sont les suivants: le droit à la vie (art. 11); le droit à ne pas être déclaré disparu, ni à être soumis à la torture ou à des traitements inhumains ou dégradants (art. 12); le droit à l'égalité (art. 13); le droit à la personnalité (art. 14); le droit à l'intimité (art.15); le droit au libre développement de la personnalité (art. 16); prohibition de l'esclavage, de la servitude et de la traite d'êtres humains (art. 17); la liberté de conscience (art. 18); la liberté de cultes (art. 19); la liberté d'expression (art.20); le droit à l'honneur (art.21); le droit à la pétition (art.22); la liberté de circulation (art.24); le droit à l'exercice des professions (art.26); la liberté d'enseignement (art.27); la liberté personnelle (art.28); le droit au procès légitime et à la défense (art.29); le droit à l'*habeas corpus* (art.30); le droit de révision des décisions judiciaires (art.31); le droit à ne pas déclarer contre soi-même (art.33); prohibition des peines de bannissement, à perpétuité et de confiscation (art.34); le droit de réunion (art.37); le droit de participation politique et au suffrage universel (art.40).

En dehors de ces droits et libertés constitutionnelles, les autres droits constitutionnelles ne trouveront pas de protection constitutionnelle par «l'action de tutelle», c'est pourquoi le Législateur devrait établir les autres moyens de protection constitutionnelle, en vue du caractère du droit à la tutelle qui prévaut dans la Constitution de la Colombie.

3. Personnes protégées

A. Personnes naturelles et morales

Il est à remarquer qu'en général, toutes les personnes naturelles ou juridiques peuvent se servir des recours ou actions d'*amparo* établis dans les ordres constitutionnelles pour la protection des droits et libertés.

Bien entendu, certains de ces droits et libertés, en tant que droits de l'homme, ne se réfèrent qu'aux personnes naturelles, nationales ou étrangères (le droit à la vie, à la sécurité et la liberté personnelles, par exemple), et dont la protection ne pourra être demandée que par la victime ou en son nom.

Cependant, il est évident qu'en ce qui concerne les droits constitutionnelles qui peuvent correspondre à des personnes juridiques (la liberté économique ou la propriété, par exemple), celles-ci possèdent la légitimité active nécessaire pour demander la protection.

Dans le cas du Vénézuéla, l'*amparo* correspond à tous, pour protéger la jouissance et l'exercice des droits et garanties constitutionnelles. Par conséquent, il protège leurs titulaires non seulement lorsqu'il s'agit de personnes naturelles, mais aussi lorsqu'il s'agit de personnes morales. Etant donné l'ampleur accordée au droit d'*amparo* dans l'article 49 de la Constitution, l'expression «tout habitant» n'a pas été interprétée par la jurisprudence ni par le Législateur comme se référant uniquement à des personnes naturelles, mais concerne aussi, bien entendu, toutes les personnes morales. En outre, les droits que la Constitution consacre ne sont pas uniquement des droits de personnes naturelles; nombre d'entre eux sont garantis également à des personnes morales. La seule exigence de la loi organique pour l'obtention de la protection dans ces cas, est que les personnes morales soient domiciliées dans le pays (art.2).

Dans le cas de la Constitution de Colombie, en ce qui concerne l'action de tutelle, puisque son usage est réservé à la protection des droits fondamentaux d'application immédiate, en principe, les personnes protégées par cette action sont les personnes naturelles. Les personnes juridiques pourraient néanmoins exercer l'action de tutelle pour la protection de droits tels que celui de pétition (art.22), le droit au procès légitime et à la défense (art.29), à la révision des décisions judiciaires (art.31) et à la prohibition des peines perpétuelles et de confiscation (art.34).

B. Les personnes de droit public

Quoiqu'il en soit, le principal thème d'intérêt comparatif à ce sujet est de déterminer si les personnes de droit public peuvent être titulaires de droits constitutionnelles susceptibles de protection par voie de l'action d'*amparo.*

En Allemagne par exemple, il est admis que le recours d'*amparo* constitutionnel puisse être intenté devant le Tribunal constitutionnel fédéral par les Communes ou groupes municipaux alléguant que leurs droits à l'autonomie institutionnel reconnu dans la loi fondamentale (art.28-2), s'est trouvé violé par une disposition législative. Au cas où les violations seraient causées par les lois des *Lander*, le recours doit être interjeté devant le tribunal constitutionnel du *Lander* respectif. En tout cas, il ne s'agirait pas d'un *amparo* des droits fondamentaux, mais de la garantie spécifique de l'autonomie des entités locales.

En Argentine, où l'*amparo* est recevable contre des particuliers, on considère, selon la doctrine, que les personnes juridiques de droit public peuvent intenter l'action d'*amparo* pour la protection de leurs droits constitutionnelles(36). En revanche, dans les systèmes semblables à celui du Brésil, où le *mandado de segurança* opère uniquement contre l'Etat et non contre des particuliers, il est soutenu que celui-ci pourrait être exercé par des personnes de droit public(37).

---

(36) José Luis LAZZARINI, *op. cit.,*. pp. 266-267.
(37) *Idem*, p. 268.

Dans le cas du Mexique également, du point de vue de la doctrine, on considère que la Fédération et les Etats membres sont titulaires du droit à l'action d'*amparo* les cas d'invasion de souveraineté, c'est à dire pour maintenir chaque autorité dans sa sphère de compétence. Il ne s'agirait pas ici de protection de droits fondamentaux, mais plutôt du principe constitutionnelle de la distribution verticale du pouvoir et de compétence et d'autonomie territoriale des entités publiques[38].

Au Vénézuéla, nous avons soutenu que les entités territoriales ont un droit constitutionnel à l'autonomie que leur reconnaît et garantit la Constitution et que, par conséquent, les violations de celui-ci pourraient donner lieu à l'exercice d'*amparo*.

En effet, en instituant le système de distribution de pouvoir public propre à la forme fédérale, la Constitution établit de ce fait une série de droits constitutionnelles favorisant les entités territoriales. Sur le plan municipal, sans aucun doute, les communes ont un droit constitutionnel à leur autonomie, si bien que les violations de celle-ci par une action d'inconstitutionnalité, pourraient motiver la protection constitutionnelle par voie d'*amparo*.

Dans le cas des Etats membres, leur autonomie et leur égalité sont garantis par la Constitution (art.16), et à cet effet, le texte fondamental consacre différents droits constitutionnelles de ces entités territoriales. En ce sens, deux des droits pourraient être relevés: le droit d'avoir une représentation au Sénat et à la Chambre des Députés, par le biais des représentants élus dans le cas de cette dernière, sur une base de population légalement définie; et le droit à participer au budget constitutionnel, c'est à dire le droit à une partie du budget national destiné à être alloué aux Etats (en tant que recettes) dont la distribution tient compte de la population de l'Etat.

On pourrait envisager que ces droits constitutionnelles sont violés ou menacés de violation par exemple, si la population qui leur a été attribuée était illégalement modifiée par les autorités chargées du Recensement. En ce cas, devant le comportement illégitime du recenseur, un Etat pourrait recourir à la protection constitutionnelle afin que soit rétablie la situation juridique-constitutionnelle lésée.

Dans le cas de la Colombie, en ce qui concerne l'action de tutelle, étant donné sa réduction aux droits fondamentaux d'application immédiate, les entités publiques pourraient l'exercer dans des cas exceptionnels, comme par exemple la violation du droit à la défense et au procès légitime (art.29).

4. Motifs de la protection

La protection constitutionnelle à laquelle on peut prétendre au moyen de l'*amparo* judiciaire a toujours comme motif une action ou omission, qui lèse les droits constitutionnelles. D'où l'intérêt d'étudier comparativement, au sujet de ces motifs de l'*amparo*, la cause immédiate de la lésion au droit, laquelle peut provenir aussi bien des autorités publiques que des particuliers.

En effet, la cause de la lésion des droits et libertés constitutionnelles défendables constitutionnellement en général et historiquement, s'est située dans des actions ou omission provenant d'autorités publiques. C'est à dire l'*amparo* constitutionnel, en tant que moyen judiciaire de protection des droits et garanties constitutionnelles,

(38) German BIDART CAMPOS, *Derecho de amparo*, Buenos Aires 1961.

avait été conçu, en général, comme une garantie face à l'Etat, et contre les actes illégitimes et arbitraires des autorités et fonctionnaires publics. Néanmoins, progressivement, et en particulier depuis le célèbre jugement rendu r par la Cour suprême de la Nation argentine, dans le cas de *Samuel Kot* en 1958, l'*amparo* a été admis contre des actes de particuliers.

Cependant, tous les systèmes constitutionnelles n'admettent pas ce présupposé, et en général, on peut estimer que l' *amparo* judiciaire demeure une garantie face aux actes ou omissions des autorités publiques.

A. L'*amparo* face à des particuliers

(a) Systèmes qui l'admettent en général

Dans le affaire mentionné ci-dessus de *Samuel Kot*, la Cour suprême de la Nation argentine admit l'*amparo* contre des actes de particuliers, en alléguant, comme le signale Lazzarini,

> Qu'il n'y a rien, ni dans l'esprit ni dans la lettre de la Constitution qui permette de soutenir que la protection des droits constitutionnelles reste circonscrite aux attaques provenant de l'Etat uniquement» puisque, a déclaré la Cour suprême, «ce qui est principalement visé est moins à l'origine de la lésion des droits constitutionnelles que les droits eux-mêmes car on s'intéresse plutôt aux droits agressés qu'aux agresseurs[39].

Quoiqu'il en soit, à partir de ce cas, la Cour suprême de la Nation et en général les tribunaux argentins ont admis de manière réitérée et uniforme la viabilité de l'*amparo* contre des actes de particuliers.

Cependant, la loi n° 16986 de 1986 de l'Argentine ne prévoit l'*amparo* que contre des actes de l'Etat, c'est à dire «contre tout acte ou omission de l'autorité publique» (art. l), de sorte que l'*amparo* contre des actes de particuliers s'obtient en vertu des dispositions des articles 321, alinéa 2, et 498 du Code de procédure civile et commerciale de la Nation.

Dans d'autres pays, l'action d'*amparo* contre des actes de particuliers, outre celle contre les actions ou omissions des autorités publiques, est prévue de manière expresse dans les lois respectives. C'est le cas du Vénézuéla, où la loi organique d'*amparo* sur les droits et garanties constitutionnelles de 1988 établit qu'elle:

> Est recevable contre un fait, acte ou omission quelconque des organes du pouvoir public de la Nation, de l'Etat ou de la Commune. Elle est de même recevable contre le fait, acte ou omission provenant de *citoyens, personnes juridiques, groupes ou organisations privées* qui auraient violé, violeraient ou menaceraient de violation, l'un quelconque des droits ou garanties protégés par cette loi (art.2).

De la même manière, la loi n° 16011 d'*amparo* de 1988, en Uruguay, admet généralement l'action d'*amparo*

> Contre tout acte, omission ou fait des autorités de l'Etat ou para étatiques, *ainsi que de particuliers* qui, en forme actuelle ou imminente, à son jugement,

---

(39) *Cf.* J.L. LAZZARINI, *op. cit.*, p. 228.

lèse, restreint, altère ou menace, avec illégitimité manifeste, l'un quelconque des droits et libertés reconnus expressément ou implicitement par la Constitution (art. l).

Ainsi, au Vénézuéla et en Uruguay, la protection que peut octroyer le juge de l'*amparo* à la jouissance et à l'exercice des droits et libertés constitutionnelles, ne se considère pas uniquement face à des actions publiques qui peuvent perturber la jouissance et à l'exercice des droits, mais aussi face à des troubles pouvant provenir d'autres particuliers, soit d'individus, soit de personnes morales. En cette matière, la Constitution ne fait pas de distinction. La loi admet donc l'action d'*amparo* face à des actions provenant de particuliers.

L'action de protection au Chili est prévue dans la Constitution pour protéger certains droits et libertés constitutionnelles contre des actes ou omissions arbitraires ou illégaux qui soient causes de troubles ou menaces dans l'exercice légitime de ceux-ci (art.20), sans qu'aucune différence ne soit faite au sujet de l'origine des sanctions. C'est la raison pour laquelle il est admis que le recours de protection peut s'interjeter indistinctement contre des actes ou omissions de l'autorité ou de fonctionnaires publics ou d'un quelconque particulier.

Dans le cas du Pérou, l'action d'*amparo* est également admise contre des actes de particuliers, du fait qu'il est prévu dans la Constitution que «l'action d'*amparo* sauvegarde les autres droits reconnus par la Constitution (à l'exception de la liberté individuelle, protégé au moyen de l'action d'*habeas cornus*) qui soient violés ou menacés par une autorité, un fonctionnaire ou une *personne* quelconque» (art.295). C'est pourquoi la loi n° 23506 d'*habeas corpus* et d'*amparo* de 1982 se borne à signaler que les actions de garantie:

> Sont recevables dans le cas où sont violés ou menacés les droits constitutionnelles par l'action ou par l'omission, d'actes à accomplir obligatoirement (art.2).

(b) Systèmes qui l'admettent de manière restreinte

Dans d'autres systèmes constitutionnelles, l'*amparo* est admis contre des actes de particuliers, mais uniquement lorsque ceux-ci accomplissent des actes d'autorité. Tel est le cas du Costa Rica où, s'il est vrai que la Constitution ne fait pas de distinction (art.48), la loi de la juridiction constitutionnelle, en revanche, restreint l'*amparo* contre les sujets de droit privé, de la manière suivante:

> Art. 57.- Le recours d'*amparo* sera aussi recevable contre des actions ou omissions de la part de sujets de droit privé, lorsque ces derniers agissent ou doivent agir dans l'exercice de fonctions ou de pouvoirs publics, ou se trouvent, en droit ou en fait, dans une position de pouvoir face à laquelle les remèdes juridictionnels communs s'avèrent nettement insuffisants ou tardifs pour garantir les droits et libertés dont il est fait référence dans l'article 2, alinéa a) de cette loi (c'est à dire les droits et libertés consacrés par la Constitution politique et les droits de l'homme reconnus par le Droit international en vigueur au Costa Rica).

Au Guatemala également, le recours d'*amparo* est recevable contre des actes de particuliers, mais uniquement dans des cas déterminés, tel que la loi l'établit. Ainsi, l'article 9 de celle-ci prévoit que l'*amparo* pourra être intenté contre des actes ou résolutions d'entités décentralisées, autonomes et semi autonomes, d'entreprises et entités maintenues par les fonds de l'Etat ou créées par une loi ou concession; ou celles agissant par délégation des organes de l'Etat en vertu de contrats, concessions ou conformément à un autre *statut* similaire».

L'article 9 de la loi ajoute, de plus, que:

> Le recours d'*amparo* pourra être intenté contre des actes et résolutions dont on doit faire partie par disposition légale, et contre les actes et résolutions d'entités reconnues par la loi tels les partis politiques, associations, sociétés, syndicats, coopératives et autres de même nature, lorsqu'ils causeraient au requérant un préjudice patrimonial ou d'un autre genre».

C'est dans une même optique que se range la Constitution de Colombie, qui prévoit l'action de tutelle, fondamentalement, comme un moyen de protection contre «l'action ou l'omission de toute autorité publique». Toutefois, l'article 86 de la Constitution, dans sa partie finale, renvoie à la loi en matière d'exercice de l'action de tutelle contre des particuliers, dans les termes suivants:

> La loi établira les cas à propos desquels l'action de tutelle est recevable contre des particuliers chargés de la prestation d'un service public ou dont la conduite affecte gravement et directement l'intérêt collectif ou vis-à-vis desquels le demandeur est en état de subordination ou se trouve sans défense.

*(c) Systèmes qui excluent l'***amparo** *contre des actes de particuliers*

En Allemagne, conformément à l'article 93, 1, 4, a, de la Loi fondamentale de Bonn et à l'article 90,1 de la loi du Tribunal constitutionnel fédéral, le recours constitutionnel n'étant recevable que contre les lésions causées par «un pouvoir public» dans ses trois niveaux classiques (fédéral, Lander, communes), la possibilité de l'exercice de recours contre des actes de particuliers est exclue.

Le fait de restreindre l'exercice de l'action d'*amparo* aux seuls actes des pouvoirs publics se rencontre aussi dans quelques systèmes latino-américains. C'est le cas du Mexique, où le procès d'*amparo* n'est admis en aucun cas contre des violations causées par des actes de particuliers puisque, dans ce pays également, la protection constitutionnelle par le biais du procès d'*amparo* est réservée exclusivement aux actes émanant des pouvoirs publics.

Il en va de même pour la Constitution du Brésil, qui établit le *mandado de segurança* en précisant qu'il n'est recevable pour protéger les droits et libertés constitutionnelles «lorsque le responsable de l'illégalité ou de l'abus de pouvoir est une autorité publique ou un agent d'une personne juridique en exercice d'attributions du pouvoir public», ce qui exclut ce recours de protection face aux actions de particuliers.

B. L'*amparo* contre des actions ou omissions de l'Etat

S'il est exact que l'*amparo* contre des actes de particuliers n'est pas toujours admis dans le droit comparé, il n'en va pas de même pour la protection des droits et libertés constitutionnel contre des actes et omissions provenant d'autorités ou de fonctionnaires publics, en vue de laquelle des moyens judiciaires spéciaux ont été prévus et accordés.

Cependant, il n'y a pas d'uniformité en ce qui concerne l'admission de l'*amparo* contre tous les actes de l'Etat. En effet, dans certains cas, ce recours est exclu contre les lois ou contre les actes judiciaires, sa recevabilité se limitant aux actes administratifs et aux voies de fait des autorités administratives, comme c'est le cas de l'Autriche.

Pour le Mexique et le Vénézuéla, par exemple, l'*amparo* est recevable contre tous les actes de l'Etat, sans distinction ni limitation. Ainsi, dans le système vénézuélien de droit d'*amparo* établi dans la Constitution de 1961 et dans la loi organique d'*amparo*, dans le cas de protection face à des troubles provenant d'autorités publiques, celui-ci est admis contre tout acte public, c'est à dire, contre tous les actes de l'Etat et les actes matériels, omissions et voies de fait des autorités publiques (art.5).

Donc, l'action d'*amparo* est recevable contre toute action de l'administration, même lorsqu'il ne s'agit pas d'un acte administratif proprement dit et qu'il n'ouvre pas la voie du contentieux administratif. C'est à dire qu'il est recevable contre les actes matériels de l'administration; contre ses voies de fait; contre l'abstention d'agir ou d'accomplir son obligation; contre les omissions; en bref, contre toute manière d'agir de l'administration, y compris, bien entendu, contre certains actes comme ceux de formalités, lorsqu'ils ne peuvent être attaqués par la voie du contentieux administratif. Mais de plus, il est recevable contre les actes législatifs, gouvernementaux et judiciaires.

Selon nous, c'est dans cette même orientation que s'inscrit la Constitution de Colombie, qui prévoit l'action de tutelle pour la protection des droits fondamentaux qui seraient violés ou menacés de violation par l'action ou l'omission d'une *autorité publique quelconque*, sans préciser s'il s'agit de l'autorité législative, judiciaire ou administrative.

C. L'*amparo* contre les lois et autres actes normatifs

*(a) Systèmes qui l'adm*ettent

L'*amparo* contre les lois est admis au Vénézuéla, Mexique, Pérou, Guatemala, Costa Rica.

a. L'action d'amparo contre normes au Vénézuéla: En conformité avec l'article 3 de la loi organique d'amparo sur les droits et garanties constitutionnelles:

> L'action d'*amparo* est recevable également lorsque la violation ou menace de violation dérive d'une norme en collision avec la Constitution. Dans ce cas, la décision judiciaire qui résoudra l'action interjetée devra apprécier l'inapplication de la norme contestée et le juge informera la Cour suprême de la décision respective.

Une des institutions les plus nouvelles que crée la loi organique est peut-être cet «*amparo* contre les normes» qui vient perfectionner et compléter le système de contrôle de la constitutionnalité des lois qui, comme nous l'avons vu, est un système mixte, à la fois concentré et diffus.

A ce système mixte, la loi organique de l'*amparo* vient ajouter un troisième système de contrôle. Sous certains aspects, celui-ci peut être rapproché au système mexicain, appelé «*amparo* contre les lois», qui permet l'exercice du contrôle de la constitutionnalité des lois par les juges d'*amparo* saisis par une action d'*amparo* contre la loi ou acte normatif qui, en forme directe ou immédiate, viole ou menace de violer un droit constitutionnel, et qui, par conséquent, va à l'encontre de la Constitution. Dans ces cas, la décision du juge, dans l'action d'*amparo*, doit apprécier l'inapplication de la norme au sujet de laquelle l'*amparo* est demandé. D'autre part, il convient de souligner que la loi s'exprime improprement dans le terme «norme contestée». En réalité, si la norme était «contestée», la décision judiciaire devrait aboutir à son annulation, ce qui n'incombe pas au juge d'*amparo*, ceci étant réservé à la Cour suprême de justice et aux tribunaux de la juridiction du contentieux administratif. Par le biais de l'action d'*amparo* prévue à l'article 3, on ne «conteste» donc pas la loi ou l'acte normatif, mais on demande l'*amparo* au sujet des effets de cette norme lorsqu'elle viole ou menace de violer un droit constitutionnel.

La décision du juge d'*amparo*, dans ces cas, n'est pas une décision d'annulation de la loi ou de l'acte normatif, mais se limite à une décision de protection, avec des effets *inter partes*, c'est à dire, en relation avec le requérant, en ce sens qu'elle ne fait que déclarer la norme inapplicable au requérant. Conformément à l'article 22, lorsqu'un juge est autorisé à résoudre immédiatement «la remise en état de la situation juridique enfreinte», cela équivaut, dans ce cas, à la suspension des effets de la loi pour le requérant, c'est à dire, à sa non applicabilité audit requérant.

Il convient cependant d'ajouter, au sujet du contrôle de la constitutionnalité des lois, que la loi organique, outre la disposition de l'*amparo* contre les lois, permet d'exercer la prétention d'*amparo* conjointement à l'action populaire d'inconstitutionnalité des lois devant la Cour suprême de justice.

Effectivement, ce même article 3 de la loi organique établit:

> L'action d'*amparo* pourra aussi s'exercer conjointement à l'action populaire d'inconstitutionnalité des lois et autres actes normatifs de l'Etat, auquel cas la Cour suprême de justice, si elle le considère pertinent pour la protection constitutionnelle, pourra suspendre l'application de la norme à propos de la situation juridique concrète dont la violation est alléguée, tant que dure le procès de nullité.

Comme on peut le noter, la loi organique a, dans ce sens, établi une innovation fondamentale qui consiste à permettre à la Cour, contrairement à ce qu'avait été la tradition jurisprudentielle jusque là, de suspendre les effets de la loi ou de l'acte normatif contesté quant à son applicabilité au requérant, lorsque ce haut tribunal le juge nécessaire pour la protection constitutionnelle, tant que dure le procès de nullité. Avant l'entrée en vigueur de la loi, dans les procès d'annulation d'actes de l'Etat, la Cour suprême avait jusque là refusé systématiquement la possibilité de suspendre les effets des actes normatifs, ayant limité son pouvoir de suspension des effets dans un procès, aux actes administratifs d'effets particuliers, pouvoir qui figure dans sa loi organique (art. 136).

b. L'action d'amparo contre les lois au Mexique: Au Mexique, la demande d'amparo est admise contre les lois et actes normatifs contraires à la Constitution, moyen judiciaire donnant lieu à un contrôle de la constitutionnalité des lois contre lesquelles il peut s'exercer, sans la nécessité d'un acte administratif ou judiciaire quelconque d'exécution ou d'application de la loi. Il est introduit devant les cours de Districts, le demandé étant, dans ces cas, les organes suprêmes de l'Etat qui sont intervenus dans le processus de formation de la loi, c'est à dire le Congrès de l'Union ou les législateurs des Etats qui ont sanctionné la loi; le Président de la République ou les Gouverneurs des Etats qui l'ont mise à exécution, et les Secrétaires exécutifs qui l'ont contresignées et qui ont ordonné sa promulgation. Dans ce cas, les décisions des Cours fédérales de Districts sont révisables par la Cour suprême du justice.

De cette manière, l'*amparo* contre les lois au Mexique, comme nous l'avons signalé, est un moyen direct de contrôle de constitutionnalité, tout en n'étant pas posé sous forme abstraite puisque le requérant doit d'abord avoir été lésé directement par la norme, sans la nécessité d'aucun autre acte d'exécution de l'Etat de ladite loi. C'est pourquoi «l'*amparo* contre les lois» a pour objet les lois auto applicatrices, c'est à dire, celles qui, du seul fait de leur mise en vigueur, peuvent causer un préjudice direct et personnel au requérant. Ainsi, en théorie, l'action doit s'intenter dans les trente jours qui suivent sa mise en vigueur ou dans les quinze jours qui suivent l'émission du premier acte d'exécution de la loi.

Dans la décision judiciaire correspondante, le juge ne peut formuler que des déclarations générales concernant la loi car celle-ci, destinée à protéger les particuliers, ne peut avoir que des effets *inter partes*. De plus, au Mexique, les décisions d'*amparo* contre les lois n'ont pas de force obligatoire vis-à-vis d'autres tribunaux, sauf si elles acquièrent le caractère de *jurisprudencia* en conséquence de l'adoption par la Cour suprême de justice ou des Cours de circuit, de cinq décisions uniformes.

Quoiqu'il en soit, le juge d'*amparo* a le pouvoir de suspendre les effets de l'acte normatif concernant le requérant.

c. L'action d'amparo contre les lois au Pérou: Conformément à l'article 3 de la loi n° 23506 du Pérou,

> Les actions de garanties sont recevables même dans le cas où la violation ou menace est fondée sur une norme qui soit incompatible avec la Constitution.
>
> Dans cette hypothèse, l'inapplication de la norme s'estimerait dans la même procédure.

De cette manière, un moyen de contrôle de la constitutionnalité des lois est établi par la voie du recours d'*amparo*, parallèlement au contrôle de l'inconstitutionnalité des lois qu'exerce le Tribunal des garanties constitutionnelles (art.298 et suiv. de la Constitution) et au contrôle diffus de la constitutionnalité établi dans l'article 236 de la Constitution.

Quoiqu'il en soit, s'il s'agit d'un *amparo* contre les lois, la décision judiciaire respective n'annule pas la loi, laquelle reste en vigueur pour les autres et se limite à déclarer la loi non applicable pour le requérant.

d. L'action d'amparo contre les lois au Guatemala: Au Guatemala, l'amparo est recevable afin qu'il soit déclaré, dans des cas concrets, qu'une loi, un règlement ou résolution, ou un acte d'autorité n'oblige pas le requérant, du fait de transgresser ou de restreindre l'un quelconque des droits garantis par la Constitution (art.80, a1.30).

Dans ces cas, la décision judiciaire d'*amparo* suspend, pour le requérant, la loi, le règlement, la résolution ou l'acte d'autorité contesté, et, le cas échéant, ordonne la remise en état de la situation juridique affectée, ou la cessation de la mesure dictée (art.82,1).

e. L'action d'amparo contre les lois au Costa Rica: Dans le cas du Costa Rica, l'article 30 de la loi de juridiction constitutionnelle stipule que l'amparo n'est pas recevable:

Contre les lois ou autres dispositions normatives, sauf lorsqu'on les conteste conjointement avec des actes d'application individuelle qui en découlent ou lorsqu'il s'agit de normes d'action automatique, dont les préceptes sont obligatoires immédiatement, du seul fait de leur promulgation, sans nécessité d'autres normes ou actes qui les développent ou les rendent applicables au requérant.

Dès lors, au Costa Rica, l'*amparo* contre les lois ou actes normatifs auto applicatrices est admissible, ainsi qu'en a déjà décidé la Chambre constitutionnelle.

Dans le cas du Costa Rica, il importe de noter que, s'il est vrai que l'interjection d'*amparo* ne suspend pas les effets des lois ou normes contestées, en revanche, elle en suspend l'application pour le requérant, ainsi que pour les actes concrets contestés (art.41).

Quoiqu'il en soit, une fois contestée en *amparo*, une loi ou norme, conformément à la loi de juridiction constitutionnelle, le Président de la Chambre constitutionnelle doit suspendre le recours, sans autre formalité, et octroyer au requérant un délai de quinze jours ouvrables pour qu'il forme l'action d'inconstitutionnalité contre la norme.

f. Autres systèmes qui admettent l'amparo contre les lois auto applicatrices: En Allemagne, le recours d'amparo constitutionnel est admis contre les lois auto applicatrices, c'est à dire, les normes qui portent préjudice au requérant à l'occasion de leur entrée en vigueur, sans que des actes concrets d'application ne soient nécessaires.

(b) L'exclusion des lois de la sphère de l'amparo

Dans d'autres systèmes, les actions d'*amparo* contre les lois sont expressément exclues.

C'est le cas de l'Argentine, où l'action d'*amparo* n'est pas admise contre les lois, puisque par rapport à celles-ci, l'exercice du contrôle diffus de leur constitutionnalité est inadmissible dans le cas concret où se pose la question d'inconstitutionnalité. Bien entendu, dans une décision d'*amparo* contre des actes concrets, le juge respectif peut apprécier l'inconstitutionnalité d'une norme, mais dans ce cas, il ne s'agit pas véritablement d'un *amparo* contre des normes.

Au Brésil également, l'exercice du *mandado de segurança* contre les lois est exclus, l'*amparo* n'étant pas admis si la disposition légale n'a pas été appliquée par le biais d'un acte administratif, mais en tout cas, c'est contre cet acte que peut s'exercer l'action de protection.

En Uruguay, la loi n° 16011 de 1988 établit que l'action d'*amparo* ne sera en aucun cas admise «contre les lois et décrets des Gouvernements départementaux qui ont force de loi dans leur juridiction» (art. 1, c).

D. L'*amparo* contre les actes et faits administratifs et contre les omissions de l'administration

D'une manière générale, tous les systèmes constitutionnelles qui établissent l'institution de l'*amparo* admettent l'action d'*amparo* contre des actes et faits administratifs et contre les omissions de l'administration.

Certaines lois, cependant, précisent ce thème avec davantage de détails, comme c'est le cas du Vénézuéla. En effet, conformément à l'article 5 de la loi organique:

> L'action d'*amparo* est recevable contre tout acte administratif, action matérielle, voie de fait, abstention ou omission qui viole ou menace de violer un droit ou garantie constitutionnel, lorsqu'il n'existe pas de moyen de procédure bref, sommaire et efficace, en accord avec la protection constitutionnelle.

Par conséquent, l'action d'*amparo* est recevable aussi contre les actes administratifs ou contre les omissions de l'administration qui violent ou menacent de violer un droit ou garantie constitutionnel, si toutefois il n'existe pas «un moyen de procédure bref, sommaire et efficace, en accord avec la protection constitutionnelle». Ainsi, si un tel moyen existe, l'action d'*amparo* peut être admise; et c'est la loi organique elle-même qui se charge de prévoir comme un «moyen de procédure bref, sommaire et efficace, en accord avec la protection constitutionnelle», le recours contentieux administratif d'annulation, à condition que dans la localité, existe un tribunal compétent en matière de contentieux administratif, et que celui-ci soit un moyen effectif et réel de protection.

Dans ce cas, la loi prévoit que l'action d'*amparo* peut s'exercer contre des actes administratifs à effets particuliers ou contre des abstentions ou refus de l'administration, devant le juge du contentieux administratif compétent, s'il existe dans la localité, «conjointement au recours en contentieux administratif d'annulation des actes administratifs ou contre les omissions, respectivement, qui soit exercé». Dans ce cas, ajoute l'article 5 de la loi organique, le juge, «en forme brève, sommaire, effective et conformément à la disposition de l'article 22, s'il le considère pertinent pour la protection constitutionnelle, suspendra les effets de l'acte contesté en tant que garantie du droit constitutionnel violé, tant que dure le procès».

Finalement, afin de garantir que ce recours contentieux administratif d'annulation et d'*amparo*, soit un moyen de procédure bref, sommaire et effectif, en accord avec la protection constitutionnelle, le paragraphe unique de l'article 5 de la loi organique précise que:

> Quand l'action d'*amparo* est exercée contre des actes administratifs conjointement avec recours contentieux administratif qui se fonde sur la violation d'un droit constitutionnel, l'exercice du recours sera recevable en tout temps, même après que les délais de caducité prévus dans la loi se soient écoulés; et il ne sera pas nécessaire d'épuiser la voie administrative au préalable.

Par conséquent, un acte administratif enfreignant un droit ou une garantie constitutionnelle, peut être contesté en tout temps par le biais du contentieux administratif, si toutefois à ce recours d'annulation se joint une prétention d'*amparo*.

E. L'*amparo* contre des jugements et autres actes judiciaires

Contrairement à l'admission généralisée de l'*amparo* en matière d'actes de l'administration, la situation est loin d'être uniforme pour les jugements et autres actes judiciaires, étant donné que dans certains pays, la possibilité de l'action d'*amparo* contre des jugements est expressément exclue.

*(a) L'admissibilité de l'action d'*amparo* contre des actes judiciaires*

L'action d'*amparo* contre des jugements est largement admise en divers pays. En effet, en accord avec l'article 4 de la loi organique d'*amparo* du Vénézuéla:

De même est recevable l'action d'*amparo* lorsqu'un tribunal de la République, agissant hors de sa compétence, dicte une résolution ou décision, ou ordonne un acte qui lèse un droit constitutionnel.

A première vue, de cette norme découle l'interprétation selon laquelle si la décision judiciaire enfreignant un droit constitutionnel est dictée par un juge agissant *à l'intérieur* de sa compétence (par la matière ou par le territoire), l'action autonome d'*amparo* ne pourrait pas être recevable; en revanche, la prétention d'*amparo* devrait s'exercer conjointement avec l'appel ou le recours en cassation correspondant. C'est ce qui se déduit de l'interprétation la plus directe de la norme, dans le but de sauvegarder les moyens ordinaires et extraordinaires de révision des décisions judiciaires, qui dans ces cas, auraient des effets suspensifs et, par conséquent, de protection constitutionnelle immédiate.

Cependant, le problème d'interprétation a été résolu par la jurisprudence, laquelle a adopté la doctrine la plus accordée à la protection constitutionnelle que consacre la loi organique, en considérant qu'en général, aucun tribunal n'est compétent pour léser illégitimement des droits ou garanties constitutionnelles, et en donnant accès à l'action d'*amparo* contre des jugements en cas de violation de droits et libertés constitutionnelles.

Quoiqu'il en soit, selon l'article 4 de la loi et, dans le but de sauvegarder les hiérarchies judiciaires de révision, il est prévu expressément que:

> L'action d'*amparo* doit être interjetée devant un tribunal supérieur à celui qui a prononcé le jugement contesté, et qui statuera de manière brève, sommaire et effective.

Enfin, il convient de mentionner que la loi exclut de manière expresse l'exercice de l'action d'*amparo* «lorsqu'il s'agit de décisions émanant de la Cour suprême de justice» (art. 6,6), ce qui trouve son explication dans la garantie constitutionnelle que prévoit l'article 211 de la Constitution en signalant que la Cour suprême étant «1e plus haut tribunal de la République, il ne sera entendu ni admis aucun recours contre ses décisions».

Au Pérou, la loi n° 23506 établit expressément que:

> Les actions de garantie sont aussi pertinentes si une autorité judiciaire, hors d'une procédure qui soit de sa compétence, émet une résolution ou une disposition quelconque qui lèse un droit constitutionnel (art.5)

Cette norme du Pérou a également suscité des problèmes d'interprétation, au sujet du terme «compétence» car on pouvait déduire que, si le juge agissait dans ses compétences, l'*amparo* ne serait pas admis, même si un droit constitutionnel se trouvait lésé. La jurisprudence, en tout cas, fidèle à ce que le projet de loi avait établi à l'origine (dans lequel le terme «compétence» n'était pas employé), a opté pour la recevabilité de l'*amparo*, lorsqu'un juge agit hors d'une procédure, quelle qu'elle soit, indépendamment du fait que la compétence lui incombe ou non du fait de la matière, du territoire ou de l'attribution, etc. Lorsque l'acte arbitraire a lieu à l'intérieur d'une procédure, l'action d'*amparo* ne serait néanmoins pas recevable, sauf si la procédure suivie ne s'est pas avérée régulière. C'est pourquoi l'article 6 de la loi prévoit que l'action d'*amparo* n'est pas recevable «contre une résolution judiciaire provenant d'une procédure régulière» (al. 1).

Au Mexique, le procès d'*amparo* trouve sa plus grande application lorsqu'il s'exerce contre des jugements et autres décisions judiciaires. Dans ce cas, il donne lieu à «l'*amparo* cassation». Cependant, le procès d'*amparo* n'est admissible que contre des jugements définitifs qu'aucun pouvoir ordinaire ne pourrait modifier ou réformer, auquel cas l'*amparo* est interjeté devant la Cour suprême de justice ou devant le tribunal collégial de circuit correspondant.

Au Brésil, le *mandado de segurança* n'est en principe pas recevable contre des actes judiciaires au sujet desquels la possibilité existe d'exercer un recours aux effets suspensifs ou coercitifs. C'est pourquoi l'*amparo* peut être octroyé contre de tels actes s'il ne se trouve aucun recours à leur encontre et qu'il est impossible de les corriger.

*(b) L'exclusion des jugements judiciaires de la sphère de l'*amparo

Dans d'autres pays, les décisions judiciaires demeurent hors de la portée de l'action d'*amparo*. Tel est le cas de l'Argentine, dont la loi n°-16986 de 1966 signale expressément que l'*amparo* ne serait pas recevable lorsque «l'acte contesté proviendrait d'un organe du pouvoir judiciaire» (art.2, b).

De la même manière, la loi n° 16011 de 1988 d'Uruguay stipule que l'action d'*amparo* ne sera recevable en aucun cas contre «les actes juridictionnels, quels que soient leur nature et l'organe dont ils émanent». L'article 2, A de la loi explique qu'en «ce qui concerne les actes émanant des organes du pouvoir judiciaire, sont compris comme actes juridictionnels, outre les jugements, tous les actes dictés par les juges au cours de procès litigieux». En particulier, en Uruguay, sont exclus spécialement de l'*amparo* «les actes de la Cour électorale, quelle que soit leur nature» (art. 1,B).

Au Costa Rica, la loi de la juridiction constitutionnelle ordonne de manière expresse que l'*amparo* ne sera pas recevable «contre les résolutions et actes juridictionnels du pouvoir judiciaire» (art. 30,b) et en particulier, qu'il ne sera pas recevable non plus «contre les actes et dispositions du haut Tribunal des élections en matière électorale» (art. 30,d).

Il importe d'indiquer qu'au Guatemala, la loi prévoit la non recevabilité de l'action d'*amparo* «dans des questions d'ordre judiciaire concernant les parties et personnes qui y sont intervenues» (art. 81,1), la voie n'étant donc pas exclue pour les tiers.

DEUXIÈME PARTIE

LE JUGE CONSTITUTIONNEL INDEPENDANT DU POUVOIR JUDICIAIRE

Dans les pays européens, étant donné les particularités de l'évolution du principe de la séparation des pouvoirs et la crainte traditionnelle d'octroyer aux autorités judiciaires le contrôle de la constitutionnalité des lois et même des actes administratifs, un contrôle juridictionnel de la constitutionnalité des lois a été mis en place en dehors du pouvoir judiciaire de la même façon que, sous l'influence française, un contrôle juridictionnel de la légalité des actes administratifs a été établi dans de nombreux pays en dehors du pouvoir judiciaire. C'est ainsi que la justice constitutionnelle en ce qui concerne le pouvoir d'annuler les lois inconstitutionnelles a été attribuée, en Europe, dès les années 20, à des cours constitutionnelles créés comme organes de niveau constitutionnel n'appartenant pas au pouvoir judiciaire. Ce contrôle de la constitutionnalité des lois a été conçu comme un contrôle concentré dans la mesure où des cours constitutionnelles en relèvent en exclusivité.

D'autre part, en instituant ces cours constitutionnelles, certains pays européens, après avoir constitutionnalisé les droits et garanties constitutionnels, ont créé un recours constitutionnel ou action d'*amparo,* afin de protéger ces droits de façon directe et expresse et en tant que contrôle juridictionnel spécifique. Cela sans éliminer, bien sûr, le rôle traditionnel des autorités judiciaires, garantes des libertés et des droits constitutionnels.

Or, si l'on veut étudier, en droit comparé, les systèmes de justice constitutionnelle créés en dehors du pouvoir judiciaire, il faut distinguer le contrôle juridictionnel concentré de la constitutionnalité des lois exercé par des Cours constitutionnelles (Chapitre I) de la fonction juridictionnelle spécifique des Cours constitutionnelles en ce qui concerne la protection des libertés et des droits constitutionnels au moyen des recours constitutionnels (Chapitre II).

CHAPITRE I

LE CONTRÔLE JURIDICTIONNEL CONCENTRÉ DE LA CONSTITUTIONNALITÉ DES LOIS EXERCÉ PAR LES COURS CONSTITUTIONNELLES, CRÉES COMME DES ORGANES SEPARÉS DU POUVOIR JUDICIAIRE

Le système de contrôle juridictionnel concentré de la constitutionnalité des lois, fondé sur l'attribution du pouvoir exclusif d'annuler et, en général, d'exercer ce contrôle à un seul organe constitutionnel, spécialement créé en dehors de l'organisation du pouvoir judiciaire, est essentiellement une institution européenne. Il est né en Europe où il s'est développé particulièrement après la deuxième guerre mondiale et s'est cantonné en Europe[1] donnant lieu au «modèle européen» de contrôle juridictionnel[2], aussi appelé «système autrichien»[3].

Mais l'essence du système concentré de contrôle juridictionnel, n'est pas l'existence d'une Cour constitutionnelle séparée du pouvoir judiciaire, mais la concentration de pouvoirs d'annulation des lois en un seul organe, qui peut parfaitement être la Cour suprême d'un pays située au sommet de l'organisation du pouvoir judiciaire[4]. C'est pourquoi le système concentré de contrôle juridictionnel

---

(1) Exceptionnellement, et indubitablement, sous l'influence européenne, certains pays latino-américains ont institué des Tribunaux constitutionnels. C'est le cas du Chili, du Guatemala, de l'Equateur et du Pérou, avec des pouvoirs de contrôle variés et différents, à l'exception du Guatemala (J.M. García La Guardia, *La defensa de la Constitución*, UNAM, México 1983, p. 52). Ceci nous conduit à conclure que les similitudes avec le modèle européen concernent davantage les noms et les dénominations que de pouvoirs de contrôle. Ceci d'autant plus que, contrairement à ce qui est la norme en Europe, ces tribunaux en Amérique latine font partie intégrante du pouvoir judiciaire. *V.* en général H. Fix-Zamudio, *Los tribunales constitucionales y los derechos humanos*, UNAM, México 1980; H. Fix-Zamudio, *Veinticinco años de evolución de la Justicia Constitucional 1945-1960*, UNAM México 1968.

(2) L. Favoreu, «Actualité et légitimité en contrôle juridictionnel des lois en Europe occidentale», *Revue de droit public et de la science politique en France et à l'étranger*, Paris 1984 (5), p. 1149. Egalement publié in L. Favoreu et J.A. Jolowicz (ed.), *Le contrôle juridictionnel des lois. Légitimité, effectivité et développements récents*. Paris 1986, pp. 17-68.

(3) M. Cappelletti, *Judicial Review in the Contemporary World*, Indianapolis 1975, p. 46.

(4) Dans les systèmes en vigueur, par exemple, en Uruguay, au Panama ou au Paraguay, et dans les pays latino-américains qui possèdent un système mixte (le Vénézuéla et la Colombie, par exemple).

n'est pas synonyme du «modèle européen» mais plutôt l'une de ses expressions, la plus remarquable sans aucun doute.

Le «modèle européen» trouve son origine après la première guerre mondiale, sous l'impulsion des idées et des travaux de Hans Kelsen, en particulier en ce qui concerne le concept de suprématie de la Constitution et le besoin d'une garantie juridictionnelle de celle-ci[5]. C'est aussi le résultat de l'absence d'un système diffus de contrôle juridictionnel de la constitutionnalité des lois, expressément ou indirectement exclu de la Constitution. A ce sujet, la Constitution autrichienne a toujours interdit aux juges ordinaires d'«examiner la validité des lois, décrets ou traités internationaux dûment promulgués»[6]. La Constitution tchécoslovaque de 1920 avait adopté le même principe lorsqu'elle restreignait les pouvoirs des juges ordinaires concernant les lois à la seule «vérification de leur correcte publication»[7].

C'est ainsi que, le système diffus de contrôle de la constitutionnalité étant interdit et la réticence à l'égard du pouvoir de contrôle des juges sur les lois demeurant l'un des principaux piliers de la doctrine de séparation des pouvoirs, le seul moyen de garantir la suprématie de la Constitution consistait à mettre sur pied un organe constitutionnel, séparé du pouvoir judiciaire et, à l'origine, sans aucun pouvoir juridictionnel, chargé du contrôle de la constitutionnalité des lois mais en tant que législateur négatif[8].

Conformément à ces idées fondamentales, les premiers Tribunaux constitutionnels ont vu le jour en Tchécoslovaquie et en Autriche, dans les constitutions respectives des 29 février et 1 octobre 1920. Le Tribunal tchécoslovaque, au cours de son existence, n'a jamais exercé un contrôle effectif de la constitutionnalité; il disparut en 1938[9] et ne fut restauré que sous le régime socialiste en 1968[10]. Néanmoins, ses traits originaux peuvent être considérés comme étant les premiers signes du «modèle européen» de contrôle concentré de la constitutionnalité des lois.

Afin de mieux cerner le modèle européen de contrôle concentré de la constitutionnalité des lois, il nous faut d'abord analyser les Cours constitutionnelles européennes (I); ensuite, étudier la logique générale du système concentré de la constitutionnalité des lois (II), et finalement souligner les diverses méthodes de contrôle de la constitutionnalité des lois, du type concentré, exercé par les Cours constitutionnelles (III).

---

(5) H. KELSEN, «La garantie juridictionnelle de la Constitution (la justice constitutionnelle)», *Revue de droit public et de la science politique en France et à l'étranger*, Paris 1928, pp. 197-257.

(6) Article 89, 1. *V.* E. Alonso GARCÍA, «El Tribunal Constitucional austríaco», *El Tribunal Constitucional*, Instituto de Estudios Fiscales, Madrid 1981, Vo1.I, p. 414; M. CAPPELLETTI, *op .cit.*, p. 72.

(7) Article 102. *V.* P. CRUZ VILLALÓN, «Dos modos de regulación del control de la constitucionalidad: Checoslovaquia (1920-1980) y España (1931-1936)», *Revista española de derecho constitucional*, 5, 1982, p. 135.

(8) H. KELSEN, *loc. cit.*, pp. 223, 224, 226.

(9) P. CRUZ VILLALÓN, *loc. cit.*, pp. 129, 139.

(10) P. NOKOLIC, *Le contrôle juridicitonnel des lois et sa légitimité*, IALS, Uppsala, Colloquium 1984 (polycopié), p. 46. Publié également in L. FAVOREU et J.A. JOLOWICZ (ed.), *Le contrôle juridictionnel des lois..., cit.*, pp. 72-112.

I. LES COURS CONSTITUTIONNELLES EUROPéENNES

Comme nous l'avons signalé plus haut, le premier Tribunal constitutionnel créé en Europe en tant qu'organe constitutionnel séparé du pouvoir judiciaire pour exercer le contrôle de la constitutionnalité des lois de façon concentrée a été le Tribunal constitutionnel de Tchécoslovaquie, institué par la Constitution du 29 février 1920. Plus tard, sont apparus le Tribunal constitutionnel d'Autriche, la Cour constitutionnelle italienne, le Conseil constitutionnel français et le Tribunal constitutionnel espagnol, tous séparés du pouvoir judiciaire. En revanche, le Tribunal constitutionnel fédéral d'Allemagne et le Tribunal constitutionnel au Portugal font partie du pouvoir judiciaire de ces deux pays, bien qu'ils aient pratiquement les mêmes fonctions que les autres en matière de contrôle concentré de la constitutionnalité des lois.

Les lignes de force du système Tchécoslovaque mis en place en 1920 étaient les suivantes:

La Constitution stipulait expressément le principe de sa suprématie, considérant nulles et non avenues les lois contraires à ses dispositions et aux lois constitutionnelles[11] et, comme nous l'avons déjà dit, limitant le rôle des tribunaux à l'égard des lois à la «vérification de leur correcte publication»[12]. Donc, le monopole de l'appréciation de l'inconstitutionnalité des lois, soit du parlement soit des entités territoriales autonomes, était attribué à un Tribunal constitutionnel créé par la Constitution[13] et régi par une lois spéciale promulguée immédiatement après la Constitution[14]. Cet organe constitutionnel n'avait d'autre attribution que des pouvoirs de justice constitutionnelle[15].

La question de l'inconstitutionnalité ou nullité des lois ne pouvait être portée que devant le Tribunal constitutionnel d'une manière abstraite par le biais d'un «recours d'inconstitutionnalité des lois»[16], sans aucun rapport avec un cas particulier. La méthode du contrôle de la constitutionnalité était donc une méthode directe au moyen d'une action directe qui ne pouvait être exercée que par certains organes législatifs et judiciaires de l'Etat: les Chambres de l'Assemblée nationale, la Cour suprême, le Tribunal administratif suprême et le Tribunal électoral[17].

Le Tribunal constitutionnel n'avait aucun pouvoir *ex officio* sur les questions constitutionnelles[18] et l'action ne pouvait être portée devant le Tribunal que pendant les 3 ans suivant la publication de la loi[19].

Finalement, les effets des décisions du Tribunal constitutionnel étaient *erga omnes* et *ex nunc, pro futuro* à partir du jour de la publication de la décision[20].

---

(11) Article I, 1.
(12) Article 102.
(13) Article III, 2 de la loi d'introduction de la Constitution.
(14) Loi du Tribunal constitutionnel du 9 mars 1920.
(15) *Cf.* P. CRUZ VILLALÓN, «Dos modos de regulación del control de la constitucionalidad: Checoslovaquia (1920-1980) y España (1931-1936)», *Revista española de derecho constitucional*, 5, 1982.
(16) Article 121, a, de la Constitution.
(17) Article 9 de la loi du Tribunal constitutionnel.
(18) P. CRUZ VILLALÓN, *loc. cit.*, pp. 138.
(19) Article 12 de la loi du Tribunal constitutionnel.
(20) Article 20 de la loi du Tribunal constitutionnel.

1. Le Tribunal constitutionnel autrichien

L'institution du système européen concentré de contrôle de la constitutionnalité qui a joué le rôle le plus déterminant dans l'évolution de ce dernier est le Tribunal constitutionnel autrichien, créé par la Constitution de 1920 et restauré en 1945. Les aspects généraux de cette institution, très semblables à celles du Tribunal tchécoslovaque, ont été formulés par Hans Kelsen, membre du Tribunal constitutionnel jusqu'en 1929. Ces caractéristiques générales ont fait l'objet d'amendements constitutionnels en 1925 et 1929, ces derniers très importants puisqu'ils ont donné au Tribunal son caractère actuel, promulgué dans la loi constitutionnelle de 1945, elle-même amendée à plusieurs reprises[(21)].

Le Tribunal constitutionnel autrichien est régi par la Constitution de 1945 comme un organe constitutionnel séparé du pouvo»ir judiciaire[(22)]. Ses dispositions principales sont comprises dans la loi fédérale spéciale du Tribunal constitutionnel de 1953, modifiée à plusieurs reprises[(23)], et dans le règlement interne du Tribunal promulgué par ce dernier[(24)] conformément à ses pouvoirs d'auto réglementation, ce qui confirme son indépendance à l'égard des autres organes politiques.

Il est conçu comme un organe constitutionnel indépendant des autres organes de l'Etat, bien que ses membres soient nommés par le pouvoir exécutif conjointement au pouvoir législatif[(25)]. Conformément à l'article 147 de la Constitution, le Tribunal est composé d'un président, un vice-président, douze membres et six suppléants. Le président, le vice-président, six membres et trois suppléants sont nommés par le Président de la République sur proposition du gouvernement fédéral; ils doivent être choisis parmi les magistrats, les fonctionnaires publics et les professeurs de droit. Les six autres membres et trois suppléants sont nommés par le Président de la République sur proposition du Conseil national et du Conseil fédéral qui sont les organes législatifs.

Par conséquent, la nomination des membres du Tribunal est fidèle aux normes politiques en usage dans le pays et à l'influence normale des partis politiques[(26)], clairement prise en compte par Kelsen en 1928, lorsqu'il se référait au danger de l'influence politique sur les activités du Tribunal:

> Si ce danger est particulièrement grand, il est préférable d' accepter plutôt qu'une influence occulte et par suite incontrôlable des partis politiques, leur participation légitime à la formation du Tribunal...[(27)].

---

(21) *Cf.* Allan R. BREWER-CARÍAS, *Judicial Review in Comparative Law*, Cambridge University Press, 1989, pp. 196 et ss.; E. Alonso GARCÍA, «El Tribunal Constitucional austríaco», *El Tribunal Constitucional*, Instituto de Estudios Fiscales, Madrid 1981, Vol. I, p. 413; M. CAPPELLETTI, *Judicial Review in the Contemporaa World*, Indianapolis 1975, p. 71; F. EMARCORA, «Procédures et techniques de protection des droits fondamentaux. Cour constitutionnelle autrichienne», L. FAVOREU (ed.), *Cours constitutionnelles européennes et droits fondamentaux*, 1982, p. 189.

(22) Articles 137 et 138 de la Constitution du ler mai 1945. *V.* la version espagnole de la Constitution in I. MÉNDEZ DE VIGO, «El Verfassungsgerichthof (Tribunal Constitucional austríaco)», *Boletín de jurisprudencia constitucional*, Cortes Generales, 7, Madrid 1981, p. 555-560.

(23) Loi n° 85, 1953. *V.* T. OHLINGER, *Legge sulla Corte costutizionale austriaca*, Florence 1982.

(24) Article 148 de la Constitution. Le règlement interne du Tribunal de 1946 peut être consulté in T. OHLINGER, *op. cit.*, p. 137.

(25) *V.* les considérations générales à ce sujet in H. KELSEN, *loc. cit.*, pp. 226-227.

(26) F. ERMACORA, *loc. cit.*, pp. 190-191.

(27) H. KELSEN, «La garantie juridictionnelle de la Constitution (la justice constitutionnelle)», *Revue de droit public et de la science politique en France et à l'étranger*, Paris 1928, p. 227.

La Constitution a cependant prévu plusieurs restrictions afin de garantir l'impartialité des membres du Tribunal, notamment en insistant sur la participation de juristes[28] et en interdisant au membres du gouvernement et des organes législatifs, et aux principaux dirigeants de partis politiques de devenir membre du Tribunal constitutionnel. En particulier, le président et le vice-président du Tribunal constitutionnel doivent être éloignés de toute position politique depuis au moins quatre ans au moment de leur nomination[29].

Contrairement au cas tchécoslovaque dans lequel le Tribunal constitutionnel était conçu exclusivement comme juge constitutionnel, le Tribunal constitutionnel autrichien combine ses fonctions de contrôle de la constitutionnalité des lois avec d'autres pouvoirs liés à des questions politiques et organiques. Ces autres attributions sont les suivantes:

En premier lieu, une série de pouvoirs juridictionnels destinés à résoudre des controverses impliquant les organes politiques de l'Etat fédéral. Certaines de ces controverses découlent du système fédéral et de la répartition verticale du pouvoir de l'Etat, soit: Tout d'abord, le Tribunal constitutionnel a juridiction en ce qui concerne les actions de patrimoine contre la Fédération, les états *(Lander)*, les districts, les municipalités ou associations de municipalités, lorsqu'elles ne peuvent être résolues par une procédure judiciaire ordinaire ou par résolution administrative[30]. Ces actions sont donc exceptionnelles et supplétoires, et se réfèrent aux rapports de patrimoine régis par le droit public[31].

Ensuite, le Tribunal constitutionnel peut résoudre tout conflit entre des organes constitutionnels et, en particulier, les conflits de juridiction entre les autorités administratives et judiciaires; les conflits de juridiction entre tribunaux et, en particulier, les conflits liés à la répartition verticale des pouvoirs de l'Etat entre la Fédération et les *Lander*, ou entre les *Lander*[32]. Il faut encore ajouter que, en ce qui a trait aux conflits entre la Fédération et les états, l'article 138, paragraphe 2, de la Constitution confère au Tribunal constitutionnel des pouvoirs spécifiques concernant l'interprétation de la Constitution afin de déterminer, sur demande du gouvernement fédéral ou des états avant que ne survienne un conflit concret, si les lois régissant une question spécifique relèvent constitutionnellement du législateur fédéral ou des législatures des états. Dans ce cas, la décision évite tout conflit concernant les pouvoirs conférés par la répartition verticale des pouvoirs de l'Etat car elle est adoptée avant que toute loi ne soit publiée; en outre, le fait de l'adopter donne au Tribunal constitutionnel le pouvoir d'interpréter la Constitution au sujet de ces questions[33].

Finalement, pour ce qui est des conflits fédéraux de pouvoirs, la troisième attribution du Tribunal constitutionnel est d'interpréter les accords intervenus entre les différents niveaux de l'Etat fédéral, particulièrement entre la Fédération et les *Lander*; tout cela résultant du système fédéraliste coopératif adopté en Autriche[34].

(28) Article 147, 3. *Cf.* H. Kelsen, *loc. cit.*, p. 227.
(29) Article 147,4.
(30) Article 137.
(31) *Cf.* E. Alonso García, *loc. cit.*, pp. 412-422.
(32) Article 138.
(33) F. Ermacora, *loc. cit.*, p. 191. Dans ce cas la on consider que le Tribunal constitutionnel exerce un «analyse judiciel preventif de la loi». *Cf.* WK. Geck, «Judicial Review of Statutes: a Comprative Survey of Present Institutions and Practices», *Cornell Lae Quarterly*, 51, 1966, p. 266.
(34) Articles 138,a et 15,a.

En deuxième lieu, le Tribunal constitutionnel jouit d'une autre série de pouvoirs juridictionnels liés aux élections et aux référendums. D'abord le Tribunal a pleins pouvoirs de décider des actions dont il serait saisi contre l'élection du Président de la Fédération, des représentants des Assemblées, des représentants des organes des associations professionnelles et contre les élections des membres du gouvernement des *Lander* et au niveau municipal. Ensuite, il est autorisé à résoudre la perte du mandat respectif des représentants élus(35). D'autre part, le Tribunal constitutionnel est habilité à trancher les plaintes portant sur le résultat d'un référendum destiné à approuver certaines lois(36).

En troisième lieu, le Tribunal constitutionnel a aussi pleins pouvoirs de trancher les accusations contre les organes suprêmes de la Fédération ou des *Lander*, basées sur la responsabilité constitutionnelle découlant d'illégalités(37). Sa décision peut entraîner la perte du poste et même la perte temporaire de droits politiques(38).

Finalement, en quatrième lieu, le Tribunal constitutionnel est autorisé à agir comme juge constitutionnel chargé du contrôle de la constitutionnalité des lois, des actes exécutifs et des traités, et de la protection constitutionnelle contre les violations de droits fondamentaux. Ces dernières fonctions sont directement liées au contrôle de la constitutionnalité.

En effet, parmi les différents pouvoirs juridictionnels du Tribunal constitutionnel dans le système autrichien, la Constitution lui confère celui de juge constitutionnel chargé du contrôle de la constitutionnalité des lois, traités et actes exécutifs, d'une façon concentrée et selon deux méthodes: principale et incidente.

La première chose à remarquer dans le système autrichien est que le pouvoir exclusif, conféré au Tribunal constitutionnel, de contrôler la constitutionnalité des actes d'Etats n'inclut pas seulement les actes législatifs mais aussi les traités et les actes exécutifs.

En ce qui concerne les actes législatifs, le contrôle de la constitutionnalité porte sur les lois fédérales et des *Lander*(39). Pour ce qui est des traités internationaux, le Tribunal constitutionnel n'a pleins pouvoirs de décider leur «illégalité» ou inconstitutionnalité que depuis 1964(40). Dans les deux cas, les actes d'Etat faisant l'objet du contrôle juridictionnel peuvent être considérés des actes subordonnés de façon immédiate à la Constitution; dès lors, le contrôle de la constitutionnalité apparaît comme la conséquence de l'expression hiérarchique de l'ordonnancement légal(41). Sur cette base, le contrôle de la constitutionnalité des actes exécutifs, normalement soumis aux lois, est généralement attribué, en Europe, à la juridiction administrative et non pas aux Cours constitutionnelles.

Néanmoins, en dépit de ces lignes de force selon la pensée de H. Kelsen en la matière, en Autriche, le contrôle juridictionnel des actes exécutifs est aussi attribué au Tribunal constitutionnel. A cet égard, Kelsen signalai:

(35) Article 141
(36) Article 141,3
(37) Article 142
(38) Article 142,4
(39) Article 140, 1.
(40) Article 140 a. *V.* H KELSEN, *loc. cit.*, p. 232.
(41) *Cf.* H. KELSEN, *loc. cit.*, pp. 228-231

Sans doute ces règlements ne sont pas ... des actes immédiatement subordonnés à la Constitution; leur irrégularité consiste immédiatement en leur illégalité et de façon seulement médiate en leur inconstitutionnalité. Si, malgré cela, nous proposons d'y étendre également la compétence de la juridiction constitutionnelle, ce n'est pas tant en considération de la relativité ... de l'opposition entre constitutionnalité directe et constitutionnalité indirecte, qu'eu égard à la frontière naturelle entre actes juridiques généraux et actes juridiques particuliers(42).

Par conséquent, selon Kelsen, seuls les actes d'Etat à effets particuliers (administratifs ou judiciaires) doivent être exclus de la juridiction constitutionnelle(43); ce qui implique que les normes exécutives ou les actes administratifs à effet général étaient également soumis à la juridiction du Tribunal constitutionnel. Cela en Autriche, où la Constitution confère au Tribunal constitutionnel, le pouvoir de décider de «l'illégalité» des décrets des autorités fédérales ou des *Lander*, et même des ordonnances au niveau local et les normes générales des associations professionnelles(44).

2. La Cour constitutionnelle en Italie

A. L'engagement constitutionnel et la Cour constitutionnelle en tant que garant

Immédiatement après la seconde guerre mondiale et avant la création du Tribunal constitutionnel fédéral en République fédérale d'Allemagne, la Constitution italienne du 1er janvier 1948 crée une Cour constitutionnelle chargée du contrôle de la constitutionnalité des lois et autres actes d'Etat, en tant que fondement d'un système concentré de contrôle juridictionnel de la constitutionnalité. Le système n'est devenu opérationnel qu'en 1956 lorsque la Cour constitutionnelle a entamé ses activités. Jusqu'à cette date, le système constitutionnel de contrôle juridictionnel d'avant 1948 a été maintenu. Il s'agissait d'un système diffus de contrôle juridictionnel selon lequel tous les tribunaux ordinaires avaient le pouvoir de ne pas appliquer les lois qu'ils considéraient inconstitutionnelles lorsqu'ils résolvaient des cas concrets auxquels les dites lois s'appliquaient(45).

La modification radicale du système peut être attribuée à plusieurs facteurs. Le premier et le plus important est le caractère davantage rigide imprimé à la Constitution de 1948 par rapport au caractère souple de la Constitution monarchique (*Statuti Albertini*) de 1848(46). Le besoin de protéger la Constitution du pouvoir législatif, particulièrement après l'expérience totalitaire du fascisme ainsi que le besoin de protéger et de défendre les libertés et les droits

(42) *Idem*, p. 230.
(43) *Idem*, p. 232.
(44) Article 139, 1. *Cf.* E. ALONSO GARCÍA, *loc .cit*, p. 434.
(45) M. CAPPELLETTI, «La justicia constitucional en Italia». *Boletín del Instituto de Derecho Comparado de México*, 30, 1960, p. 42; M. CAPPELLETTI, *Judicial Review in the Contemporary World*, Indianapolis 1971, p. 50; Allan R. BREWER-CARÍAS, *op. cit.*, pp. 215 et ss.
(46) *Cf.* A. PIZZORUSSO, «Procédures et techniques de protection des droits fondamentaux. Cour constitutionnelle italienne», L. FAVOREU (ed.), *Cours constitutionnelles européennes et droit fondamentaux*, Paris 1982, p. 165; J. RODRÍGUEZ-ZAPATA y PÉREZ, «La Corte Constitucional italiana: ¿Modelo o advertencia?», *El Tribunal Constitucional*, Instituto de Estudios Fiscales, Madrid 1981, Vol. III, p. 2416.

fondamentaux face aux pouvoirs de l'Etat[47] ont donné lieu au système concentré du contrôle juridictionnel. La Cour constitutionnelle, par conséquent, a été conçue comme un organe chargé de garantir «l'engagement constitutionnel» que renferme la Constitution de jeter les bases d'un régime démocratique dans lequel les pouvoirs de l'Etat seraient limités[48]. Selon le professeur Giovanni Cassandro, ancien membre de la Cour constitutionnelle:

> La Cour est l'organe constitutionnel qui garantit l'équilibre entre les divers pouvoirs de l'Etat, empêchant que l'un quelconque d'entre eux ne dépasse les limites imposées par la Constitution, et, de cette manière, assure un développement ordonné de la vie publique et du respect des droits constitutionnels des citoyens[49].

La Cour constitutionnelle en Italie, en tant que garante de la Constitution[50], a ainsi été créée comme un «organe constitutionnel»[51], indépendant de tous les autres organes de l'Etat, bien que ce caractère n'ait pas été expressément formulé en termes de droit positif comme ce fut le cas du Tribunal constitutionnel fédéral en Allemagne fédérale[52] ou du Tribunal constitutionnel en Espagne[53]. Néanmoins, la nature d'organe constitutionnel paritaire et indépendant de la Cour constitutionnelle a été reconnue sans discussion et est reflétée dans plusieurs aspects concernant le statut de ses membres, son autonomie administrative et budgétaire, l'absence de contrôle externe pouvant être exercé sur elle[54] ainsi que ses pouvoirs d'auto réglementation[55].

En outre, l'indépendance de la Cour constitutionnelle à l'égard des organes traditionnels de l'Etat, garantie par la loi constitutionnelle n° 1 de février 1948, découle également du mode paritaire de nomination de ses membres qui appartient non seulement aux organes politique-représentatifs de l'Etat comme en Allemagne fédérale, mais bien aux trois pouvoirs traditionnels de l'Etat: le Président de la République, le parlement et le pouvoir judiciaire. En effet, conformément à la Constitution[56] et à la loi n° 87 (1953) relative à la Cour[57], la Cour constitutionnelle

---

(47) *Cf.* G. CASSANDRO, «The Constitutional Court of Italy», *American Journal of Comparative Law*, 8, 1959, p. 3.

(48) *Cf.* F. RUBIO LLORENTE, *La Corte Constitucional italiana*, Caracas 1965, pp. 2-4.

(49) G. CASSANDRO, *loc. cit.*, p. 12; *Cf.* J. RODRÍGUEZ-ZAPATA y PÉREZ, *loc. cit.*, p. 2417.

(50) Dans sa décision n° 13 de 1960, la Cour constitutionnelle a défini ses fonctions comme essentiellement «l'exercice d'une fonction de contrôle constitutionnel, de la garantie suprême de l'observance de la Constitution ... par les organies constitutionnels de l'Etat et des Régions» (*cit.* par F. RUBIO LLORENTE, *loc. cit.*, p. 10, note 27); et dans sa décision n° 15 de 1969, elle s'est définie comme la gardienne de l'ordre républicain, à qui incombre exclusivement la tâche d'assurer la suprématie de la Constitution sur tout les autres agents constitutionnels». (*cit.* par J. RODRÍGUEZ-ZAPATA y PÉREZ, *loc. cit.*, p. 2420).

(51) A. SANDULLI, «Sulla Posizione della Corte Costituzionale nel Sistema degli Organi supremi dello Stato», *Rivista trimestrale di diritto pubblico*, 1960, p. 1705.

(52) Article 1, 1 de la Loi fédérale du Tribunal constitutionnel fédéral (1951).

(53) Article 1, 1 de la Loi organique du Tribunal constitutionnel (1978).

(54) A. SANDULLI, *loc. cit.*, p. 718; J. RODRÍGUEZ-ZAPATA y PÉREZ, *loc. cit.*, p. 2428; G. CASSANDRO, *loc. cit.*, pp. 13-14.

(55) Article 14, Loi n° 87 du 11 mars 1953, Normes de la Constitution et du fonctionnement de la Cour constitutionnelle. *V.* le texte in F. RUBIO LLORENTE, *loc. cit.*, pp. 48-55.

(56) Article 135.

(57) Loi n° 87 (1953), Articles 1-4.

italienne est composée de quinze membres nommés de la façon suivante: trois par la Cour de cassation, un par le Conseil d'état et un par la Cour des comptes, parmi les membres du pouvoir judiciaire, y compris des membres retraités. Cinq autres membres sont nommés par les deux chambres du parlement en séance conjointe à la majorité des trois cinquièmes, parmi les juges, les professeurs universitaires ordinaires de droit ou les juristes dotés d'une expérience d'au moins vingt ans au sein des organes judiciaires suprêmes de la République. Les cinq derniers membres sont nommés par le Président de la République.

Comme nous l'avons dit, la Cour constitutionnelle est conçue dans le système constitutionnel italien comme un organe constitutionnel, indépendant des autres organes de l'Etat, chargé de garantir l'équilibre entre les divers pouvoirs. C'est la raison pour laquelle elle a été créée en dehors des pouvoirs traditionnels de l'Etat et en particulier du pouvoir judiciaire à l'égard duquel la Cour constitutionnelle a établi ses propres différences[(58)].

Mais bien que n'étant pas un organe judiciaire, des discussions ont surgi lors de la mise en marche de la Cour constitutionnelle concernant la nature des pouvoirs qu'elle était autorisée à exercer. A ce propos, son caractère judiciaire a été rejeté et, sous l'influence de Hans Kelsen, l'idée de «législateur négatif» a été acceptée[(59)]. Aujourd'hui, c'est finalement le caractère juridictionnel qui l'emporte grâce surtout aux travaux du professeur Mauro Cappelletti[(60)]. Donc, tout comme les autres. Cours constitutionnelles européennes, en particulier les Tribunaux autrichien et espagnol, la Cour constitutionnelle italienne est conçue comme un organe constitutionnel indépendant, séparé du pouvoir judiciaire, qui exerce des fonctions juridictionnelles lorsqu'elle est saisie d'un conflit relatif à la constitutionnalité des lois et à la subordination de toutes les activités des organes de l'Etat à la Constitution. C'est pourquoi, comme c'est le cas en Autriche et en Allemagne, la Cour constitutionnelle en Italie a non seulement le pouvoir de contrôle juridictionnel des lois mais aussi de résoudre d'autres controverses constitutionnelles découlant des systèmes de répartition verticale et horizontale des pouvoirs de l'Etat adopté dans la Constitution.

B. La juridiction de la Cour constitutionnelle

Conformément à la Constitution, quatre grands groupes de compétences de la Cour constitutionnelle peuvent être identifiés. Le premier groupe se réfère à la résolution de «conflits d'attributions» qui peuvent surgir entre les pouvoirs de l'Etat. Ces conflits d'attributions ou de compétences peuvent découler de la répartition verticale des pouvoirs de l'Etat, particulièrement en ce qui concerne les régions, et la répartition horizontale entre les organes constitutionnels.

En effet, constitutionnellement, la République italienne a été organisée comme un «Etat régional», soit une décentralisation politique très proche du fédéralisme,

---

(58) Décision n° 13, 23 mars 1960, *cit.* par F. RUBIO LLORENTE, *loc. cit.*, p. 10.

(59) P. CALAMANDREI, *La illegittimitá costituzionale delle leggi nel processo civile*, Padova 1950, p. 57; H. FIX-ZAMUDIO, «La aportación de Piero Calamandrei al derecho procesal constitucional», *Revista de la Facultad de Derecho de México*, 24, 1956, p. 191.

(60) M. CAPPELLETTI, *La giurisdizione costituzionale dele libertá* (primo studio sul ricorso costituzionale con particulare riguardo agli ordinamenti tedesco, suizzero e austriaco), Milan 1955, p. 112; M. CAPPELLETTI, «La justicia constitucional...», *loc. cit.*, p. 52; F. RUBIO LLORENTE, *loc. cit.*, pp. 10-13.

mais avec ses caractéristiques propres. Quoi qu'il en soit, les deux formes de décentralisation politique ont en commun une répartition des pouvoirs de l'Etat dans le sens vertical, vers des entités territoriales autonomes appelées «régions». C'est ce qui explique que, comme dans le cas du Tribunal constitutionnel fédéral d'Allemagne fédérale qui doit résoudre les controverses entre la Fédération et les *Lander*, en Italie la Cour constitutionnelle a pleins pouvoirs de résoudre les conflits d'attributions pouvant surgir entre l'Etat et les régions, lorsque l'Etat pénètre dans la sphère de compétence régionale ou qu'une région va au-delà de sa compétence(61) et pénètre celle des pouvoirs de l'Etat ou encore entre les régions lorsque celles-ci interférent dans leurs compétences respectives. Dans ces cas, le conflit trouve son origine dans des actes administratifs et, lorsqu'elle s'en saisit, la Cour constitutionnelle non seulement décide à quel niveau des pouvoirs de l'Etat appartient l'attribution contestée, mais elle a pleins pouvoirs d'annuler l'acte administratif qui a provoqué le conflit(62) ainsi que de suspendre *pendente litis* ses effets, lorsque la gravité de la situation l'impose(63).

Il convient de préciser que ce sont là les seuls cas où la Cour constitutionnelle italienne peut déclarer la nullité d'un acte administratif, n'ayant pas le pouvoir de juger de l'inconstitutionnalité des actes administratifs(64).

Les conflits d'attributions entre l'Etat et les régions peut aussi avoir son origine dans des actes législatifs de l'Etat, auquel cas leur résolution par la Cour constitutionnelle se fait au moyen direct du contrôle juridictionnel des lois exercées par les régions.

Mais comme nous l'avons déjà dit, dans le système constitutionnel italien, le conflit d'attributions peut surgir non seulement entre des pouvoirs de l'Etat répartis verticalement, mais aussi entre les pouvoirs constitutionnellement conférés aux divers organes constitutionnels nationaux. A ce sujet, la Cour constitutionnelle a aussi pleins pouvoirs de résoudre les conflits «de délimitation du domaine de compétences octroyé aux divers pouvoirs par les normes constitutionnelles»(65), par exemple, entre la Chambre des députés et le Sénat ou entre le Président de la République et la parlement. Il est cependant clair que, dans le système constitutionnel italien, le conflit d'attributions entre les pouvoirs de l'Etat répartis horizontalement est susceptible de surgir non seulement entre les trois pouvoirs traditionnels de l'Etat, mais aussi entre d'autres organes de l'Etat qui ne sont pas subordonnés aux trois pouvoirs, comme par exemple le Conseil supérieur de la magistrature, la Cour des comptes et le Conseil économique national. A ce sujet, le professeur Aldo Sandulli, ancien juge de la Cour constitutionnelle, estime qu'il faut donner à l'expression «pouvoirs de l'Etat» le sens de «tous les organes de l'organisation de l'Etat dont les activités, conformément à l'ordre constitutionnel, ne sont assujetties à aucun autre type de contrôle externe par aucun autre organe de l'Etat (même des organes constitutionnels)»(66). Quoi qu'il en soit, dans tous les cas de conflits

(61) Article 134 de la Constitution; article 39, Loi n° 87.

(62) Article 38, Loi n° 87.

(63) Article 40, Loi n° 87.

(64) F. RUBIO LLORENTE, *loc. cit.*, p. 16.

(65) Article 37, Loi n° 87.

(66) A. SANDULLI, «Die Verfassungsgerichtsbarkeit in Italia», in E. MOSLER (Ed.), *Verfassungsgerichtsbarkeit in der Gegenwart* (Constitutional Review in the World Today), Max-Plank-Institut Internationales Kolloquium, Heidelberg 1961, Cologne-Berlin 1962, p. 310; *cit.* par F. RUBIO LLORENTE, *loc. cit.*, p. 36.

d'attributions entre les organes constitutionnels de l'Etat, la Cour constitutionnelle doit déterminer le domaine de compétences conféré aux différents pouvoirs de l'Etat par les normes constitutionnelles [67], doit décider à quel organe appartient le pouvoir contesté, et, lorsqu'un acte s'est vu frappé d'incompétence, doit l'annuler[68].

Le second groupe de compétences de la Cour constitutionnelle, à l'instar des systèmes autrichien et ouest-allemand, se réfère aux cas d'accusations ou d'empêchement du Président de la République pour des crimes contre la Constitution ou de haute trahison ainsi que du Président du Conseil des ministres et des ministres pour des crimes commis par ceux-ci dans l'exercice de leurs fonctions[69]. Dans ces cas, l'accusation ne peut être portée devant la Cour que par le parlement qui doit l'adopter en séance conjointe des deux chambres.

Le troisième grand pouvoir juridictionnel de la Cour constitutionnelle porte sur les référendums. La Constitution donne pleins pouvoirs à la Cour de décider l'admissibilité de référendums dérogatoires en vue de l'abrogation de lois ordinaires, exception faite des lois budgétaires et fiscales, des lois accordant l'amnistie et le pardon, et des lois autorisant la ratification de traités internationaux[70].

Finalement, il existe un quatrième groupe de pouvoirs juridictionnels de la Cour constitutionnelle italienne qui sont liés au contrôle juridictionnel de la constitutionnalité des lois et autres actes de l'Etat de même force.

La Cour constitutionnelle italienne n'a donc pas de pouvoir sur les questions électorales ni sur les partis politiques[71], comme le Tribunal constitutionnel fédéral allemand, et, plus important, la Cour constitutionnelle italienne n'a de pouvoir pour agir en tant que garant direct des libertés et des droits fondamentaux, étant donné qu'elle ne jouit d'aucune attribution lui permettant de décider des recours constitutionnels de protection constitutionnelle comme dans les systèmes de justice constitutionnelle en Allemagne, en Autriche et en Espagne, en particulier lorsqu'ils sont exercés contre des lois. Néanmoins, le besoin d'une action directe devant la Cour constitutionnelle a suscité de nombreux débats au cours de la rédaction de la Constitution[72], et l'un des premiers textes proposés prévoyait la principale forme de contrôle juridictionnel de la constitutionnalité des lois par le biais d'un recours d'inconstitutionnalité qui pouvait être porté devant la Cour constitutionnelle, en tant que *actio popularis* accessible à tous les citoyens sans qu'il y ait dommage à leurs droits subjectifs; une action qui devait être exercée dans le délai d'un an après la publication de la loi[73]. Cette proposition d'action populaire d'inconstitutionnalité

---

(67) Article 37, Loi n° 87.

(68) Article 38, Loi n° 87.

(69) Articles 90, 134 de la Constitution. Loi n° 20 du 25 janvier 1962. *V.* le texte in F. RUBIO LLORENTE, *loc. cit.*, pp. 55-61.

(70) Articles 74, 75 de la Constitution; Loi constitutionnel n° 1 du 11 mars 1953, *V.* le texte in F. RUBIO LLORENTE, *loc. cit.*, pp. 46-47

(71) A propos des partis politiques, le Pr. RUBIO LLORENTE soutient que la Cour constitutionnelle ne peut que décider de leur constitutionnalité ou inconstitutionnalité, et uniquement par des voies directes, lorsqu'une question de constitutionnalité lui est portée au sujet d'un loi sanctionné sur base des articles 18 (prohibition du secret pour des groupes paramilitaires), 49 (liberté d'association dans des partis politiques), ou sur base de la Disposition transitoire XII (interdiction de toute forme de réorganisation du parti fasciste). Une organisation ou un parti politique peut, de cette manière, être dissout. F. RUBIO LLORENTE, *loc. cit.*, p. 16.

(72) *Cf.* A. PIZZARUSSO, *loc. cit.*, p. 168.

(73) F. RUBIO LLORENTE, *op. cit.*, pp. 4-5.

a été rejetée plus tard, surtout pour des raisons politiques[74] et le contrôle juridictionnel des lois s'est vu restreint essentiellement à un système incident de contrôle constitutionnel concentré dans la Cour constitutionnelle, en combinaison avec un moyen de contrôle principal limité et un système préventif portant uniquement sur certains actes de l'Etat.

C. La portée du contrôle constitutionnel

Le système italien de contrôle juridictionnel de la constitutionnalité des lois est donc un système concentré selon lequel la Cour constitutionnelle est le seul organe de l'Etat à avoir des pouvoirs exclusifs de déterminer la conformité des lois à la Constitution, entendant par «lois», conformément à la Constitution, les lois et les autres actes d'Etat ayant force de loi[75] qu'il s'agisse de l'Etat national ou des régions. Pour cette raison, les lois formelles sont assujetties au contrôle constitutionnel ainsi que les décrets-lois promulgués par le pouvoir exécutif en vertu d'une délégation parlementaire[76] ou, dans les cas d'urgence[77], ceux considérés comme étant des «actes ayant force de loi». D'autre part, les *interna corporis* du parlement, émis en exécution directe de la Constitution, sont aussi sujets au contrôle constitutionnel par la Cour constitutionnelle[78], tenant compte de leur caractère semblable aux lois dans la hiérarchie de l'ordre juridique.

D'autres aspects portant sur ces actes «législatifs» assujettis au contrôle constitutionnel méritent d'être soulignés. Le premier est l'admissibilité du contrôle de la constitutionnalité de lois contraires à la Constitution mais qui ont été promulguées avant celle-ci et qui, en principe, pourraient être considérées comme ayant été implicitement abrogées par cette dernière. La Cour constitutionnelle a accepté d'exercer un contrôle sur ces lois pré constitutionnelles par la méthode incidente, lorsque la question de la constitutionnalité est portée devant un juge ordinaire dans un cas concret et que celui-ci renvoie la question à la Cour constitutionnelle[79].

Le second aspect se réfère à la possibilité de soulever la question de la constitutionnalité de lois abrogées, ayant déjà perdu leur vigueur. La Cour constitutionnelle italienne a déclaré à plusieurs reprises sa compétence dans l'examen de controverses relatives à la constitutionnalité de ces lois abrogées, c'est à dire n'étant plus en vigueur mais qui, dû à la création par elle de situations juridiques qui persistent après l'abrogation de la loi, le contrôle constitutionnel est justifié[80].

Le troisième aspect est lié à l'objectif de ce contrôle, qui constitue non seulement un contrôle substantif au sens où il détermine si la loi est conforme à la Constitution dans son contenu normatif, mais aussi un contrôle formel des actes soumis au contrôle constitutionnel en ce qui concerne les procédures suivies[81].

---

(74) *Idem*, pp. 5-6.

(75) Article 1, Loi constitutionnel n° 1, 9 février 1948.

(76) Article 75 de la Constitution.

(77) Article 77 de la Constitution. Trois décrets-lois émis dans des situations urgentes doivent être soumises au parlement le jour suivant sa promulgation, et uniquement s'ils sont validés par le parlement, ils pourront être remis en question pour raisons d'inconstitutionnalité.

(78) F. RUBIO LLORENTE, *op. cit.*, p. 23.

(79) Décision n° 1, 1956, *cit.* par F. RUBIO LLORENTE, p. 35; *Cf.* G. CASSANDRO, *loc. cit.*, P. 5.

(80) Décision n° 4, 1959, *cit.* par F. RUBIO LLORENTE, p. 22.

(81) *Cf.* G. CASSANDRO, *loc. cit.*, p. 4.

D'autre part, les pouvoirs juridictionnels de la Cour constitutionnelle de contrôler la constitutionnalité des lois portent non seulement sur la confrontation d'actes législatifs avec la Constitution elle-même, mais également sur des «lois constitutionnelles» qui peuvent être promulguées conformément à l'article 138 de la Constitution pour amender celle-ci. Par conséquent, le «bloc de la constitutionnalité» comprend, outre les principes qui peuvent découler du texte constitutionnel, la Constitution et les «lois constitutionnelles» auxquelles toutes les autres normes doivent être conformes. Cependant, les «lois constitutionnelles», régies, en ce qui est de leur promulgation, par la Constitution qui détermine leur portée et leur contenu, peuvent aussi être soumises à un contrôle constitutionnel par la Cour constitutionnelle[(82)].

Finalement, en ce qui concerne la portée du contrôle juridictionnel exercé par la Cour constitutionnelle, il faut souligner les discussions surgies comme conséquence des termes employés à l'article 134 de la Constitution italienne. En effet, il y est stipulé que la Cour constitutionnelle a pleins pouvoirs de résoudre les conflits relatifs à la «légitimité constitutionnelle» des lois et des actes de l'Etat qui ont force de loi[(83)], ce qui peut mener à la conclusion que, comme cela s'est d'ailleurs produit au sujet du contrôle des actes administratifs dans le domaine du droit administratif, la Cour constitutionnelle peut contrôler le bien fondé des activités législatives.

En principe, ce pouvoir attribué à la Cour constitutionnelle ne se réfère qu'aux questions d'incompatibilité abstraite des actes de l'Etat avec la Constitution dans le sens où la Cour doit vérifier la subordination du législateur à la Constitution et les limites des activités de celui ci établies par cette dernière, la Cour constitutionnelle n'étant pas autorisée à juger les motivations ni le bien fondé d'une loi promulguée par le législateur. A cet égard, la loi n°- 87 (1953) de la Cour constitutionnelle stipule expressément:

> Art. 28. Le contrôle exercé par la Cour constitutionnelle sur la légitimité des lois ou des actes ayant force de loi exclut tout jugement de valeur de nature politique ainsi que tout jugement concernant l'utilisation que donne le parlement à son pouvoir discrétionnaire.

En dépit de la clarté de ce texte, la Cour constitutionnelle, toujours dans le cadre de cette norme, a contrôlé depuis 1960 le caractère «arbitraire» ou «non arbitraire» du législateur en ce qui concerne les lois promulguées au sujet du principe d'égalité et de non discrimination, ainsi que le caractère «rationnel» des distinctions établies dans les lois[(84)].

3. Le Tribunal constitutionnel en Espagne

A. La Deuxième République espagnole et le Tribunal des garanties constitutionnelles

La troisième expérience européenne de système concentré de contrôle constitutionnel, après les systèmes de justice constitutionnelle de Tchécoslovaquie

---

(82) G. CASSANDRO, *loc. cit.*, pp. 3-4. *Cf.* F. RUBIO LLORENTE, *op. cit.*, p. 20.

(83) Le terme est également utilisé dans l'article 1, Loi constitutionnel n° 1, 9 février 1948, et dans les articles 23-36, Loi n° 87, 1953.

(84) *Cf.* les décisions de la Cour et la doctrine opposée in F. RUBIO LLORENTE, *op. cit.*, pp. 17-19: et G. ZAGREBELSKI, «Objet et portée de la protection des droits fondamentaux. Cour constitutionnelle italienne», in L. FAVOREU (ed.), *Cours constitutionnelles européennes et droits fondamentaux*, Paris 1982, p. 330.

et d'Autriche en 1920, s'est développée durant la Deuxième République espagnole, conformément à la Constitution du 9 décembre 1931, qui a créé un Tribunal de garanties constitutionnelles. Le système mis en place était un système concentré de contrôle constitutionnel dans lequel on peut retrouver l'influence directe de l'expérience autrichienne et des idées de Hans Kelsen(85), bien qu'ayant des caractéristiques propres et un contexte historique spécifique dont l'origine peut être située dans les projets de la Première République en 1873(86).

Le système de contrôle constitutionnel de 1931 était conçu comme un système concentré dans lequel le Tribunal de garanties constitutionnelles avait le pouvoir exclusif de vérifier la constitutionnalité des lois par la méthode incidente ou principale. En outre, la Constitution prévoyait un recours de protection constitutionnelle *(recurso de amparo)* qui devait être introduit au Tribunal de garanties constitutionnelles en vue de la protection des droits fondamentaux.

La méthode incidente de contrôle a été établie dans l'article 100 de la Constitution:

> Lorsqu'un tribunal doit appliquer une loi qu'il juge contraire à la Constitution, il doit suspendre la procédure et envoyer une requête de consultation au Tribunal de garanties constitutionnelles.

La Constitution conférait en outre au Tribunal de garanties constitutionnelles la compétence d'être saisi au moyen du «recours d'inconstitutionnalité des lois»[87], conçu comme une action autonome qui pouvait être portée devant le Tribunal par le Ministère public, le gouvernement de la République, les régions et par «tout individu ou toute personne collective, même si celui-ci n'est pas directement touché»[88], ce qui, dans les faits, la transformait en une action populaire.

Néanmoins, ce vaste système concentré de contrôle constitutionnel mis en place par la Constitution de 1931 a été restreint par la loi organique du Tribunal promulguée en 1933 et selon laquelle le «recours d'inconstitutionnalité des lois» n'était prévu que comme un moyen incident de contrôle constitutionnel, exercé *ex officio* par un tribunal ou comme une conséquence d'une exception soulevée dans une procédure concrète par la partie dont les droits pourraient être affectés par l'application de la loi contestée, ou par le Ministère public de la République(89). C'est ainsi que le système espagnol, devenu exclusivement incident, s'est éloigné du modèle autrichien et a suivi les grandes lignes du système diffus de contrôle constitutionnel en ce qui a trait aux effets des décisions du Tribunal concernant l'inconstitutionnalité des actes de l'Etat, dans la mesure où elles n'étaient pas *erga omnes* mais bien restreintes uniquement aux «cas concrets du recours ou de la consultation»(90). Par conséquent, les lois n'étaient pas annulées par le Tribunal de

---

(85) J.L. MELIÁN GIL, *El Tribunal de Garantías Constitucionales de la Segunda República Española*, Madrid 1971, pp. 16-17, 53; P. CRUZ VILLALÓN, «Dos modos de regulación del control de la constitucionalidad: Checoslovaquia (1920-1980) y España (1931-1936)», *loc. cit*, p. 118.

(86) J.L. MELIÁN GIL, *op. cit.*, p. 9; N. GONZÁLEZ-DELIETO DOMINGO, *Tribunales Constitucionales, Organización y funcionamiento*, Madrid 1980, p. 21.

(87) Article 121. *V.* le texte de J.L. MELIÁN GIL, *op. cit.*, p. 111; N. GONZÁLEZ-DELIETO DOMINGO, *loc. cit*, p. 22.

(88) Article 123. *Idem*.

(89) Articles 30-33, loi organique de 1933. *V.* in J.L. MELIÁN GIL, pp.14, 29.

(90) Article 42, *idem*, p. 30.

garanties constitutionnelles mais seulement considérées inapplicables au cas concret[91]. La loi organique du Tribunal de garanties constitutionnelles a été largement critiquée à cause de cette restriction aux dispositions constitutionnelles et a été la première à faire l'objet d'un recours d'inconstitutionnalité[92]. Quoi qu'il en soit, moins de cinq ans après la promulgation de la Constitution, elle a été abrogée, en 1936, et, avec elle, tout le système de contrôle juridictionnel de la constitutionnalité éliminé. Ce n'est qu'avec la publication de la nouvelle Constitution démocratique du 27 décembre 1978 qu'un nouveau système de contrôle juridictionnel a été mis en place en Espagne, grâce à la création du Tribunal constitutionnel, régi plus tard par la «Loi organique du Tribunal constitutionnel» du 3 octobre 1979[93].

B. Le Tribunal constitutionnel comme modèle européen

Le fait que le système de contrôle constitutionnel espagnol ait été mis en place après la consolidation des principales expériences européennes en la matière a conduit celui-ci à adopter les caractéristiques les plus importantes du modèle européen, sous l'influence des normes allemandes, italiennes et françaises en particulier. Jusqu'à la création du Tribunal constitutionnel en Espagne, l'on disait que le Tribunal constitutionnel fédéral d'Allemagne fédérale possédait la juridiction la plus vaste du monde en matière constitutionnelle[94]. Après 1978, c'est le Tribunal constitutionnel espagnol qui était devenu, selon l'opinion générale, l'organe constitutionnel européen doté de la juridiction la plus complète en matière constitutionnelle[95]. Aujourd'hui, du moins en matière de justice constitutionnelle, c'est le Tribunal constitutionnel du Portugal, créé par la révision constitutionnelle de 1982 où a été établi un système mixte de contrôle juridictionnel de la constitutionnalité des lois, qui peut prétendre revendiquer ce titre.

Il n'empêche que le système espagnol constitue un exemple éloquent du modèle européen concentré de contrôle juridictionnel de la constitutionnalité[96] qui a fait ses preuves au cours des dernières années.

Bien sûr, tous les actes normatifs de l'Etat ne sont pas sujets au contrôle constitutionnel exclusif du Tribunal et, à l'instar d'autres pays européens, il est admis que les lois pré constitutionnelles, bien que sujettes au contrôle du Tribunal, peuvent faire l'objet d'un contrôle diffus par tout autre tribunal[97].

Conformément à la Constitution, le Tribunal constitutionnel est conçu comme un organe constitutionnel, indépendant et séparé du pouvoir judiciaire, mais doté

(91) J.L. Melián Gil, *op. cit.*, p. 30.

(92) *Idem*, p. 45; N. González-Delieto Domingo, *loc. cit*, p. 23.

(93) Loi organique 2/1979. *V.* le texte in *Boletín Oficial del Estado* n° 239, 5 octobre 1979.

(94) G. Muller, «El Tribunal Constitucional Federal de la República Federal de Alemania», *Revista de la Comisión Internacional de Juristas* Vol. VI (2), 1965, p. 221.

(95) *Cf.*, E. García de Enterría, *La Constitución como norma y el Tribunal Constitucional*, Madrid 1981, p. 137; P. Bon, F. Moderne et Y. Rodríguez, *La justice constitutionnelle en Espagne*, Paris 1982, p. 41; L. Favoreu, «Actualité et légitimité en contrôle juridictionnel des lois en Europe occidentale», *Revue de droit public et de la science politique en France et à l'étranger*, Paris 1984 (5), p. 1154; Allan R. Brewer-Carías, *op. cit.*, pp. 226 et ss.

(96) P. Bon, F. Moderne et Y. Rodríguez, *op. cit.*, p. 47.

(97) J. Salas, «El Tribunal Constitucional español y su competencia desde la perspectiva de la formación de un gobierno: sus relaciones con los poderes legislativo, ejecutivo y judicial», *Revista española de derecho constitucional*, n° 6, 1982, p. 165.

de fonctions juridictionnelles qui font de lui le garant de la constitutionnalité de l'action de l'Etat[98]. A cet égard, l'article 1 de la loi organique n° 2 de 1979 relative au Tribunal prévoit expressément:

> Le Tribunal constitutionnel, en tant qu'interprète suprême de la Constitution, est indépendant des autres organes constitutionnels et n'est subordonné qu'à la Constitution et à sa loi organique.

Selon l'article 159 de la Constitution, le Tribunal est composé de 12 membres nommés parmi les magistrats et procureurs, les professeurs universitaires, les fonctionnaires publics et juristes qualifiés de plus de 15 ans d'expérience. Les membres du Tribunal sont nommés par le Roi de la façon suivante: quatre sur proposition d'une majorité des trois cinquièmes des représentants du Congrès des députés; quatre sur proposition de la même majorité du Sénat; deux sur proposition du gouvernement et deux sur proposition du Conseil général de la magistrature. Donc, comme dans le système italien, les trois pouvoirs traditionnels de l'Etat interviennent dans la nomination des membres du Tribunal. Comme c'est le cas également dans d'autres systèmes européens, de manière à éviter la politisation du Tribunal, la Constitution détermine explicitement les incompatibilités frappant ses membres. Elle stipule notamment que la qualité de membre du Tribunal constitutionnel est incompatible avec un mandat de représentation, avec les postes politiques et administratifs, avec des fonctions de direction au sein d'un parti politique ou d'une organisation syndicale, ou le fait d'être employé par eux, avec la carrière de procureur judiciaire ou public et avec toute autre activité professionnelle ou commerciale. Il est aussi stipulé que les membres du Tribunal constitutionnel sont soumis aux mêmes incompatibilités que les membres de la magistrature.

On peut classer les compétences du Tribunal en trois groupes principaux: la résolution de conflits constitutionnels entre les pouvoirs de l'Etat; la décision concernant les recours d'*amparo* des droits fondamentaux et le contrôle de la constitutionnalité des lois.

Le premier groupe de pouvoirs conférés au Tribunal constitutionnel se réfère à la résolution des conflits constitutionnels entre les organes de l'Etat, selon les systèmes vertical et horizontal de répartition des pouvoirs de l'Etat adoptés par la Constitution. En Espagne, la Constitution a organisé l'Etat en un «Etat de communautés autonomes» semblable à l'Etat régional créé par la Constitution italienne. Il s'agit donc d'un système particulier de décentralisation politique dans lequel les communautés autonomes constituent les piliers essentiels de l'organisation territoriale de l'Etat[99]. Le Tribunal constitutionnel est ainsi autorisé à résoudre «les conflits d'attributions entre l'Etat et les communautés autonomes ainsi que les conflits entre ces dernières»[100].

Dans ce même cadre juridictionnel, le Tribunal constitutionnel est autorisé par la loi organique qui le régit à résoudre les conflits de compétences ou

---

(98) M. GARCÍA PELAYO, «El Status del Tribunal Constitucional», *Revista española de derecho constitucional*, 1, 1981, pp. 11-34; F. RUBIO LLORENTE, «Sobre la Relación entre Tribunal Constitucional y poder judicial en el ejercicio de la jurisdicción constitucional», *Revista española de derecho constitucional* n° 4, 1982, pp. 35-67, en tant qu'organe indépendant, il possède aussi de pouvoir d'auto-réglementation: articles 2,2 d la loi organique 2/1979.

(99) Articles 2, 137 et 143 de la Constitution.

(100) Article 161, 1, C de la Constitution; articles 60-72 de la loi organique 2/1979.

d'attributions entre les organes constitutionnels de l'Etat national, c'est à dire, les conflits qui opposent «le gouvernement au Congrès des députés, au Sénat ou au Conseil général de la magistrature, ou ces organes constitutionnels entre eux»(101).

La justification de la compétence du Tribunal constitutionnel dans les conflits entre les organes constitutionnels semble évidente comme d'ailleurs celle de tous les autres systèmes de justice constitutionnelle en Europe. Tout conflit entre entités politiques est en soi un conflit constitutionnel qui remet en cause le système organique établi par la Constitution elle même. Par conséquent, le Tribunal constitutionnel est le seul organe habilité pour résoudre de tels conflits qui touchent l'essence même de la Constitution, la répartition des pouvoirs qu'elle détermine et les compétences qu'elle confère.

Les sentences prononcées dans la résolution de conflits de compétences ont des effets *inter partes* étant donné que leur contenu est essentiellement une déclaration concernant la compétence des organes constitutionnels, par exemple, la Chambre, le Sénat ou le Conseil général de la magistrature(102).

Cependant lorsque la décision implique la déclaration de nullité(103) de la disposition normative prise par l'organe reconnu incompétent, la sentence doit être publiée pour qu'elle ait des effets *erga omnes* (104).

Le deuxième groupe d'attributions du Tribunal constitutionnel se réfère à la décision du *recurso de amparo* (recours de protection constitutionnelle) qui peut être introduit directement par les individus devant le Tribunal constitutionnel lorsqu'ils estiment que leurs libertés ou droits constitutionnels ont été violés par des dispositions, des actes juridiques ou de simples voies de fait de la part des pouvoirs publics de l'Etat, des communautés autonomes et des autres entités territoriales publiques ou leurs représentants(105). Ce recours de protection des droits fondamentaux ne peut être exercé directement contre des lois qui violent des droits fondamentaux de manière directe(106), comme dans le système allemand; c'est pourquoi il ne peut être exercé que contre des actes administratifs ou judiciaires et des actes sans force de loi émanant des autorités législatives(107) et uniquement lorsque les moyens judiciaires ordinaires de protection des droits fondamentaux ont été épuisés(108). Par conséquent, le recours d'*amparo* résulte en général d'une action directe contre des actes judiciaires(109) et ne peut conduire qu'indirectement à un contrôle juridictionnel des lois lorsque l'acte de l'Etat contesté est basé sur une loi considérée inconstitutionnelle(110).

Finalement, le troisième groupe de compétences du Tribunal constitutionnel se réfère au contrôle juridictionnel des lois qui peut être exercé par un recours direct ou principal, ou par la méthode incidente. Le pouvoir de contrôle juridictionnel peut

(101) Article 59, 3; 73-5 de la loi organique 2/1979.
(102) Article 75, 2 de la loi organique 2/1979.
(103) *Idem.*
(104) Article 164, 1 de la Constitution.
(105) Article 161, 1, b de la Constitution; Article 41, 2 de la loi organique 2/1979.
(106) *Cf.* E, GARCÍA DE ENTERRÍA, *op. cit.*, p. 151.
(107) Article 42 de la loi organique 2/1979.
(108) Article 43,1 de la loi organique 2/1979.
(109) *Cf.*, FAVOREU, *loc. cit*, pp. 1155-1156.
(110) Article 55, 2 de la loi organique 2/1979.

encore être exercé par le Tribunal constitutionnel d'une façon indirecte et concernant certains actes de l'Etat d'une manière préventive. Le système espagnol comprend donc quatre formes différentes de contrôle juridictionnel des lois.

4. Le Conseil constitutionnel en France

L'interprétation extrême du principe de la séparation des pouvoirs, de la suprématie de la Constitution et du rôle du pouvoir judiciaire a exercé, jusqu'au début du XXème siècle, une influence considérable sur l'élaboration du droit constitutionnel en Europe. Ce n'est qu'au cours des dernières décennies qu'un changement est intervenu, en particulier grâce à l'adoption de systèmes de contrôle juridictionnel de la constitutionnalité des lois, non pas par les juges ordinaires ni par la Cour suprême des différents pays mais par un Tribunal constitutionnel spécialement conçu comme un organe constitutionnel doté de pouvoirs juridictionnels.

C'est ainsi qu'est apparu en France le Conseil constitutionnel, quoique doté d'un caractère peut-être davantage politique que juridictionnel, du moins à ses débuts, dont on peut trouver l'origine dans l'histoire constitutionnelle française.

En effet, la tradition française avant la création du Conseil constitutionnel en 1958 voulait que le rôle de garant de la Constitution était attribué à un organe politique spécifique. Ce fut le cas du Sénat conservateur de la Constitution de l'an VIII du 22 frimaire et des attributions du Sénat dans la Charte constitutionnelle de 1852[111]. Le système était aussi établi dans la Constitution de 1946, qui attribuait l'exercice du contrôle préventif de la constitutionnalité des lois adoptées par l'Assemblée nationale à un organe politique appelé *Comité constitutionnel* pour déterminer si leur promulgation requérait un amendement préalable de la partie organique de la Constitution. Il s'agissait d'un système très limité de contrôle constitutionnel car si le Comité jugeait que la loi n'était pas conforme à la Constitution, elle était renvoyée à l'Assemblée pour un réexamen, et si l'Assemblée confirmait sa première décision, il devenait nécessaire de procéder à une réforme de la Constitution comme s'il s'était agi d'une révision explicitement demandée. La loi ne pouvait néanmoins pas être promulguée tant que la réforme n'avait pas pris fin[112].

En se fondant sur cette tradition et sur le Comité constitutionnel de 1946, la Constitution de 1958 a créé le Conseil constitutionnel[113] qui, selon la pensée de Maurice Duverger, était une sorte de «juridiction politique suprême» dotée du pouvoir de contrôler la constitutionnalité des lois et le bon déroulement des élections présidentielles et parlementaires. Le terme «juridiction politique» employé par

---

[111] C. FRANCK, *Les fonctions juridictionnelles du Conseil constitutionnel et du Conseil d'Etat dans l'ordre constitutionnel*, Paris 1974, pp. 44-46; F. LUCHAIRE, *Le Conseil constitutionnel*, Paris 1980, pp. 10-11; Allan R. BREWER-CARÍAS, *op. cit.*, pp. 251 et ss.

[112] C. FRANCK, *op. cit.*, p. 13.

[113] Le Conseil constitutionnel est réglementé par le Titre VII, articles 53 à 63 de la Constitution de 1958 (*Journal officiel* du 5 octobre 1958) et par la loi organique n° 58-1067 du 7 novembre 1958 (*Journal officiel* du 9 novembre 1958). L'article 61, 2 de la Constitution a été modifié le 21 octobre 1074 par une réforme constitutionnelle; et la loi organique du Tribunal a été modifiée par la loi organique n°59-223 du 4 février 1959 (*Journal officiel* du 7 février 1959) et par la loi organique du 26 décembre 1974 qui suivait l'amendement constitutionnel.

Duverger pour décrire cet organe exprime bien la nature atypique[(114)] et ambiguë[(115)] de l'institution: elle s'est vu attribué le rôle de juge mais elle doit exercer ce rôle sur la scène politique et, plus important encore, avec des motivations politiques. Ses membres jouissent de l'indépendance de tous les magistrats et juges, mais ils sont recrutés et nommés sur des critères politiques. Ce qui explique les nombreuses discussions intervenues en France quant au caractère juridictionnel du Conseil constitutionnel[(116)]. Aujourd'hui la polémique a complètement disparu et l'on distingue le «pouvoir judiciaire» du «pouvoir juridictionnel» plus large, ce dernier étant conçu pour comprendre en plus des fonctions judiciaires et administratives ordinaires, les attributions du Conseil constitutionnel dans le domaine de la justice constitutionnelle[(117)].

Conformément à la Constitution, la composition du Conseil constitutionnel, outre les membres *ex officio* que sont les anciens Présidents de la République, est de neuf membres nommés sur un mode paritaire: trois par le Président de la République, trois par le Président de l'Assemblée nationale et trois par le Président du Sénat[(118)].

Les fonctions des membres du Conseil sont incompatibles avec celles de membre du gouvernement, du parlement et du Conseil économique et social[(119)]. Les membres du Conseil ne peuvent pas être nommés à la fonction publique[(120)] durant leur mandat, ni sont autorisés à assumer de position politique sur des questions qui ont fait ou sont susceptibles de faire l'objet d'une décision du Conseil[(121)]. Ils ne sont pas non plus autorisés à accepter des postes administratifs ou de responsabilité dans aucun parti ou groupe politique, ni peuvent faire mention de leur poste dans aucun document, susceptible d'être publié, portant sur une quelconque activité publique ou privée[(122)].

Outre ses compétences consultatives, le Conseil constitutionnel est aussi, dans le domaine du contrôle juridictionnel, le juge de la constitutionnalité des lois et des conflits relatifs aux élections et aux référendums. C'est pourquoi l'on distingue trois groupes de compétences de ce Conseil: agir en tant qu'organe consultatif, exercer une juridiction électorale et contrôler la constitutionnalité des lois.

Le premier groupe de compétences porte sur l'exercice d'une série de fonctions de nature consultative et, de fait, de portée politique. Ces fonctions consultatives consistent à déterminer quand le Président de la République est incapable d'exercer ses fonctions[(123)] et à donner son opinion concernant des situations et des mesures à prendre dans des circonstances extraordinaires[(124)].

---

(114) W.K. GECK, «Judicial Review of Statutes: a Comparative Survey of Present Institutions and Practices», *Cornell Law Quarterly*, 51, 1966, pp. 256, 259.

(115) A. HAURIOU, *Institutions politiques et droit constitutionnel*. Paris 1966.

(116) F. LUCHAIRE, «Le Conseil constitutionnel. Est-il une juridiction», *Revue du droit public et de la science politique en France et à l'étranger*, 1979; F. LUCHAIRE, *op. cit.*, pp. 33-56.

(117) T. RENOUX, *Le Conseil constitutionnel et l'autorité judiciaire. L'élaboration d'un droit constitutionnel juridictionnel*, Paris 1984, p. 19.

(118) Article 56 de la Constitution; Article 1 de la loi organique 58-1067.

(119) Article 57 de la Constitution; Article 4 de la loi organique 58-1067.

(120) Article 5 de la loi organique 58-1067.

(121) Article 7 de la loi organique 58-1067.

(122) Article 2, Décret 13.1.1959. *V.* F. LUCHAIRE, p. 71.

(123) Article 7 de la Constitution.

(124) Article 16 de la Constitution.

Dans le premier cas, les fonctions consultatives du Conseil visent à empêcher le Président de la République d'exercer ses fonctions -ce qui constitue en soi un considérable pouvoir de décision- lorsque le gouvernement lui en fait la demande parce qu'il juge le Président empêché d'accomplir ses fonctions.

Il convient de souligner que la Constitution ne définit pas la notion «d'empêchement» dans la mesure où elle ne précise pas s'il s'agit d'inaptitude physique ou d'incapacité découlant d'une maladie ou d'un accident. Le pouvoir d'appréciation du Conseil constitutionnel est donc pratiquement illimité. Si le Conseil constitutionnel déclare que l'inaptitude ou l'incapacité du Président est de nature définitive, il doit convoquer des élections dans les vingt à cinquante jours suivant sa décision. Néanmoins le Conseil peut invoquer une «force majeure» pour ne pas convoquer une élection, auquel cas, comme dans celui d'une incapacité temporaire, le Président de la République serait remplacé par le Président du Sénat qui est autorisé à exercer toutes les attributions du premier exception faite du droit à dissoudre l'Assemblée ou à convoquer un référendum(125).

La deuxième fonction consultative du Conseil constitutionnel concerne l'opinion qu'il doit donner au Président de la République sur la situation et les mesures à prendre lorsqu'il existe une menace grave et immédiate contre les institutions de la République, l'indépendance de la Nation, l'intégrité de son territoire ou l'exécution d'accords internationaux, ou quand la bonne marche des pouvoirs publics constitutionnels est interrompue. En vue d'adopter les mesures nécessaires aux circonstances, le Président, tout comme le Premier ministre et le Président du parlement, doit consulter le Conseil constitutionnel qui se reportera aux conditions établies dans la Constitution pour l'exercice de pouvoirs extraordinaires; dans ce cas, son opinion devra être publiée(126). En outre, le Conseil constitutionnel doit être consulté sur toutes les mesures que le Président entend prendre conformément à l'article 16 de la Constitution, auquel cas l'opinion du Conseil constitutionnel ne sera pas publiée(127).

Le deuxième groupe de compétences du Conseil constitutionnel se référer à son rôle de Tribunal électoral suprême, non seulement dans les élections parlementaires mais aussi dans les élections présidentielles et les référendums(128). En ce qui concerne les élections parlementaires, le Conseil constitutionnel a pleins pouvoirs constitutionnels de décider la bonne marche des élections des députés et sénateurs(129), et, par conséquent, le Conseil peut annuler toute élection ou amender les résultats annoncés et même déclarer élu un autre candidat(130). A cette fin, toute élection parlementaire peut faire l'objet d'une contestation auprès du Conseil, dans les dix jours, par tout électeur de la circonscription électorale respective, en suivant pour ce faire une procédure contradictoire au cours de laquelle l'assemblée parlementaire contestée et le candidat dont l'élection est mise en cause sont autorisés à faire des observations(131).

(125) Articles 7, 11, 12 de la Constitution; Article 31 de la loi organique 58-1067.
(126) Article 16 de la Constitution; Articles 52, 53 de la loi organique 58-1067.
(127) Article 54 de la loi organique 58-1067.
(128) Articles 58-60 de la Constitution.
(129) Article 59 de la Constitution.
(130) Article 41 de la loi organique 58-1067.
(131) Articles 39-40 *Idem*.

Pour ce qui est du contrôle des élections présidentielles, les pouvoirs du Conseil constitutionnel ne sont pas restreints à la résolution de conflits, c'est à dire qu'ils ne sont pas limités au contrôle de la régularité d'une élection, mais le Conseil doit veiller à la bonne marche des élections(132). A cet effet, le Conseil constitutionnel, dans le cas d'une élection présidentielle contestée, est chargé de déterminer et de proclamer les résultats finals du processus électoral(133). De plus, le Conseil constitutionnel *ex officio,* lorsqu'il possède des preuves d'irrégularités graves qui pourraient affecter la bonne foi de l'élection et altérer ses résultats, peut prononcer la nullité de l'élection, auquel cas le gouvernement doit fixer une nouvelle date pour une nouvelle élection(134).

D'autre part, le Conseil constitutionnel participe au processus électoral lorsque le gouvernement juge nécessaire de remplacer la procédure de dépouillement du scrutin, accomplie au niveau des chefs-lieux de départements et de territoires, par un décompte des votes centralisé à Paris. Conformément à la loi organique sur l'élection présidentielle, le décret établissant cette mesure doit avoir l'opinion favorable du Conseil constitutionnel(135), octroyant ainsi à cet organe le véritable pouvoir de décision en cette matière.

Dans tous les cas, pour ce qui est des conflits relatifs aux élections présidentielles, seuls les Préfets sont autorisés à introduire un recours auprès du Conseil constitutionnel dans les 48 heures suivant la clôture du dépouillement des votes(136), les électeurs n'ayant pas droit à ce recours. Néanmoins cette restriction d'importance est compensée par les pouvoirs *ex officio* déjà mentionnés du Conseil d'annuler une élection.

La troisième compétence relative aux conflits électoraux porte sur les référendums. A cet égard, le Conseil constitutionnel doit premièrement être consulté en ce qui concerne l'organisation pratique d'un référendum(137), c'est à dire sa mise en oeuvre technique. Deuxièmement, il doit surveiller la mise en oeuvre et le dépouillement final des votes, et ensuite proclamer les résultats(138). Troisièmement, en cas de conflits, le Conseil examine les plaintes dont il est saisi et se prononce(139). La loi organique du Conseil constitutionnel ne détermine pas clairement qui est autorisé à introduire de telles plaintes, mais, vu la nature d'un référendum, à savoir une consultation populaire par vote direct, on peut considérer que tout électeur a le droit de saisir le Conseil constitutionnel (140). En tout cas, si le Conseil confirme une irrégularité, il doit décider souverainement de poursuivre le déroulement du référendum ou de le modifier, et d'émettre un communiqué concernant l'annulation partielle(141).

Le troisième groupe d'attributions du Conseil constitutionnel se réfère au contrôle de la constitutionnalité des lois, de nature préventive, conçu par la

(132) Article 30 *Idem.*
(133) Article 27 de la loi organique 58-1064 du 7 novembre 1958 à propos de l'élection du Président de la République. *Journal officiel* du 9 novembre 1958.
(134) Article 22 de la loi organique 58-1064.
(135) Article 23 *Idem.*
(136) Article 19 *idem.*
(137) Article 46 de la loi organique 58-1067.
(138) Article 60 de la Constitution; Article 51 de la loi organique 58-1067.
(139) Article 50 de la loi organique 58-1067.
(140) *Cf.* F. Luchaire, *op. cit.*, p. 277.
(141) Article 50 de la loi organique 58-1067.

Constitution essentiellement comme un moyen d'éviter le chevauchement de compétences entre les organes constitutionnels de l'Etat, et en particulier de maintenir le parlement dans les limites de ses compétences constitutionnelles. Le Conseil constitutionnel a donc été créé, à l'origine, comme le gardien de la partie organique de la Constitution, mais depuis 1971, il est aussi considéré, quoique de façon indirecte, comme le garant des droits fondamentaux du citoyen contre les lois[(142)].

En France, le contrôle de la constitutionnalité des lois est préventif ou a *priori*, dans le sens où il s'exerce sur des actes non encore en vigueur parce non encore promulgués. En ce qui concerne les lois, le contrôle ne porte que sur celles sanctionnées par les Assemblées, mais non promulguées par le Président de la République; c'est précisément cet aspect qui pose toute la différence entre le système français de contrôle constitutionnel et les autres systèmes européens dans lesquels le contrôle principal de la constitutionnalité est exercé juridictionnelle ment contre des actes promulgués et en vigueur.

II. LA LOGIQUE DU SYSTÈME CONCENTRÉ DE CONTRÔLE DE LA CONSTITUTIONNALITÉ DES LOIS

Tous les systèmes de contrôle juridictionnel de la constitutionnalité des lois exercé par des cours constitutionnelles créées comme des organes séparés du pouvoir judiciaire peuvent être considérés comme des systèmes de contrôle concentré de la constitutionnalité, même s'ils ne sont pas les seuls que l'on trouve en droit comparé.

En effet, le système concentré de contrôle juridictionnel de la constitutionnalité des lois, contrairement au système diffus, est caractérisé par le fait que le système constitutionnel confie le pouvoir d'agir en tant que juge constitutionnel à un seul organe de l'Etat, c'est à dire, que ce système existe quand un seul organe de l'Etat est habilité à décider juridictionnelle ment la constitutionnalité des actes législatifs et autres actes de l'Etat de *status* et valeurs semblables.

L'organe de l'Etat qui a le privilège d'être le seul juge constitutionnel peut être soit la Cour suprême de justice, placé au niveau le plus élevé de la hiérarchie judiciaire d'un pays, soit une Cour, un Conseil ou un Tribunal constitutionnel spécialement créé par la Constitution, en dehors de la hiérarchie judiciaire ordinaire, pour agir en tant que seul juge constitutionnel. Dans les deux cas, le point commun de ces organes est l'exercice d'une activité juridictionnelle en tant que juges constitutionnels.

Or, le système concentré de contrôle juridictionnel de la constitutionnalité des lois, même s'il est généralement liée au «modèle européen» des cours constitutionnelles spéciales[(143)], n'implique pas nécessairement l'existence d'une Cour constitutionnelle spéciale, conçue constitutionnellement en dehors du pouvoir judiciaire ordinaire. Le système implique seulement l'attribution, à un organe particulier de l'Etat exerçant une activité juridictionnelle, du pouvoir et du devoir d'agir en tant que juge constitutionnel. C'est l'essence même du système concentré

---

(142) J. RIVERO, *Le Conseil constitutionnel et les libertés*, Paris-Aix-en-Provence 1984, pp. 13-14.

(143) M. CAPPELLETTI, *Judicial Review in the Contemporary World*, Indianapolis 1971, pp. 46,50,53; Allan R. BREWER-CARÍAS, *Judicial Review in Comparative Law*, Cambridge University Press, 1989, pp. 185 et ss.

par rapport au système diffus, soit que l'organe ayant le pouvoir d'agir comme juge constitutionnel soit le tribunal le plus haut du pouvoir judiciaire, soit qu'il s'agisse d'un organe constitutionnel spécial, créé en dehors de l'organisation judiciaire ordinaire, quoique ce dernier aspect ne soit pas essentiel pour la distinction.

C'est pour cela que la logique du système concentré s'applique tant au modèle européen (Cour ou Tribunal Constitutionnel placé au dehors du pouvoir judiciaire) comme au cas ou le juge constitutionnel est un Tribunal constitutionnel ou une Cour suprême placés dans le pouvoir judiciaire.

1. La suprématie de la Constitution et le caractère exprès du système concentré

D'un point de vue logique et rationnel, on peut dire que le pouvoir confié à un organe de l'Etat exerçant une activité juridictionnelle pour qu'il agisse en tant que juge constitutionnel est une conséquence du principe de la suprématie de la Constitution. Dans ces systèmes de justice constitutionnelle concentrée, la Constitution étant la loi suprême du pays, il est évident qu'en cas de conflit entre un acte de l'Etat et la Constitution c'est cette dernière qui prévaut. Mais la Constitution n'attribue pas toujours des pouvoirs à tous les tribunaux pour qu'ils agissent en tant que juges constitutionnels. Au contraire, elle réserve ce pouvoir à la Cour suprême de justice ou à une Cour constitutionnelle spéciale, surtout en ce qui concerne certains actes de l'Etat qui ne peuvent être annulés que lorsqu'ils contredisent la Constitution.

D'une manière générale, on peut dire que la logique du système réside dans le principe de la suprématie de la Constitution et le devoir des tribunaux de décider la loi applicable à chaque cas particulier[144], mais avec une limite précise: le pouvoir de juger l'inconstitutionnalité des actes législatifs et autres actes de l'Etat de valeur semblable est réservé à la Cour suprême de justice ou à une Cour, un Conseil ou un Tribunal constitutionnel. Par conséquent, dans le système concentré de contrôle de la constitutionnalité des lois, tous les tribunaux ont pleins pouvoirs de décider la constitutionnalité des normes applicables à chaque cas concret, exception faite des lois ou des actes subordonnés de façon immédiate à la Constitution[145].

Le système concentré de contrôle de la constitutionnalité des lois, basé sur le principe de la suprématie de la Constitution, ne peut donc pas se développer par déduction des décisions judiciaires, comme c'était le cas du système diffus de contrôle de la constitutionnalité, par exemple aux Etats-Unis, en Argentine et dans certains pays du *Commonwealth*. Au contraire, il doit être expressément établi. Donc, les fonctions de justice constitutionnelle relative à certains actes de l'Etat réservées à la Cour suprême ou à une Cour constitutionnelle spéciale requièrent des textes exprès.

---

(144) *Cf.* W.K. GECK, «Judicial Review of Statutes: A Comparative Survey of Present Institutions and Practices», *Cornell Law Quarterly*, 51, 1966, p. 278.

(145) *Cf.* M. GARCÍA PELAYO, «El 'Status' del Tribunal Constitucional», *Revista española de derecho constitucional*, nº 1, Madrid 1981, p. 19; E. GARCÍA DE ENTERRÍA, *La Constitución como norma y el Tribunal Constitucional*, Madrid 1981, p. 65. En particulier dans les systèmes concentrés de contrôle de la constitutionnalité, les tribunaux ou les cours dotées de fonctions de justice administrative ont toujours le pouvoir d'agir en tant que juge constitutionnel dans les actes administratifs. *V.* C. FRANK, *Les fonctions juridictionnelles du Conseil d'Etat dans l'ordre constitutionnel*, Paris 1974.

Par conséquent, étant donné les limites imposées au devoir et au pouvoir de tous les juges de déterminer, dans chaque cas, la loi applicable, il n'est possible de mettre en place un système concentré de contrôle juridictionnel de la constitutionnalité que si des normes constitutionnelles le prévoient *expressis verbis*. Or, la Constitution, en tant que loi suprême du pays, est le seul texte à pouvoir limiter les pouvoirs et les devoirs généraux des tribunaux de décider la loi applicable dans chaque cas; c'est le seul habilité à attribuer ces pouvoirs et devoirs, en ce qui concerne certains actes de l'Etat, à certains organes constitutionnels, que ce soit la Cour suprême ou une Cour, un Conseil ou un Tribunal constitutionnel.

Par conséquent, le système concentré de contrôle de la constitutionnalité ne peut qu'être un système de contrôle juridictionnel, établi et régi expressément par la Constitution. Les organes de l'Etat auxquels la Constitution réserve le pouvoir d'agir comme juges constitutionnels pour certains actes de l'Etat, conservent alors leur caractère d'organes constitutionnels, c'est à dire, des organes d'Etat créés et régis expressément par la Constitution, qu'il s'agisse de la Cour suprême de justice déjà existante ou d'une Cour, un Conseil ou un Tribunal constitutionnel spécialement créé.

2. La compatibilité du système concentré avec tous les systèmes juridiques

Le système concentré de contrôle de la constitutionnalité des lois n'est pas non plus, d'autre part, incompatible avec certains systèmes juridiques, c'est à dire qu'il n'est pas propre aux systèmes de droit civil ni incompatible avec la tradition du *common law*. En fait, c'est un système qui doit être établi dans une Constitution écrite, peu importe que le système juridique du pays soit de droit civil ou de *common law*, même si on le rencontre plus fréquemment dans les pays de droit civil.

Par exemple, en Papoua Nouvelle Guinée, territoire qui a gagné son indépendance de l'Australie en 1975 et qui possède une tradition de *common law*, la Constitution octroie à la Cour suprême une juridiction exclusive sur les questions d'interprétation et d'application de la Constitution. Ainsi, lorsqu'une de ces questions est soulevée dans un tribunal quelconque, elle doit être référée à la Cour suprême[(146)]. Dans le même sens, la Constitution de 1966 de l'Ouganda a confié une juridiction exclusive à la Haute cour en matière constitutionnelle. A cet égard, l'article 95 stipule:

> Lorsqu'une question d'interprétation de la présente Constitution est soulevée dans une procédure et par devant un tribunal différent de la Cour martiale, et que le tribunal, sur demande de l'une des parties, considère que la question met en cause un aspect fondamental de loi, le tribunal devra référer ladite question à la Haute cour, composée d'au moins trois juges.
>
> Le même article poursuit:
>
> Lorsqu'une question est référée à la Haute cour en vertu du présent article, celle-ci émettra sa décision concernant la question et le tribunal où la question a été soulevée résoudra le cas conformément à la dite décision[(147)].

---

(146) Articles 18 et 19 de la Constitution. *V.* in J.D. WHYTE, *Judicial Review of Legislation and its Legitimacy: Developments in the Common Law World*, IAS, Uppsala Colloquium 1984, (polycopié), p. 25.

(147) *V.* in T.M. FRANCK, *Comparative Constitutional Process. Cases and Materials*, London 1968, pp. 75-76.

On pourrait aussi faire référence au système du Ghana, où les constitutions de 1960, 1969 et 1979 attribuent à la Cour suprême de justice une juridiction originale et exclusive concernant l'exercice d'un contrôle judiciaire de la constitutionnalité. En effet, l'article 42 de la Constitution de 1960 et l'article 106 de la Constitution de 1969 prévoient:

> La Cour suprême a une juridiction originale pour toutes les matières où une question est soulevée concernant la promulgation d'une loi qui excède les pouvoirs conférés au parlement par la Constitution; si la question est soulevée à la Haute cour ou dans un tribunal inférieur, l'audience sera différée et la question référée à la Cour suprême pour que celle-ci décide[148].

En outre, l'article 2 de la Constitution de 1969 prévoit une action directe qui peut être portée devant la Cour suprême pour exercer le contrôle de la constitutionnalité:

> La personne invoquant qu'une loi ou une partie de son contenu, ou tout acte adopté en exécution de cette loi, est contraire à une disposition de la Constitution ou en contradiction avec elle, doit introduire une action auprès de la Cour suprême afin d'obtenir la décision correspondante[149].

En vue de l'adoption de cette décision, la Cour suprême peut émettre des ordres et donner des orientations qu'elle estime appropriés pour assurer les effets de la décision à adopter[150].

Ces dispositions relatives au contrôle de la constitutionnalité ont également été adoptées par la Constitution de 1979[151], mais dès 1971 elles étaient interprétées par la Cour suprême de façon à limiter la remise de cas à la Cour suprême et à éviter que ne lui soient envoyées des requêtes futiles[152].

Quoi qu'il en soit, même s'il est vrai que le système de contrôle de la constitutionnalité n'a pas toujours fonctionné dans les pays du Commonwealth, à cause de l'instabilité de la démocratie[153], il est indéniable que le système concentré de contrôle de la constitutionnalité existe et fonctionne dans des systèmes juridiques à tradition de *common law*. Ainsi, l'expression du professeur Edward Mc. Whinney: «la pratique du *common law* a toujours été incompatible avec la notion de tribunal spécial selon le modèle continental»[154] en matière de contrôle de la constitutionnalité doit se comprendre comme une référence au modèle européen de Cour, Conseil ou Tribunal constitutionnel spécial et non pas, comme il l'indique, à un système «où la juridiction est déterminée et limitée à certaines questions»[155]. Le

(148) *V.* in S.O. GYANDOH Jr., «Interaction of the Judicial and Legislative Processes in Ghana since Independence», *Temple Law Quarterly*, n° 56, 2, Philadelphia 1983, pp. 365-366,370.

(149) *Idem*, p. 370.

(150) Article 2, *Idem*, p. 370.

(151) *Idem*, p. 384.

(152) *Republic vs Maikankan* (1971) 2 G.L.R., 473 *cit.* par S.O. GYANDOH Jr., *loc. cit.*, p. 386.

(153) *V.* en ce qui concerne le Ghana, les commentaires de S.O. GYANDOH Jr., *loc. cit.*, p. 395.

(154) E. MC WHINNEY, «Constitutional Review in the Commonwealth», in E. MOSLER (ed.), Max-Plamk-Institut für Auslândisches tiffentliches recht und vtilkerrecht, *Verfassungs, gerichtsbarkeit in der Gegenwart*, Internationales Kolloquium, Heidelberg, 1961, Köln-Berlin, 1962, p. 80.

(155) *Idem*, p. 80.

système concentré de contrôle de la constitutionnalité ne peut pas être réduit aux systèmes constitutionnels dans lesquels il existe une Cour, un Conseil ou un Tribunal constitutionnel. C'est pour cette raison que l'on peut considérer comme une approche erronée pour l'étude du système, l'identification fausse entre celui-ci et le «modèle européen» des Cours, Conseils ou Tribunaux constitutionnels spéciaux»[156].

En effet, bien que le système concentré de contrôle de la constitutionnalité des lois est aussi connu sous le nom de système «autrichien» ou «modèle européen»[157], du fait de l'existence d'une Cour, un Conseil ou un Tribunal constitutionnel spécial chargé par la Constitution d'agir en tant que juge constitutionnel en dehors du pouvoir judiciaire ordinaire, on doit insister sur le fait que la caractéristique essentielle du système n'est pas l'existence de la Cour, du Conseil ou du Tribunal constitutionnel spécial, mais plutôt l'attribution exclusive à un seul organe constitutionnel de l'Etat du pouvoir d'agir comme juge constitutionnel en ce qui concerne certains actes de l'Etat, qu'il s'agisse de la Cour suprême de justice existante dans le pays ou d'une Cour, un Conseil ou un Tribunal constitutionnel spécialement créé.

L'adoption du système est un choix constitutionnel, une décision prise en fonction des circonstances concrètes de chaque pays, mais elle n'implique pas nécessairement la création de Cours constitutionnelles spéciales pour assurer la justice constitutionnelle, ni l'organisation de ces Cours en dehors du pouvoir judiciaire.

En Europe, par exemple, la multiplication des Cours constitutionnelles destinées à exercer le système concentré de contrôle de la constitutionnalité des lois doit être vue comme une conséquence pratique d'une tradition constitutionnelle particulière liée au principe de la suprématie de la loi, à la séparation des pouvoirs et à la méfiance à l'égard des juges en ce qui concerne le contrôle des actes législatifs [158]. Mais cela ne peut en tout mener à considérer que le «modèle» du système concentré de contrôle de la constitutionnalité des lois se limite à la création d'un organe constitutionnel en dehors du pouvoir judiciaire, destiné à agir comme juge constitutionnel. Avant la «découverte» européenne de la justice constitutionnelle par le biais de la création de Cours ou de Tribunaux constitutionnels spéciaux après la Première Guerre mondiale, d'autres pays à tradition de droit civil avaient mis au point, dès la moitié du XIXème siècle, des systèmes concentrés de contrôle de la constitutionnalité en attribuant à leurs Cours suprêmes une juridiction exclusive et originale afin d'annuler des lois et d'autres actes de l'Etat ayant des effets semblables lorsque ceux-ci étaient en contradiction avec la Constitution. C'est le cas des systèmes constitutionnels latino-américains, même s'ils ont fréquemment mélangé le système concentré et le système diffus de contrôle de la constitutionnalité.

---

(156) Allan R. BREWER-CARÍAS, *op. cit.*, pp. 187-188.

(157) M. CAPPELLETTI, *op. cit.*, p. 50; J. CARPIZO et H. FIX-ZAMUDIO, «La necesidad y la legitimidad de la revisión judicial en América latina. Desarrollo reciente», *Boletín mexicano de derecho comparado*, 52, 1985, p. 36; L. FAVOREU, «Actualité et légitimité du contrôle juridictionnel des lois en Europe occidentale», *Revue du droit public et de la science politique en France et à l'étranger*, Paris 1985 (5), p. 1149. Publié aussi in L. FAVOREU et J.A. JOLOWICZ (ed.), *Le contrôle juridictionnel des lois. Légitimité, effectivité et développements récents*, Paris 1986, pp. 17-68.

(158) *Cf.* M. CAPPELLETTI, *op. cit.*, p. 54; M. CAPPELLETTI et J.C. ADAMS, «Judicial Review of Legislation: European Antecedents and Adaptation», *Harvard Law Review*, Vol. 79, (6), 1966, p. 1211.

De ce qui précède, on peut tirer trois conclusions concernant le système concentré de contrôle de la constitutionnalité des lois.

Premièrement, le système concentré de contrôle de la constitutionnalité ne peut exister que quand il est établi *expresis verbis* dans la Constitution; il ne peut donc pas naître de l'interprétation du principe de la suprématie de la Constitution. Deuxièmement, le système concentré de contrôle de la constitutionnalité, en attribuant à un seul organe constitutionnel les fonctions de la justice constitutionnelle, n'est pas incompatible avec aucun systèmes juridiques, qu'ils appartiennent au *common law* ou au droit civil, bien qu'il se soit largement développé dans les pays de droit civil. Troisièmement, le système concentré de contrôle de la constitutionnalité n'implique pas nécessairement l'attribution des fonctions de justice constitutionnelle à une Cour ou à un Tribunal constitutionnel spécial, créé séparément de l'organisation judiciaire ordinaire mais peut également exister lorsque les fonctions de justice constitutionnelle sont attribuées à la Cour suprême de justice existante dans le pays, même si dans de nombreux pays, dans ce dernier cas, le système a tendance à se mélanger avec certains éléments du système diffus de contrôle de la constitutionnalité.

3. La rationalité du système

Comme nous l'avons déjà signalé, l'essence du système concentré de contrôle de la constitutionnalité des lois est la notion de suprématie de la Constitution. En effet, si la Constitution est la loi suprême d'un pays qui prévaut sur toutes les autres lois, un acte de l'Etat contraire à la Constitution ne peut constituer une norme effective; au contraire, il doit être considéré nul et non avenu. Or, l'élément principal qui met en lumière la différence existant entre les deux systèmes de contrôle de la constitutionnalité (diffus et concentré) n'est pas une éventuelle conception différente de la Constitution et de sa suprématie, mais bien le type de garantie adoptée dans le système constitutionnel pour conserver ladite suprématie. Comme l'a fait remarquer Hans Kelsen en 1928, ces «garanties objectives» sont la nullité ou l'annulabilité de l'acte inconstitutionnel.

Nullité veut dire, comme Kelsen l'a expliqué, que l'acte inconstitutionnel de l'Etat ne peut pas être considéré objectivement comme un acte juridique; par conséquent, en principe, il n'y a nul besoin d'un autre acte juridique pour enlever au premier la qualité d'acte juridique usurpée. Dans ce cas, théoriquement, tout organe, toute autorité publique ou tout individu aurait le droit d'examiner la régularité des actes considérés nuls et non avenus afin de décider leur irrégularité et de les juger non conformes et non obligatoires. En revanche, si un autre acte juridique était nécessaire pour établir la nullité de l'acte inconstitutionnel, la garantie de la Constitution ne serait pas la nullité mais l'annulabilité[(159)].

Comme nous l'avons vu, la nullité des actes inconstitutionnels de l'Etat est la garantie de la Constitution qui nous amène au système diffus de contrôle de la constitutionnalité, même si la loi positive restreint le pouvoir qu'aurait toute personne de juger les actes irréguliers nuls et non avenus[(160)] et a tendance à attribuer ce pouvoir exclusivement aux tribunaux, comme on peut l'observer de manière généralisée aujourd'hui, étant donné le besoin de fiabilité et de sécurité juridiques.

---

(159) H. Kelsen, «La garantie juridictionnelle de la Constitution. La Justice constitutionnelle», *Revue du droit public et de la science on politique en France et à l'étranger*, Paris 1928, p. 214.

(160) *Idem*, p. 215.

D'autre part, c'est précisément l'autre garantie de la Constitution, à savoir l'annulabilité des actes inconstitutionnels de l'Etat, qui nous conduit au système concentré de contrôle de la constitutionnalité des lois.

A. L'annulabilité de certains actes inconstitutionnels de l'Etat

Le premier aspect qui démontre la rationalité du système concentré de contrôle de la constitutionnalité des lois est le principe de l'annulabilité de certains actes de l'Etat, particulièrement des lois et d'autres actes émis en exécution directe de la Constitution lorsqu'ils sont contraires à celle-ci.

Contrairement à la nullité des actes de l'Etat, l'annulabilité de ces actes, vue comme une garantie objective de la Constitution, signifie que l'acte de l'Etat, même irrégulier ou inconstitutionnel, une fois émis par un corps public doit être considéré comme un acte de l'Etat et, comme tel, valable et effectif jusqu'à ce que l'organe qui l'a produit l'abroge ou jusqu'à son annulation par un autre organe de l'Etat ayant les pouvoirs constitutionnels pour le faire. C'est précisément le cas des systèmes concentrés de contrôle de la constitutionnalité dans lesquels la Constitution confère le pouvoir d'annuler certains actes de l'Etat, quand ils sont jugés inconstitutionnels, à un seul organe constitutionnel, que ce soit la Cour suprême existante ou un organe créé spécialement et séparément du pouvoir judiciaire avec des fonctions juridictionnelles lui permettant d'agir comme juge constitutionnel.

En fait, il convient de tenir compte du fait que, dans les systèmes concentrés de contrôle de la constitutionnalité, l'annulabilité des actes de l'Etat n'est pas la seule garantie de la Constitution puisqu'elle s'accompagne toujours de la nullité. D'une certaine manière, elle consiste en une restriction à la règle de la nullité qui résulte de la violation de la Constitution. On a, en effet, signalé que, en ce qui concerne la nullité des actes inconstitutionnels de l'Etat dans le système diffus de contrôle de la constitutionnalité, la loi positive, afin d'éviter l'anarchie juridique, limite le pouvoir théorique général qu'ont les autorités publiques et les individus de considérer inexistant et non valable un acte inconstitutionnel de l'Etat en réservant ce pouvoir aux juges. Cela signifie que, en fait, l'acte inconstitutionnel de l'Etat ne peut être examiné que par les tribunaux qui seuls ont le pouvoir de le considérer nul et non avenu, et cela veut dire que jusqu'à ce moment l'acte irrégulier doit être considéré effectif et obligatoire par les autorités publiques et les particuliers. Dans le système diffus de contrôle de la constitutionnalité, une fois qu'un tribunal a déclaré la non conformité de l'acte inconstitutionnel par rapport à un procès particulier, l'acte devient nul et non avenu par rapport audit procès.

En fait, cette même situation se présente également dans les systèmes constitutionnels dotés d'un système concentré de contrôle de la constitutionnalité, par rapport à tous les actes de l'Etat différents de ceux ne pouvant être annulés que par la Cour constitutionnelle ou par la Cour suprême. En effet, comme nous l'avons dit, pour ce qui est des actes de l'Etat de niveau inférieur dans la hiérarchie des normes, par exemple les actes administratifs normatifs, tous les juges, dans un système concentré de contrôle de la constitutionnalité, ont normalement le pouvoir de les considérer nuls et non avenus lorsqu'ils sont inconstitutionnels, cela par rapport au procès particulier dans lequel ils ont été remis en question. Dans ces cas, la garantie de la Constitution est la nullité de l'acte inconstitutionnel de l'Etat bien que seuls les tribunaux soient habilités à l'examiner.

Par conséquence, ce qui est particulier au système concentré de contrôle de la constitutionnalité c'est que la loi positive établit une limite supplémentaire aux effets de l'inconstitutionnalité des actes, à savoir que pour certains d'entre eux le pouvoir de déclarer leur inconstitutionnalité et leur invalidité, et donc les considérer sans effet, a été exclusivement réservé à un seul organe constitutionnel: la Cour suprême existante ou une Cour, un Conseil ou un Tribunal constitutionnel spécial. Dans ces cas et par rapport à de tels cas, s'agissant normalement d'actes législatifs et d'autres actes de l'Etat d'un rang ou d'effets semblables dans le sens où ils sont immédiatement subordonnés à la Constitution, la garantie de la Constitution a été réduite à l'annulabilité de l'acte de l'Etat considéré inconstitutionnel. En conclusion, dans les systèmes constitutionnels possédant un système concentré de contrôle de la constitutionnalité, le devoir de tous les juges et tous les tribunaux est d'examiner la constitutionnalité des actes de l'Etat. Cependant, quand l'acte contesté est une loi ou un autre acte immédiatement subordonné à la Constitution, les tribunaux ordinaires ne peuvent pas juger son inconstitutionnalité, ce pouvoir étant réservé à une Cour constitutionnelle spéciale ou à la Cour suprême d'un pays donné qui peut annuler l'acte. Ici, la garantie de la Constitution est l'annulabilité et, dans ce cas, l'acte est annulé avec des effets généraux puisqu'il est considéré ou déclaré nul et non avenu non seulement dans les cas particuliers mais en général.

Sauf cette exception juridictionnelle particulière -qui est propre au système concentré de contrôle de la constitutionnalité- tous les autres tribunaux ou juges, pour ce qui est des actes normatifs de l'Etat non couverts par la dite exception, peuvent décider leur inapplicabilité à un procès concret en le déclarant nul et non avenu du fait de son inconstitutionnalité. Dans ces cas, la garantie de la Constitution est sans aucun doute la nullité.

B. Le pouvoir d'un organe constitutionnel spécial d'annuler certains actes inconstitutionnels de l'Etat

Le deuxième aspect de la rationalité du système concentré de contrôle de la constitutionnalité est que le pouvoir de déclarer la nullité des lois est confié à un organe constitutionnel ayant des fonctions juridictionnelles, soit la Cour suprême existante dans un pays donné, soit une Cour, un Conseil ou un Tribunal constitutionnel spécialement créé. Par conséquent, le système concentré a une double particularité: premièrement, le pouvoir d'annuler des actes inconstitutionnels est conféré à un seul organe constitutionnel ayant des fonctions juridictionnelles, et deuxièmement, selon l'exception mentionnée, le pouvoir de ces organes constitutionnels de juger l'inconstitutionnalité et de déclarer la nullité des actes de l'Etat ne concerne pas tous les actes de l'Etat, mais un nombre limité d'entre eux, normalement des lois et d'autres actes du parlement ou du gouvernement, immédiatement subordonnés à la Constitution et soumis à sa seule réglementation.

Nous avons signalé que le système concentré de contrôle de la constitutionnalité n'implique pas nécessairement l'attribution du pouvoir d'annuler les lois à une Cour, un Conseil ou un Tribunal constitutionnel spécialement créé, à la façon européenne, mais que ce pouvoir pouvait être confié à la Cour suprême existante dans le pays, comme c'était le cas bien avant que l'Europe continentale ne mette en place le modèle des cours constitutionnelles après 1920.

En effet, dès la moitié du XIXème siècle de nombreux pays d'Amérique latine avaient adopté un système concentré de contrôle de la constitutionnalité en attribuant à la Cour suprême du pays le pouvoir de déclarer la nullité des lois. Nous avons vu le cas de la Colombie et du Vénézuéla qui possèdent un authentique système concentré de contrôle de la constitutionnalité depuis 1850 dans lequel la Cour suprême a le monopole d'annulation des lois. En Colombie, ce pouvoir a été transféré à une Cour constitutionnelle en 1991.

Il faut remarquer que, en règle générale, les systèmes de contrôle de la constitutionnalité qui se sont développés en Amérique latine au cours des 140 dernières années se sont déplacés progressivement vers des systèmes mixtes de contrôle de la constitutionnalité où coexistent le système diffus et le système concentré. C'est le système existent au Vénézuéla, en Colombie et au Guatemala, comme nous l'avons vu. Certains systèmes d'Amérique latine sont cependant restés concentrés comme dans le cas de l'Uruguay et du Paraguay où la Cour suprême de justice a une juridiction exclusive et originale pour déclarer l'inconstitutionnalité des lois[161].

Il est clair que la modalité du système concentré de contrôle de la constitutionnalité consistant à établir un organe constitutionnel spécial, une Cour, un Conseil ou un Tribunal, pour agir en tant que juge constitutionnel doté du pouvoir original et exclusif d'annuler les lois et d'autres actes de rang et effets semblables a marqué, par sa nouveauté, l'évolution de la justice constitutionnelle au cours des dernières décennies, à partir de l'établissement des premières Cours constitutionnelles en Autriche et en Tchécoslovaquie dans la Constitution du 29 février 1920[162]. Le système, comme nous l'avons vu, a été adopté plus tard par l'Allemagne et par l'Italie après la Seconde Guerre mondiale, et plus récemment par l'Espagne et le Portugal. Il avait été adopté aussi dans quelques pays socialistes (Yougoslavie, Tchécoslovaquie et Pologne) et s'est développé sous une forme particulière en France. Sous l'influence du modèle européen et d'une façon incomplète, le système a aussi été mis en place au Chili vers le début des années 70 avec la création d'un Tribunal constitutionnel, et plus récemment il est apparu en Equateur et au Pérou où des Tribunaux des garanties constitutionnelles ont été créés. En 1991, la nouvelle Constitution colombienne a créé une Cour constitutionnelle.

Comme nous l'avons souligné, en dépit du développement du constitutionnalisme depuis le début du XIXème siècle, principalement grâce aux expériences nord-américaines, il faut reconnaître que l'Europe continentale était restée en arrière des conceptions américaines et que le système de justice constitutionnelle n'a été adopté en Europe qu'après la Première Guerre mondiale. Cette adoption s'est faite en deux temps. Le premier s'est terminé avec la Constitution de Weimar (1919) par laquelle l'Allemagne a institué un Tribunal doté d'une juridiction pour trancher les conflits entre les pouvoirs constitutionnels de l'Etat et plus particulièrement, entre les différents pouvoirs territoriaux, répartis

---

(161) H. GROS ESPIELL, *La Constitución y su defensa. Uruguay*, UNAM, Congreso Internacional sobre la Constitución y su defensa, México 1982, (mimeo), p. 7; J.P. GATTO DE SOUZA, «El control constitucional de los actos del poder público», *Memoria de la Reunión de Presidentes de Cortes Supremas de Justicia de Iberoamérica, el Caribe, España y Portugal*, Caracas 1983, p. 661; L.M. ANGANA, «Ponencia» (Paraguay), in *idem*, p. 551.

(162) Article I.1. *V.* in P. CRUZ VILLALÓN, «Dos modos de regulación del control de constitucionalidad: Checoslovaquia (1920-1938) y España (1931-1936)», *Revista española de derecho constitucional*, nº 5, Madrid 1982, p. 119.

verticalement comme conséquence de l'organisation fédérale de l'Etat. Le deuxième a été le système autrichien, création personnelle du professeur Hans Kelsen qui a conçu en système d'abord traduit dans la Constitution autrichienne de 1920 et ensuite perfectionné dans la réforme constitutionnelle de 1929.

Quoi qu'il en soit, on peut considérer que l'introduction d'un système de justice constitutionnelle en Europe a été le fait de l'influence de la théorie pure du droit de Hans Kelsen qui a conçu la norme constitutionnelle comme la source de validité de toutes les normes de l'ordonnancement juridique avec un corollaire fondamental: le besoin d'un organe de l'Etat chargé de garantir la Constitution, c'est à dire de résoudre les conflits entre les normes légales et celles qui de hiérarchie supérieure sur lesquelles se basent les premières, et en dernier ressort avec la Constitution[163].

Kelsen a clairement établi que la justice constitutionnelle était elle-même un aspect particulier d'un concept plus général concernant la garantie de la conformité d'une norme inférieure à une norme supérieure de laquelle la première tire son origine et sur la base de laquelle son contenu a été déterminé. Finalement, la justice constitutionnelle est une garantie de la Constitution issue de la «pyramide juridique» de l'ordonnancement légal où sont déterminées l'unité et la hiérarchie des différentes normes.

En dehors de l'Autriche et aussi sous l'influence de Kelsen, comme on l'a dit, la Tchécoslovaquie a été le premier pays européen à adopter le système de contrôle de la constitutionnalité dans sa Constitution du 29 février 1920. Les fondements de la mise en place du système doivent être trouvés dans une norme constitutionnelle qui déterminait de façon explicite la suprématie de la Constitution sur le reste de l'ordonnancement légal en statuant que «Toutes les lois contraires à la Constitution ou à l'une de ses parties ainsi qu'aux lois qui la modifient et la complètent sont considérées nulles et non avenues»[164] et en interdisant expressément aux tribunaux d'exercer le contrôle diffus de la constitutionalité des lois[165]. De plus, la Constitution établit l'obligation pour tous les tribunaux de consulter le Tribunal constitutionnel dans les cas de promulgation d'une loi considérée violatrice de la Constitution. Tous ces éléments ont conduit à la concentration de la juridiction constitutionnelle afin de juger la constitutionalité des lois dans un organe spécial, le Tribunal constitutionnel qui a existé jusqu'en 1938[166].

La conception de Kelsen sur le système concentré de contrôle de la constitutionnalité, postule donc l'attribution à un organe spécial du pouvoir exclusif de déclarer l'inconstitutionnalité d'une loi ou de l'annuler. Cet organe est le Tribunal constitutionnel auquel doivent se référer tous les tribunaux lorsqu'ils doivent

---

(163) H. KELSEN, *loc. cit.*, pp. 201, 223.

(164) Article I.1.

(165) Article 102 établit que «Les tribunaux peuvent vérifier la validité des règlements exécutifs, lorsqu'ils examinent une question légale spécifique; en ce qui concerne les lois, ils ne peuvent vérifier que si elles ont été correctement publiées», *v.* in P. CRUZ VILLALÓN, *loc. cit.*, p. 135.

(166) Il faut aussi remarquer que le régime constitutionnel roumain a mis au point un système de contrôle de la constitutionnalité des lois, dans l'Article 103 de la Charte fondamentale du 29 mars 1923. Cependant, ce contrôle n'était confié qu'à la Cour de cassation et a été éliminé par la République populaire, sous l'influence soviétique, dans la Loi fondamentale de 1948.

appliquer une loi de constitutionalité douteuse. Dans ce système, donc, les tribunaux ordinaires n'ont pas le pouvoir de s'abstenir d'appliquer des lois inconstitutionnelles.

Dans sa conception théorique originale, ce système concentré de contrôle de la constitutionnalité des lois n'avait pas été conçu par Kelsen comme l'exercice d'une fonction juridictionnelle, mais plutôt comme un «système de législation négative»[(167)]. En fait, on considérait que la Cour constitutionnelle ne décidait pas spécifiquement de la constitutionalité des lois; cela était réservé au tribunal *a quo* ayant soulevé la question de la constitutionalité par devant la Cour constitutionnelle. La compétence de cette dernière était normalement limitée à la question purement abstraite de la compatibilité logique qui doit exister entre la loi et la Constitution. De ce point de vue purement théorique, puisqu'il n'y avait aucune application concrète de la loi dans un cas spécifique, on considérait qu'il n'y avait pas exercice d'une activité juridictionnelle impliquant une décision concrète.

Cela conduisit Kelsen à soutenir que quand le Tribunal constitutionnel déclarait l'inconstitutionnalité d'une loi, la décision ayant des effets *erga omnes* était une «action législative», la décision du Tribunal constitutionnel ayant «force de loi». C'est aussi pourquoi la loi doit être considérée valide jusqu'à l'adoption de la décision de l'annuler et pourquoi les juges sont obligés de l'appliquer[(168)].

Cette conception a été développée par Kelsen en réponse aux objections éventuelles que le contrôle juridictionnel de l'action législative pouvait faire, étant donné la conception de la suprématie du parlement, bien enracinée dans le droit constitutionnel européen. Ainsi, en interdisant aux juges ordinaires de s'abstenir d'appliquer les lois et en octroyant à une Cour constitutionnelle le pouvoir de déclarer l'inconstitutionnalité d'une loi avec des effets *erga omnes*, le pouvoir judiciaire était soumis aux lois adoptées par le parlement et, en même temps, la primauté de la Constitution sur le parlement était maintenue. La Cour constitutionnelle, plutôt que concurrente du parlement, était devenue son complément logique. Ses fonctions se bornaient à juger la validité d'une loi en employant la simple logique rationnelle, en marge du besoin de trancher des conflits dans des cas spécifiques, et à agir comme un «législateur négatif», même s'il n'agit pas spontanément mais plutôt sur demande des parties intéressées. Selon Kelsen, le pouvoir législatif a donc été divisé en deux parties: la première, le parlement qui détenait l'initiative politique, le législateur positif; et la seconde, le Tribunal constitutionnel, législateur négatif, revêtu du pouvoir d'annuler les lois qui violent la Constitution[(169)].

Selon cette conception, il était nécessaire que la Cour constitutionnelle soit un organe séparé des pouvoirs traditionnels de l'Etat et qu'elle ne fasse pas partie des autorités judiciaires »[(170)].

Aujourd'hui, si l'on a accepté le caractère juridictionnel (non législatif) de l'activité de ces Cours constitutionnelles spéciales en rejetant leur soi-disant caractère de législateur négatif[(171)], l'idée d'attribuer des fonctions juridictionnelles à un organe

---

(167) H. KELSEN, *loc. cit.*, pp. 224-226. *V.* les commentaires de E. GARCÍA DE ENTERRÍA, *op. cit.*, pp. 57, 132.

(168) H. KELSEN, *loc. cit.*, pp. 224-225.

(169) *V.* les commentaires concernant la pensée de KELSEN in E. GARCÍA DE ENTERRÍA, *op. cit.*, pp. 57, 58, 59, 131, 132, 133.

(170) H. KELSEN, *loc. cit.*, p. 223.

(171) M. CAPPELLETTI et J.C. ADAMS, *loc. cit.*, pp. 1218, 1219.

constitutionnel spécialement créé (Cour, Conseil ou Tribunal constitutionnel), généralement placé en dehors de l'organisation judiciaire, a prévalu en Europe continentale et a ouvert la voie au «modèle européen» de contrôle de la constitutionnalité. Celui-ci, d'une certaine façon s'est développé comme conséquence d'un compromis entre le besoin d'un système de justice constitutionnelle dérivé de la notion de suprématie constitutionnelle et la conception traditionnelle européenne de la séparation des pouvoirs qui nie le pouvoir aux juges de juger l'invalidité des lois inconstitutionnelles(172).

Il n'est cependant pas correct d'identifier le système concentré de contrôle de la constitutionnalité des lois au «modèle européen», car un système dans lequel la juridiction exclusive et originale d'annuler les lois et d'autres actes de l'Etat est conférée à la Cour suprême de justice existante dans un pays donné et placée au sommet de l'organisation judiciaire, doit aussi être considéré comme un système concentré de contrôle de la constitutionnalité. C'est pourquoi le deuxième aspect de la rationalité du système concentré de contrôle de la constitutionnalité des lois est l'attribution à un organe constitutionnel spécial, que ce soit la Cour suprême ou une Cour, un Conseil ou un Tribunal constitutionnel spécialement créé, du rôle de juge constitutionnel afin d'annuler des lois avec des effets *erga omnes*.

C. Le caractère incident et principal du système

Contrairement au système diffus de contrôle de la constitutionnalité qui a toujours un caractère incident, le système concentré peut avoir soit un caractère principal, soit un caractère incident, dans la mesure où les questions constitutionnelles relatives aux lois atteignent la Cour suprême ou la Cour constitutionnelle en vertu d'une action directe portée devant la Cour ou en vertu de la saisie de la Cour par un tribunal inférieur où la question constitutionnelle a été soulevée *ex officio* ou à l'initiative de l'une des parties à l'occasion d'une procédure.

Par conséquent, le troisième aspect de la rationalité du système concentré de contrôle de la constitutionnalité des lois, dans lequel le pouvoir d'annulation est attribué à une Cour spéciale, est que la question constitutionnelle peut atteindre la Cour suprême ou la Cour constitutionnelle d'une façon directe ou principale pour l'exercice d'une action contre la loi, ou de façon incidente lorsque la question constitutionnelle est soulevé lors d'un procès particulier dans un tribunal inférieur. Dans ce cas, le juge doit référer sa décision à la Cour suprême ou à la Cour constitutionnelle a fin qu'il puisse adopter la résolution finale du cas en accord avec la décision prise par la Cour. Dans les deux cas, le contrôle de la constitutionnalité des lois est de type concentré car un seul organe est autorisé à juger la constitutionalité de la loi. Néanmoins, ce caractère essentiel du contrôle concentré n'implique pas toujours que la question constitutionnelle doive être soulevée d'une façon principale ou d'une façon incidente. Il peut s'agir de n'importe laquelle des deux, mais aussi des deux parallèlement, selon les normes de la loi positive. Ainsi, à notre avis, en droit comparé il n'existe aucune raison d'identifier le système concentré de contrôle de la constitutionnalité au caractère principal ou abstrait de la méthode de révision de la question constitutionnelle, auquel cas elle est complètement dissociée du cas concret. Si cela a été vrai dans le système original autrichien établi en 1920, cela ne l'est plus dans le droit constitutionnel

(172) M. CAPPELLETTI, *op. cit.*, p. 67.

contemporain[173] où le système concentré de contrôle de la constitutionnalité peut résulter des deux méthodes, principale ou incidente. Dans le système principal, la question constitutionnelle relative à une loi est la question principale et unique du procès intenté par une action directe pouvant être portée devant la Cour suprême ou la Cour constitutionnelle, soit par des particuliers au moyen d'une *actio popularis* ou d'une action soumise à des règles de légitimation particulières, soit par des fonctionnaires ou des autorités publiques spécifiques. Dans la méthode incidente, la question constitutionnelle peut être soulevée devant un tribunal ordinaire comme une question incidente dans le procès ou *ex officio* par le tribunal. Ce tribunal est alors le seul à pouvoir référer la question constitutionnelle à la Cour suprême ou à la Cour constitutionnelle, puisqu'il est nécessaire de suspendre la décision du cas concret jusqu'à ce que l'aspect constitutionnel ait été résolu par la Cour suprême ou la Cour constitutionnelle.

D. Le pouvoir d'initiative du contrôle de la constitutionnalité

La question de la constitutionalité relative à la validité d'une loi est normalement soulevée devant la Cour suprême ou la Cour constitutionnelle par une action ou par référence d'un tribunal inférieur. Dans les deux cas, le juge constitutionnel doit décider en droit sans considérer les faits.

Dans les deux cas, comme nous l'avons dit, la question constitutionnelle doit être soulevée devant la Cour suprême ou la Cour constitutionnelle et celle-ci n'a pas d'initiative propre pour agir en tant que juge constitutionnel[174]. Le principe *nemo judex sine actore* est ainsi appliqué, mais, une fois que la question constitutionnelle a atteint la Cour comme conséquence d'une action ou d'une référence d'un tribunal inférieur, le principe *in judex judicet ultra petitum partis* n'est plus opérant. Cela signifie que la Cour suprême ou la Cour constitutionnelle en tant que juge constitutionnel, une fois saisie par l'une des parties ou par un moyen incident, a des pouvoirs *ex officio* pour considérer des questions de constitutionalité autres que celles soulevées.

Cependant, il faut signaler qu'en Autriche, à part les deux méthodes de contrôle de la constitutionnalité, l'incidente et la principale, la Constitution attribue au Tribunal constitutionnel le pouvoir de soulever, de sa propre initiative, toute question constitutionnelle relative aux lois et aux normes exécutives, dans des cas soumis au Tribunal dans lesquels une loi ou une norme exécutive doit être appliquée[175]. On pourrait y voir une quatrième méthode de contrôle juridictionnel du système autrichien, d'ailleurs envisagée par Hans Kelsen[176] bien qu'elle ne soit pas illimitée. La Constitution établit que, bien que le Tribunal puisse avoir la conviction qu'une loi est inconstitutionnelle du fait de sa promulgation de manière inconstitutionnelle, si l'annulation complète de la loi peut signifier un préjudice manifeste des intérêts juridiques du requérant dans une action directe ou du plaignant dans une procédure dans laquelle une question incidente a été soulevée devant le Tribunal, celui-ci ne doit pas annuler la loi[177].

---

(173) *Cf.* M. CAPPELLETTI, *op. cit.*, pp. 69, 72.

(174) D'une manière exceptionnelle, le Tribunal constitutionnel fédéral de Yougoslavie possède des pouvoirs *ex officio* d'entamer une procédure de contrôle de la constitutionnalité des lois. *V.* Article 4 de la loi de la Cour constitutionnelle de Yougoslavie, 31-12-1963, in B.T. BLAGOJEVIC (ed.), *Constitutional Judicature*, Beograd 1965, p. 16.

(175) Article 139, 1 et Article 140, 1,3.

(176) H. KELSEN, *loc. cit.*, p. 247.

(177) Article 140,3.

D'autre part, s'il est vrai que la Cour suprême ou la Cour constitutionnelle n'a pas d'initiative propre pour entamer la procédure de justice constitutionnelle relative aux lois, il faut se rappeler que, dans la méthode incidente de contrôle concentré de la constitutionalité, les tribunaux inférieurs qui doivent référer la décision sur la question constitutionnelle au juge constitutionnel, peuvent avoir l'initiative de soulever la question par référence à la Cour suprême ou à la Cour constitutionnelle. C'est à dire que les tribunaux ordinaires, lorsqu'ils soulèvent des questions constitutionnelles dans la méthode incidente, ne sont pas toujours liés à ce qu'invoquent les parties ni le Procureur, et lorsqu'ils considèrent le cas particulier, ils peuvent soulever la question constitutionnelle *ex officio* et la transmettre à la Cour suprême ou à la Cour constitutionnelle afin que celle-ci décide.

C'est là une conséquence du principe de la suprématie de la Constitution et du devoir des juges d'appliquer la loi. Bien que, dans le système concentré de contrôle de la constitutionnalité, la Constitution interdit aux tribunaux ordinaires d'agir en tant que juges constitutionnels en ce qui concerne les lois, cela ne veut pas dire que si ceux-ci considèrent une loi applicable à la décision d'un cas concret est inconstitutionnel, ils n'ont pas le pouvoir de soulever la question constitutionnelle et ne peuvent pas la transmettre au juge constitutionnel. Le contraire signifierait la rupture avec le principe de la suprématie de la Constitution et avec le rôle des juges dans l'application de la loi.

E. Les effets *erga omnes* des décisions de la Cour

Le cinquième aspect de la rationalité du système concentré de contrôle de la constitutionnalité concerne les effets des décisions adoptées par la Cour suprême ou par la Cour constitutionnelle relatives à l'inconstitutionnalité de la loi, soit que la question constitutionnelle ait été soulevée par le biais d'une action ou par référence d'un tribunal inférieur. Cet aspect des effets de la décision judiciaire comporte deux volets: premièrement, qui est touché par la décision? et deuxièmement, quand commencent les effets de la décision?[(178)].

En ce qui concerne la première question, la rationalité du système concentré de contrôle de la constitutionnalité implique que la décision adoptée par la Cour suprême ou par la Cour constitutionnelle agissant comme juge constitutionnel a des effets généraux *erga omnes*. Cela est vrai lorsque le contrôle de la constitutionnalité est exercé au moyen d'une action directe portée devant la Cour constitutionnelle ou la Cour suprême, où il n'y a pas de cas concret contentieux. Lorsqu'une action directe est portée devant un juge constitutionnel, la relation de procédure ne s'établit pas entre un plaignant et un défendeur mais bien, essentiellement entre un requérant et une loi dont la constitutionalité est contestée. Dans ce cas, le procès est considéré objectif. Par conséquent, l'objet de la décision sur la constitutionalité d'une loi est son annulation et les effets de la décision sont nécessairement *erga omnes,* ne pouvant pas être *inter partes,* particulièrement du fait de l'absence des parties proprement dites.

Dans le système concentré de contrôle de la constitutionnalité, même entamé par une méthode incidente, quand une question constitutionnelle relative à une loi est soulevée dans une procédure concrète et le tribunal inférieur la transmet à la Cour suprême ou à la Cour constitutionnelle afin qu'elle fasse l'objet d'une décision,

---

(178) Allan R. BREWER-CARÍAS, *op. cit.,* pp. 193 et ss.

cette décision doit être adoptée sur la base des aspects de droit et non par rapport aux faits. Mais elle aura des effets *erga omnes*, c'est à dire non limités au procès concret ni aux parties de celui-ci où a été soulevée la question constitutionnelle.

En effet, dans les deux cas du système concentré de contrôle de la constitutionnalité, à savoir la méthode principale et incidente, la Cour suprême ou la Cour constitutionnelle doit trancher la question de la constitutionalité de la loi de façon abstraite, sans aucune référence aux faits ni au procès concret dans lequel la question constitutionnelle a été soulevée. Par conséquent, le juge constitutionnel dans le système concentré ne tranche pas une question constitutionnelle en vue de résoudre un cas concret entre des parties; le juge constitutionnel, comme nous l'avons vu, ne prend pas de décision concernant un cas concret, mais uniquement concernant une question de constitutionalité d'une loi. La logique du système est donc que la décision doit être appliquée en général, à tous et à tout organe de l'Etat du fait des effets *erga omnes*.

Néanmoins, si une loi est considérée inconstitutionnelle par la Cour constitutionnelle ou par la Cour suprême agissant en tant que juge constitutionnel, cela veut dire que la loi en question est annulée et ne peut être exécutée ni appliquée ni à la résolution du cas concret ni nulle part ailleurs.

F. Les effets constitutifs de la décision de la Cour

Ces effets *erga omnes* de la décision juridictionnelle dans le système concentré de contrôle de la constitutionnalité des lois sont étroitement liés à la question concernant les effets de la décision dans le temps, notamment quand la décision Est-elle effective, ainsi qu'à l'aspect déjà mentionné de l'annulabilité de certains actes de l'Etat comme garantie de la Constitution.

En effet, nous avons dit que le premier et le plus important des aspects de la rationalité du système concentré de contrôle de la constitutionnalité est que la suprématie de la Constitution par rapport à tous les autres actes de l'Etat conduit à considérer qu'une loi contraire à la Constitution doit être nulle et non avenue. Nous avons affirmé aussi que, même si la garantie de la Constitution dans les système de contrôle de la constitutionnalité est, en principe, la nullité des actes inconstitutionnels de l'Etat, la Constitution a restreint sa propre garantie, en ce qui concerne certains actes de l'Etat comme les lois, en réservant l'examen et la déclaration de la nullité des lois à un seul organe constitutionnel: la Cour suprême ou une Cour, Conseil ou Tribunal constitutionnel spécialement créé, auquel a été conféré le pouvoir exclusif de déclarer la nullité desdits actes.

En conséquence, lorsqu'un juge constitutionnel décide à propos de la constitutionalité d'une loi et l'établit, la décision juridictionnelle a des effets constitutifs: elle déclare la nullité d'une loi du fait de son inconstitutionnalité, mais la loi a produit des effets jusqu'au moment où sa nullité a été établie. Ainsi, la loi dont la nullité a été déclarée et établie est considérée, en principe, par la Cour comme ayant été valide jusque là.

C'est pourquoi l'on dit que, étant constitutive, la décision de la Cour a des effets prospectifs *ex nunc* ou *pro futuro*, à savoir qui ne remontent pas à la promulgation de la loi considérée inconstitutionnelle. Donc, les effets de la loi produits jusqu'au moment de son annulation sont considérés valides. Par conséquent, la loi déclarée inconstitutionnelle par un juge constitutionnel dans le système concentré de contrôle de la constitutionnalité des lois doit être considérée comme un acte valide et ayant produit des effets complets jusqu'à annulation par la Cour.

Cet aspect de la logique du système concentré de contrôle de la constitutionnalité est nuancé par le système constitutionnel lui-même, lorsqu'il établit une distinction entre les vices d'inconstitutionnalité qui peuvent frapper les lois soit de nullité absolue, soit de nullité relative. Dans le cas des vices constitutionnels susceptibles de frapper une loi de nullité absolue, l'annulation de la loi décidée par un juge constitutionnel produit évidemment des effets *ex tunc* car une loi considérée nulle et non avenue de façon absolue n'est capable de produire aucun effet. Or, dans ces cas, l'annulation de la loi a des effets *pro praeterito* ou des effets rétroactifs, du fait qu'elle est considérée nulle et non avenue *ab initio*. En revanche, si le vice constitutionnel de la loi qui a conduit à son annulation par le juge constitutionnel n'est pas grave au point de produire sa nullité absolue mais une nullité relative, les effets de l'annulation de la loi sont uniquement *ex nunc, pro futuro*.

4. Aperçu général du système

Pour conclure, nous pouvons dire que, en principe, la rationalité du système concentré de contrôle de la constitutionnalité fonctionne de la manière suivante.

La Constitution exerce sa suprématie sur l'ordonnancement juridique tout entier; par conséquent, les actes qui lui sont contraires ne peuvent avoir aucun effet et sont considérés nuls et non avenus.

En principe, en ce qui concerne les actes de l'Etat subordonnés à la loi, tous les tribunaux ont le pouvoir et le devoir d'appliquer la Constitution et les lois, et, par conséquent, de donner la préférence à la Constitution et aux lois par rapport aux actes de l'Etat qui les violent, et de les déclarer inconstitutionnels et inapplicables au procès concret intenté devant les tribunaux. Cependant, en ce qui concerne certains actes de l'Etat comme les lois et d'autres actes immédiatement subordonnés à la Constitution, cette dernière réserve expressément le pouvoir d'examiner et de déclarer l'inconstitutionnalité de tels actes ainsi que le pouvoir de les annuler à un seul organe constitutionnel, soit la Cour suprême d'un pays donné, soit une Cour, un Conseil ou un Tribunal constitutionnel spécialement créé.

Ce pouvoir du juge constitutionnel de déclarer l'inconstitutionnalité de certains actes de l'Etat ne peut être exercé que lorsqu'il est demandé soit par action directe portée devant lui contre la loi inconstitutionnelle afin qu'il l'examine d'une façon abstraite, soit lorsqu'un tribunal réfère au juge constitutionnel une question constitutionnelle soulevée dans un procès concret. Dans ce dernier cas, le caractère incident de la question entraîne des effets suspensifs, c'est à dire que le cas concret ne sera résolu qu'après la décision du juge constitutionnel concernant la constitutionalité de la loi, décision qui doit être prise de façon abstraite et sans référence aux faits du procès concret.

La décision de la Cour constitutionnelle peut donc être prise par une méthode principale ou incidente par rapport à la constitutionalité de la loi, sans que le juge constitutionnel puisse soulever la question *motu propio* ou *ex officio*. Cependant, lorsque la question constitutionnelle est portée devant le juge constitutionnel, celui-ci a le pouvoir *ex officio* de considérer d'autres questions constitutionnelles. Dans le cas de la méthode incidente, le tribunal inférieur qui a soulevé la question a le pouvoir *ex officio* de la soulever puisqu'elle n'est pas limitée à l'initiative des parties.

La décision adoptée par le juge constitutionnel relative à l'inconstitutionnalité d'une loi a des effets *erga omnes* à l'égard de tous les organes de l'Etat et de tous les individus. Elle a aussi des effets constitutifs dans la mesure où elle prononce la nullité d'une loi. Lorsque la nullité d'une loi est déclarée, la décision a des effets *ex nunc* et *pro futuro* dans le sens où ils ne sont pas rétroactifs. Dans ce cas, l'acte annulé doit être considéré comme ayant produit des effets valides jusqu'au moment de son annulation, à moins qu'il ne soit frappé d'une nullité absolue.

Evidemment, dans le système concentré de contrôle de la constitutionnalité, cette logique n'est pas toujours absolue et chaque système juridique a mis au point des corrections aux éventuelles déviations pouvant se produire dans chacun des aspects de la rationalité du système par rapport à l'annulabilité ou la nullité de l'acte inconstitutionnel, l'initiative de la Cour, les effets *inter partes* ou *erga omnes* de la décision et de son caractère déclaratif ou constitutif.

III. LES MÉTHODES DE CONTRÔLE JURIDICTIONNEL CONCENTRÉ DE LA CONSTITUTIONNALITÉ DES LOIS SELON LE MODÈLE EUROPÉEN

Le «modèle européen» de contrôle juridictionnel concentré de la constitutionnalité des lois est caractérisé par le fait que le pouvoir nécessaire à l'exercice du dit contrôle est confié à une Cour, un Tribunal ou un Conseil constitutionnel, créé comme un organe constitutionnel *en dehors du pouvoir judiciaire*. Un tel système de contrôle fonctionne en Autriche, en Italie, en Espagne et en France où ont été créés constitutionnellement des Cours, Tribunaux ou Conseils constitutionnels chargés d'exercer le contrôle juridictionnel de la constitutionnalité des lois.

Ces Cours constitutionnelles exercent leur pouvoir juridictionnel de contrôle soit avant que la loi n'entre en vigueur, c'est à dire avant sa promulgation, soit une fois en vigueur. On parle aussi de contrôle *a priori* ou *a posteriori* de la constitutionnalité des lois. Cependant, d'une manière générale, on peut dire que les systèmes concentrés de contrôle juridictionnel fidèles au modèle européen sont caractérisés par la mise en place de divers moyens de contrôle juridictionnel de la constitutionnalité des lois une fois en vigueur, c'est à dire une fois promulguée et après qu'aient commencé leurs effets normatifs juridiques. Ce n'est que de manière exceptionnelle que certains systèmes concentrés européens prévoient un moyen de contrôle préventif sur certains actes de l'Etat, comme c'est le cas en France et en Italie au sujet des lois régionales et en Espagne au sujet des lois organiques et des traités internationaux.

En tout cas, le fondement de l'existence d'un système de contrôle juridictionnel *a posteriori* réside dans le dépassement du dogme de la souveraineté du parlement et de la loi, ainsi que dans l'assouplissement du principe de séparation des pouvoirs. Comme nous l'avons vu, le contrôle juridictionnel implique l'existence d'une Constitution écrite et rigide, dotée d'un caractère normatif directement applicable aux individus; ses limites s'imposent à tous les organes constitutionnels, y compris le législateur, dont les activités devront être conformes à son texte et partant susceptibles d'un contrôle juridictionnel.

Ces principes, dépassés par les pays européens qui ont adopté un système concentré de contrôle juridictionnel, ont revêtu une importance particulière dans l'évolution du système constitutionnel français. S'il est vrai que les tendances du constitutionnalisme contemporain ont également influencé la base traditionnelle du système français, l'influence n'a été sensible que dans l'établissement d'un système préventif de contrôle juridictionnel qui, sans aucun doute, est un système incomplet de contrôle juridictionnel des lois jugées inconstitutionnelles.

Evidemment, l'adoption d'un système préventif de contrôle juridictionnel en France ainsi que les activités accomplies par le Conseil constitutionnel ont été considérées révolutionnaires[(179)], parce qu'elles signifient l'acceptation du principe de constitutionnalité et la subordination du législateur aux contraintes constitutionnelles[(180)]. Cependant, comparé aux autres systèmes de contrôle juridictionnel adoptés ailleurs en Europe, le système français apparaît limité[(181)] puisque une fois en vigueur les lois ne peuvent plus faire l'objet d'un contrôle constitutionnel.

1. Le contrôle préventif de la constitutionnalité des lois

On distingue plusieurs méthodes de contrôle préventif de la constitutionnalité des lois: la française pour laquelle le contrôle préventif est la seule méthode de contrôle, et l'italienne et l'espagnole où coexistent la méthode préventive et la méthode *a posteriori*.

A. Le contrôle préventif de la constitutionnalité des lois comme seule méthode de contrôle concentré: le cas de la France

Le système préventif français de contrôle juridictionnel de la constitutionnalité des lois a été définitivement mis en place par la Constitution du 5 octobre 1958 qui créait le Conseil constitutionnel[(182)] en tant qu'organe constitutionnel chargé d'établir la conformité des lois à la Constitution «avant leur promulgation»[(183)]. Comme nous l'avons dit, cette innovation institutionnelle est le résultat d'une réaction contre au moins deux des fondements du système constitutionnel français traditionnel, à savoir l'absolutisme de la loi et le rejet de toute interférence judiciaire concernant les autres pouvoirs de l'Etat, en particulier le parlement.

En effet, l'un des principaux dogmes politiques issus de la Révolution française était la profonde méfiance du législateur révolutionnaire à l'égard des juges, leur refusant toute possibilité de contrôler les autres pouvoirs de l'Etat, surtout le législatif et l'exécutif. Cette position anti-judiciaire trouve sa raison d'être politique dans le rôle joué par les *Parlements* pré révolutionnaires, en tant que Hautes Cours, lorsqu'ils examinaient les lois et les décrets dont ils étaient saisis afin de garantir qu'ils ne contenaient rien de contraire «aux lois fondamentales du royaume», ce qui concédait à ces Parlements un pouvoir politique conservateur considérable[(184)].

---

(179) J. RIVERO, *Le Conseil constitutionnel et les libertés*, Paris, Aix-en-Provence 1984, pp. 13 et 14.

(180) L. FAVOREU, «Le principe de constitutionnalité. Essai de définition d'après la jurisprudence du Conseil constitutionnel», *Recueil d'Etudes en Hommage à Charles Eisenmann*, Paris 1977, pp. 33-48.

(181) *V.* les commentaires concernant la légitimité des systèmes français *a priori* de contrôle dans une perspective comparative in L. FAVOREU «Actualité et légitimité du contrôle juridictionnel des lois en Europe occidentale», *Revue du droit public et de la science politique en France et à l'étranger*, Paris 1984 (5), pp. 1183-1187.

(182) Articles 56-63 de la Constitution de 1958.

(183) Article 61.

(184) M. CAPPELLETTI, *Judicial Review in the Contemporary World*, Indianapolis 1971, pp. 33-35; F. LUCHAIRE, *Le Conseil constitutionnel*, Paris 1980, pp. 5-6.

Cette méfiance à l'égard du pouvoir judiciaire a conduit à une interprétation révolutionnaire extrême du principe de séparation des pouvoirs: tous les juges se sont vu refuser non seulement le droit contrôler les actes législatifs et administratifs, ce qui explique pourquoi, à l'origine, la Cour de cassation était un organe législatif et pourquoi le Conseil d'Etat était un organe exécutif, mais aussi celui d'interpréter les lois, réservé au législateur qui l'exerçait par décret promulgué sur demande des juges au moyen du *référé législatif* en cas de doute concernant le texte d'une loi(185). Les juges étaient donc, comme disait Montesquieu «la bouche de la loi», c'est à dire la bouche prononçant les mots de la loi, des êtres purement passifs, incapables d'en apprécier la force ou la rigueur(186).

Quoi qu'il en soit, comme nous l'avons signalé, la Constitution de 1958(187), en créant le Conseil constitutionnel et sans rejeter le dogme de la suprématie de la loi ni l'interdiction pour les tribunaux et les juges de contrôler la constitutionnalité des lois, permet l'exercice d'un contrôle préventif des lois avant leur promulgation (art. 61).

Ainsi, en France, le Conseil constitutionnel exerce deux types de contrôle préventif de la constitutionnalité: celui des lois non promulguées et celui de la répartition des compétences normatives de l'Etat entre la loi et les règlements. Dans les deux cas, le Conseil constitutionnel français, bien qu'il n'avait pas le pouvoir de contrôler la constitutionnalité des lois en vigueur, a joué un rôle très significatif en ce qui concerne le principe de constitutionnalité(188).

(a) Le contrôle préventif de la constitutionnalité des lois non promulguées

Le contrôle préventif de la constitutionnalité des lois non promulguées est exercé en France par le Conseil constitutionnel de deux manières: obligatoire, pour les règlements parlementaires et les lois organiques, et facultative, pour les lois ordinaires et les traités internationaux.

a. Le contrôle obligatoire de la constitutionnalité des lois organiques et des règlements parlementaires: Conformément à l'article 61 de la Constitution, les lois organiques et les règlements internes du parlement doivent être soumises, avant leur promulgation, au Conseil constitutionnel en vue de déterminer leur conformité à la Constitution.

Dans le cas des lois organiques, elles doivent être soumises au Conseil constitutionnel par le Premier ministre qui doit préciser opportunément l'urgence de la décision. Dans le cas des règlements parlementaires ou modifications de ceux-ci adoptées par l'une des assemblées, elles doivent être soumises au Conseil constitutionnel par le Président de l'assemblée(189).

b. Le contrôle facultatif de la constitutionnalité des lois ordinaires et des traités internationaux: Outre les lois organiques et les règlements parlementaires, les lois ordinaires peuvent également être soumises, avant leur promulgation, au Conseil constitutionnel, par le Président de la République, par le Premier ministre

---

(185) *Idem.*

(186) MONTESQUIEU, *De l'esprit des lois*, Book XI, Ch. VI, *cit.* par Ch. H. MC ILWAIN, *The High Court of Parliament and its Supremacy*, Yale 1910, p. 323.

(187) Articles 56-63 de la Constitution de 1958.

(188) Allan R. BREWER-CARÍAS, *op. cit.*, pp. 255 et ss.

(189) Article 61 de la Constitution. Article 17 de la loi organique 58-1067.

ou le Président de l'une des assemblées. A cela, la reforme constitutionnelle de 1974 a ajouté que 60 députés ou sénateurs peuvent saisir le Conseil constitutionnel de la question de la constitutionnalité des lois ordinaires[190], donnant ainsi aux minorités la possibilité de mettre en cause des décisions de la majorité.

Ce contrôle facultatif de la constitutionnalité s'applique aussi aux traités internationaux sur demande du Président de la République, du Premier ministre ou du Président de l'une des assemblées. Dans ce cas, le Conseil constitutionnel doit décider si un traité international contient des clauses contraires à la Constitution, et l'autorisation nécessaire à sa signature ou approbation ne pourra être accordée qu'après une réforme constitutionnelle[191].

La procédure suivie dans ces cas est contradictoire et l'autorité qui saisit le Conseil constitutionnel concernant le contrôle constitutionnel d'un traité international doit immédiatement notifier son action aux autres autorités habilitées à saisir le Conseil constitutionnel[192].

c. Les effets suspensifs des recours et de la décision du Conseil: Dans tous les cas où le Conseil constitutionnel est saisi du contrôle de la constitutionnalité de lois organiques, de règlements parlementaires, de lois ordinaires ou de traités internationaux, avant leur promulgation, les effets suspensifs commencent au moment où le Conseil reçoit la requête et la promulgation du texte normatif contesté est suspendue[193]. Le Conseil dispose généralement d'un mois pour prendre une décision bien que, dans un cas urgent, le gouvernement peut demander à ce que le délai soit réduit à huit jours[194].

La décision du Conseil, qui doit être justifiée et publiée dans le Journal Officiel[195], peut consister en la déclaration selon laquelle la loi contestée n'est pas contraire à la Constitution, auquel cas le délai de suspension de la promulgation prend fin[196]. En revanche, la décision peut être que le texte normatif est déclaré inconstitutionnel, auquel cas le texte non promulgué ne peut ni être promulgué ni mis en vigueur[197].

En ce qui concerne les traités internationaux, comme nous l'avons dit, si le Conseil constitutionnel décide qu'un traité contient une clause non conforme à la Constitution, l'autorisation de ratification ou d'approbation doit être retardée jusqu'à l'amendement de la Constitution[198].

La déclaration d'inconstitutionnalité par le Conseil constitutionnel adopte toujours deux formes au regard du texte de l'acte contesté: si le Conseil constitutionnel juge qu'une disposition inconstitutionnelle d'une loi est inséparable du reste du texte, l'intégralité du texte ne peut par conséquent être promulguée[199].

---

(190) Article 61 de la Constitution.
(191) Article 54 de la Constitution.
(192) Articles 54, 61 de la Constitution. Article 18 de la loi organique 58-1067.
(193) Article 61 de la Constitution.
(194) Article 61 de la Constitution.
(195) Article 20 de la loi organique.
(196) Article 21 de la loi organique 58-1067.
(197) Article 62 de la Constitution.
(198) Article 54 de la Constitution.
(199) Article 22 de la loi organique 58-1067.

Mais, à l'inverse, si le Conseil estime que les dispositions inconstitutionnelles peuvent être séparées du texte, le Président de la République est autorisé à promulguer le texte incomplet ou solliciter une seconde discussion aux Chambres[200].

Dans tous les cas, on ne reviendra sur la décision du Conseil et celle-ci aura des effets obligatoires sur tous les pouvoirs publics et les autorités administratives et juridictionnelles[201].

(b) Le contrôle préventif de la répartition des compétences normatives

En ce qui concerne le contrôle juridictionnel préventif, une autre compétence essentielle du Conseil constitutionnel vise à protéger la répartition des compétences normatives entre la loi et les règlements exécutifs. En effet, la Constitution française de 1958, s'éloignant de la tradition parlementaire des états modernes et comme conséquence d'une réaction anti-parlementaire évidente, met en place un système de répartition des compétences entre le parlement et le gouvernement, fondé sur l'attribution au parlement d'un pouvoir exclusif sur les questions expressément énumérées dans la Constitution, ce qui revient à une restriction extrême des pouvoirs du parlement.

De fait, l'article 34 de la Constitution énumère une liste de sujets dont le parlement peut se saisir, y compris les lois qu'il est autorisé à dicter, et l'article 37 stipule que le pouvoir de régir toutes les autres questions, en dehors de celles qui constituent le domaine de la loi, est confié à l'exécutif, réduisant ainsi le pouvoir du parlement à une série de questions clairement énumérées et abandonnant le reste des compétences normatives au pouvoir exécutif.

Un tel système de répartition des pouvoirs normatifs de l'Etat engendre bien sûr de nombreux conflits entre la loi et les règlements exécutifs, soit entre le parlement et le pouvoir exécutif, qu'il incombe au Conseil constitutionnel de résoudre. C'est pourquoi, dans la résolution des conflits, le Conseil intervient pour garantir le respect des dispositions constitutionnelles, mais n'examine pas le texte normatif définitif. En réalité le Conseil constitutionnel n'intervient que durant la phase de rédaction des textes respectifs a fin d'autoriser ou d'interdire la poursuite des travaux jusqu'à aboutir à la version finale du texte. Il est clair que cette compétence du Conseil a des implications différentes selon qu'il s'agit de lois ou de l'exercice de pouvoirs normatifs par l'exécutif

a. Le contrôle préventif des lois: L'intervention du Conseil concerne ici la procédure de rédaction des lois et de leurs amendements. En effet, le gouvernement peut s'opposer à la poursuite de la discussion d'une loi à l'Assemblée, lorsqu'il estime qu'elle comprend des questions ne faisant pas partie du domaine réservé à la loi dans l'article 34 de la Constitution, ni dans les lois organiques adoptées pour leur mise en vigueur, ou lorsqu'il la juge contraire aux pouvoirs de nature normative attribués au gouvernement[202].

Dans un tel cas, le Président de l'Assemblée concernée peut arriver à un compromis avec le gouvernement, selon lequel les deux parties renoncent à discuter tant la proposition que sa réforme. S'il n'y pas d'accord entre les parties, l'une

---

(200) Article 23, *idem*.
(201) Article 62 de la Constitution.
(202) Article 41 de la Constitution.

quelconque d'entre elles peut saisir le Conseil constitutionnel afin qu'il résolve le conflit et prenne une décision dans les huit jours. Dans ce cas, la discussion de la loi ou de son amendement législatif contesté par le gouvernement est immédiatement suspendue[(203)]. En outre, l'autorité qui requiert l'intervention du Conseil constitutionnel dans le conflit doit en notifier toutes les autres autorités habilitées à saisir le Conseil constitutionnel[(204)].

b. Le contrôle constitutionnel des lois concernant les règlements de l'exécutif: Le second type d'intervention du Conseil constitutionnel dans la répartition des compétences entre la loi et les règlements exécutifs se réfère à l'exercice du pouvoir normatif par le gouvernement lorsque celui cherche à modifier des lois, ce qui peut se produire dans deux cas: d'abord quand la loi en question a été adoptée avant la délimitation du domaine législatif par la Constitution de 1958 et les questions qu'elle recouvre relèvent des pouvoirs normatifs de l'exécutif; ou, deuxièmement, quand les lois ont été adoptées après la délimitation de 1958, interfèrent avec les pouvoirs normatifs de l'exécutif et n'ont pas fait l'objet d'un contrôle par le Conseil constitutionnel avant leur promulgation.

Dans la première hypothèse, le gouvernement est libre de modifier les lois pré constitutionnelles existantes lorsqu'elle portent sur des questions appartenant au domaine lui réservé par la Constitution. Dans de tels cas, le gouvernement est obligé d'adopter le décret correspondant, après avoir sollicité et obtenu l'opinion du Conseil d'Etat[(205)].

La seconde hypothèse porte sur l'exercice du pouvoir normatif de l'exécutif de modifier des lois adoptées par le parlement après la Constitution de 1958, sur des questions relevant du domaine normatif de l'exécutif. Dans ces cas, le gouvernement est autorisé à approuver le décret normatif correspondant après que le Conseil constitutionnel ait déclaré la nature normative exécutive de la question[(206)]. De cette manière, si un gouvernement, par négligence ou volonté politique délibérée, ne soumet pas au Conseil constitutionnel une loi non promulguée ne relevant pas du domaine réservé au pouvoir législatif avant sa promulgation, les gouvernements suivants ne seront pas obligés par cette décision et pourront soumettre la dite loi au Conseil constitutionnel; si celui-ci déclare la nature normative exécutive de la question, le gouvernement pourra alors la modifier sur simple décret[(207)]. Par conséquent, dans le domaine de la délimitation des compétences normatives du pouvoir réglementaire et de la loi, le contrôle du Conseil constitutionnel ne s'applique pas véritablement aux normes exécutives elle-même, mais seulement aux lois. Les normes exécutives et le chevauchement éventuel qu'elles peuvent provoquer avec le domaine réservé au législateur par l'article 34 de la Constitution sont sujets au contrôle du Conseil d'Etat, et des divergences de critères peuvent apparaître entre ce dernier et le Conseil constitutionnel[(208)].

---

(203) Article 27 de la loi organique 58-1067.

(204) *Idem.*

(205) Article 37 de la Constitution.

(206) Article 37 de la Constitution.

(207) *V.* aussi Articles 24-26 de la loi organique 58-1067.

(208) C. FRANCK, *Les fonctions juridictionnelles du Conseil constitutionnel et du Conseil d'Etat dans l'ordre constitutionnel*, Paris 1974, p. 4.

(c) *Le contrôle de la constitutionnalité des lois et le principe de la constitutionnalité*

Comme nous l'avons signalé plus haut, le rôle fondamental confié au Conseil constitutionnel en France, conformément à la Constitution de 1958, consiste à contrôler, de manière préventive, la conformité des lois à la Constitution. Cependant, la Constitution de 1958 étant essentiellement une Constitution organique, c'est à dire, ayant pour but principal la répartition des pouvoirs entre les différents organes de l'Etat, le Conseil constitutionnel, au cours de ses premières années d'existence, avait agi en défenseur de cette répartition, particulièrement en ce qui concerne les rapports entre le parlement et le gouvernement, autrement dit les rapports entre la loi et les règlements exécutifs.

La Constitution française ne comporte pas de déclaration ou énumération expresse des droits fondamentaux; d'où l'interprétation selon laquelle elle ne serait pas un texte directement applicable aux individus, la seule déclaration de la Constitution relative aux droits fondamentaux des individus étant son Préambule qui affirme:

> Le peuple français proclame solennellement son attachement aux Droits de l'homme et aux principes de la souveraineté nationale tels qu'ils sont définis par la Déclaration de 1789, confirmée et complétée par le préambule de la Constitution de 1946.

Un préambule semblable était inclus dans la Constitution de 1946 et le Comité constitutionnel de l'époque l'a considéré comme ne pouvant pas être mis directement en vigueur[209]. Cependant, aucune disposition spéciale n'avait été prise à cet égard dans la Constitution de 1958.

C'est cette réalité normative qui a poussé le Conseil constitutionnel à élargir ses propres pouvoirs de contrôle juridictionnel par ce qui a été considéré sa décision *Malburv vs Madison*[210], prise le 16 juillet 1971 concernant la liberté d'association[211]. A cette occasion, pour déclarer inconstitutionnelle une loi sanctionnée par le parlement, le Conseil s'est fondé sur le préambule et partant sur les «principes fondamentaux reconnus par les lois de la République et la Déclaration des droits de l'homme et du citoyen de 1789». C'est dans le cadre de ces principes et de ces droits que le Conseil a attribué un rang constitutionnel à la liberté d'association et a déclaré l'inconstitutionnalité d'une loi qu'il lui considérait contraire, donc à la Constitution[212]. Par conséquent, non seulement le Conseil constitutionnel a élargi le concept de «constitutionnalité», qui, depuis lors, a intégré, outre le texte formel de la Constitution, les principes fondamentaux reconnus par les lois de la République et la Déclaration des droits de l'homme et du citoyen de 1789[213], mais il est aussi

---

[209] Article 34 de la Constitution de 1946. *Cf.* J. RIVERO, *op. cit.*, p. 11; L. FAVOREU, «Le principe ... », *loc. cit.*, p. 34.

[210] J. RIVERO, *op. cit.*, p. 140.

[211] *V.* in L. FAVOREU et L. PHILIP, *Les grandes décisions du Conseil constitutionnel*, Paris 1984, pp. 222-237.

[212] *Cf.* autre commentaire sur la décision in B. NICHOLAS, «Fundamental Rights and Judicial Review in France», *Public Law*, 1978, pp. 82-92; J.E. BEARDSLEY, «The Constitutional Council and Constitutional Liberties in France», *The American Journal of Comparative Law*, nº 20, 1972, pp. 431-452; C. FRANCK, *op. cit*, p. 208.

[213] *Cf.* F. LUCHAIRE, «Procédures et techniques de protection des droits fondamentaux. Conseil constitutionnel français», in L. FAVOREU (ed.), *Cours constitutionnelles européennes et droits fondamentaux*, Paris 1982, pp. 64-73.

devenu le gardien des libertés(214). C'est pourquoi le Conseil constitutionnel a revendiqué pour lui même le pouvoir et le devoir de contrôler la conformité des lois non promulguées, non seulement conformément aux articles 34 et 37 de la Constitution qui régissent la répartition des compétences entre le parlement et les pouvoirs réglementaires de l'exécutif, mais aussi conformément à la Constitution tout entière qui comprend les principes généraux de nature constitutionnelle découlant de la Déclaration universelle et du Préambule, ainsi que les droits fondamentaux des individus. Dans la recherche de ces objectifs, le recours qui a ouvert la voie aux minorités parlementaires pour exiger le contrôle juridictionnel au moyen de l'amendement constitutionnel de 1974 a revêtu une importance particulière, comme l'a démontré l'une des décisions fondamentales du Conseil adoptée les 16 janvier et Il février 1982 dans le cas de nationalisation(215). Dans ce cas, le concept de constitutionnalité a encore été élargi pour inclure les «principes et règles de valeur constitutionnelle»(216) auxquels est également soumis le législateur.

Finalement, il faut reconnaître que, en plus de ces transformations obtenues sous la pression des décisions du Conseil constitutionnel visant à soumettre tous les organes de l'Etat, y compris le législateur, à la Constitution et à ses principes, le contrôle de la constitutionnalité des lois a aussi été élargi grâce au travail d'autres organes juridictionnels essentiels, à savoir le Conseil d'Etat et la Cour de cassation.

Le Conseil d'Etat, en particulier, depuis sa décision concernant le *Syndicat général des ingénieurs-conseils* du 26 juin 1959(217), a exercé un contrôle constitutionnel des décrets lois adoptés conformément aux pouvoirs confiés à l'exécutif dans l'article 37 de la Constitution, non pas en tenant compte de la soumission éventuelle des normes exécutives aux lois sanctionnées par le parlement en vertu des pouvoirs équitablement répartis entre les deux organes constitutionnels, mais bien en prenant en considération la Constitution et, de plus, «les principes généraux de loi qui découlent fondamentalement du Préambule de la Constitution», lesquels s'imposent à l'autorité exécutive, même en l'absence d'une disposition législative(218).

D'autre part, la Cour de cassation, lors d'une décision très importante du 24 mai 1975, *Administration des douanes vs Société Cafés Jacques Varbre S.A.*(219), a ouvert la voie à l'exercice d'un système diffus de contrôle juridictionnel en France, en déterminant le pouvoir des tribunaux de refuser d'appliquer des lois promulguées après les Traités de la Communauté économique européenne, contraires à ces traités qui, dans le système constitutionnel français (comme d'ailleurs tous les traités internationaux) jouissent d'une «autorité supérieure à celle des lois»(220). Cette possibilité de système diffus de contrôle juridictionnel peut conduire à son

---

(214) M. CAPPELLETTI, «El formidable problema del control judicial y la contribución del análisis comparado», *Revista de estudios políticos*, nº 13, Madrid 1980, p. 71.

(215) *V.* in L. FAVOREU et J. PHILIP, *op. cit.*, pp. 524-562. *V.* les commentaires in L. FAVOREU (ed.), *Nationalisations et Constitution* , Aix-en-Provence 1982; J. RIVERO, *op. cit.*, pp.109-125.

(216) L. FAVOREU, «Les décisions du Conseil constitutionnel dans l'affaire des nationalisations», *Revue du droit public et de la science politique en France et à l'étranger*, 1982, p. 401.

(217) *V.* in *Recueil Sirey Jurisprudence*, (note DRAGO), 1959, p. 392.

(218) *V.* in C. FRANCK, *op. cit.*, p. 200.

(219) *V.* in *Dalloz* (Jurisprudence), 1975, p. 497. *V.* les commentaires in M. CAPPELLETTI et W. COHEN, *Comparative Constitutional Law*, Indianapolis 1979, pp. 156-168; M. CAPPELLETTI, «El formidable problema ... », *loc. cit.*, p. 72.

(220) Article 55 de la Constitution.

admissibilité générale, en particulier en ce qui concerne les lois contraires aux droits fondamentaux des individus, non seulement parce que la Convention européenne des droits de l'homme ratifiée par la France fait partie de la législation française[(221)], mais aussi en raison de l'acceptation expresse par le Conseil constitutionnel de la valeur et de la nature constitutionnelles des droits fondamentaux renfermés dans la Déclaration de 1789. Pour y arriver, il s'agira évidemment de surmonter la réticence traditionnelle en France des tribunaux à contrôler la constitutionnalité des lois. C'est là une tâche essentielle dont la voie a été tracée par les trois principaux organes juridictionnels de l'Etat.

B. Le contrôle préventif de la constitutionnalité des lois comme partie intégrante d'un système de contrôle concentré: l'Italie et l'Espagne

En Italie et en Espagne, la Cour constitutionnelle et le Tribunal constitutionnel exercent aussi un contrôle préventif de la constitutionnalité des lois, mais dans le cadre d'un système de contrôle concentré qui comprend plusieurs méthodes de contrôle[(222)].

En Italie, la méthode de contrôle préventif a été limitée à la constitutionnalité de la législation régionale. A cet égard, la Constitution italienne attribue à la Cour constitutionnelle le pouvoir de contrôler la constitutionnalité des lois adoptées par les Conseils régionaux (art. 123 Constitution). Pour ce faire, le Conseil des ministres est autorisé à intenter une action directe ou un recours devant la Cour constitutionnelle contre les lois régionales, avant leur promulgation. Cette action doit être introduite dans les quinze jours suivant l'information donnée par le Président du Conseil régional selon laquelle une loi régionale a été approuvée en second vote par le Conseil régional[(223)].

Lorsque la Cour constitutionnelle est saisie d'une demande de contrôle juridictionnel préventif, la promulgation de la loi régionale contestée doit être suspendue jusqu'à l'adoption d'une décision[(224)]; si l'inconstitutionnalité est reconnue, la promulgation est impossible.

L'Espagne possède les méthodes de contrôle direct et incident de la constitutionnalité des lois et des méthodes indirectes de contrôle juridictionnel qui peuvent porter sur des lois et d'autres actes ayant force de loi, y compris les traités internationaux, les lois organiques et les lois d'autonomie des communautés autonomes. Mais en outre, ces actes d'Etat peuvent faire l'objet d'un système préventif de contrôle juridictionnel qui constitue une innovation significative par rapport aux modèles allemand et italien, et se rapproche davantage du système français[(225)].

La Constitution espagnole prévoit expressément que la signature d'un traité international qui contient des dispositions non conformes à la Constitution implique qu'il doit être soumis à un contrôle constitutionnel préalable. Ainsi, le gouvernement ou l'une des deux Chambres du parlement peut saisir le Tribunal

---

(221) *Cf.* A.Z. DRZEMCZEWSKI, *European Human Rights Convention in Domestic Law, A Comparative Study*, Oxford, p. 71.

(222) Allan R. BREWER-CARÍAS, *op. cit.*, pp. 222 et 232.

(223) Article 31 de la loi 87 de 1953.

(224) Article 128 de la Constitution.

(225) E. GARCÍA DE ENTERRÍA, *La Constitución como norma y el Tribunal constitucional*, Madrid 1981, p. 156.

constitutionnel afin que celui-ci décide s'il y a ou non contradiction entre un traité international à signer et la Constitution(226). Dans ce cas, il est clair que le système de contrôle juridictionnel adopté est un système préventif qui, en ce qui concerne les traités internationaux, coexiste avec les méthodes directe, incidente et indirecte de contrôle juridictionnel de la constitutionnalité. Toutes ces méthodes peuvent être employées indifféremment ou successivement(227). Mais quand un contrôle préventif est sollicité, (le Tribunal constitutionnel doit entendre les représentants des organes d'Etat concernés(228).

Bien que le système préventif de contrôle avait été établi dans la Constitution qu'en regard des traités internationaux et étant donné que la Constitution autorise le législateur à confier toute autre compétence au Tribunal constitutionnel(229), la Loi organique 2/1979 a élargi le contrôle préventif de la constitutionnalité aux lois d'autonomie et aux lois organiques. Concernant ces dernières, par conséquent, un «recours d'inconstitutionnalité de nature préventive» peut être introduit par les mêmes organes politiques qui exercent le recours direct d'inconstitutionnalité contre ces mêmes lois(230). Ce moyen préventif de contrôle est particulièrement important pour les lois d'autonomie des communautés autonomes qui doivent être approuvées par référendum(231). Même si un recours direct peut être intenté contre elles, il est clair qu'un contrôle préventif, tel que l'établit la loi organique, permet d'éviter des difficultés politiques découlant de l'annulation éventuelle d'une loi après son adoption par référendum.

Il faut encore ajouter que, pour les lois organiques, lorsqu'il s'agit d'une loi organique destinée à l'approbation d'un traité international(232), le contrôle constitutionnel préventif de celle-ci introduit, en plus, un autre moyen de contrôler la constitutionnalité des traités internationaux, un moyen de contrôle «indirect préventif» cette fois, étant donné les liens étroits existant entre la loi destinée à l'approbation et le traité(233).

Dans ces cas de contrôle préventif de la constitutionnalité, les effets varient selon l'acte sujet au contrôle. S'il s'agit d'un traité international non encore définitivement approuvé par l'Etat que le Tribunal constitutionnel juge contraire à la Constitution, sa promulgation définitive ne sera possible qu'après une réforme de la Constitution(234). En ce qui concerne les lois d'autonomie ou les lois organiques, la déclaration d'inconstitutionnalité de leurs dispositions a des effets obligatoires et, par conséquent, implique que la procédure d'adoption définitive ne peut se poursuivre à moins que les dispositions contestées ne soient supprimées par l'organe d'Etat respectif(235). Dans ce dernier cas, la décision du Tribunal de rejeter ou de déclarer l'inconstitutionnalité des dispositions d'une loi d'autonomie ou d'une loi

(226) Article 95 de la Constitution.
(227) M. ARAGÓN, «El control de la constitucionalidad en la Constitución españoola de 1978», *Revista de estudios políticos*, 7, Madrid 1979, p. 183.
(228) Article 78, 2 de la loi organique 2/1979.
(229) Article 161, 1, d de la Constitution.
(230) Article 79 de la loi organique.
(231) Article 152, 2 de la Constitution.
(232) Article 93 de la Constitution.
(233) P. BON, F. MODERNE et Y. RODRÍGUEZ, *La justice constitutionnelle en Espagne*, Paris 1982, p. 260.
(234) Article 95, 1 de la Constitution.
(235) Article 79, 4, b de la loi organique 2/1979.

organique ne préjuge en aucune manière de la décision future qui pourrait être prise si un recours direct d'inconstitutionnalité était exercé contre ces lois après leur promulgation (art. 79, 5).

2. Le contrôle de la constitutionnalité des lois promulguées

La caractéristique des systèmes européens de contrôle concentré de la constitutionnalité des lois réside dans l'attribution à des Cours constitutionnelles de pouvoirs de contrôle de la constitutionnalité des lois en vigueur, c'est à dire, promulguées. C'est le cas des pouvoirs attribués au Tribunal constitutionnel autrichien, à la Cour constitutionnelle italienne et au Tribunal constitutionnel espagnol[(236)].

Dans ces pays, on peut distinguer deux méthodes de contrôle *a posteriori* de la constitutionnalité: la méthode directe et la méthode incidente. Conformément au système direct, la Cour constitutionnelle doit se prononcer sur la constitutionnalité des lois de façon abstraite par le biais d'une action; dans le système incident, la question de la constitutionnalité doit être soulevée par les tribunaux ordinaires et introduite auprès de la Cour constitutionnelle pour y être résolue.

A. La méthode de contrôle direct et abstrait de la constitutionnalité des lois

L'Autriche, l'Italie et l'Espagne ont adopté une méthode de contrôle direct de la constitutionnalité des lois en tant que contrôle abstrait.

(a) Le système autrichien

Selon la Constitution de l'Autriche, il existe deux façons essentielles de saisir le Tribunal constitutionnel: au moyen d'une action ou requête directe et d'une façon incidente, bien que, dans sa version originale de 1920, la seule méthode reconnue était la méthode principale exercée au moyen d'une requête réservée à certains organes politiques de l'Etat[(237)]. Les réformes constitutionnelles de 1929 et 1975 ont élargi les conditions en permettant la requête directe et, en 1929 déjà, la méthode incidente de contrôle juridictionnel. En outre, le Tribunal constitutionnel a été autorisé par la Constitution à se saisir de questions constitutionnelles *ex officio*. On peut encore mentionner une autre méthode de contrôle juridictionnel, à savoir la méthode indirecte, comme conséquence de l'exercice des recours constitutionnels de protection des droits fondamentaux.

a. La requête directe d'inconstitutionnalité: La première méthode est la requête directe d'inconstitutionnalité des lois qui peut être introduite devant le Tribunal constitutionnel de la manière suivante: pour les lois fédérales, à la demande du gouvernement des *Lander* ou d'un tiers des membres du parlement; pour les lois des *Lander*, à la demande du gouvernement fédéral et d'un tiers des membres des législatures des *Lander*, la Constitution de ceux-ci étant autorisée par la Constitution fédérale à donner le droit de requête à celles-là[(238)]. Il faut remarquer qu'en attribuant le droit de requête directe à un tiers des représentants de l'organe législatif, la réforme de la Constitution de 1975 a donné à l'opposition un moyen de contrôler

---

(236) Allan R. BREWER-CARÍAS, *op. cit.*, pp. 198, 219, 229.
(237) *Cf.* M. CAPPELLETTI, *Judicial Review in Comparative World*, Indianapolis 1975, pp. 72-73.
(238) Article 140, 1.

les lois adoptées par la majorité[239], suivant en cela les tendances apparues dans les autres pays européens.

En ce qui concerne les règlements exécutifs, la requête directe d'illégalité peut être portée devant le Tribunal constitutionnel par les gouvernements des *Lander* si l'objet du contrôle juridictionnel est un décret fédéral. S'il s'agit d'un décret des autorités exécutives des *Lander*, par le gouvernement fédéral ainsi que par les municipalités pour les actes exécutifs relatifs au contrôle du gouvernement local[240].

Pour ce qui est des traités internationaux, la Constitution prévoit l'application analogue des règles ci-dessus mentionnées, en faisant une différence entre les traités approuvés par le parlement et ceux promulgués par des voies exécutives[241].

b. L'action directe d'inconstitutionnalité: Dans le système autrichien, la requête directe d'inconstitutionnalité n'est pas uniquement réservée aux organes politiques. Depuis la réforme constitutionnelle de 1975, un recours ou action directe a aussi été attribuée aux individus qui peuvent l'introduire directement devant le Tribunal constitutionnel, mais seulement lorsqu'ils estiment que leurs droits ont été directement violés par une loi ou un acte exécutif, pourvu que la norme en question leur soit directement applicable, sans aucune autre décision judiciaire ou acte administratif individuel[242]. Dans ce cas, le plaignant doit exprimer dans son action comment la loi peut effectivement et directement violer ses droits, sans aucune autre décision judiciaire ou acte administratif individuel. Cette plainte ou action constitutionnelle n'est donc pas une *actio popularis*, qui n'avait d'ailleurs pas été conseillée par Kelsen pour le contrôle de constitutionnalité[243]; bien au contraire, il s'agit d'une action subordonnée à des conditions de légitimation spécifiques.

D'autre part, l'action contre une loi ne peut pas être portée directement devant le Tribunal constitutionnel si, en application de la dite loi, des décisions judiciaires ou des actes administratifs ont été promulgués. Par conséquent, s'il existe une possibilité raisonnable qu'une décision judiciaire ou administrative intervienne, un recours doit d'abord être introduit contre ces décisions devant la Cour administrative ou un autre tribunal ou même le Tribunal constitutionnel, et, dans ce cas, la question constitutionnelle peut être soulevée de manière incidente ou *ex officio* par le Tribunal constitutionnel[244].

(b) La méthode directe de contrôle juridictionnel et sa portée régionale en Italie

En dépit de son caractère éminemment incident concentré, le système italien de contrôle juridictionnel prévoit aussi une méthode directe de contrôle juridictionnel, quoique limité, et d'une certaine manière étroitement lié aux pouvoirs de la Cour de résoudre les conflits de compétences entre l'Etat et les régions. En effet, l'article 2 de

(239) Article 139, 1.
(240) *Cf.* L. FAVOREU, «Actualité et légitimité du contrôle juridictionnel des lois en Europe occidentale», *Revue du droitpPublic et de la science politique en France et à l'étranger*, Paris 1985 (5), p. 1152.
(241) Article 140, a
(242) Article 140, 1.
(243) H. KELSEN, «La garantie juridictionnelle de la Constitution (La justice constitutionnelle)», *Revue du droit public et de la science politique en France et à l'étranger*, Paris 1928, p. 245.
(244) *Cf.* L. FAVOREU, *loc. cit.*, p. 1153.

la loi constitutionnelle n° 1 du 9 février 1948 confie la résolution des questions de conformité constitutionnelle à la Cour constitutionnelle dont elle est saisie par une action directe qui ne peut être entreprise que par une région contre la législation nationale ou des lois d'autres régions. L'article stipule ce qui suit:

> Lorsqu'une région juge qu'une loi ou un acte ayant force de loi de la République viole le domaine de compétences lui attribuées par la Constitution, elle peut porter devant la Cour constitutionnelle, après délibération du Conseil régional, la question de la conformité constitutionnelle dans les trente jours suivant la publication de la loi ou de l'acte ayant force de loi[245].

Par conséquent, le premier recours ou première action directe d'inconstitutionnalité reconnue par le système constitutionnel italien est celle portée par les régions devant la Cour constitutionnelle contre des actes législatifs de la République. Cette action pose en fait un conflit de compétences entre les niveaux national et régional[246], non pas à propos d'un acte administratif mais bien d'une loi nationale ou d'un acte ayant force de loi, en particulier les décrets-lois. Néanmoins, ce recours ou action ne peut être porté devant la Cour constitutionnelle dans le sens inverse, c'est à dire par la République contre les lois régionales, auxquels cas la question devra être traitée comme un conflit de compétences.[247].

D'autre part, le recours ou action directe d'inconstitutionnalité, conformément à la loi constitutionnelle n° 1 de 1948, peut aussi être introduite par devant la Cour constitutionnelle par une région contre une loi ou un autre acte ayant force de loi d'une autre région et considérée constitutionnellement illégitime lorsque la dite région estime que la dite loi a violé ses compétences[248].

Dans ces cas d'action directe, la procédure est jugée contradictoire, car contrairement à la méthode incidente, dans la méthode principale, la volonté des parties est décisive dans la mesure où «1'abandon de l'action, quand il est accepté par toutes les parties, met fin à la procédure»[249].

(c) Le contrôle direct de la constitutionnalité des lois en Espagne

En Espagne, le premier des moyens par lesquels les pouvoirs de contrôle juridictionnel peuvent être exercés par le Tribunal constitutionnel et dont ce dernier dispose pour prendre ses décisions, est le «recours d'inconstitutionnalité contre les lois et les actes normatifs ayant force de loi»[250]. Par ce recours, «le Tribunal constitutionnel garantit la primauté de la Constitution et juge la conformité ou in conformité» des lois et des actes normatifs ayant force de loi à la Constitution[251].

D'une manière assez semblable à la formule italienne, les actes d'Etat pouvant faire l'objet de ce recours direct d'inconstitutionnalité sont les lois et les autres actes de l'Etat ayant force de loi, y compris les «lois d'autonomie» approuvées par le

---

(245) *V.* aussi Article 32 de la loi n° 87, 1953.
(246) *Cf.* F. RUBIO LLORENTE, *La Corte constitucional italiana*, Caracas 1966, p. 25.
(247) Article 39 de la loi n° 87, 1953.
(248) Article 2; *V.* aussi Article 33 de la loi n° 87, 1953.
(249) Article 25, normes complémentaires de la Cour. *Cf.* G. CASSANDRO, «The Constitutional Court of Italy», in *American Journal of Comparative Law*, n° 8, 1959, p. 3.
(250) Article 161, 1, a de la Constitution.
(251) Article 27, 1 de la loi organique 2/1979.

parlement au profit des communautés autonomes, ainsi que les lois organiques et les lois ordinaires adoptées par le parlement(252), les traités internationaux(253), les règlements *interna corporis* des chambres du parlement(254), les autres actes normatifs de l'Etat national ayant force de loi, y compris les décrets-lois promulgués par le gouvernement(255) que ce soit par le biais d'une législation déléguée(256) ou dans des cas extraordinaires ou urgents(257), et finalement les règlements internes des Assemblées législatives des communautés autonomes(258).

Il faut remarquer que les lois pré constitutionnelles peuvent aussi faire l'objet d'un contrôle de leur constitutionnalité par le Tribunal constitutionnel même si elles peuvent être déclarées inapplicables par n'importe quel juge lorsqu'elles sont considérées inconstitutionnelles(259), particulièrement du fait que la Constitution stipule expressément dans sa Disposition dérogatoire n° 3 que «toutes les dispositions contraires à celles de la Constitution seront nulles».

Le recours d'inconstitutionnalité peut être introduit par devant le Tribunal constitutionnel par le Président du gouvernement, par le «Défenseur du peuple», par cinquante députés ou sénateurs(260) ainsi que par l'organe exécutif collégial et les assemblées législatives des communautés autonomes, lorsque les actes contestés sont des lois ou d'autres actes de l'Etat ayant la même force de loi qui affectent leur autonomie respective(261). Dans tous ces cas, le recours doit être introduit par devant le Tribunal constitutionnel dans un délai de trois mois suivant la publication de l'acte contesté(262).

La différence fondamentale entre l'action directe ou recours d'inconstitutionnalité mis en place en Espagne et le modèle italien réside dans le fait que, en Italie, le gouvernement n'est autorisé à contester que les lois régionales; en revanche, dans le système espagnol, les pouvoirs attribués aux différents organes politiques, y compris le Président du gouvernement, comprennent leur droit à mettre en cause la constitutionnalité de toute loi ou acte de l'Etat ayant force de loi(263).

En ce qui concerne les dispositions et les décisions des organes des communautés autonomes qui peuvent être mises en cause par le gouvernement, la Constitution établit le caractère suspensif du recours à l'égard des actes contestés(264).

(252) Article 27, 2, a, b *Idem.*
(253) Article 27, 2, c *Idem.*
(254) Article 27, 2, d *Idem.*
(255) Article 27, 2, b *Idem.*
(256) Article 82 de la Constitution.
(257) Article 86 de la Constitution.
(258) Article 27, 2, f de la Constitution.
(259) Cela a été expressément admis par le Tribunal constitutionnel. *Cf.* J. SALAS, «El Tribunal constitucional español y su competencia desde la perspectiva de la forma de gobierno: sus relaciones con los poderes legislativo, ejecutivo y judicial» in *Revista española de derecho constitucional*, n° 6, 1982, pp. 165-166.
(260) Article 162, 1, a de la Constitution; Article 32, 1 de la loi organique 2/1979.
(261) Article 162, 1, a de la Constitution; Article 32,2 de la loi organique 2/1979.
(262) Article 33 de la loi organique 2/1979.
(263) S. GALEOTTI et B. ROSSI, «El Tribunal constitucional en la nueva Constitución española: Medios de impugnación y legitimados para actuar», *Revista de estudios políticos*, n° 7, Madrid 1979, p. 125.
(264) Article 30 de la loi organique.

Tout comme dans le système ouest-allemand, le but de cette action directe d'inconstitutionnalité est d'exercer un contrôle abstrait sur les actes normatifs de l'Etat, sans référence à un conflit particulier pour lequel il serait nécessaire d'élucider la question constitutionnelle; il s'agit donc, dans ces cas, d'une divergence abstraite d'interprétation de la Constitution à l'égard d'une loi en particulier(265). D'autre part, et bien que les organes de l'Etat dont les actes normatifs doivent être écoutés(266), la procédure de prise de décision concernant ce recours d'inconstitutionnalité peut être considérée une procédure objective dans laquelle ni les organes politiques qui l'ont entamée ni les représentants(267) des organes de l'Etat dont les lois ou les actes sont mis en cause, n'occupent une position de partie en termes stricts de procédure(268), l'abandon du recours n'étant pas concevable(269).

B. La méthode incidente de contrôle de la constitutionnalité des lois

(a) Le système en Autriche

En Autriche la question constitutionnelle concernant les actes de l'Etat peut être soulevée au Tribunal constitutionnel par des moyens différents de la requête ou action directe. Depuis la réforme constitutionnelle de 1929, une méthode incidente de contrôle juridictionnel a été adoptée en Autriche, puis élargie en 1975.

Selon la Constitution, la question de la constitutionnalité des lois peut être soulevée au Tribunal constitutionnel au moyen d'un référé de la Cour administrative, de la Cour suprême ou de n'importe quelle cour d'appel lorsqu'elle doivent appliquer la loi dans une procédure concrète(270). En ce qui concerne les règlements exécutifs, n'importe quel tribunal peut saisir le Tribunal constitutionnel de la question constitutionnelle en vue de son annulation par la voie incidente(271).

Dans ce cas, le référé incident introduit par devant le Tribunal constitutionnel a des effets suspensifs à l'égard de la procédure concrète dans laquelle la question constitutionnelle a été soulevée et la dite procédure ne peut être poursuivie qu'après le jugement du Tribunal constitutionnel(272).

Bien que la Cour suprême et les cours d'appel n'ait aucun pouvoir de contrôle juridictionnel des lois dans le système autrichien concentré, la voie incidente de contrôle juridictionnel leur confie, d'une certaine manière, comme l'a signalé le professeur Cappelletti, non seulement le pouvoir mais aussi le devoir de «ne pas appliquer les lois dont la constitutionnalité est mise en cause, sans avoir entendu au préalable le jugement obligatoire de la Cour constitutionnelle»(273), ce qui signifie que ces cours ont le pouvoir de juger l'inconstitutionnalité des lois mais non pas de les annuler.

(265) E. GARCÍA DE ENTERRÍA, *op. cit.*, p. 140.
(266) Article 34 de la loi organique 2/1979.
(267) Article 82, 1 *Idem.*
(268) J. GONZÁLEZ PÉREZ, *Derecho procesal constitucional*, Madrid 1980, p. 101.
(269) *Idem*, p. 197.
(270) Article 140, 1.
(271) Article 139, 1
(272) Article 57 de la Loi du Tribunal constitutionnel.
(273) M. CAPPELLETTI, *op. cit.*, p. 74.

(b) La méthode incidente de contrôle juridictionnel en Italie

En Italie, le principal moyen de soulever la question de la constitutionnalité des lois par devant la Cour constitutionnelle et, sans aucun doute, le meilleur moyen de maintenir les lois et les actes législatifs dans le cadre de la Constitution est la méthode incidente, expressément formulée dans la loi constitutionnelle n° 1 de 1948, qui contient les normes relatives aux jugements d'illégitimité constitutionnelle et aux garanties d'indépendance de la Cour constitutionnelle.

L'article 1 de cette loi constitutionnelle est le suivant:

> La question de l'illégitimité d'une loi ou d'un acte de la République ayant force de loi, soulevée *ex officio* ou invoquée par l'une des parties au cours d'un jugement et non considérée sans fondement par le juge, doit être référée à la Cour constitutionnelle.

Les normes fondamentales de cette méthode incidente de contrôle juridictionnel ont été établies par la loi n° 87 de 1953 qui renforce le caractère concentré incident du système italien de contrôle juridictionnel[274].

Conformément à la loi n° 87 de 1953, durant un procès intenté par devant un tribunal, l'une des parties ou le Ministère public peut soulever la question de la légitimité constitutionnelle sous forme d'une requête, en indiquant d'abord les dispositions de la loi ou de l'acte ayant force de loi, de l'Etat ou de la région, qui contiennent des défauts de «légitimité constitutionnelle», et ensuite, les dispositions de la Constitution ou des «lois constitutionnelles» qui ont été prétendument violées.

Une fois soulevée la question de la constitutionnalité par devant le juge ordinaire, celui-ci doit prendre la décision de référer la question à la Cour constitutionnelle lorsqu'il s'agit d'une question «préjudicielle», c'est à dire si le cas ne permet pas au juge de prendre une décision en évitant la question de la «légitimité constitutionnelle», et également quand le juge estime que la question soulevée par devant lui n'est pas sans fondement[275]. Autrement dit, si le juge considère que la question de la constitutionnalité est suffisamment fondée et sa résolution est essentielle pour la décision du procès, il doit prendre une décision relative à l'existence de ces deux conditions et pourtant référer la question à la Cour constitutionnelle en accompagnant le référé de la déclaration des parties ou du Ministère public ainsi que du dossier complet du cas dont la procédure doit être suspendue.

La question constitutionnelle invoquée par les parties ou le Procureur peut être rejetée par le juge, dans une décision motivée, lorsqu'il estime que le cas n'est pas pertinent ou qu'il n'est pas fondé. Cependant ce rejet n'empêchent pas les parties de soulever la question plus tard, à n'importe quel stade de la procédure[276].

Comme le prévoient la loi constitutionnelle n° 1 de 1948 et la loi constitutionnel n° 87 de 1953, la question de la légitimité constitutionnelle peut encore être soulevée *ex officio* par le juge de la cause, auquel cas il doit également prendre une décision dans laquelle il doit indiquer précisément les dispositions de la loi ou des actes ayant force de loi considérées inconstitutionnelles, ainsi que les normes de la

(274) M. Cappelletti, «La justicia constitucional... », *loc. cit.*, pp. 44, 45.
(275) Article 23 de la Loi n° 87, 1953.
(276) Article 24 de la Loi n° 87, 1953.

Constitution ou des lois constitutionnelles jugées comme ayant violé la loi contestée. Le juge doit aussi justifier dans sa décision le caractère «préjudiciel» de la question et les raisons de l'inconstitutionnalité de la loi.

Lorsque est soulevée la question constitutionnelle de l'illégitimité constitutionnelle d'une loi ou d'un acte de l'Etat ayant force de loi, le juge n'est pas lié par la volonté des parties: il peut rejeter leurs allégations relatives à des questions constitutionnelles et soulever celles-ci *ex officio*. Dans tous ces cas, c'est au juge de décider l'inconstitutionnalité des lois, bien qu'il n'ait pas le pouvoir de les annuler, ses pouvoirs étant limités à référer la question à la Cour constitutionnelle.

De plus, la Cour constitutionnelle, lorsqu'elle est saisie d'une question constitutionnelle, n'est pas non plus liée par les parties du procès original dans lequel la question constitutionnele a été soulevée. Par conséquent, même si les parties du procès *a quo* doivent être convoquées et entendues, de même que l'autorité exécutive concernée (Président du Conseil des ministres ou du Conseil régional)[(277)], la procédure entamée par devant la Cour n'est pas une procédure contentieuse entre les parties mais plutôt une procédure de nature non contentieuse et objective, indépendante de la volonté des parties et cela, même dans les cas d'abandon de l'action ou quand intervient un désistement du cas[(278)].

Comme nous l'avons dit, dans le système italien de contrôle juridictionnel, cette méthode incidente est le meilleur moyen d'obtenir un contrôle constitutionnel des lois; il a été considéré de portée limitée, en particulier en ce qui concerne les lois qui pourraient toucher directement les droits individuels. A ce propos, le professeur Cappelletti a signalé:

> L'inconvénient de ce système réside dans le fait que certaines lois, en particulier les lois dites auto applicables (auto exécutives ou auto effectives) par la doctrine mexicaine, pourraient enfreindre le domaine juridique de certains individus, sans qu'elles ne soient «concrétisées» par un acte exécutif ou d'application. Par conséquent, pour ce qui est ces lois, le seul contrôle incident de la légitimité constitutionnelle pourrait apparaître insuffisant[(279)].

(c) La méthode incidente de contrôle juridictionnel des lois en Espagne

La méthode de contrôle juridictionnel de la constitutionnalité des lois à caractère incident est établi en Espagne dans l'article 163 de la Constitution:

> Lorsque, dans un procès, un organe judiciaire estime qu'une norme ayant force de loi, applicable au cas, et dont la validité subordonne sa décision pourrait être contraire à la Constitution, il doit référer la dite question au Tribunal constitutionnel de la manière prévue par la loi et avec les effets, établis par celle-ci, qui, dans tous les cas, auront un caractère suspensif[(280)].

Le premier aspect à considérer de cette méthode incidente de contrôle juridictionnel est que, dans le système espagnol, les juges sont les seuls organes

(277) Article 25 de la Loi n° 87, 1953. Les parties ni le fonctionnaire public ne peuvent faire appel devant la Cour, Article 26. I m.

(278) Article 22, normes complémentaires de la Cour. *Cf.* F. RUBIO LLORENTE, *op. cit.*, p. 24; G. CASSANDRO, *loc. cit.*, p. 6.

(279) M. CAPPELLETTI, «Judicial Review... », *loc. cit.*, p. 45.

(280) *V.* aussi Article 35, 1 de la Loi organique 2/1979. 103.

autorisés à soulever la question constitutionnelle, bien qu'ils puissent agir *ex officio* ou à la requête d'une partie[281]. Les parties ont la possibilité de soulever la question constitutionnelle à n'importe quel stade du procès concret, mais c'est le juge qui doit prendre une décision non appelable[282]. Ce n'est que quand il juge la norme en question contraire à la Constitution qu'il doit référer la question au Tribunal constitutionnel.

Conformément à la loi organique qui régit le Tribunal, cette question constitutionnelle ne peut être soulevée par le juge qu'une fois conclue la procédure du cas concret et dans les délais nécessaires à la décision du cas. C'est pour cette raison que la question n'entraîne pas d'effets suspensifs, dans le sens où la procédure doit continuer jusqu'à l'adoption de la décision finale[283].

Le référé doit indiquer la loi ou la norme ayant force de loi dont la constitutionnalité est mise en cause et la norme constitutionnelle prétendument enfreinte. Le juge doit en outre spécifier et justifier jusqu'à quel point la décision de la procédure concrète est subordonnée à la validité de la norme en question, c'est à dire qu'il doit justifier le caractère préjudiciel de la constitutionnalité de la loi ou de l'acte normatif en ce qui a trait au procès concret.

De toute façon, avant de prendre sa décision en la matière, le juge est tenu d'entendre le Ministère public et les parties sur la question constitutionnelle[284]. Mais une fois la question de l'inconstitutionnalité soulevée auprès du Tribunal constitutionnel, les parties de la procédure *a quo* n'ont plus le droit d'intervenir dans le procès constitutionnel, le Tribunal constitutionnel étant le seul à devoir notifier la question aux représentants des organes dont les actes ont été contestés, afin de leur permettre de faire leurs déclarations en la matière au Tribunal[285].

Dans ce domaine de la méthode incidente de contrôle juridictionnel, il faut souligner les différents régimes existant dans le système espagnol et dans le modèle allemand. Dans ce dernier, la question constitutionnelle incidente ne peut être soulevée par un Tribunal auprès du Tribunal constitutionnel que quand le juge est convaincu de l'inconstitutionnalité de la loi, alors que, dans le système espagnol, il suffit au juge de considérer que la norme applicable «pourrait être contraire à la Constitution», ce qui se rapproche davantage du système italien dans lequel le juge peut soulever la question constitutionnelle lorsqu'il estime qu'elle n'est pas sans fondement[286].

3. Les effets de la décision juridictionnelle de contrôle de la constitutionnalité des lois

On peut dire que l'ensemble des systèmes de contrôle juridictionnel concentré de la constitutionnalité des lois exercé par des Cours constitutionnelles séparées du pouvoir judiciaire octroyant des effets généraux aux décisions des Cours

---

[281] Article 35, 2 *Idem*.
[282] *Idem*.
[283] *V*. J.M. RODRÍGUEZ OLIVER, «Sobre los efectos no suspensivos de la cuestión de inconstitucionalidad y la Ley orgánica 2/79 del 3 de octubre» in *Civitas, Revista española de derecho administrativo*, nº 25, 1980, pp. 207-222.
[284] Article 35, 2 de la loi organique 2/1979.
[285] Article 37, 2 *Idem*.
[286] *Cf*. S. GALEOTTI et B. ROSSI, *loc. cit.*, p. 134.

constitutionnelles qui déclarent la nullité d'une loi pour inconstitutionnalité et l'efficacité *ex nunc* de celle-ci, c'est à dire uniquement pour l'avenir. On peut ainsi signaler qu'aucun système concentré de contrôle juridictionnel de la constitutionnalité des lois n'attribue d'effets généraux pour le passé, c'est à dire *ex tunc, pro praeterito,* aux décisions d'annulation pour inconstitutionnalité, lesquelles ne sont pas purement déclaratives et n'entraînent pas d'effets rétroactifs mais sont uniquement constitutives. Lorsque des effets sont attribués pour le passé, comme dans le système italien, ceux-ci sont limités essentiellement au domaine criminel. D'autre part, tout cela est logique. En effet, il serait monstrueux, à cause des répercussions sur la sécurité juridique, de prétendre que les décisions d'annulation d'une loi pour inconstitutionnalité ont des effets purement déclaratifs et que, pour cette raison, les actes réalisés avant la déclaration de nullité de la loi doivent être considérés comme n'ayant jamais été dictés ni accomplis; de même, il serait injuste que, dans les affaires criminelles, les décisions adoptées conformément à une loi postérieurement déclarée inconstitutionnelle et donc nulle ne soient pas frappées, elles aussi, de nullité. C'est là la raison d'être de l'exception relative aux affaires criminelles adoptée par la législation italienne contre la règle selon lequel les effets des décisions d'annulation d'une loi pour inconstitutionnalité ne sont tournés que vers l'avenir.

C'est aussi cette même situation de conflit pouvant se présenter entre la sécurité juridique et les décisions en matière criminelle qui a amené la jurisprudence de la Cour suprême des Etats-Unis à formuler des exceptions au principe contraire. Nous avons vu en effet qu'aux Etats-Unis le contrôle judiciaire de la constitutionnalité a un caractère diffus; d'où le caractère rétroactif des effets des décisions déclaratoires d'inconstitutionnalité qui sont purement déclaratives. Nous avons signalé plus haut qu'en principe le champ d'application des dites décisions est *inter partes,* mais qu'en vertu de la technique des précédents et de la règle *stare decisis,* lesdites décisions acquièrent un caractère général obligatoire. Toutefois, malgré cela, la jurisprudence a réduit le caractère rétroactif aux questions criminelles en respectant en revanche les effets produits en matière civile et administrative par une loi déclarée inconstitutionnelle.

Nous analyserons ci-dessous les effets des décisions des Cours et Tribunaux constitutionnels en Autriche, en Italie et en Espagne[287].

A. Les effets des décisions du Tribunal constitutionnel en Autriche

En Autriche, la décision du Tribunal constitutionnel en matière de contrôle juridictionnel de la constitutionnalité des lois, des décrets et autres actes de l'Etat, quand elle annule une loi, a des effets *erga omnes,* c'est à dire qu'elle est obligatoire pour tous les tribunaux et toutes les autorités administratives (art. 139, 6; 140, 7). Une telle décision a aussi des effets *constitutifs* dans la mesure où elle annule la loi ou le décret, *pro futuro, ex nunc.*

Néanmoins le Tribunal constitutionnel a pleins pouvoirs d'annuler des lois ou des décrets déjà abrogés, soit sans validité formelle[288], ce qui, en principe, suppose les effets rétroactifs du contrôle juridictionnel, une exception aux effets *ex nunc.*

---

[287] *V.* Allan R. BREWER-CARÍAS, *op. cit.,* pp. 201, 223, 233.
[288] Articles 139, 4; 140, 4; *Cf.,* H. KELSEN, *loc. cit.,* p. 234.

Selon la règle générale des effets *ex nunc*, proposée par Hans Kelsen comme une question de principe[(289)], les situations de fait ou les situations vérifiées avant l'annulation de la loi ou décret continueront d'être soumises à celle-ci ou celui-ci, sauf dans le cas considéré dans la décision, à moins que le Tribunal rien décide autrement[(290)]. Par conséquent, les conséquences négatives éventuelles de la règle *ex nunc* peuvent être compensées par la décision du Tribunal.

En général, cependant, les effets de la décision du Tribunal ne commencent que le jour de la publication de l'abrogation de l'acte annulé, par l'autorité exécutive concernée, à moins que le Tribunal ne détermine un délai pour l'expiration des effets de l'acte annulé[(291)], n'excédant pas une année. Dans ce cas et sur une base purement discrétionnaire, le début des effets *ex nunc* découlant de l'annulation de la loi peut être retardé par le Tribunal.

D'autre part, pour ce qui est des lois, leur annulation pourrait entraîner une situation dans laquelle d'autres lois abrogées auparavant par la loi annulée récupéreraient leur validité à partir du jour de la mise en vigueur de l'annulation, à moins que le Tribunal rien décide autrement[(292)], ce qui confirme les effets *ex nunc*.

Finalement, concernant les traités, le Tribunal constitutionnel n'a pas le pouvoir de les annuler directement lorsqu'ils sont inconstitutionnels, mais doit se limiter à déclarer leur inconstitutionnalité, ce qui implique, premièrement, que le traité ne pourrait pas être appliqué à partir du jour de publication de la décision par l'organe de l'Etat susceptible de l'exécuter, à moins que le Tribunal ne fixe un délai au cours duquel le traité pourrait continuer d'être applicable[(293)]; et deuxièmement, que si le traité doit être appliqué au moyen de lois ou décrets, celles-ci ou ceux-ci cesseront d'avoir des effets[(294)].

B. Les effets des décisions de la Cour constitutionnelle en Italie

En Italie, dans tous les cas de contrôle juridictionnel de la constitutionnalité des lois, la Cour constitutionnelle doit décider, «dans les limites» de l'action ou du référé[(295)], qui sont les normes considérées «illégitimes», c'est à dire inconstitutionnelles. Par conséquent, conformément aux termes de la loi n° 87, il a été considéré que la Cour constitutionnelle n'a pas de pouvoirs *ex officio* pour considérer des questions constitutionnelles différentes de celles dont elle a été saisie par le référé dans la méthode incidente ou par l'action ou le recours dans la méthode

(289) H. KELSEN, *loc. cit.*, p. 242. Par exemple, en ce qui concerne le système autrichien, L. ADAMOUCH déclarait en 1954: «On ne peut attribuer une simple valeur déclarative à la décision du Tribunal constitutionnel qui déclare l'inconstitutionnalité d'une loi; elle n'établit pas qu'une loi a été nulle depuis son origine et dont les effets doivent être nuls *ex tune*, c'est-à-dire, comme s'il s'agissait d'un acte sans aucune valeur juridique depuis son origine. Au contraire, la décision du Tribunal constitutionnel n'annule que l'acte inconstitutionnel, c'est-à-dire détruit *ex nunc* son existence juridique, exactement comme s'il avait été aboli par un acte législatif postérieur et comme si l'existence juridique de cet acte avait pris fin», in «Esperienza della Corte Constituzionale della Republica Austriacâ», *Revista italiana per la scienze giuridiche*, Milan, 1954.

(290) Articles 139, 6; 140, 7.

(291) Articles 139, 5; 140, 5.

(292) Article 140, 6.

(293) Article 140 a, 1.

(294) Article 140 a, 2.

(295) Article 27 de la loi n° 87, 1953.

directe ou principale de contrôle juridictionnel. A ce propos, la Cour n'a le pouvoir que de déclarer «quelles sont les autres dispositions législatives dont l'illégitimité est une conséquence de la décision adoptée»[(296)], mais ne peut déclarer l'inconstitutionnalité de dispositions législatives différentes de celles indiquées dans le référé par le juge ordinaire ou dans l'action directe.

D'autre part, la décision de la Cour constitutionnelle de déclarer l'inconstitutionnalité d'une loi a des effets *erga omnes* et, pourtant l'acte «ne peut plus être appliqué à partir du jour suivant la publication de la décision»[(297)]. Il faut donc remarquer que la décision possède un caractère constitutif[(298)] dans la mesure où elle annule la loi inconstitutionnelle, ses effets étant *ex nunc, pro futuro*. Cette règle a fait l'objet de nombreuses discussions[(299)] et la Cour constitutionnelle a interprété la norme constitutionnelle (article 136), qui stipule que l'acte inconstitutionnel annulé ne peut plus être appliqué à partir du jour suivant la publication de la décision de la Cour, de la manière suivante:

> La décision relative à l'inconstitutionnalité, s'il est vrai qu'elle exclut tous les effets irrévocablement produits par la norme déclarée inconstitutionnelle, produit, en revanche, des effets sur les situations juridiques n'ayant pas encore pris fin et susceptibles d'être régies d'une manière différente comme conséquence de la décision. La déclaration d'inconstitutionnalité d'une loi produit son inapplicabilité à toutes les relations juridiquement contestées dans la mesure où celles-ci n'ont pas encore fait l'objet d'une décision avec force *res judicata*. La conséquence en est qu'à tous les stades du procès, le juge doit prendre en compte, même *ex officio*, la dite décision d'illégitimité constitutionnelle lorsqu'il décide la relation juridique concrète d'un cas, de la même manière et dans la même mesure que s'il s'agissait de *ius superveniens*[(300)].

En fait, ce critère de la Cour constitutionnelle confirme le caractère constitutif des effets des décisions déclarant l'inconstitutionnalité des lois, dont les exceptions sont déterminées dans la loi n° 87 de 1953, dans laquelle les effets rétroactifs de la décision ne sont applicables que dans les cas criminels, lorsqu'une condamnation judiciaire a été prononcée sur la base d'une loi reconnue inconstitutionnelle. Dans ce cas, son exécution et ses effets criminels doivent cesser[(301)]. Une autre exception indirecte des effets *ex nunc* de la décision découle de la possibilité d'annulation de lois déjà révoquées[(302)].

Un autre aspect qu'il faut signaler au sujet des effets de la décision de la Cour constitutionnelle sur des questions d'illégitimité constitutionnelle est celui des effets de la décision qui rejette la question d'inconstitutionnalité par manque de fondements. Le professeur Calamandrei a soutenu que ces décisions devaient être considérées comme d'authentiques interprétations de la Constitution, qui devraient éviter de futures remises en cause et pourtant avoir des effets *erga omnes*[(303)]. Cette

---

[(296)] Article 27, *Idem*.
[(297)] Article 136 de la Constitution; Article 27 de la loi n° 87, 1953.
[(298)] *Cf.* G. CASSANDRO, *loc. cit.*, p. 6.
[(299)] *Cf.* F. RUBIO LLORENTE, *op. cit.*, pp. 12 et 29-33.
[(300)] Décision n°- 3491, 1957. *cit.*, in F. RUBIO LLORENTE, *op, cit.*, p. 30.
[(301)] Article 30 de la Loi n° 87, 1953.
[(302)] *Idem*.
[(303)] P. CALAMANDREI, *La illegitimità constitutionale delle leggi nel processo civile*, 1950, p. 71.

question a suscité de nombreuses discussions et, aujourd'hui, on peut affirmer que la Cour constitutionnelle elle-même a limité les effets de ses décisions, en déclarant le manque de fondements de la question de l'inconstitutionnalité, au procès principal dans lequel la question a été soulevée pour la première fois. Une telle décision a alors une efficacité obligatoire sur le cas concret, avec toute l'autorité de *res iudicata*(304). Pour arriver à cette conclusion, il a été considéré que, étant donné que la norme générale du système légal italien consiste à limiter les effets des décisions judiciaires au cas en question, la norme de l'article 136 de la Constitution, qui attribue des effets *erga omnes* aux déclarations d'inconstitutionnalité, possède un caractère exceptionnel qui ne peut faire l'objet d'une interprétation large. Le résultat en est que ce caractère *erga omnes* ne peut être appliqué à des décisions qui nient ou rejettent des questions d'inconstitutionnalité(305).

Un autre critère est celui de l'effet forclusif de la décision de la Cour, dans le sens où la question incidente de constitutionnalité ne peut pas être soulevée deux fois dans un même procès sous sa forme originale. Néanmoins cela n'exclut pas la possibilité qu'elle soit soulevée dans un autre procès ou même que les parties soulèvent de nouvelles questions de constitutionnalité jugées négativement par la Cour auparavant(306).

C. Les effets des décisions du Tribunal constitutionnel espagnol

En ce qui concerne les effets des décisions du Tribunal constitutionnel espagnol en matière de contrôle juridictionnel de la constitutionnalité des lois, le système légal et constitutionnel espagnol prévoit un certain nombre de dispositions qui régissent les différentes situations pouvant se présenter.

Le premier aspect est celui du pouvoir du Tribunal constitutionnel en tant que juge constitutionnel et interprète suprême de la Constitution, dans le sens où, s'il est vrai qu'une question d'inconstitutionnalité d'une loi ne peut être soulevée *ex officio* par le Tribunal, une fois le Tribunal saisi de la question, celui-ci a des pouvoirs *ex officio* pour soulever d'autres questions d'inconstitutionnalité concernant la norme contestée, c'est à dire qu'il peut «fonder la déclaration d'inconstitutionnalité sur la violation de toute disposition constitutionnelle, qu'elle ait été ou non invoquée au cours du procès»(307). Le Tribunal peut aussi élargir la déclaration d'inconstitutionnalité à d'autres dispositions de la loi lorsque est intervenue une remise en cause partielle, dans des cas connexes ou comme conséquence de la déclaration des dispositions contestées(308).

Le second aspect pris en compte dans la Constitution porte sur la force reconnue aux décisions de la Cour constitutionnelle en tant qu'interprète suprême de la Constitution, dans le sens où elles «ont la valeur de *res judicata* à partir du jour suivant sa publication», et bien sûr, comme pour toutes les Cours constitutionnelles européennes, il n'est possible d'exercer aucun recours contre de telles décisions(309). Par conséquent, les décisions adoptées par la Cour constitutionnelle dans toute

(304) *Cf.* F. RUBIO LLORENTE, *op. cit.*, pp. 32-33.
(305) M. CAPPELLETTI, «La justicia constitucional... », *loc. cit.*, pp. 56-57.
(306) *Idem*, p. 57.
(307) Article 39, 2 de la loi organique 2/1979.
(308) Article 39, 1 *Idem*.
(309) Article 164, 1 de la Constitution.

procédure de contrôle juridictionnel sont «obligatoires pour tous les pouvoirs publics et ont des effets généraux à partir de la date de leur publication dans le Journal Officiel de l'Etat»[310].

Le troisième aspect expressément régi par la Constitution et la loi organique du Tribunal concerne les effets de la décision, en particulier à qui ils s'appliquent et le moment où ils commencent; une distinction significative est établie entre la décision d'annulation pour inconstitutionnalité d'une norme et les décisions qui rejettent l'inconstitutionnalité invoquée.

En ce qui concerne les décisions d'annulation d'une loi ou d'autres normes ayant force de loi par n'importe quel moyen de contrôle juridictionnel, que ce soit lorsque la Cour constitutionnelle décide un recours d'inconstitutionnalité, ou quand elle décide à propos d'une question de constitutionnalité soulevée de manière incidente, ou encore lorsqu'elle déclare l'inconstitutionnalité d'une loi d'une manière indirecte; dans tous les cas, la Constitution détermine les effets *erga omnes* des décisions, dans le sens où elles «ont plein effet pour quiconque»[311]. De plus, dans des cas de méthode incidente de contrôle juridictionnel, la Cour constitutionnelle doit immédiatement informer le tribunal respectif qui doit décider le procès, lequel doit à son tour en notifier les parties. Dans ce cas, la loi organique du Tribunal prévoit que «le juge ou le tribunal sera sujet à la décision à partir du moment où il l'apprend, et les parties à partir du moment où elles en sont notifiées»[312].

D'autre part, conformément aux dispositions de la Constitution, la «déclaration d'inconstitutionnalité» ou «déclaration de nullité»[313] d'une loi signifie l'annulation de celle-ci, la garantie de la Constitution étant l'annulabilité des actes de l'Etat inconstitutionnels plutôt que leur nullité. Par conséquent, la loi déclarée inconstitutionnelle est annulée, la déclaration ayant des effets *ex nunc, pro futuro.* C'est la raison pour laquelle la Constitution stipule expressément que «les décisions déjà adoptées dans des procédures judiciaires ne perdent pas leur valeur *res judicata*»[314] et la loi organique du Tribunal constitutionnel prévoit ce qui suit:

> Les décisions qui déclarent l'inconstitutionnalité des lois, dispositions ou actes ayant force de loi ne permettent pas la révision des procédures judiciaires ayant abouti à des décisions dotées de force *res judicata,* et dans lesquelles l'acte inconstitutionnel aurait été appliqué[315].

Comme c'est le cas dans la plupart des systèmes concentrés de contrôle juridictionnel en Europe, l'exception aux effets *ex nunc* est établie pour les cas criminels permettant des effets rétroactifs limités, ce qui a été élargi aux décisions des tribunaux contentieux administratifs dans le cas de sanctions administratives. L'article 40,2 de la loi organique du Tribunal constitutionnel prévoit à cet égard la possibilité de revoir les procès judiciaires, dans les cas suivants:

> Procès de justice pénale ou contentieux administratif concernant des procédures de sanction dans lesquelles, comme conséquence de la nullité de la norme

---

(310) Article 38, 1; et Article 87, 1 de la loi organique 2/1979.

(311) Articles 164, 1 de la Constitution; 38, 1 de la loi organique 2/1979.

(312) Article 38, 3 de la loi organique 2/1979.

(313) *Cf.* J. AROSEMENA, «El recurso de inconstitucionalidad», in *El Tribunal Constitucional,* Instituto de Estudios Fiscales, Madrid 1981, Vol. I, p. 171.

(314) Article 161, 1, a de la Constitution.

(315) Article 40, 1 de la Loi organique 2/1979.

appliquée, une réduction de la peine ou de la sanction est possible ainsi qu'une exclusion, exemption ou limitation des responsabilités.

Le contrôle constitutionnel des lois par le Tribunal constitutionnel peut être exercé, outre par le biais du recours direct ou de moyens incidents, comme conséquence d'une question indirecte pouvant être soulevée au cours de la procédure d'un recours d'*amparo* des droits fondamentaux, ou dans les cas de conflit de compétences entre des organes constitutionnels ou entre l'Etat et les communautés autonomes. Dans le premier cas, la déclaration d'inconstitutionnalité d'une loi appliquée à un acte particulier qui viole les droits fondamentaux de l'individu, est possible, et ses effets sont les mêmes que ceux déjà mentionnés[316]. En cas de conflit de compétences, la loi organique du Tribunal constitutionnel autorise celui-ci à annuler les actes qui engendrent le conflit ou qui ont été adoptés en violation des compétences d'autres organes, et à décider la solution pertinente aux situations créées à la suite de l'annulation de l'acte[317].

D'autre part, la loi organique du Tribunal constitutionnel régit expressément les effets des décisions dans les cas de rejet de la question dont le Tribunal est saisi et, selon la nature du rejet, deux solutions ont été données. En effet, s'il s'agit d'un rejet basé sur l'aspect substantif de la question constitutionnelle, dans le sens où le Tribunal considère non recevable l'inconstitutionnalité invoquée, la décision de rejet empêche que soit invoquée ultérieurement la question constitutionnelle «par les mêmes moyens» et basée sur la violation de la même norme constitutionnelle[318]. Donc, si la question constitutionnelle a été soulevée par le biais d'un recours ou d'une action directe d'inconstitutionnalité, le rejet de l'action n'empêche pas la possibilité de soulever la question par des moyens incidents.

Dans le cas de recours d'inconstitutionnalité contre des lois, dispositions ou actes ayant force de loi, si le rejet était fondé sur des raisons formelles, la décision n'empêche pas la même loi, disposition ou acte de faire l'objet, dans d'autres procès, d'une question constitutionnelle déjà soulevée[319], et, bien sûr, de faire l'objet d'un autre recours quand les questions formelles ont été corrigées.

---

(316) Article 55, 2 *Idem.*
(317) Articles 66; 75, 1 *Idem.*
(318) Article 38, 2 *Idem.*
(319) Article 29, 2 *Idem.*

CHAPITRE II

LES COURS CONSTITUTIONNELLES COMME IUGES CONSTITUTIONNELS DES DROITS ET GARANTIES CONSTITUTIONNELS

Dans certains pays européens où ont été créés des Cours ou des Tribunaux constitutionnels séparés du pouvoir judiciaire, bien que les autorités judiciaires aient le caractère traditionnel de gardiennes des droits et garanties constitutionnels, on a en plus attribué à la Cour constitutionnelle le caractère de juge constitutionnel direct des droits fondamentaux, quand un recours constitutionnel ou recours d'*amparo* est porté devant elle. C'est le système adopté en Autriche et en Espagne. Nous avons déjà fait référence au recours constitutionnel qui peut être porté devant le Tribunal constitutionnel fédéral d'Allemagne; il diffère du recours autrichien et espagnol en ce que le Tribunal allemand fait partie du pouvoir judiciaire.

I. LE RECOURS CONSTITUTIONNEL AUTRICHIEN

Dans la Constitution autrichienne de 1920, le recours constitutionnel a été établi en tant qu'instrument de procédure de protection des droits constitutionnels, exercé devant le Tribunal constitutionnel et décrit en détail par la loi régissant ce dernier[1].

La Constitution autrichienne cependant ne renferme pas de partie dogmatique complète et, de ce fait, il existe une certaine difficulté à identifier les droits constitutionnels garantis qui consistent en certains droits consacrés directement par la Constitution, et d'autres qui sont reconnus dans les lois constitutionnelles auxquelles renvoie le Texte fondamental[2].

Le recours constitutionnel n'est recevable que contre les actes administratifs locaux et fédéraux qui violent les droits constitutionnels (mais ne l'est pas contre les actes législatifs ni contre les actes judiciaires); pour ce faire, il est indispensable d'avoir épuisé au préalable les recours administratifs recevables contre l'acte contesté.

D'autre part, le recours doit être porté devant le Tribunal constitutionnel par l'individu ou la personne morale dont les droits constitutionnels ont été violés par l'acte ou la mesure administrative contestée.

---

(1) *V.* en général, F. ERMACORA, «Procédures et techniques de protection des droits fondamentaux. Cour constitutionnelle autrichienne» in L. FAVOREU (ed.), *Cours constitutionnelles européennes et droits fondamentaux*, Paris, Aix-en-Provence 1982, pp. 192 et ss.

(2) *V.* T. OHLINGER, «Objet et portée de la protection des droits fondamentaux. Cour constitutionnelle autrichienne» in L. FAVOREU (ed.), *op. cit.*, p. 346.

La décision du Tribunal, saisi de la requête fondée, peut consister soit en l'annulation de la décision administrative ou en la constatation qu'une mesure administrative est anticonstitutionnelle.

II. LE RECOURS D'*AMPARO* ESPAGNOL

La Constitution espagnole de 1978, inspirée de la Constitution républicaine de 1931 (recours d'*amparo* de garanties individuelles), a consacré le recours d'*amparo* pour la protection de certains droits et libertés constitutionnels (appelés *droits fondamentaux*). Ce recours d'*amparo*, régi en détail par la loi organique du Tribunal constitutionnel, vise la protection des droits fondamentaux contre des actes issus d'organes du pouvoir public et, en particulier, contre les décisions et les actes sans valeur de loi du pouvoir législatif; contre les dispositions, les actes juridiques ou les voies de fait des autorités administratives; contre les décisions ou les omissions judiciaires, et, finalement, contre les résolutions qui lèsent le droit à l'objection de conscience.

Il s'agit, en principe, d'une action plus que d'un recours. Mais, du fait que dans la plupart des cas (sauf lorsqu'il est introduit contre des actes législatifs) il est indispensable d'épuiser les voies préalables de la juridiction ordinaire (du contentieux administratif y compris), il se présente, en définitive et dans la pratique, comme un recours de révision de décisions judiciaires de caractère subsidiaire.

La Constitution de 1978, avec une orientation semblable à celle de la loi fondamentale de Bonn, a consacré le recours d'*amparo* en tant que moyen spécifique de protection constitutionnelle des droits et libertés constitutionnels reconnus par l'article 14, section première du chapitre second (art. 15 à 20) et deuxième alinéa de l'article 30 du Texte fondamental. Ces droits et libertés constitutionnels susceptibles d'*amparo* sont les suivants: égalité devant la loi (art. 14); droit à la vie et à l'intégrité physique et morale (art. 15); liberté idéologique, religieuse et de culte (art. 16); droit à la liberté et sécurité personnelles (art. 17); droit à l'honneur, à l'intimité personnelle et familiale et à la réputation (art. 18,1 et 18,4); inviolabilité du domicile (art. 18,2); secret des communications (art. 18,3); droit de choisir librement la résidence, à se déplacer sur le territoire national et à entrer et sortir librement d'Espagne (art. 19); droit à liberté d'expression et à la libre diffusion de la pensée (art. 20,1,a); droit à la production et à la création littéraires, artistiques, scientifiques et techniques (art. 20,1,b); liberté de chaire (art. 20,1,c); droit à communiquer ou recevoir librement une information véridique par tout moyen de diffusion (art. 20,1,d); droit de réunion et de manifestation (art. 21); droit d'association (art. 22); droit d'égalité d'accès aux fonctions et emplois publics (art. 23,2); droit d'obtenir la protection effective des juges et des tribunaux (art. 24,1); droit à un juge ordinaire désigné d'office par la loi, à la défense et à l'assistance d'un avocat, à être informé de l'accusation portée, à un procès public sans délais indus et muni de toutes les garanties, à utiliser les moyens de preuve pertinents pour sa défense, à ne pas déclarer contre soi-même, à ne pas se déclarer coupable et à la présomption d'innocence (art. 24,2); principe de la légalité pénale (art. 25,1); droit des détenus à un travail rémunéré et aux bénéfices correspondants de la Sécurité sociale, à l'accès à la culture et à le développement de sa personnalité (art. 25,2); droit à l'éducation et à la liberté d'enseignement (art. 27,1); liberté de création de centres éducatifs dans le respect des principes constitutionnels (art. 27,6); droit d'adhérer librement à un syndicat (art. 28,1); droit de grève (art. 28,2); droit de pétition individuelle et collective (art. 29); droit à l'objection de conscience (art. 30,2).

Le recours d'*amparo* peut être exercé par toute personne individuelle ou morale dont les droits fondamentaux ont été violés par les actes ou omissions des autorités publiques.

En outre, la recevabilité du recours d'*amparo* exercé par des personnes juridiques de droit public est doctrinairement reconnue lorsqu'il s'agit de violations des droits fondamentaux qui jouissent aussi de garantie, comme par exemple le droit à l'égalité devant la loi ou le droit à obtenir une tutelle judiciaire effective(3).

Bien que la Constitution de 1978 ne fasse pas de distinction (art. 53,1. 2), la loi organique du Tribunal constitutionnel a limité la portée du recours d'*amparo* face à des violations «causées par des dispositions, actes juridiques ou simple voies de fait *des pouvoirs publics* de l'Etat, des communautés autonomes et *autres entités publiques* de caractère territorial, corporatif, institutionnel ainsi que de leurs fonctionnaires ou agents» (art. 42, al. 2). En vertu de cette norme donc, l'interprétation qui a prévalu a été la non recevabilité de l'*amparo* constitutionnel contre les actes issus de particuliers qui lèsent les droits fondamentaux. Cependant, la jurisprudence du Tribunal constitutionnel, à l'occasion de jugements en matière de conflits de travail entre particuliers, a accordé l'*amparo* , non pas directement contre les préjudices causés par des actions privées, mais contre le jugement respectif du Tribunal du travail qui a résolu le litige entre les particuliers, et, ce faisant, a ouvert *indirectement* la voie de l'*amparo* contre les actions des particuliers(4).

Il convient de signaler que, dans le cas de l'Espagne, la loi du Tribunal constitutionnel exclut implicitement le recours d'*amparo* contre les lois étant donné que, dans l'article 42, il est stipulé que ce recours n'est recevable que contre «les décisions ou actes sans valeur de loi». Ce recours n'est donc même pas recevable dans le cas de lois qui lèsent directement un droit fondamental défendable.

En ce qui concerne l'*amparo* contre les décisions judiciaires, en Espagne le recours d'*amparo* est possible dans les cas de violation de droits fondamentaux causée immédiatement et directement par un acte ou une omission d'un organe judiciaire(5). Néanmoins, parmi les conditions de recevabilité de l'*amparo* on trouve notamment l'obligation d'avoir épuisé au préalable tous les recours disponibles de la voie judiciaire et le fait que la violation d'un droit fondamental soit imputable immédiatement et directement à un organe judiciaire, indépendamment de faits ayant donné lieu au procès dans lequel est présentée la violation, et, de plus, que dans le procès ordinaire ait été formellement invoquée la violation du droit constitutionnel (art. 44).

(3) *V.* en général, Joan Oliver Araujo, *El recurso de amparo,* Palma de Mallorca 1986, pp. 40 et ss et 291.

(4) *Idem,* p. 263.

(5) Art. 44 de la loi du Tribunal constitutionnel.

LA JUSTICE CONSTITUTIONNELLE EN DROIT COMPARÉ,
de ALLAN R. BREWER-CARÍAS, se imprimió
en la República Argentina en marzo de 2021.

www.ingramcontent.com/pod-product-compliance
Ingram Content Group UK Ltd.
Pitfield, Milton Keynes, MK11 3LW, UK
UKHW042109021026
15589UKWH00001B/285

9 789563 929713